상속법·친족법론

1905 제2·11권
보성전문학교 교과서번역사업 11
고려대학교 仁星기금 후원

상속법·친족법론

相続法·親族法論

박만서 강술
신영호 옮김

KOREA
UNIVERSITY
PRESS
고려대학교
출판문화원

인성기금

"인성기금은 유휘성 회장이
고려대학교에 기부하여 조성된 연구기금입니다"

머리말

맨 처음 이 책의 출간 계획은 '1905' 제2·3권으로 박만서 강술의 《상속법》이었다. 출간이 늦어지면서 《친족법론 속》이라는 문헌을 부록 형태로 추가하게 되었다.

이때 당시의 교과서가 그러하듯 《상속법》도 저자로 박만서 강술(朴晚緖 講述)이라는 표기 외에는 출판 사항을 알려주는 부분이 없다. 《친족법론 속》은 필자의 표기도 없는 필사본 자료이다.

먼저 문헌에 따른 《상속법》의 지자 박만서의 연보를 정리하면 다음과 같다.

1879년 6월 1일 공주군 출생

1895년 관비 유학생으로 선발되어 게이오(慶應)의숙 보통과 입학

1897년 동경법학원(東京法學院)[1] 입학

1 동경법학원은 1885년 영길리(永吉利; 잉글랜드)법률학교로 출발하여 1889년에 동경법학원으로, 1903년에는 동경법학원대학으로 개편되었으며, 1905년에 주오대학(中央大学)로 바뀌어 오늘에 이르고 있다.

1900년 7월 12일 동경법학원 졸업

1901년 귀국

1906년 3월 17일 법부 법률기초위원 임명

9월 24일 평리원(平理院)판사 겸 법부 법률기초위원

12월 17일 형법교정관

12월 21일 법관양성소 교관

1907년 7월 공직에서 해임과 복직

8월 법관양성소 교관 재직 중 평리원판사에 임명되어 겸직

1907년 대한협회(大韓協會) 발기인 참여

1908년 3월 29일자로 법관양성소 교관직에서 해임

1908년 평리원판사로서 대한학회(大韓學會) 발기인 참여

1909년 6월 22일 변호사 등록

1911년 전남 나주 거주

1924년 사망

이상의 기록에서 보는 바와 같이 박만서가 보성전문학교에서 강사로 임용되어 강의한 사항은 보이지 않는다. 다만 1907년 3월 7일자의 대한매일신보에 박만서와 관련하여 "普成專門學校에서 教師을 擇任"이라는 기사가 있고, 박만서가 이준(李儁) 열사 사건에 평리원판사로 심문에 참여하여 순사불공(循私不公)하였다고 비판한 기사 등을 놓고 보면, 이 당시 강의를 담당하고 있었음은 분명하다. 《법정학계(法政學界)》 제1호(1907) 20-21면에 "聖世之法以道德行惡世之法以機械行"이라는 글

이 게재되어 있기도 하다. 또한 1905년 2월 설립된 양정의숙(養正義塾)은 1913년 양정고등보통학교(養正高等普通學校)로 개편되고, 법률을 전공하던 1, 2학년 학생 다수가 보성전문학교 법률과 각 학년에 전학하게 되는데, 박만서는 양정의숙의 강사로 강의하기도 하였다.[2]

또한 박만서의 저술[3]과 이때 당시 강의된 교과목 현황을 기초로 박만서가 보성전문학교의 강사를 역임한 것으로 보고 있다.[4] 광무(光武) 9년(1905) 사립보성전문학교 교칙에 따른 법률학 전문과 과정 제1-2학년 교과 과정에는 상속법 과목이 규정되어 있지 않았다. 그러나《법정학계》제1호(1907)에 기록된 제1회 졸업생의 실제 수업 정도에 따른 당시의 실제 강의 내용에는, 제1회 법률학과(주학) 제2학년(1906) 과정으로 상속법이 96면 19시간 강의되었고, 1905년 9월 한성법학교에서 법률학 야학과로 전학해 온 학생들의 수업 과정에 따르면 제2학년 과정으로 상속법이 100면 24시간 강의되었다.[5] 또한 1906년에 입학한 제2회 법률학 주학과 학생은 제2학년(1907) 교과목으로 상속법 36면 8시간 강의를 들었고, 야학과 학생도 제2학년 교과목으로 상속법 48면 12시간 수강하였다.[6] 이어서 1907년 수업 연한이 3년으로 변경됨에 따라 교과 과정도 개편되는데, 이

2 김효전,《법관양성소와 근대한국》(소명출판, 2013), 382면.
3 박만서는 상속법 외에 물권법 제2부와 파산법을 저술하였다. 당시의 사정에 기초하여 물권법 제2부와 상속법이 1907년에 보성사에서 간행된 것으로 보기도 하나(이윤영, "普成專門學校의 法學·經濟學 教科課程에 대한 研究",《近代西歐學問의 受容과 普專》(高麗大學校, 1986), 443면), 분명하지는 않다. 파산법은《황성신문》융희 4년(1910년) 3월 16일자의 서적 판매소였던 수문서관(修文書館)의 광고에 수록되어 있다.
4 이윤영, 앞의 글, 425면.
5 위의 글, 416-420면.
6 위의 글, 421-422면.

에 따르면 상속법은 제3학년 1-2학기 교과목으로 편성되었다. 이때 제2학년 1-2학기 교과목으로 친족법이 신설되기도 하였다.[7·8] 이 당시 법관양성소를 비롯하여 그 밖의 학교에서 〈상속법〉을 교과 과정에 포함시켜 강의했던 기록은 발견되지 않고 있다. 이러한 점들을 감안하면 박만서가 보성전문학교에서 상속법을 강의했을 것이라는 추론은 타당하다고 본다.

박만서의 상속법은 일본 유학 시절 교재로 사용했었던 것으로 짐작되는 오타 스케토키(太田資時)[9]의 《東京法学院29年度 第1年級 講義録 相続法》(太田資時 講義·卒業生 能川元重 編輯(東京法学院, 1897))[10]과 오쿠다 요시토(奥田義人)[11]의 《民法相続

7 위의 글, 423면

8 1907년 개편된 교과 과정에서 물권법이 1, 2로 나뉘어 제2학년 1학기 개설 교과목으로 편성되고, 파산법도 제3학년 1-2학기 교과목으로 편성된다. 파산법도 개교 시의 교과 과정에는 포함되어 있지 않았으나, 제1회 졸업생 제2학년 교과목으로 주간 136면 32시간, 야간 116면 30시간 강의되었고, 제2회 졸업생 주간 제2학년 교과목으로 주간 60면 15시간, 야간 제1학년 교과목으로 68면 12시간, 제2학년 교과목으로 80면 19시간 강의되었다. 이를 기초로 박만서가 물권법 제2부와 파산법도 강의하였을 추측하기도 한다(위의 글, 426면).

9 동경출신으로 1890년 7월 제국대학 법과 제2부(프랑스법 전공) 졸업하고 농상무성 참사관으로 부임하였다가 1892년 관직을 사임하고 대언업(代言業)을 개업하였으며, 1896년 농상무성 참사관 겸 중의원 서기관으로 임용되어 1897년 6월 해직된 후 변호사로 개업하였다. 저술에 따르면 1893년, 1896년, 1897년, 1900년에 동경법학원에서 상속법을 강의한 것으로 나타난다.

10 오타 스케토키의 상속법 교재는 이 외에 《東京法学院 27年度 第1年級 講義録》(太田資時 講義·高松太喜次 編輯, 東京法学院, 1893), 《東京法学院 28年度 第1年級 講義録》(太田資時 講義·高松太喜次 編輯, 東京法学院, 1896)이 있고 이들 교재는 유언의 철회와 실효까지 다루고 있고 유류분제도에 관해서는 언급하고 있지 아니하다. 한편 《東京法学院 34年度 第2年級 講義録》(太田資時 講義·白鳥太一 編輯, 東京法学院, 1900)은 재산분리제도까지 서술하고 있다. 이들 교재는 강의록이어서 그러한지는 모르나, 목차와 분량이 서로 다르다.

11 1860년생, 이나마번(因幡藩) 출신으로 1884년 동경대학 법학부를 졸업하고 농상무성 특허국장, 행정재판소 평정관, 내각 관보국장, 법전조사회 위원, 내각 서기관 기록과장, 중의원 서시과장, 탁식무 차관, 농상무 차관 겸 산림국장을 역임하였으며, 1903년 중의원 의원, 1912년 귀족원 칙선의원, 1913년 문부대신을 지냈다. 1885년 영길리법률학교의 창립자, 동경법학원·주오대학 이사, 1912년 주오대학 학장을 거쳤으며 법전조사회 위원으로 있으면서 민법상속법론 등을 저술하였다. 오쿠다 요시토의 저술로는 《親族法》(東京専門学校法律科第1

法論》(有斐閣, 明治31. 11(1898))을 참고하여 저술되었다. 이 시기에 저술된 교과서의 대부분이 일본 책을 모방하거나 번역 또는 번안한 것[12]이었는데, 이 책은 당시의 한국 상속법을 비교적 많이 소개하려고 애쓰고, 나름 새로운 몇몇 법률 용어를 창안한 점에서 높게 평가될 만하다. 물론 저자가 유학하면서 습득한 일본 상속법에 기초할 수밖에 없었던 한계는 어쩔 수 없었다고 본다.

부록 형태로 덧붙인《친족법론 속》에 대해 간략히 소개한다.

앞에서도 언급한 바와 같이 이 책은 필자가 누구인지도 알 수 없는 필사본 형태의 문헌이다. 역자가 대본으로 삼은 문헌의 표지에 대동법률전문학교(大東法律專門學校)라는 표기가 있다. 표지에 대동법률전문학교라는 표기가 있다고 하여 이 교재를 여기에서 펴낸 것 같지는 아니하다. 대동학회(大東學會)가 설립하고 1908년 3월에 개교한 대동법률전문학교는 3년제 전문과와 1년제 속성과를 둔 바 있다. 1916년에 제5회 졸업식

年級講義録, 東京專門学校, 1894), (東京法学院28年度第1年級講義録, 東京法学院, 1896), (東京法学院29年度第1年級講義録, 東京法学院, 1896),《民法論 親族法 相続法 完》(東京法學院大学, 출판연도 미상),《相続法》(中央大学41年度法律科第2学年講義録, 中央大学出版, 明治41), (中央大学42年度法律科第2学年講義録, 明治42),《相続法 第1分冊(家督相続講義)》(中大プリント同盟会, 昭和12),《相続法 第2分冊》(昭和13),《相続法》(中央大学39年度法律科第2学年講義録, 中央大学, 明治39) 등이 있다. 奥田義人,《親族法論》(有斐閣, 1898);《親族法: 完》(中央大學, 1911);《相續法論》(有斐閣書房, 1897)은 고려대학교 중앙도서관에 소장되어 있다.

12 구한말 저술된 교재 중 상속법 분야에 대한 평가는 신영호, "高麗大學校 法科大學과 韓國家族法의 發展",《고려대학교 법과대학 학술사: 고대법학 100년과 한국법의 발전》(고려대학교출판부, 2011) 245, 247, 248-252면을 참고할 것. 한편, 번역 또는 번안에 사용된 일본 근대 초의 문헌은, 일본의 국립국회도서관(国立国会図書館) デジタルコレクション(https://dl.ndl.go.jp/)에 접속하여, 저자나 서명을 키워드로 하여 검색하면 pdf 파일 형태로 열람할 수 있다.

을 거행한 이후의 기록은 보이지 아니하고, 1908년 2월 25일자의 《황성신문(皇城新聞)》에 실린 이 학교의 학생 모집 광고에 나타나는 교과 과정에도 친족법은 들어 있지 아니하다.[13] 따라서 이 필사본이 이 학교의 교재로 사용되었는지도 불분명하다. 다만, 당시 교과 과정 중 친족법이라는 교과목을 따로 두고 있었던 학교는, 위에서 본 바와 같이 수업 연한을 2년제에서 3년제로 개편한 1907년의 보성전문학교와 1909년 10월 28일 법학교 관제에 의하여 법부(法部) 소관의 법관양성소에서 학부(學部) 소관으로 바뀐 법학교밖에 없다.[14] 이러한 점들을 감안하면, 이 교재가 보성전문학교나 법학교 학생들의 친족법 교재로 이용되었을 가능성은 있다고 본다.

본문 총 55면의 이 교재는 제4장 친자(親子)로부터 시작하여 제1절 실자(實子) 제1관 적출자(嫡出子), 제2관 서자급사생자(庶子及私生子)까지를 서술하고 있다. 이 교재는 여기까지만 수록하고 있지만, 교재 제1면의 기술에 의하면 제2절을 양자(養子)로 삼고 있다. 구체적인 해설에 있어서는 각 해당 분야의 일본 민법의 법조를 맨 앞에 내세우고 간단한 코멘트를 하는 방식을 취하고 있다. 서명에 〈續〉이라는 표기가 있는 것으로 보아, 친족법의 그 이전 부분을 다룬 문헌이 있을 듯하나, 확인할 수 없다.

13 이윤영, 앞의 글, 415면; 최종고, 《韓國法學史》(博英社, 1990), 130-131면.
14 보성전문학교의 1907년 교과 과정에 의하면 친족법은 제2학년 1-2학기에 수강할 교과목이었으며(法政學界 第1號 廣告, 《高麗大學校六十年誌》, 62면; 《高麗大學校九十年誌》, 80면; 이윤영, 앞의 글, 423면), 법학교의 교과 과정상으로는 제3학년 6시수의 교과목이었다(최종고, 앞의 《韓國法學史》, 104면).

역자의 확인에 따르면, 이 교재는 당시의 일본 친족법 주석서로서 1898년에 초판이 간행된 오쿠다 요시토의 《親族法論》(有斐閣書房)의 제4장 친자 제1절 실자 부분(이 책의 239-276면)을 번역·번안한 것이다. 다만, 이 책에 기술된 바의 해당 일본 민법 조문과 관련 있는 호적법 등 당시의 일본 국내 관련 법규의 참조 조문과 프랑스 민법을 비롯한 외국의 참조 민법 조문 및 해설을 추가한 본문 주(註)에 해당하는 부분을 제외하고 있다. 오쿠다 요시토의 《親族法論》은 총 506면으로 코멘타르(Kommentar) 형식을 취하고 있다.[15] 장별 편제는 서론, 제1장 총칙, 제2장 호주급가족(戶主及家族), 제3장 혼인, 제4장 친자, 제5장 친권, 제6장 후견, 제7장 친족회, 제8장 부양의 의무로 되어 있다. 메이지 민법의 편제 그대로이다.

번역과 관련해서는 이전에 출판된 1905 제2·1권과 제2·2의 방식에 따라, 적절하게 문장을 끊어 이해를 돕고자 했고, 필요한 경우 역자 주의 형태로 각주를 덧붙였다.

2024. 8.

신영호 역주

15 코멘타르 형식의 친족법 저서로는 梅謙次郎,《民法要義 4卷: 親族編》(法政大學, 明治32(1899))도 있다.

차례

친족법론 속

相續法

相續法

朴晩緒 講述

緒論

相續法을研究ᄒᆞᆷ에當ᄒᆞ야爲先相續의性質과主義를解得ᄒᆞᆷ이當然ᄒᆞᆫ順序ㅣ나相續法은他法律과其性質이逈異ᄒᆞ야人倫上에關係가特重ᄒᆞᆫ바ㅣ니此를輕論ᄒᆞᆷ이不可ᄒᆞᆯ뿐아니라我國法制上及慣習上에確定ᄒᆞᆫ바ㅣ無ᄒᆞ야執證立論ᄒᆞᆷ이果難ᄒᆞᆷ으로爲先各國의沿革及制度를叙述ᄒᆞ야各個主義를辯論ᄒᆞ고次에其種類를分析ᄒᆞ고幷히本邦의相續觀念을深究ᄒᆞ야其性質을確論코져ᄒᆞ노라

第一 相續及相續法의沿革

相續의觀念은太古蒙昧ᄒᆞᆫ時代에在ᄒᆞ야ᄂᆞᆫ到底히發生치아니ᄒᆞᆫ바ㅣ오近世에至ᄒᆞ야비로소發生ᄒᆞᆫ者로思量ᄒᆞᄂᆞ니古代의財産狀况을觀察ᄒᆞᆯ진대總財産은種族團體의共有에屬ᄒᆞ야現今社會와ᄀᆞᆺ치一個人이各別히財産을所有ᄒᆞ고自由로處分ᄒᆞᆷ은絕無ᄒᆞᆫ바ㅣ니是以로其團體中에一人或數人이死亡ᄒᆞᆫ者ㅣ有ᄒᆞ

상속법

박만서 강술

서론

상속법을 연구할 때는 먼저 상속의 성질과 주의를 이해하는 것이 당연한 순서이다. 그러나 상속법은 다른 법률과 그 성질이 아주 달라 인륜상에 관계가 특히 중요하여 이를 가벼이 논할 수 없다. 그뿐만 아니라 우리나라 법제와 관습상에 확정된 것이 없어서 증거를 잡아 입론하기는 정말 어렵다. 우선 각국의 연혁과 제도를 서술하여 각각의 주의를 변별하여 논하고, 다음에 그 종류를 분석하고 아울러 우리나라의 상속관념을 탐구하여 그 성질을 확정하고자 한다.

I. 상속과 상속법의 연혁

상속의 관념은 아주 오랜 어리석고 어두웠던 시대에는 도저히 발생할 수 없었으며, 근세에 이르러 비로소 발생한 것으로 생각되고 헤아려진다. 고대의 재산 상황을 관찰해 보면, 모든 재산은 종족단체의 공유에 속하였으며, 현재 사회와 같이 한 개인이 각각 따로 재산을 소유하고 자유로이 처분하는 것은 절대 불가능하였다. 이에 따라 그 단체 중에 한 사람 또는 여러 사람이 사망한 사람이 있으면從來로其人의耕作ᄒᆞ던土地ᄂᆞᆫ種族全體에付ᄒᆞ고其土地ᄅᆞᆯ種族의一員된他人의게頒給ᄒᆞ야耕作케ᄒᆞ얏스니頒地의制度가此에基因홈이오普天之下莫非王土라ᄒᆞ야王者ᄂᆞᆫ所有者와如ᄒᆞ고各人은耕作人과如ᄒᆞ야土地私有의制가아직確定치못ᄒᆞ얏스니此ᄅᆞᆯ種族制度의時代라云ᄒᆞᄂᆞ니라爾後社會가漸開ᄒᆞ고人口가增殖홈이種族의團體가玆에分裂ᄒᆞ야數多의小團體가되며財産도ᄯᅩᄒᆞᆫ分裂ᄒᆞ야數多의小團體即家族에屬ᄒᆞ얏스니當時에社會ᄅᆞᆯ搆成ᄒᆞᆫ原素ᄂᆞᆫ個人이아니오家長과家屬으로成立ᄒᆞᆫ一家에在홈으로其財産도ᄯᅩᄒᆞᆫ個人의게屬치아니ᄒᆞ고一家에屬ᄒᆞᄂᆞᆫ觀念이生홈은必然ᄒᆞᆫ結果ㅣ라故로社會ᄂᆞᆫ一家의單位가集合ᄒᆞ야組成홈으로ᄡᅥ財産도ᄯᅩᄒᆞᆫ一家의特有에歸ᄒᆞ고其一家ᄅᆞᆯ搆成ᄒᆞᆫ個人은財産의所有者가됨을得치못ᄒᆞᄂᆞ니然則其財産은如何히處理ᄒᆞᄂᆞ뇨一家의代表者된家長이獨斷ᄒᆞ야財産上의一切權利ᄅᆞᆯ掌握ᄒᆞ고設或一家에屬ᄒᆞᆫ族員이死亡ᄒᆞᆫ境遇에도財産上에何等의變動이無ᄒᆞ야相續의必要가亦無ᄒᆞ니라家長의權力은實로强大ᄒᆞ야財産에對ᄒᆞ야處分權을獨行ᄒᆞᆯ뿐아니라一家ᄅᆞᆯ組成ᄒᆞᆫ族員에對ᄒᆞ야生殺의權力도有홈으로一家에從屬ᄒᆞᆫ妻子弟侄은財産上에

면, 종래 그 사람이 경작하던 토지는 종족 전체에 넘어가고, 그 토지를 종족의 일원으로 된 다른 사람에게 나누어주어 경작하게 하였다. 토지분배의 제도가 이에서 비롯하였다. 하늘이 두루 덮고 있는 밑에 왕의 땅이 아닌 곳이 없다(普天之下 莫非王土)라 하여, 제왕(帝王)은 소유자와 같고 각각의 사람은 경작자와 같아, 토지 사유의 제도가 아직 확정되지 못하였다. 이를 "종족제도의 시대"라 한다. 이후 사회가 점차 개명하고 인구가 늘어나면서 종족단체가 이에 분열하여 다수의 작은 단체가 되었다. 재산도 또한 분열하여 다수의 작은 단체 곧 가족에 속하게 되었다. 당시 사회를 구성한 원소는 개인이 아니라, 가장과 가족으로 성립한 일가(一家)이었다. 따라서 그 재산도 또한 개인에게 속하지 않고 일가에 속한다는 관념이 발생한 것은 필연적인 결과였다. 그러므로 사회는 일가의 단위가 집합하여 구성되는 것으로써, 재산도 또한 일가의 특유에 귀속하고, 그 일가를 구성한 개인은 재산의 소유자가 되지 못하였다. 그렇다면 그 재산은 어떻게 처리되었는가? 일가의 대표자인 가장이 혼자의 결단으로 재산상의 일체의 권리를 장악하였고, 가령 일가에 속한 가족원이 사망한 경우에도 재산상에 어떠한 변동도 없고 상속의 필요 또한 없었다. 가장의 권력은 실로 강대해 재산에 대해 처분권을 단독으로 행사할 뿐만 아니라, 일가를 구성하는 가족원에 대해 생살(生殺)의 권력도 가졌다. 그러므로 일가에 종속한 처자(妻子)나 제질(弟姪)은 재산상에

一毫의權利도無ᄒᆞ고도로혀此等人이家長의財産과宛然同視ᄒᆞᄂᆞᆫ바ㅣ되나엇지財産을所有ᄒᆞᄂᆞᆫ權이有ᄒᆞ리오此ᄅᆞᆯ家族制度의時代라云ᄒᆞᄂᆞ니라

然이나一家의財産은擧皆家長의所有로誤解치말지니家長의權力이强大ᄒᆞᆷ은上述ᄒᆞᆷ과如ᄒᆞ야財産은總히家長의所有와ᄀᆞᆺ치妄信ᄒᆞᆯ더이나此ᄂᆞᆫ皮想의見解ᄅᆞᆯ不免ᄒᆞᆯ지라家長은오직一家ᄅᆞᆯ代表ᄒᆞᆷ에不過ᄒᆞ고財産의所有權은全히一家에屬ᄒᆞᆷ이無疑ᄒᆞᆫ바ㅣ니即族制主義로生ᄒᆞᆫ當然ᄒᆞᆫ結果ㅣ라故로家長은財産上에如何히至大ᄒᆞᆫ權力을擅行ᄒᆞ나一家의代表者로其家의屬ᄒᆞᆫ權利ᄅᆞᆯ行ᄒᆞᆷ에止ᄒᆞᆯ뿐이오决코自己의財産으로左右ᄒᆞᄂᆞᆫ者ᄂᆞᆫ아니라다만記臆을要ᄒᆞᆯ者ᄂᆞᆫ相續의觀念이族制當時로브터發生ᄒᆞᆫ事가곳是니라財産은前述ᄒᆞᆷ과ᄀᆞᆺ치一家의所有됨으로家長의死亡과族員의死亡을不問ᄒᆞ고特別히此ᄅᆞᆯ承繼ᄒᆞᆯ必要가無ᄒᆞ니然則當時에相續의思想이何故로發生ᄒᆞ얏ᄂᆞ뇨ᄒᆞᆯ진대全히家長權承繼의觀念에基因ᄒᆞᆫ者로思量ᄒᆞ노라家長은外에對ᄒᆞ야ᄂᆞᆫ一家ᄅᆞᆯ代表ᄒᆞ고內에在ᄒᆞ야ᄂᆞᆫ其族員을管理ᄒᆞᄂᆞᆫ者인故로一家存立上에一日이라도不可缺ᄒᆞᆯ者ㅣ니若其家長이死亡ᄒᆞ면家長權을承繼ᄒᆞᆯ者ᄅᆞᆯ定ᄒᆞᆷ이可ᄒᆞ니라家長權을承繼ᄒᆞᄂᆞᆫ者ᄂᆞᆫ

조금의 권리도 없었고, 도리어 이들은 가장의 재산과 완전히 동일시하는 바가 되었다. 어찌 재산을 소유하는 권리가 있었겠는가. 이를 "가족제도의 시대"라 한다.

그러나 일가의 재산은 전부 가장의 소유로 오해해서는 안 된다. 가장의 권력이 강대한 것은, 위에서 말한 바와 같이 재산은 모두 가장의 소유인 것으로 망령되게 믿을 수 있으나, 이는 겉만 생각한 견해임을 면할 수 없다. 가장은 오직 일가를 대표하는 것에 지나지 않고, 재산의 소유권은 전적으로 일가에 속하는 것은 의문의 여지가 없다. 즉 족제주의에서 발생한 당연한 결과이다. 그러므로 가장은 재산상에 어찌하여 지대한 권력을 마음대로 행사하나, 일가의 대표자로서 그 가(家)에 속한 권리를 행사하는 것에 그칠 뿐이고, 결코 자기의 재산으로 좌우하는 것은 아니었다. 다만 기억해야 할 것은 상속의 관념이 족제 당시부터 발생하였다는 사실이다. 재산은 진술한 바와 같이, 일가의 소유이므로 가장의 사망과 가족원의 사망을 불문하고 특별히 이를 승계할 필요가 없었다. 그렇다면 당시에 상속의 사상이 무슨 까닭으로 발생하였다고 할 것인가? 전적으로 가장권승계의 관념에 따른 것으로 생각되고 헤아려진다. 가장은 외부에 대해서는 일가를 대표하고, 내부에서는 그 가족원을 관리하는 사람이기 때문에, 일가의 존립 상에 하루라도 없어서는 안 되는 사람이다. 그러므로 만약 그 가장이 사망하면 가장권을 승계할 사람을 정하는 것이 바람직하다. 가장권을 승계하는 사람은

前代家長과血統의關聯을要치아니ᄒᆞ고다만一家ᄅᆞᆯ代表ᄒᆞ며族員을管理ᄒᆞᆯ能力이有ᄒᆞ고又同居ᄒᆞᄂᆞᆫ者ㅣ면足ᄒᆞ니其時에今日의相續制度와ᄀᆞᆺ치血統의關係ᄅᆞᆯ推尋ᄒᆞ야其關聯이無ᄒᆞᆫ者ㅣᄂᆞᆫ家長權을承繼치못ᄒᆞ면其結果가畢竟一家ᄅᆞᆯ分裂ᄒᆞ거나數家ᄅᆞᆯ合倂ᄒᆞᆷ에至ᄒᆞᆯ지며血統의關聯이有ᄒᆞᆫ者ᄂᆞᆫ반다시其族員만限치아니ᄒᆞᆷ으로써萬若血統만爲主ᄒᆞ야家長權의承繼ᄅᆞᆯ定ᄒᆞ면一家의家長이同時에他家ᄅᆞᆯ承繼ᄒᆞ야兩家의財產이一家에合歸ᄒᆞ리니當時에家長權承繼ᄅᆞᆯ血統의關聯으로써必要히아니ᄒᆞᄂᆞᆫ理由가此에在ᄒᆞᆷ을可知ᄒᆞᆯ지니라

世運이漸次進步ᄒᆞᆷ을隨ᄒᆞ야家屬이라도或爭에在ᄒᆞ야物品을捕獲ᄒᆞ며軍功으로賞典을受ᄒᆞ며農工商業에從事ᄒᆞ며官吏使役에服務ᄒᆞ야財產을取得ᄒᆞᄂᆞ니此等의特別財產도家長의게盡屬無餘ᄒᆞᆷ은公益에有害ᄒᆞ고人情에絕望됨으로家屬이라도此種의財產은自由로所有處分ᄒᆞᄂᆞᆫ制度ᄅᆞᆯ承繼ᄒᆞᆷ에至ᄒᆞᆫ지라於是에社會의單位ᄂᆞᆫ一族一家에制限치아니ᄒᆞ고族長及家長外에도社會의單位ᄅᆞᆯ組成ᄒᆞ야財產權의主體됨에至ᄒᆞᆫ즉特有財產者가死亡ᄒᆞᆫ境遇에在ᄒᆞ야ᄂᆞᆫ不可不相續法을設定ᄒᆞᆯ必要가有ᄒᆞ니此이곳家長權相續外에財產相續이發生ᄒᆞᆫ端

선대 가장과 혈통의 관련을 필요로 하지 않았다. 다만 일가를 대표하며 가족원을 관리할 능력이 있고 또 동거하는 사람이면 족하였다. 그 당시에 오늘날의 상속제도와 같이 혈통의 관계를 찾아내어 그 관련이 없는 사람은 가장권을 승계하지 못하게 하였다면, 그 결과는 끝내 일가를 분열하게 하거나 여러 가(家)를 합병하는 데 이르게 되었을 것이다. 혈통의 관련이 있는 사람은 반드시 그 가족원만으로 한정되지 않았다. 따라서 만약 혈통만을 위주로 하여 가장권의 승계를 정하게 되면, 일가의 가장이 동시에 타가를 승계하여 양가의 재산이 일가에 하나로 귀속하게 되었을 것이다. 당시에 가장권승계를 혈통과 관련지을 필요가 없었던 이유가 이에 있었음을 알 수 있다.

시세의 변천이 점차 진보함에 따라 가족이라도 때로 전쟁에 나가 물품을 포획하고, 군사상의 공적으로 상훈을 받으며, 농공상업에 종사하고, 관리로서의 일에 복무하여 재산을 취득하게 되었다. 이들 특별재산도 가장에게 전부 귀속되고 나머지가 없게 되는 것은, 공익에 유해하고 인정에도 매우 실망하게 되므로, 가족이라도 이러한 종류의 재산은 자유로이 소유·처분하는 제도를 승인하기에 이르게 된 것이다. 이에 사회의 단위는 일족·일가로 제한되지 않고, 족장과 가장 외에도 사회의 단위를 구성하여 재산권의 주체로 되기에 이른 즉 특유재산자가 사망한 경우에는 부득이 상속법을 설정할 필요가 있게 되었다. 이것이 곧 가장권상속 외에 재산상속이 발생한 단

緖ㅣ니라其後交通의便이大開ᄒᆞ야祖先墳墓의地에만蟄伏홈을不好ᄒᆞ고或은萬里의波濤를通涉ᄒᆞ야海外에貿易을遠營ᄒᆞ며或은千丈의山嶽을陟踰ᄒᆞ야天藏의財貨를廣求홈으로玆後에家長權은壯年者에對ᄒᆞ야行치못ᄒᆞ고幼少ᄒᆞ야獨立의生計에不能ᄒᆞᆫ者를保護ᄒᆞᄂᆞᆫ權만僅有ᄒᆞ니卽家屬에對ᄒᆞᆫ無限의權力은一變ᄒᆞ야父가子에對ᄒᆞᆫ親權과夫가妻에對ᄒᆞᆫ夫權에止ᄒᆞᆯ뿐이니라如斯히家長權이漸縮홈을當ᄒᆞ야家長權相續의必要ᄂᆞᆫ自然히無ᄒᆞ며社會의財貨ᄂᆞᆫ日日增殖ᄒᆞ야男女老幼가一般으로多少의財産을享有홈에至ᄒᆞᆫ즉家長權의相續은其跡을歛絶ᄒᆞ고財産相續만行홈에至ᄒᆞ야現今泰西各國의制度가곳是니此를個人制度의時代라云ᄒᆞᄂᆞ니라

種族制度의時代로브터家族制度의時代로變ᄒᆞ고再變ᄒᆞ야現今의個人制度에至홈은一朝一夕의事가아니오幾許의星霜을經ᄒᆞ야今日에至홈이니라家長이一家外에財産을私有ᄒᆞ며又一家의族員도家長權下에服從ᄒᆞ면셔財産을特有ᄒᆞᄂᆞᆫ家族制度와個人制度의中間에介在ᄒᆞᆫ時代도亦有ᄒᆞ니此時代에ᄂᆞᆫ家長은家長權만有ᄒᆞᆯ뿐아니라財産을特有홈을得ᄒᆞ니此家長權과其一家에屬ᄒᆞᆫ財産

서이다. 그 후 교통편이 크게 발진하여 선조의 분묘 소재지에만 칩거하기를 좋아하지 아니하거나, 만리의 파도를 지나고 건너 해외에 무역을 멀리 경영하거나 또는 천길이나 되는 산악을 오르고 넘어 하늘에 갈무리된 재화를 널리 구하게 된 이후에는, 가장권은 장년자에 대해서는 행사하지 못하고, 나이가 어려 독립의 생계를 할 수 없는 사람을 보호하는 권한만을 겨우 갖게 되었다. 다시 말해 가족에 대한 무한한 권력은 크게 변하여 부(父)의 자녀에 대한 친권과 부(夫)의 처에 대한 부권(夫權)에 그칠 뿐이었다. 이와 같이 가장권이 점점 축소되면서, 가장권상속의 필요는 자연 없어졌다. 사회의 재화는 날로 증가하여 남녀노소가 일반으로 다소의 재산을 향유하게 되었고, 가장권의 상속은 그 자취를 감추고 재산상속만을 하게 되었다. 오늘날 서양 각국의 제도가 곧 이것이다. 이를 "개인제도의 시대"라고 일컫는다.

종족제도의 시대부터 가족제도의 시대로 변하고, 다시 변하여 오늘날의 개인제도에 이르게 된 것은 하루 아침저녁의 일이 아니고, 많은 세월을 지나 오늘날에 이른 것이다. 가장이 일가 외에 재산을 사유하며, 또한 일가의 가족원도 가장권 하에 복종하면서 재산을 특유하는 가족제도와 개인제도 중간에 끼어있는 시대도 또한 있었다. 이 시대에는 가장은 가장권만을 가질 뿐만 아니라 재산을 특유할 수 있었다. 이에 따라 이 가장권과 그 일가에 속한 재산을一併承繼ᄒᆞᆷ을家督相續이라名ᄒᆞ고家長權以外에其族員이特有ᄒᆞᆫ財産을承繼ᄒᆞᆷ을遺産相續이라云ᄒᆞ며此等의變遷을經ᄒᆞ야最後에到達ᄒᆞᆷ은即現時의個人制度ㅣ니前述ᄒᆞᆷ과ᄀᆞᆺ치家族制度ᄂᆞᆫ其跡이湮滅ᄒᆞ고家長權은其性質이變ᄒᆞ야或은夫權이되고或은親權이되야財産은個人에屬ᄒᆞ고別노히一家ᄅᆞᆯ成立치아니ᄒᆞᆷ으로써家督及遺産의區別이無ᄒᆞ고個人은各別히其財産을承繼ᄒᆞᆷ으로써다만財産相續이라稱ᄒᆞᄂᆞ니라

以上에在ᄒᆞ야相續思想의發達과其變遷을講了ᄒᆞ얏스나玆에一言을更要ᄒᆞᆷ은即遺言相續이是也라家族으로社會ᄅᆞᆯ組成ᄒᆞᆫ時代에ᄂᆞᆫ家長權만承繼호대其承繼ᄒᆞᄂᆞᆫ方法은極히嚴正ᄒᆞ야法律을依準치아니치못ᄒᆞ니家長이自己의意思로써其生存中에相續人을豫定ᄒᆞᆷ은當時社會에不合ᄒᆞᆫ바ㅣ되여法律以外에ᄂᆞᆫ家長權의受授ᄂᆞᆫ全然不得ᄒᆞ더니其後에個人制度로遷移코져ᄒᆞᄂᆞᆫ時代所謂中間時代에在ᄒᆞ야ᄂᆞᆫ個人이漸次로權利의主體가되ᄂᆞᆫ傾向이生ᄒᆞ야財産도享有ᄒᆞᆷ에至ᄒᆞᆷ으로써法律規定을依ᄒᆞ야家長權을承繼ᄒᆞᆯ뿐으로만滿足히아니ᄒᆞ고其特有ᄒᆞᆫ財産은生前의意思로自己의親近ᄒᆞᆫ者로相續케ᄒᆞᆷ을遺言ᄒᆞ야家長權을

을 함께 승계하는 것을 "가독상속"이라 이름하고, 가장권 이외에 그 가족원의 특유한 재산을 승계하는 것을 "유산상속"이라 하였다. 이러한 변천을 거쳐 최후에 도달한 것이 곧 현재의 개인제도이다. 전술한 바와 같이 가족제도는 그 자취가 소멸하고 가장권은 그 성질이 변하여 때로 부권(夫權)으로 되고 또는 친권으로 되었으며, 재산은 개인에 속하고 따로 일가를 이루지 않게 되어 가독(家督)과 유산의 구별이 없어지고, 개인이 각각 그 재산을 승계하게 됨에 따라 다만 "재산상속"이라 일컫게 된 것이다.

이상에서 상속사상의 발달과 그 변천을 강의하였다. 다만 이에 한마디 말을 다시 요약하고자 하는 것은 곧 "유언상속"이다. 가족으로 사회를 구성한 시대에는, 가장권만 승계하고 그 승계하는 방법은 극히 엄정하여 법률에 준거해야 했다. 가장이 자기의 의사로 그 생존 중에 상속인을 예정하는 것은 당시 사회에 부합하지 아니하는 것이어서, 법률 이외에는 가장권의 수수는 전혀 이루어질 수 없었다. 그 후에 개인제도로 전환되려고 하는 시대, 이른바 중간시대에는 개인이 점차 권리의 주체가 되는 경향이 생겨나고, 재산도 향유할 수 있게 되었다. 이에 따라 법률의 규정에 따라 가장권을 승계하는 것만으로 만족하지 않고, 그 특유재산을 생전의 의사로 자기의 친근한 사람에게 상속하게 하는 것을 유언하여 가장권을

承繼ᄒᆞᄂᆞᆫ嚴正ᄒᆞᆫ法制ᄅᆞᆯ免ᄒᆞ얏ᄉᆞ니此ᄂᆞᆫ遺言相續卽遺贈의起始ᄒᆞᆫ바ㅣ니라

隱居相續制度의沿革을研究ᄒᆞᆯ진대其材料가欠少ᄒᆞ야講述ᄒᆞ기甚難ᄒᆞ나日本法學博士穗積陳重氏의調査ᄅᆞᆯ參考ᄒᆞ야其槪略을論述ᄒᆞ노니隱居制度ᄂᆞᆫ羅馬法及羅馬法을繼受ᄒᆞᆫ歐洲諸國의法典에ᄂᆞᆫ一無可見이나盖羅馬法은家長權이盛行ᄒᆞᆯ當時에行ᄒᆞ던法律이라家長權은終身을期ᄒᆞ야其生存中에ᄂᆞᆫ他人의게授與치아니ᄒᆞᆷ으로써隱居制度가無ᄒᆞᆷ은足히怪異ᄒᆞᆫ바ㅣ아니오又英米法에도可徵ᄒᆞᆯ例證이無ᄒᆞ고回回敎族의法律에도亦然호대惟獨研究의資料로今日ᄭᆞ지遺存ᄒᆞᆫ者ᄂᆞᆫ印度法律及其子法ᄲᅮᆫ이니余ᄂᆞᆫ印度法律을依ᄒᆞ야隱居의事跡을叙述ᄒᆞᆯ지나印度法律이最古法典에係ᄒᆞ야今日에現存ᄒᆞᆫ者ㅣ少許에不過ᄒᆞ야其一分을推察ᄒᆞᆷ에止ᄒᆞᆷ은甚히遺憾ᄒᆞᆫ바ㅣ니라

印度古代의法典을依ᄒᆞ야隱居制度ᄅᆞᆯ觀察ᄒᆞᆯ진대隱居ᄂᆞᆫ實로往古食人蠻俗에起源ᄒᆞᆷ과如ᄒᆞ니未開野蠻時代에ᄂᆞᆫ牧畜農業等殖産의業에從事ᄒᆞᄂᆞᆫ者ㅣ無ᄒᆞ고水草ᄅᆞᆯ逐ᄒᆞ야移住ᄒᆞᆷ으로써一朝에水旱不漁의災害ᄅᆞᆯ遭遇ᄒᆞ면忽然히衣食供給이杜絶ᄒᆞ고又况戰鬪가頻繁ᄒᆞ야糧食의缺乏이生ᄒᆞ면無能無力의老衰者

승계하는 엄정한 법제를 피하였다. 이것이 유언상속 즉 유증의 기원이다.

은거상속제도의 연혁을 연구할 경우, 그 자료가 부족하여 강술하기 매우 어렵다. 다만 일본 법학박사 호즈미 노부시게(穗積陳重)의 조사를 참고하여 그 개요를 강술한다. 은거제도는 로마법과 로마법을 계수한 서구 여러 나라의 법전에서는 찾아볼 수 없다. 대체로 로마법은 가장권이 성행할 당시에 행해지던 법률이었으며, 가장권은 종신을 기약하여 그 생존 중에는 타인에게 수여할 수 없었으므로, 은거제도가 없었던 것은 족히 괴이한 일이 아니다. 또한 영미법에도 징험할 만한 예증이 없고, 이슬람교족의 법률에도 또한 그러하다. 오직 연구의 자료로 오늘날까지 전해 내려오는 것은 인도 법률과 그 자법(子法)뿐이다. 나는 인도 법률에 근거하여 은거의 자취를 서술하려고 한다. 그러나 인도 법률이 최고(最古)의 법전인 관계로, 오늘날에 현존하는 것이 조금에 지나지 아니하여 그 일부분을 미루어 살피는 데 그침은 심히 유감이다.

인도 고대의 법권에 따라 은거제도를 관찰해 보면, 은거는 실로 옛날 식인(食人)의 야만습속에 기원하는 것 같다. 미개야만시대에는 목축·농업 등 식산(殖産)의 업에 종사하는 사람들이 없고 물이나 풀을 따라 이주하였다. 이에 따라 때로 가물고 어획하지 못하는 재해를 만나게 되면 뜻하지 않게 갑자기 의식공급이 두절되었다. 또한 전투가 빈번하여 식량의 결핍이 발생하면 능력 없고 힘없는 노쇠자를殺戮ᄒᆞ야其肉을啖食ᄒᆞᄂᆞᆫ習俗을成ᄒᆞ얏스니此ᄂᆞᆫ實로生存競爭의結果로隱居制度가起源ᄒᆞᆫ바ㅣ니라物換星移ᄒᆞ야衣食이其需用에漸足ᄒᆞᆷ에食人의蠻俗이一變ᄒᆞ야殺老의習俗을成ᄒᆞ니老衰ᄒᆞ야其用에堪치못ᄒᆞᄂᆞᆫ者ᄂᆞᆫ다만此를殺戮ᄒᆞ야其煩을避ᄒᆞ니라其後에殺老의俗이再轉ᄒᆞ야棄老의俗을成ᄒᆞ니即老衰者를殺戮ᄒᆞᄂᆞᆫ惡習은不行ᄒᆞ나年齒가隆邵ᄒᆞ고行步가遲鈍ᄒᆞᆫ者ᄂᆞᆫ溝壑에遺棄ᄒᆞᆷ에至ᄒᆞ니此等習俗을到今想像ᄒᆞᆯ진대其慘酷ᄒᆞᆷ은忍聞치못ᄒᆞᆯ바ㅣ나當時의狀況을推究ᄒᆞᆯ진대足히無怪ᄒᆞᆫ바오現今文明을自矜ᄒᆞᄂᆞᆫ邦國도古代史를考閱ᄒᆞ면蠻風이無ᄒᆞᆫ國이無ᄒᆞ고現今實施ᄒᆞᄂᆞᆫ諸國刑法에老幼를遺棄ᄒᆞᄂᆞᆫ罪를罰치아니ᄒᆞᄂᆞᆫ國이無ᄒᆞ니往古에在ᄒᆞ야毋論何國ᄒᆞ고此習俗의存在ᄒᆞᆷ을足徵ᄒᆞᆯ바ㅣ니라

爾來에社會가發達ᄒᆞ고人智가漸進ᄒᆞ야農工商業이衣食의供給에足ᄒᆞᆷ에至ᄒᆞ야棄老의俗이一變ᄒᆞ야老衰者가山谷間에自退閑居ᄒᆞ며其後에一層進步ᄒᆞ야隱退의俗이變ᄒᆞ야隱居의制度가되니當初에ᄂᆞᆫ老衰者가眞正으로山谷間에隱退ᄒᆞ더니隱居의制度가成ᄒᆞᆫ後로다만家長의職分만自退ᄒᆞ고其家에依然居接

를 죽여 인육(人肉)을 먹는 습속이 형성되었다. 이는 실로 생존경쟁의 결과로써 은거제도가 기원한 바였다. 세상이 변천하여 의식(衣食)이 그 수요에 점차 충족됨에 따라, 식인의 야만습속은 크게 변하여 "노인살해"의 습속으로 되었다. 노쇠하여 그 쓰임에 감당하지 못하는 사람은 다만 이를 살해하여 그 번거로움을 피하고자 하였다. 그 후 노인살해의 습속이 다시 바뀌어 "기로(棄老)"의 습속으로 되었다. 즉 노쇠자를 살해하는 악습은 행하지 아니하나, 연세가 높고(隆老) 행보가 굼뜬 사람은 이를 봇도랑에 유기하기에 이르렀던 것이다. 이들 습속을 지금에 이르러 상상하면 그 참혹함을 차마 들어볼 수 없다. 그러나 당시의 상황을 미루어 탐구해 보면 족히 괴이한 일도 아니다. 오늘날 문명을 자긍(自矜)하고 있는 나라도 고대사를 자세히 살펴 열람하면 야만적 습속이 없는 나라가 없고, 현재 실시하는 여러 나라의 형법에 노인과 유아를 유기하는 죄를 벌하지 않는 나라가 없다. 지난 옛날에는 어떤 나라를 막론하고 이 습속이 존재하였음을 족히 증명할 수 있다.

이후 사회가 발달하고 사람의 지혜가 점차 진보하여 농공상업이 의식의 공급에 넉넉하게 되면서, 기로의 습속이 일변하여 노쇠자가 산골짜기 사이로 "스스로 물러나" 한가롭게 지내며, 그 후에 한층 진보하여 은퇴의 습속이 변하여 은거제도가 되었다. 처음에는 노쇠자가 진정으로 산골짜기 사이로 은퇴하였지만, 은거제도가 성립된 후에는 다만 가장의 직분만 자퇴하고 그 가(家)에 전과 다름없이 거주

ᄒᆞ니今日에傳至ᄒᆞᆫ隱居制度가곳是니라食人의時代로브터今日隱居時代에至ᄒᆞᆷ이容易ᄒᆞᆫ듯ᄒᆞ나一朝一夕의變遷이아니라其間에聖賢이輩出ᄒᆞ야道義를開發ᄒᆞ고風俗을改善ᄒᆞᆫ力이不少ᄒᆞᆫ바ㅣ오棄老殺老의俗이人倫人情에違反ᄒᆞᆷ인故로法으로禁制ᄒᆞ고道로敎訓ᄒᆞ야敢히惡習을行치못ᄒᆞ나其父母된老衰者ᄂᆞᆫ自畏ᄒᆞᄂᆞᆫ心이有ᄒᆞ야ᄉᆞᄉᆞ로知機退去ᄒᆞᆷ도有ᄒᆞ니라

以上은隱居制度의變革을講了ᄒᆞᆫ바ㅣ나其例證으로印度古法을參照ᄒᆞᆯ진대人의生涯를三期에分ᄒᆞ야其第一期를學生時期、第二期를家長時期、第三期를獨居時期로定ᄒᆞ니此第三期ᄂᆞᆫ卽隱居時期라「메뉴」法典第六章에隱居에關ᄒᆞᆫ規定을詳密히ᄒᆞ얏ᄉᆞ니此法典을依ᄒᆞ야도老衰無用者ᄂᆞᆫ山野에遺棄退隱ᄒᆞᆷ을可證ᄒᆞᆯ지라其第六章第二節에曰

凡一家의長으로其筋節의寬緩ᄒᆞᆷ을自覺ᄒᆞ고其髮의垂白ᄒᆞᆷ을見ᄒᆞ며又自巳의子의子(孫)를見ᄒᆞᆷ에至ᄒᆞᆫ時ᄂᆞᆫ森林에退去ᄒᆞᆷ이可ᄒᆞᆷ

又其第三節에曰

市府에셔食ᄒᆞ던總食料를棄ᄒᆞ며自巳의家에셔使用ᄒᆞ던總器具를棄ᄒᆞ며自

하는 것으로 되었다. 오늘날에 전해진 은거제도가 이것이다. 식인의 시대부터 오늘날 은거시대에 이른 것이 쉬운 듯하나, 단시일의 변천이 아니다. 그 사이에 성현이 배출되어 도의를 개발하고 풍속을 개선한 효력이 적지 않았고, 기로·살로의 습속이 인정과 인륜에 위반되기 때문에, 법으로 금제(禁制)하고 도(道)로 교훈하여 감히 악습을 행하지 못하였던 것이다. 그러나 그 부모된 노쇠자는 스스로 두려워하는 마음이 있어 스스로 퇴거할 시기를 아는 경우도 있었다.

이상은 은거제도의 변혁을 해설한 것이다. 그러나 그 예증(例證)으로 인도 고법을 참조해 보면, 사람의 생애를 3기로 구분하여 그 제1기를 학생시기, 제2기를 가장시기, 제3기를 독거시기로 정하였다. 이 제3기는 곧 은거시기이다. 〈메뉴〉 법전[1] 제6장에 은거에 관한 규정을 상세하게 두었다. 이 법전에 의해서도 노쇠하여 무용한 사람이 산야(山野)에 유기되고 은퇴하는 것을 증명하기에 충분하다. 그 제6장 제2절에 말하기를

> 무릇 일가의 장(長)으로서 스스로 그 근절(筋節)을 편히 쉬게 함을 스스로 깨닫고 그 머리가 희어진 것을 보며, 노 자기의 사(孫)를 보기에 이르게 된 때에는 삼림으로 퇴거할 수 있다.

또 그 제3절에 말하기를

> 도시에서 먹을 수 있는 모든 식료를 버리고, 자기의 가(家)에서 사용하는 모든 기구를 버리고, 자

1 Manu법전을 가리킨다.

己의妻를自己의子의保護에託ᄒᆞ고寂寥ᄒᆞᆫ林中에退去ᄒᆞᆷ이可ᄒᆞᆷ但自己의妻가同伴ᄒᆞᆷ을望ᄒᆞᆯ時ᄂᆞᆫ此를携帶ᄒᆞᆷ을得ᄒᆞᆷ이라ᄒᆞ니라

大抵家長을相續ᄒᆞᄂᆞᆫ者ᄂᆞᆫ家族의一員으로出生ᄒᆞᆫ者ㅣ아니면不得호대特別ᄒᆞᆫ境遇에ᄂᆞᆫ養子ㅣ라ᄒᆞᄂᆞᆫ假設의血族으로自然의血族을代ᄒᆞ야祖先의祭祀를繼續ᄒᆞ얏스며希臘人은奇異ᄒᆞᆫ風習이有ᄒᆞ니死亡者가女子를遺留ᄒᆞᆫ時ᄂᆞᆫ其女子가相續人이되나最近親과結婚치아니치못ᄒᆞᄂᆞ니此女子를「에피구러루」라稱ᄒᆞ고近親結婚의權을「에피지가시아」라稱ᄒᆞ야此權利가甚히有力ᄒᆞ야其女子가他人의게出嫁ᄒᆞᆫ後라도其相續을拋棄ᄒᆞ기前에ᄂᆞᆫ前夫와離異ᄒᆞ고最近親과婚姻치아니치못ᄒᆞ며其女子와最近親間에生子ᄒᆞ야其子가成年에達ᄒᆞ면其祖父의相續人이되야財產을取得ᄒᆞ고祭祀를担任ᄒᆞ야其家를眞正ᄒᆞᆫ血統으로永續케ᄒᆞ며印度古代에ᄂᆞᆫ相續人을得ᄒᆞ기爲ᄒᆞ야其血族의一人으로써夫의地位를交換케ᄒᆞᆯ事로「메뉴」法典에詳細이規定ᄒᆞ얏스니此等은祖先의祭祀를繼奉ᄒᆞᄂᆞᆫ血統의相續人을重要히ᄒᆞᄂᆞᆫ結果로如何ᄒᆞᆫ方法을用ᄒᆞ야도不厭ᄒᆞᄂᆞᆫ아리

기의 처를 자기의 자(子)의 보호에 맡기고 적막한 숲속에 퇴거할 수 있다. 다만 자기의 처가 동반을 희망할 때는 이를 데리고 갈 수 있다.

무릇 가장을 상속하는 사람은 가족의 일원으로 출생한 사람이어야 한다. 그러나 특별한 경우에는 양자라고 하는 가설의 혈족으로 자연의 혈족을 갈음하여 선조의 제사를 계속하였다. "그리스"인은 기이한 풍습을 가지고 있었다. 사망자가 여자를 남겨두었을 때는 그 여자가 상속인으로 되나, 최근친과 결혼해야 했다. 이 여자를 '에피구러루'[1]라 불렀고, 최근친의 결혼권을 '에피지가시아'[2]라 일컬었으며, 이 권리가 매우 유력하여 그 여자가 타인에게 출가한 후일지라도, 그 상속을 포기하기 전에는 전부(前夫)와 이혼하고 최근친과 혼인해야 했다. 그 여자와 최근친 사이에 자(子)가 출생하여 그 자(子)가 성년에 달하면, 그 조부의 상속인이 되어 재산을 취득하고 제사를 담당하고, 그 가(家)를 진정한 혈통으로 영속하게 하였다. 인도 고법에는 상속인을 얻기 위해 그 혈족의 1인으로써 부(夫)의 지위를 교환하게 하는 것으로 〈메뉴〉 법전에 상세히 규정하였다. 이들은 선조의 제사를 계승하는 혈통상속인을 중요시한 결과로 어떠한 방법을 써서라도 마다하지 아니한 아리

1 이 교과서의 저술에 참고하였던 오쿠다 요시토(奥田義人), 《民法相續法論》(有斐閣書房, 明治31(1897)), 22頁에는 épiclère라는 병기가 있다.
2 위의 책에 따르면 επνδ νχαδνα이다.

안ㅣ人種의特性이나奇異ᄒᆞᆫ規模라云ᄒᆞ리로다

古代의日耳曼人은遺言의方法이無고오즉家族만相續ᄒᆞ얏스며瑞西及蘇格蘭의古法에도亦然ᄒᆞ니遺言을人定法上의制度라ᄒᆞ고或은自然法上의制度라ᄒᆞ야遺言은自然에合ᄒᆞ야何處何代던지存在ᄒᆞ얏다主張ᄒᆞᆷ은危險ᄒᆞᆫ學說이오歷史上事實과吻合치아니ᄒᆞ며遺言은羅馬法에셔始傳ᄒᆞᆫ바ㅣ니羅馬에ᄂᆞᆫ家父가血統의相續人이無ᄒᆞ야或他人을相續人으로指定코져ᄒᆞ면國民議會의承認을得ᄒᆞᄂᆞ니此ᄂᆞᆫ養子制度와酷似ᄒᆞ며議會에叅加ᄒᆞᆯ權利가無ᄒᆞᆫ者卽平民은生存中에其財產을都賣ᄒᆞ야買主가相續人이되더니쥬스지니안帝時代에至ᄒᆞ야法度가大備ᄒᆞ야其敎科書「인스도지유도」에遺言遺贈及無遺言相續을規定ᄒᆞ얏스니相續은死亡에基因ᄒᆞᆯ뿐아니라生存中에도許多原因이有ᄒᆞ며無遺言相續은遺言이無ᄒᆞᆫ境遇에만限ᄒᆞ야遺言이無ᄒᆞᆫ明証을要ᄒᆞ얏고遺言規式은平時와戰時를區別ᄒᆞ야平時에ᄂᆞᆫ特別會議로行ᄒᆞ고戰時에ᄂᆞᆫ武裝ᄒᆞᆫ軍隊前에셔行ᄒᆞ얏스며證人의署名을要ᄒᆞ고成票捺印도要ᄒᆞ얏ᄂᆞ니라

안 인종의 특성이나, 기이한 본보기라 이를만하다.

고대의 게르만인은 유언의 방법이 없고 오직 가족만 상속하였으며, 스위스와 스코틀랜드의 고법도 또한 그러하다. 유언을 인정법상의 제도라 하거나 또는 자연법상의 제도라 하여 유언은 자연에 부합하며 어떤 곳 어떤 시대든지 존재하였다고 주장하는 것은 위험한 학설이고, 역사상 사실과 맞지 않는다. 유언은 로마법에서 시작되어 전해진 것이다. 로마법에서는 가부(家父)가 혈통상속인이 없거나 또는 타인을 상속인으로 지정하고자 하면 국민의회[1]의 승인을 얻어야 했다. 이는 양자제도와 아주 유사하며 의회에 참가할 권리가 없는 사람 즉 평민[2]은 생존 중에 그 재산을 전부 매각하여 매수인을 상속인으로 하였다. 쥬스지니안 황제[3] 시대에 이르러 법도가 크게 정비되어, 그 교과서 〈인스도지유도〉[4]에 유언상속과 무유언상속을 규정하였다, 상속은 사망에 기인할 뿐만 아니라 생존 중에도 여러 원인이 있으며, 무유언상속은 유언이 없는 경우에만 한정하여 유언이 없는 명백한 증명을 필요로 하였고, 유언방식은 평시와 전시를 구별하여, 평시에는 특별회의에서 하고 전시에는 무장한 군대에서 했으며, 증인의 서명을 요구하고 서명날인도 필요하였다.

1 위의 책(22頁)에서 comitiis curia를 국민의회로 번역한 것을 그대로 따른 것이다.
2 위의 책(23頁)에서는 plebéiens라는 말을 덧붙이고 있다.
3 Justinianus 황제를 가리킨다.
4 Institutiones를 가리킨다.

佛。蘭。西。는古昔「ᄭᅩ루」人의住處ㅣ니羅馬人의게征服ᄒᆞᆫ바ㅣ되얏스나從來의慣習이羅馬法을對抗ᄒᆞᆷ은奇異ᄒᆞᆫ現象이라羅馬法은前述ᄒᆞᆷ과ᄀᆞᆺ치死亡者의意思로定ᄒᆞᆫ遺言相續과法律로創定ᄒᆞᆫ無遺言相續이有ᄒᆞ야其中無遺言相續은非常ᄒᆞᆫ恩典이有ᄒᆞ야遺言이有ᄒᆞ면相續人으로必定ᄒᆞ고全히死亡者의身分을代襲ᄒᆞ며其債務에對ᄒᆞ야無限責任을負担케ᄒᆞᆷ이나此法의精神이南部成文法地方에行ᄒᆞ나北部慣習法地方에ᄂᆞᆫ不行ᄒᆞ야最近親의法定相續만行ᄒᆞ고遺言은不行ᄒᆞ야相續人은다만神이造ᄒᆞ고人이造ᄒᆞᆷ이아니라ᄒᆞᄂᆞᆫ格言이有ᄒᆞ야人의意思로受贈者ᄂᆞᆫ設定ᄒᆞ나相續人은設定치못ᄒᆞᆫ바ㅣ니一國內에法律의各異ᄒᆞᆷ이如此ᄒᆞ며大革命後에民法을編成ᄒᆞᆷ에當ᄒᆞ야遺言處分을贈與章에規定ᄒᆞ고相續章에ᄂᆞᆫ規定치아니ᄒᆞ며遺贈을受ᄒᆞᄂᆞᆫ者와贈與를受ᄒᆞᄂᆞᆫ者를多少同視ᄒᆞ나相續人으로ᄂᆞᆫ不許ᄒᆞ니라

德。國。의古法은羅馬法과相異ᄒᆞ야日耳曼蠻族의慣習을從ᄒᆞ야死亡者의遺言處分을不定ᄒᆞ고「ᄭᅩ루」人의慣習과如ᄒᆞ야子ᄂᆞᆫ父의相續人이되고無子ᄒᆞᆫ時ᄂᆞᆫ其

프랑스는 고대 '꼬루(col)'인이 살던 땅인데, 로마인에게 정복되었으면서도, 종래의 관습이 로마법에 대항하였다는 것은 기이한 현상이었다. 로마법에는 전술한 바와 같이 사망자의 의사로 정한 유언상속과 법률로 규정한 무유언상속이 있었다. 그 중 무유언상속은 비상한 특혜가 있었고, 유언이 있으면 상속인을 반드시 정하고 사망자의 신분을 전부 이어서 물려받으며 그 채무에 대해 무한책임을 부담하게 하였다. 그러나 이 법의 정신은 남부 성문법지방에서는 행해졌으나, 북부 관습법지방에서는 전해지지 않고 최근친의 법정상속만 시행되고 유언은 행해지지 아니하여 "상속인은 다만 신이 만들고 사람이 만들지 않는다"고 하는 격언이 있었으며, 사람의 의사로 수증자는 설정하나 상속인은 설정할 수 없었다. 일국 내에 법률의 서로 다름이 이와 같았다. 대혁명 후에 민법을 편성하면서 유언처분을 증여의 장에 규정하고, 상속의 장에는 규정하지 아니하였으며, 유증을 받는 사람과 증여를 받는 사람을 다소 동일시하나, 상속인으로는 허락하지 아니하였다.

독일의 고법은 로마법과 상이하여 게르만 야만족의 관습에 따라, 사망자의 유언처분을 규정하지 않았다. '꼬루'인의 관습과 같이 자(子)는 부(父)의 상속인이 되며, 자가 없을 때는 그

親等을隨ᄒᆞ야最近親族이되고神만相續人을造ᄒᆞ고人은造치못ᄒᆞᆫ다ᄒᆞᄂᆞᆫ格言이行ᄒᆞ야他人은相續權이無ᄒᆞ더니其後羅馬法의影響을漸受ᄒᆞ야遺言處分으로死亡者의財産을移轉ᄒᆞᆷ을承認ᄒᆞ야死亡者의遺産을幾分은法定順位를從ᄒᆞ고幾分은遺言者의意思를從ᄒᆞ며幾分은締結ᄒᆞᆫ契約을從ᄒᆞᄂᆞ니라

日本에ᄂᆞᆫ其沿革이我國과恰似ᄒᆞ니社會의單位ᄂᆞᆫ一家오一家ᄂᆞᆫ法人과如ᄒᆞ야權利義務의主體로想像ᄒᆞ야古代에ᄂᆞᆫ祖先의祭祀를尊奉ᄒᆞ야奉祀ᄒᆞᄂᆞᆫ者가卽相續人이되여奉祀ᄒᆞᄂᆞᆫ權이有ᄒᆞ며一家의財産을繼承ᄒᆞ고家屬은身分上及財産上에何等의權利가無ᄒᆞ며相續의順序ᄂᆞᆫ長幼嫡庶男女를從ᄒᆞ얏더니中古에至ᄒᆞ야遺産相續을始認ᄒᆞ야父가生存中에遺言或贈與로處分치아니ᄒᆞᆫ時ᄂᆞᆫ他家族의게도奴婢田宅을差等으로分配ᄒᆞ고養子法이有ᄒᆞ야實子와相續權이同ᄒᆞ고近代에至ᄒᆞ야家族의另有財産制度가有ᄒᆞ얏스나明治二十年ᄭᆞ지家族의財産은其同居別居를不問ᄒᆞ고公證記名이有ᄒᆞᆫ公債證書及賣買讓與의規則이有ᄒᆞᆫ建築物、船舶을除ᄒᆞᆫ外에ᄂᆞᆫ戶主의게總歸케ᄒᆞ얏스며相續人은被相續人과同家를要ᄒᆞ야舊民法에도規定ᄒᆞ얏고戶主가退隱ᄒᆞᆫ時에開始ᄒᆞᄂᆞᆫ隱居相續

촌수에 따라 최근친족이 상속인으로 되고, 신만이 상속인을 만들고 사람은 만들지 못한다고 하는 격언이 시행되었으며 타인은 상속권이 없었다. 그 후 점차 로마법의 영향을 받아 유언처분으로 사망자의 재산을 이전하는 것을 승인하게 되었다. 사망자의 유산을 어떤 부분은 법정순위를 따르게 하고, 어떤 부분은 유언자의 의사를 따랐으며, 어떤 부분은 체결한 계약을 따르도록 하였다.

일본에서는 그 연혁이 우리나라와 흡사하여 사회의 단위는 일가이고 일가는 법인과 같아 권리의무의 주체로 간주되었다. 고대에는 선조의 제사를 존경하여 받들어 봉사하는 사람이 곧 상속인이 되어 봉사하는 권리가 있었으며, 일가의 재산을 승계하고, 가족은 신분상 및 재산상에 어떠한 권리도 없었으며, 상속의 순서는 장유·적서·남녀를 따랐다. 중세에 이르러 유산상속이 처음으로 인정되었다. 부가 생존 중에 유언 또는 증여로 처분하지 아니한 때에는 다른 가족에게도 노비와 전댁을 차등 있게 분배하였다. 양자법이 있었으며 양자는 실자와 상속권이 같았다. 근대에 이르러 가족의 개별소유재산제도가 있었으나, 메이지 20(1887)년까지 가족의 재산은 그 동거·별거를 불문하고 공증기명이 있는 공채증서와 매매양도의 규칙이 있는 건축물, 선박을 제외하고는 호주에게 모두 귀속되는 것으로 하였다. 상속인은 피상속인과 동일 가족이어야 하였다. 이는 구민법[1]에도 규정되었다. 호주가 은퇴한 때에 개시하는 "은거상속"

1 메이지 21년(1888)의 신민법 초안을 토대로 메이지 23년(1890)에 제정된 민법이다. 법전논쟁의 결과 그 시행이 연기되고 끝내 시행되지 못하였다.

과戶主가無子死亡ᄒᆞᆫ時에其權利義務ᄅᆞᆯ承繼ᄒᆞᄂᆞᆫ死跡相續과廢家에屬ᄒᆞᆫ權利義務ᄅᆞᆯ承繼ᄒᆞᄂᆞᆫ家名相續이有ᄒᆞ나幷히家督相續의一變体에不過ᄒᆞᆫ바ㅣ러니現今新民法을頒布ᄒᆞᆫ後로歐洲制度ᄅᆞᆯ多數模倣ᄒᆞ야個人時代로漸向코져ᄒᆞ나家長身分을繼受ᄒᆞᄂᆞᆫ家督相續을首章에規定ᄒᆞ야東洋家族制度의特定ᄅᆞᆯ表示ᄒᆞ고腕力時代에行ᄒᆞ던隱居의例가有ᄒᆞ며男子優先權이有ᄒᆞ대特別ᄒᆞᆫ條件으로家督相續人을指定ᄒᆞ고各個人이財産을另有ᄒᆞ며戶主及家族이遺留分을不侵ᄒᆞᄂᆞᆫ範圍內에ᄂᆞᆫ自由로遺言으로써財産을贈與ᄒᆞᄂᆞ니라

最近의編纂으로秩序가有ᄒᆞ고論理에適合ᄒᆞ며應用에得當ᄒᆞᆫ德國相續法과東西ᄅᆞᆯ斟酌ᄒᆞ고古今을叅照ᄒᆞ야採長補短ᄒᆞᆫ日本新相續法의編纂體裁ᄅᆞᆯ對照ᄒᆞᆯ진ᄃᆡ곳如左ᄒᆞ니라

德國相續法은民法第五編에規定ᄒᆞ야九章에分ᄒᆞ니(一)相續이니即總則으로全編에通用ᄒᆞᄂᆞᆫ規定이오(二)相續人의法律上地位니即相續의効力이오(三)遺言이니最終意思의處分이오(四)相續契約이니相續人의設定及抛棄ᄅᆞᆯ契約ᄒᆞᆷ이오(五)遺留分이니相續人이依例히繼受ᄒᆞᆯ財産이오(六)相續의無効오

과 호주가 무자(無子)로 사망한 때에 그 권리의무를 승계하는 "사적상속(死跡相續)"과 폐가에 속한 권리의무를 승계하는 "가명상속(家名相續)"이 있었으나, 모두 가독상속의 한낱 변형에 불과하다. 현행 신민법[1]을 공포한 후로 유럽제도를 다수 모방하여 개인시대로 점차 나아가고자 한다. 그러나 가장의 신분을 계수하는 가독상속을 맨 앞 장에 규정하여 동양 가족제도의 특질을 나타내고, 완력시대에 행해지던 은거의 예가 있다. 남자 우선권이 있으면서도 특별한 조건으로 가독상속인을 지정하고, 각 개인이 재산을 따로 소유하며, 호주와 가족이 유류분을 침해하지 않는 범위 내에서는 자유로이 재산을 증여할 수 있다.

최근의 편찬으로 질서가 있고 논리에 적합하며 응용에 마땅한 것을 얻은 독일 상속법과 동서를 짐작하고 고금을 참조하여 장점을 채택하고 단점을 보완한 일본 신민법의 편찬 체제를 대조해 보면 다음과 같다.

"독일상속법"은 민법 제5편에 규정하여 9장으로 구분한다. 〈1〉 상속이다. 즉 총칙으로 전편에 적용되는 규정이다. 〈2〉 상속인의 법률상의 지위이다. 즉 상속의 효력이다. 〈3〉 유언이다. 최종의사의 처분이다. 〈4〉 상속계약이다. 상속인의 설정과 포기를 계약하는 것이다. 〈5〉 유류분이다. 상속인이 예에 따라 이어받을 재산이다. 〈6〉 상속의 무효이다.

1 메이지 31년(1898) 7월 16일부터 시행된 민법을 말한다. 메이지 민법 제1편부터 제3편은 메이지 29년(1896) 법률 제289호로, 제4편 친족 제5편 상속은 메이지 31년(1898) 법률 제9호로 공포되었다.

（七）相續의拋棄오（八）相續證明書오（九）相續財産買賣이며日本相續法도最終第五編에規定ᄒᆞ야七章에分ᄒᆞ니（一）家督相續（二）遺産相續（三）相續의承認及拋棄（四）財産의分離（五）相續人의曠缺（六）遺言（七）遺留分이니라

第二　相續法의主義

近世相續에對ᄒᆞ야非常히過激ᄒᆞᆫ議論을唱道ᄒᆞ야相續權의全廢ᄅᆞᆯ主張ᄒᆞᄂᆞᆫ學者가有ᄒᆞ니其說에曰凡人이一死ᄒᆞ면自己所有財産을仍有ᄒᆞᄂᆞᆫ者ㅣ아니라即人은死亡ᄒᆞᆷ과同時에諸般能力을喪失ᄒᆞ야此에隨伴ᄒᆞᆫ一切義務도消滅ᄒᆞᄂᆞ니天帝가人命을旣奪ᄒᆞ고豈獨其財産權만奪去치아니ᄒᆞ리오然則人의父된者가生前에取得ᄒᆞᆫ財産은其子의게相傳ᄒᆞᆯ確實ᄒᆞᆫ理由가無ᄒᆞ다云ᄒᆞ니此等學者의法制意見을忖度ᄒᆞᆯ진ᄃᆡ死者의財産은公共財産으로編入ᄒᆞ야貧民을救助ᄒᆞᄂᆞᆫ資料로認做ᄒᆞ야各人의財産을均一케ᄒᆞᆷ을期ᄒᆞᄂᆞᆫ者ㅣ니此說이一種社會主義ᄅᆞᆯ主張ᄒᆞᄂᆞᆫ學者의唱道ᄒᆞᆫ바로一見ᄒᆞᆷ에快濶ᄒᆞ나其不當失正ᄒᆞᆷ은容易히知得ᄒᆞᆯ바ㅣ라元來父子의關係됨이其愛情을言ᄒᆞᆯ진ᄃᆡ一體ᄅᆞᆯ便成ᄒᆞ야他愛情에比ᄒᆞ면一層有力ᄒᆞᆫ바ㅣ니論者의說을從ᄒᆞ야父가生前取得ᄒᆞᆫ財産을其子의게相

〈7〉 상속의 포기이다. 〈8〉 상속증명서이다. 〈9〉 상속재산매매이다. "일본상속법"도 최종 제5편에 규정하며 7장으로 구분한다. 〈1〉 가독상속, 〈2〉 유산상속, 〈3〉 상속의 승인과 포기, 〈4〉 재산의 분리, 〈5〉 상속인부존재, 〈6〉 유언, 〈7〉 유류분이다.

II. 상속법의 주의

근래 상속에 대해 매우 과격한 의론을 주장하여 상속권의 전면 폐지를 주장하는 학자가 있다. 그 학설에서는 '대범 사람이 한번 죽으면 자기 소유의 재산을 계속 보유하는 것이 아니다. 즉 사람은 사망과 동시에 제반 능력을 상실하며 이에 따른 일체의 의무도 소멸한다. 하느님이 인명을 이미 박탈하고 어찌 홀로 그 재산권만 빼앗아가지 않겠는가? 그렇다면 사람의 아비된 사람이 생전에 취득한 재산을 그 자(子)에게 대대로 이어 전해야 할 확실한 이유는 없다'고 말한다. 이들 학자의 법제 의견을 미루어 짐작해 보면, 사자의 재산은 공공재산으로 편입되어 빈민을 구조하는 자료로 간주하며, 각각의 사람들의 재산을 균일하게 하려는 것을 기약하는 것이다. 이 학설은 일종의 사회주의를 주장하는 학자가 창조한 것으로 언뜻 보면 쾌활하나, 그 부당함과 바름을 잃고 있음을 쉽게 알 수 있다. 원래 부자관계를 그 애정으로 말하더라도 일체를 이루어 다른 애정에 비하여 한층 유력하다. 논자의 학설을 따라 부(父)가 생전에 취득한 재산을 그 자(子)에게 대대로 이어

傳치못ᄒᆞ면其結果가人의愛情을攪亂ᄒᆞᆷ이非常ᄒᆞ고此說이實行ᄒᆞ야相續이廢止ᄒᆞ면人類ᄂᆞᆫ從前과ᄀᆞᆺ치勤勞치아니ᄒᆞᆯ지오節儉貯蓄의精神을抛棄ᄒᆞ야社會의秩序安寧을顧念치아니ᄒᆞᆷ이必定ᄒᆞᆫ바ㅣ며又況子된者의地位ᄅᆞᆯ回顧ᄒᆞᆯ진대親族의關係ᄅᆞᆯ斷絶ᄒᆞ기前에ᄂᆞᆫ父가其子의게遺産을不傳ᄒᆞᄂᆞᆫ非理ᄅᆞᆯ可論ᄒᆞᆯ바ㅣ니盖子ᄂᆞᆫ父의貧富ᄅᆞᆯ從ᄒᆞ야相當ᄒᆞᆫ生活을享有ᄒᆞ다가一朝에失怙ᄒᆞᆷ으로總財産이公共事業에投入ᄒᆞᆯ진대其子ᄂᆞᆫ生計ᄅᆞᆯ遽失ᄒᆞ야慘境에至ᄒᆞᆯ지니一國法制의結果가如斯ᄒᆞᆫ狀態ᄅᆞᆯ惹起ᄒᆞ면엇지良法이라稱ᄒᆞ며又社會上을觀察ᄒᆞᆯ지라도世人은相續以外의方法即賣買或贈與等行爲로生存中에子女ᄅᆞᆯ爲ᄒᆞ야其財産을處分ᄒᆞ리니立法者ᄂᆞᆫ相續權禁遏의目的을達ᄒᆞ기不能ᄒᆞ며財産의平分을希望ᄒᆞᄂᆞᆫ者ᄂᆞᆫ快豁ᄒᆞ다稱ᄒᆞᆯ지나相續權을廢止ᄒᆞᆷ에至ᄒᆞ면此이詐欺의導火線이되여社會道德을頹敗ᄒᆞᆯ지오其結果가通商交換의途ᄅᆞᆯ杜絶ᄒᆞ야殖産興業이此ᄅᆞᆯ因ᄒᆞ야萎靡ᄒᆞ면社會國家의事業은玆에終ᄒᆞ리니由此觀之면相續權廢止說을可히써言ᄒᆞᆯ지언졍可히써行치못ᄒᆞᆯ지오相續權存立의必要ᄂᆞᆫ多言을不

전하지 못하게 된다면, 그 결과 사람의 애정을 어지럽히는 것이 비상하다. 이 학설이 실행되어 상속이 폐지되면, 인류는 종전과 같이 근로하지 아니할 것이고, 근검절약하여 저축하는 정신을 포기하여 사회의 질서와 안녕을 돌아보고 생각하지 아니할 것은 필연적이다. 또한 이에 자(子)인 사람의 지위를 돌아보더라도, 친족관계를 단절하기 전에는 부(父)가 그 자(子)에게 유산을 전하지 않는 비리를 떠들어댈 만하다. 무릇 자(子)는 부(父)의 빈부를 따라 상당한 생활을 향유하다가 하루아침에 아비를 잃고 모든 재산이 공공사업에 투입된다면, 그 자(子)는 생계를 갑자기 상실하여 참혹한 지경에 이르게 될 것이다. 일국의 법제 결과가 이와 같은 상태를 야기하면, 어찌 좋은 법이라 일컬으며, 또한 사회적으로 관찰할지라도 세상 사람은 상속 이외의 방법 즉 매매나 증여 등의 행위로 생존 중에 자녀를 위해 그 재산을 처분할 것이다. 입법자는 상속권 금지의 목적을 달성할 수 없으며, 재산의 평분을 희망하는 사람은 쾌활하다고 일컬을 것이나, 상속권을 폐지하게 되면 이것이 사기의 도화선이 되어 사회도덕을 무너뜨리게 될 것이다. 그 결과 통상·교환의 방도를 막고 끊어 생산을 늘리고 산업을 일으키는 것이 이에 따라 쇠미해지면 사회·국가의 사업은 이에 종료될 것이다. 이에 따라 살펴보면 상속권 폐지설을 말할 수는 있을지언정 행할 수는 없다 할 것이다. 상속권 존립의 필요는 여러 말을

待ᄒᆞ고可히明白ᄒᆞᆫ바ㅣ라相續權의基礎에對ᄒᆞ야或은自然法으로立論ᄒᆞᄂᆞᆫ者도有ᄒᆞ며或은自然의條理라云ᄒᆞ야相續權의廢止說을主唱ᄒᆞ니其所說에曰法律은人의父된者의게其子女를養育ᄒᆞᆷ을命ᄒᆞ나父의財産을其子女의게相續케ᄒᆞᆷ을命ᄒᆞᆯ바ㅣ아니니勞力을因ᄒᆞ야得ᄒᆞᆫ財産을其子女의게相續치아니치못ᄒᆞᆯ理由가업다云ᄒᆞ며又曰個人의權利ᄂᆞᆫ其身의死亡과共滅ᄒᆞ야義務도亦同ᄒᆞ니故로自然의法理로人이死亡ᄒᆞᆯ時ᄂᆞᆫ其遺産을子女의게傳ᄒᆞᆯ義務가無ᄒᆞ며傳授ᄒᆞᆯ確實ᄒᆞᆫ證據도無ᄒᆞ다云ᄒᆞ나前說의論駁을不免ᄒᆞᆯ자니라

以上諸說은首肯ᄒᆞᆯ價値가無ᄒᆞ나國家가個人의勤務의結果로取得ᄒᆞᆫ財産을確實ᄒᆞᆫ方法으로永遠保存케ᄒᆞ랴면相續法을規定ᄒᆞ야相續權을確認ᄒᆞᆯ지라然이나其確認ᄒᆞᄂᆞᆫ理由에至ᄒᆞ야學說이亦多ᄒᆞ니左에此를分說코져ᄒᆞ노라

(一)先占說、所有權은吾人의名譽生命과갓치一生에結終ᄒᆞᄂᆞᆫ者ㅣ라故로財産의所有者가其死後에ᄂᆞᆫ處分權이無ᄒᆞ야其財産이暫時無主物에屬ᄒᆞᆫ즉其尸床邊의近待者가先占ᄒᆞᄂᆞᆫ權이라云ᄒᆞ니果然此說과如ᄒᆞᆯ진ᄃᆡ血統의聯結은不問ᄒᆞ고婢僕看護人等이라도床邊에近待ᄒᆞ얏스면先占의權으로相續權이

기다리지 않고도 명백하다고 할 수 있다. 상속권의 기초에 대해 더러는 자연법으로 입론하는 사람도 있으며, 더러는 자연의 조리라고 말하며 상속권의 폐지를 주장하기도 한다. 그 학설에서는 법률은 사람의 아비된 사람에게 그 자녀를 양육할 것을 명령하나, 부(父)의 재산을 그 자녀에게 상속하게 할 것을 명령하지 아니하므로, 노동력을 원인으로 하여 얻은 재산을 그 자녀에게 상속시켜야 할 이유가 없다고 말한다. 또한 개인의 권리는 그 자신의 사망과 함께 소멸하며 의무도 또한 같다. 따라서 자연의 법리로 사람이 사망할 때는 그 유산을 자녀에게 전할 의무가 없으며 전수할 확실한 증거도 없다고 말하나, 앞에서 설명한 논박을 면할 수 없다.

이상의 여러 학설은 수긍할 가치가 없다. 그러나 국가가 개인의 근로의 결과로 취득한 재산을 확실한 방법으로 영원히 보존하게 하려면, 상속법을 규정하고 상속권을 확실하게 인정해야 한다. 그렇지만 그 인정하는 이유에 관해서는 학설이 또한 많다. 다음에 이를 나누어 설명하고자 한다.

〈1〉 선점설

소유권은 우리의 명예·생명과 같이 일생에 종결되는 것이다. 따라서 재산의 소유자가 그 사후에는 처분권이 없고 그 재산이 잠시 무주물에 속하게 되어, 그 주검의 침상 옆 가까이에서 모시던 사람이 선점하는 권리라는 견해이다. 과연 이 학설과 같다면, 혈통의 연결은 불문하고 노비나 간호인 등일지라도, 침상 옆에서 가까이 모셨으면 선점의 권리로 상속권이

有ᄒᆞ야哀毁悲悼의情은爭鬪掠奪間에埋沒ᄒᆞ야順良의風俗이弱肉强食의蠻風으로變ᄒᆞ리니社會의安寧은如何히保持ᄒᆞ며經濟影響은如何며誰가能히日夜로黽勉努力ᄒᆞ야爲子孫計에留意ᄒᆞ리오

(二)報酬說、相續權은子女가父의威權下에服從ᄒᆞᄂᆞᆫ報償이며또父가子女의勞力을因ᄒᆞ야取得ᄒᆞᆫ財産을其子女의게復還ᄒᆞᄂᆞᆫ方法으로附與ᄒᆞᆫ權利라ᄒᆞ니此論이羅馬古代에家長權이旺盛ᄒᆞ야財産은一家의共有로家長이其財産을管理ᄒᆞᄂᆞᆫ時代의學說과相似ᄒᆞ야哲學上에ᄂᆞᆫ幾分의價値가有ᄒᆞᆯ지라도實用上에ᄂᆞᆫ寸毫의利益이無ᄒᆞ니라

(三)一身說、父子ᄂᆞᆫ便同一身이니相續人은亡人의肉體上代表者로其身體髮膚와갓치所有財産도또ᄒᆞᆫ其父의게傳受ᄒᆞᄂᆞᆫ者ㅣ라云ᄒᆞᄂᆞᆫ一種怪論으로採用ᄒᆞᆷ에足치못ᄒᆞᆫ者ㅣ니라

(四)始安說、 相續權의根源은國家의基礎로ᄒᆞᄂᆞᆫ者ㅣ라若財産所有가死亡ᄒᆞᆯ時마다其相續者가確定치못ᄒᆞ면財産이荒蕪ᄒᆞ고親戚近隣이爭訟을惹起ᄒᆞ며國家의治安을害ᄒᆞ리니故로一國의治安을維持ᄒᆞ기爲ᄒᆞ야財産의所有者

있고, 부모의 죽음에 슬퍼하며 몸을 훼손하고 애도하는 정은 투쟁과 약탈 사이에 매몰되어, 선량한 풍속이 약육강식의 야만 풍속으로 변할 것이다. 사회의 안녕은 어찌 보전하여 유지하며, 경제적 영향은 누가 부지런히 힘써 노력하여 자손을 위한 계책에 마음을 두려고 하겠는가?

〈2〉 보수설

상속권은 자녀가 부의 권위 하에 복종하는 보상이며 또한 부가 자녀의 노동력을 원인으로 하여 취득한 재산을 그 자녀에게 되돌리는 방법으로 부여한 권리라 한다. 이 이론이 로마 고법에 가장권이 왕성하여, 재산은 일가의 공유로서 가장이 그 재산을 관리하던 시대의 학설과 서로 비슷하다. 철학적으로는 어느 정도의 가치가 있을지라도 실용상으로는 조금도 이익이 없다.

〈3〉 일신설

부자는 곧 같은 일신이고, 상속인은 망인의 육체상의 대표자로 그 신체발부와 같이 소유재산도 또한 그 부로부터 전수받는 것이라고 하는 일종의 괴이한 이론으로 채용할 수 없다.

〈4〉 치안설[1]

상속권의 근원은 국가의 기초가 되는 것이다. 만약 재산소유자가 사망할 때마다 그 상속자가 확정되지 못하면, 재산이 황폐해지고 친척과 가까운 이웃이 쟁송을 일으키며, 국가의 치안을 해하게 된다. 그러므로 한 나라의 치안을 유지하기 위해 재산의 소유자가

1 원문은 始安說이나 치안설의 오자이다.

가死亡ᄒᆞᆫ時ᄂᆞᆫ其財產을一時國家에納屬케ᄒᆞᆫ後에國家ᄂᆞᆫ法律로適當ᄒᆞᆫ順序를定ᄒᆞ야其財產을還與ᄒᆞᄂᆞᆫ者ㅣ라云ᄒᆞ니國家의治安을基礎로ᄒᆞᄂᆞᆫ前段의言은正當ᄒᆞᆫ眞理나相續은死者의財產을國家에納ᄒᆞᆫ後에國家가死者의近親의게分與ᄒᆞ다ᄒᆞᄂᆞᆫ後言은贊同키不能ᄒᆞᆯ지라若此說이眞正ᄒᆞ면被相續人의遺言은效力이不生ᄒᆞᆯ지오指定ᄒᆞᆫ相續人도權利가無ᄒᆞ야與不與가國家의隨意라謂ᄒᆞᆯ지로다

(五)愛情說　凡人은生存中에一切財產을隨意處分ᄒᆞᄂᆞᆫ權이有ᄒᆞ고法律은所有者의意思를尊重히ᄒᆞ고또保護ᄒᆞᄂᆞ니所有者가萬若生存中에自己의財產을自己의意思로處分을結了치못ᄒᆞᆫ時ᄂᆞᆫ法律은死者生前의意思를推測ᄒᆞ야其財產을處分ᄒᆞᄂᆞ니死者의意思로處分法을明言ᄒᆞᆫ者ᄂᆞᆫ遺言相續이오死亡後에法律이其意思를推測ᄒᆞ야處分ᄒᆞᄂᆞᆫ者ᄂᆞᆫ無遺言相續이라相續權의歸屬을定ᄒᆞᆷ에當ᄒᆞ야ᄂᆞᆫ死亡者의愛情을推測ᄒᆞ야血統의遠近과親疎를標準ᄒᆞᆷ이라云ᄒᆞ니此說이實際에最適ᄒᆞ고條理에甚近ᄒᆞ도다大凡人이鷄鳴에起ᄒᆞ야勤勤孜孜ᄒᆞ야財產의貯存을經營ᄒᆞᆷ은非但自己生前에飽食煖衣ᄒᆞᆷ을目的ᄒᆞᆯ뿐

사망할 때는, 그 재산을 일시 국가에 귀속하게 한 후에 국가는 법률로 적당한 순서를 정하여 그 재산을 되돌려주는 것이라고 한다. 국가 치안의 기초로 삼기 위한 것이라는 앞부분의 말은 정당한 진리이나, 상속은 사자의 재산을 국가에 헌납하게 한 후에 국가가 사자의 근친에게 분여한다고 하는 뒷부분의 말에는 찬동할 수 없다. 만약 이 학설이 참되고 바르다면, 피상속인의 유언은 효력이 발생할 수 없고, 지정한 상속인도 권리가 없어, 주거나 주지 않는 것이 국가의 임의라고 해야 한다.

〈5〉 애정설

무릇 사람은 생존 중에 일체의 재산을 임의로 처분하는 권리를 가지며, 법률은 소유자의 의사를 존중하고 또한 보호한다. 소유자가 만약 생존 중에 자기의 재산을 자기의 의사로 처분을 마무리하지 못한 때에는, 법률은 사자 생전의 의사를 추측하여 그 재산을 처분한다. 사자의 의사로 처분 방법을 명백히 선언한 것은 유언상속이고, 사망 후에 법률이 그 의사를 추측하여 처분하는 것은 무유언상속이다. 상속권의 귀속을 정할 때에는, 사망자의 애정을 추측하여 혈통의 원근과 친소를 표준으로 한다는 견해이다. 이 학설이 실제에 가장 적합하고 조리에 매우 가깝다. 무릇 사람이 새벽에 일어나서 아주 부지런히 일하고 재산의 저축을 경영하는 것은, 비단 자기 생전에 배불리 먹고 따듯이 입는 것을 목적으로 할 뿐

아니라實로此를子孫의게傳ᄒᆞ야自愛ᄒᆞᄂᆞᆫ者의게付與코저ᄒᆞᆷ이니若此目的을達ᄒᆞ기不能ᄒᆞᆷ을知ᄒᆞ면誰가黽勉就業ᄒᆞ리오此ᄂᆞᆫ實로人情이니國家의立法은社會의安寧繁盛ᄒᆞᆷ을企圖ᄒᆞ고各個人의權利를保護ᄒᆞ야決코權利를妄奪치못ᄒᆞᆯ지라故로人의意思愛情을推測ᄒᆞ야自己가與코져ᄒᆞᄂᆞᆫ人의게與ᄒᆞᆷ을確認ᄒᆞᆯ지니라或時ᄂᆞᆫ此에背馳ᄒᆞ야父子가義傷ᄒᆞ야相愛치아니ᄒᆞᄂᆞᆫ實例도有ᄒᆞ나此ᄂᆞᆫ人倫의反常이니엇지此說을排斥ᄒᆞᄂᆞᆫ理由가되리오 △

世界의相續制度가許多ᄒᆞ나相續財産의移轉規式을見ᄒᆞᆯ진대大凡三種에歸着ᄒᆞ니(一)、強制保存主義(二)、強制分配主義(三)、遺言自由主義가곳是니라

(一)強制保存主義、此主義ᄂᆞᆫ一家의財産은반다시其家를組織ᄒᆞᆫ家族團體의一員의게移轉ᄒᆞ야何財産을毋論ᄒᆞ고一家에屬ᄒᆞᆫ者ᄂᆞᆫ相續人에게盡歸케ᄒᆞ고自由로家族外의人의게移轉ᄒᆞᆷ을不許ᄒᆞᄂᆞᆫ者ㅣ니此相續人은成文及慣習으로指定ᄒᆞᆫ바一定ᄒᆞᆫ資格에限ᄒᆞ야唯一人의年長男子를要ᄒᆞᄂᆞᆫ바ㅣ라然이나男女를不拘ᄒᆞ고年長者만要ᄒᆞᄂᆞᆫ制度도有ᄒᆞ며年長者라도庶子ᄂᆞᆫ不取ᄒᆞᄂᆞᆫ制度도有ᄒᆞ고衆子中賢者를擇定ᄒᆞᄂᆞᆫ制度도有ᄒᆞ며其相續ᄒᆞᄂᆞᆫ財産에對ᄒᆞ

만 아니라, 실은 이를 자손에게 전하여 자기가 사랑하는 사람에게 부여하기 위해서이다. 만약 이 목적을 달성할 수 없다는 것을 안다면, 누가 부지런히 힘써 일에 종사하겠는가? 이는 실로 인정이다. 국가의 입법은 사회의 안녕과 번성을 도모하고 각 개인의 권리를 보호하여 결코 권리를 망령되게 빼앗지 못하는 것이다. 그러므로 사람의 의사·애정을 추측하여 자기가 주고자 하는 사람에게 주는 것을 확정하는 것이다. 때로는 이에 배치되어 부자가 의리를 상하고 서로 사랑하지 않는 실례도 있으나, 이는 인륜의 떳떳한 도리에 어긋나는 것이지 어찌 이 학설을 배척하는 이유가 되겠는가?

세계의 상속제도가 많으나 상속재산의 이전 방식을 살펴보면 대강 세 종류로 귀착된다. 〈1〉 강제보존주의, 〈2〉 강제분배주의, 〈3〉 유언자유주의가 그것이다.

〈1〉 강제보존주의

이 주의는 일가의 재산은 반드시 그 가(家)를 조직하는 가족단체의 일원에게 이선되어야 하며, 어떤 재산을 막론하고 일가에 속하는 사람에게 모두 귀속하게 하고, 자유로이 가족 외의 사람에게 이전하는 것을 허용하지 않는다는 입장이다. 이 상속인은 성문 및 관습으로 지정하는 바이고, 일정한 자격으로 한정하여 오직 일인의 연장인 남자이어야 한다. 그러나 남녀를 불문하고 연장자만을 요구하는 제도도 있으며, 연장자라도 서자(庶子)는 취하지 않는 제도도 있고, 중자(衆子) 중 어진 사람을 선정하는 제도도 있다. 그 상속하는 재산에 대해야ᄂᆞᆫ全部ᄅᆞᆯ相續ᄒᆞᄂᆞᆫ制度도有ᄒᆞ고或은被相續人이前時에遺産으로取得ᄒᆞᆫ財産과特種財産에만限ᄒᆞᄂᆞᆫ制度도有ᄒᆞ대自己도他人의게讓與치못ᄒᆞᄂᆞᆫ世襲。財産이有ᄒᆞ니라

强制保存主義ᄂᆞᆫ歐洲中世의大制度로佛、德、英國에其人民이大勢力을保有ᄒᆞᄂᆞᆫ重要ᄒᆞᆫ社會上의最上權으로認知ᄒᆞ얏스나佛國은各種原因으로强制分配主義ᄅᆞᆯ採用ᄒᆞᆫ바ㅣ니大抵此主義ᄂᆞᆫ封建時代와家族制度時代에行ᄒᆞ던바ㅣ니라

(二)**强制分配主義**、此主義ᄂᆞᆫ國家가財産所有者의意思如何ᄅᆞᆯ不拘ᄒᆞ고强制로其財産을各相續人의게分配ᄒᆞᆷ을命ᄒᆞ야自由分配ᄅᆞᆯ不許ᄒᆞᄂᆞᆫ者ㅣ니佛國에셔一千八百年間에十年間을實行ᄒᆞᆫ지라然而他時代에ᄂᆞᆫ强制로分配ᄒᆞᄂᆞᆫ外에一部分을自由로處分ᄒᆞᆷ을許ᄒᆞ얏스니要ᄒᆞ건대絶對的으로强制分配ᄅᆞᆯ命ᄒᆞ지아니ᄒᆞ나自由處分의部分보다强制部分이多ᄒᆞ면其制度가此主義에屬ᄒᆞ얏다云ᄒᆞᆯ지라此主義의立法도또ᄒᆞᆫ時代ᄅᆞᆯ隨ᄒᆞ야適用이各異ᄒᆞ니佛國民法에子의多少ᄅᆞᆯ因ᄒᆞ야遺留分의多少ᄂᆞᆫ有ᄒᆞ나父의財産의四分의三或半

서는 전부를 상속하는 제도도 있거나 또는 피상속인이 이미 유산으로 취득한 재산과 특종재산에만 한정하는 제도도 있는데 비하여 자기도 타인에게 양도하지 못하는 "세습"재산이 있다.

강제보존주의는 유럽 중세의 큰 제도로 프랑스, 독일, 영국에서는 그 인민이 대 세력을 보유하는 중요한 사회상 최상의 권리로 인정되었다. 그러나 프랑스는 각종 원인으로 강제분배주의를 채용하였다. 대체로 이 주의는 봉건시대와 가족제도시대에 행해졌다.

〈2〉 강제분배주의

이 주의는 국가가 재산소유자의 의사 여하를 불문하고, 강제로 그 재산을 각 상속인에게 분배할 것을 명령하며, 자유분배를 허용하지 않는다. 프랑스에서 1800년대에 10년 동안 실행되었다.[1] 그러나 다른 시대에는 강제로 분배하는 외에 일부분을 자유로이 처분하는 것을 허용하였다. 요컨대 절대적으로 강제분배를 명령하지 아니하나, 자유처분의 부분보다 강제부분이 많으면 그 제도가 이 주의에 속한다고 할 수 있다. 이 주의의 입법도 또한 시대에 따라 적용이 각각 상이하다. 프랑스 민법에서는 자(子)의 많고 적음에 따라 유류분의 다소는 있으나, 부(父)의 재산의 4분의 3 또는 2분의

1 1793년 3월 7일 법률부터 1800년 3월 27일 법률까지이다(奧田義人, 위의 책 15頁).

分을分配치아니치못ᄒᆞ며其分配가반다시平等을要ᄒᆞᆯ바ㅣ아니니年齡과男女ᄅᆞᆯ隨ᄒᆞ야差等이有ᄒᆞ니라

此主義의結果ᄂᆞᆫ父의財產에對ᄒᆞ야兄弟姊妹가纖縷의一片을爭奪홈에至ᄒᆞ야父의自由處分의過度ᄅᆞᆯ制限ᄒᆞ기爲ᄒᆞ야父權의尊嚴홈을害ᄒᆞ며家族이相爭ᄒᆞ야其和睦ᄒᆞᆫ風紀ᄅᆞᆯ損傷ᄒᆞ며社會의衰頹홈을致홈으로佛國의人口減損이其相續制度의不良홈에基因ᄒᆞ얏다痛論ᄒᆞᄂᆞᆫ者도有ᄒᆞ니라

(三)遺言自由主義、此主義ᄂᆞᆫ財產의所有者가子女가多有ᄒᆞ나其財產의幾分을自由로處分ᄒᆞᄂᆞᆫ權이有ᄒᆞᆫ者ㅣ니自由로處分ᄒᆞᄂᆞᆫ部分과遺留分으로必定ᄒᆞᄂᆞᆫ部分의分排多寡ᄅᆞᆯ依ᄒᆞ야遺言自由主義와强制分配主義의制度ᄅᆞᆯ區別ᄒᆞᆯ지니其自由가全部에對홈도有ᄒᆞ고幾分에制限홈도有ᄒᆞ며特殊ᄒᆞᆫ財產에制限홈도有ᄒᆞᄂᆞᆫ此制度가父의權利와家族의需要와國家의繁榮에適合ᄒᆞ다ᄒᆞ야近代에漸次盛行ᄒᆞᄂᆞᆫ바ㅣ니라

第三　相續의種類

相續種類의分別은觀察点을隨ᄒᆞ야數種에分홈을得ᄒᆞᄂᆞ니相續의規式을觀察

1을 분배해야 하며, 그 분배가 반드시 평등해야 하는 것은 아니다. 연령과 남녀에 따라 차등이 있다.

이 주의의 결과는 부(父)의 재산에 대해 형제자매가 헌 누더기 한쪽까지 쟁탈하게 되고, 부(父)의 자유처분을 과도하게 제한하게 되어 부권의 존엄을 해치며, 가족이 서로 다투고 그 화목한 풍속과 기율을 손상하게 하며 사회의 퇴폐를 일으켜, 프랑스의 인구 감손이 그 상속제도의 불량에서 비롯하였다고 통박하는 사람도 있다.

〈3〉 유언자유주의

이 주의는 재산의 소유자가 자녀가 많더라도, 그 재산의 많은 부분을 자유로이 처분하는 권리를 가진다고 한다. 자유로이 처분하는 부분과 반드시 유류분으로 정해야 하는 부분의 분배가 많고 적음에 따라, 유언자유주의와 강제분배주의의 제도를 구별하게 된다. 그 자유가 전부에 대하는 경우도 있고, 일정 부분으로 제한하는 경우도 있으며, 특수한 재산으로 제한하는 경우도 있는 이 제도가, 부(父)의 권리와 가족의 수요 및 국가의 번영에 적합하다고 하여, 점차 근대에 성행하고 있다.

III. 상속의 종류

상속 종류의 분별은 관점에 따라 여러 종류로 구분할 수 있다. 상속의 방식을 관찰

ᄒᆞ야遺言相續과無遺言相續即意思表示ᄅᆞᆯ依ᄒᆞᄂᆞᆫ相續과法律의規定을依ᄒᆞᄂᆞᆫ相續이오相續의目的物로觀察ᄒᆞ야祭祀即奉祀權相續과身分即爵位或家長權의相續과財產權의相續이니左에逐次說明ᄒᆞ노라

(一)遺言相續及無遺言相續、遺言相續은被相續人의意思表示ᄅᆞᆯ因ᄒᆞᆫ即遺言으로相續ᄒᆞᄂᆞᆫ者ㅣ니法律規定上에遺贈이라名ᄒᆞ야死者의一部財產을遺贈ᄒᆞᆷ도有ᄒᆞ고或은全部의財產을遺贈ᄒᆞᆷ도有ᄒᆞ야一部된時ᄂᆞᆫ特定遺贈이라云ᄒᆞ며全部된時ᄂᆞᆫ此ᄅᆞᆯ包括遺贈이라云ᄒᆞᄂᆞ니特定遺贈은被相續人의義務에屬ᄒᆞᆫ者ᄂᆞᆫ此ᄅᆞᆯ移轉치아니ᄒᆞᆷ이通例오包括遺贈은被相續人의義務도ᄯᅩᄒᆞᆫ權利ᄅᆞᆯ應ᄒᆞ야受遺者의게移轉ᄒᆞᄂᆞ니受遺者ᄂᆞᆫ遺贈者의身體ᄅᆞᆯ代表ᄒᆞᆷ과同ᄒᆞᆫ效果가生ᄒᆞᆷ이原則이니라且包括의遺贈은被相續人의一切財產即動產不動產을包含ᄒᆞᆷ도有ᄒᆞ고或은動產의全部나不動產의全部ᄅᆞᆯ包含ᄒᆞᆷ도有ᄒᆞ니라

無遺言相續은被相續人의意思發表가無ᄒᆞᆫ時의相續을謂ᄒᆞᆷ이니即法律이被相續人의意思ᄅᆞᆯ推測ᄒᆞ야定ᄒᆞᆫ事項을依ᄒᆞ야行ᄒᆞᄂᆞᆫ相續을指ᄒᆞᆷ이라然이나此區別을法典에直用ᄒᆞ야遺言相續과無遺言相續이라名稱ᄒᆞᆫ法制ᄂᆞᆫ無ᄒᆞ니

하여 유언상속과 무유언상속 즉 의사표시를 따르는 상속과 법률의 규정을 따르는 상속이 있다. 상속의 목적물로 관찰하여 제사 즉 봉사권상속과 신분 곧 작위 또는 가장권의 상속과 재산권의 상속이 있다. 다음에 차례로 설명한다.

〈1〉 유언상속과 무유언상속

"유언상속"은 피상속인의 의사표시를 원인으로 한 즉 유언으로 상속하는 것이다. 법률의 규정상에 "유증"이라 이름 지어 사자의 일부 재산을 유증하는 경우도 있고, 때로는 전부의 재산을 유증하는 경우도 있다. 일부가 된 때에는 "특정유증"이라 하며, 전부가 된 때에는 이를 "포괄유증"이라 한다. 특정유증은 피상속인의 의무에 속하는 것은 이를 이전하지 않는 것이 통례이고, 포괄유증은 피상속인의 의무도 또한 권리에 따라 수유자에게 이전한다. 또한 포괄유증은 피상속인의 일체의 재산 즉 동산·부동산을 포함하거나 또는 동산의 전부나 부동산의 전부를 포함하는 경우도 있다. "무유언상속"은 피상속인의 의사 발표가 없는 때의 상속을 말한다. 즉 법률이 피상속인의 의사를 추측하여 정한 사항에 따라서 하는 상속을 가리킨다. 그러나 이 구별을 법전에 직접 적용하여 유언상속과 무유언상속이라 명칭하고 있는 법제는 없다.

日本舊民法에遺言相續을遺贈中에規定ᄒᆞ고新民法은特定ᄒᆞᆫ遺贈包括ᄒᆞᆫ遺贈에通ᄒᆞᄂᆞᆫ規定을遺言中에編入ᄒᆞ야遺贈의語보다一層廣大케ᄒᆞ니라遺言相續과無遺言相續이何者가最先進步ᄒᆞ얏ᄂᆞ뇨ᄒᆞ면無遺言의便이何國이던지先發ᄒᆞ야遺言相續은所有權의思想이發達ᄒᆞᆫ以後의事ㅣ니所有權의思想이無ᄒᆞᆫ族制時代에ᄂᆞᆫ遺言의方法으로自由處分을不得ᄒᆞᆫ所以라羅馬法에無遺言相續은遺言이無ᄒᆞᆫ時나遺言이無效된時에效用이始生ᄒᆞᄂᆞᆫ者로ᄒᆞ야遺言相續은編首에規定ᄒᆞ얏스나此ᄂᆞᆫ法律編纂의便宜로重ᄒᆞᆫ者를先定ᄒᆞᆷ이오發達의先後를取ᄒᆞᆷ이아니니라日本法에ᄂᆞᆫ無遺言相續卽家督相續과遺産相續을遺言相續卽遺贈보다上次에定ᄒᆞ니라

(二)祭祀相續과身分相續及財産相續、古代에祖宗을尊崇ᄒᆞ고家系를相傳ᄒᆞ며血統을親密히ᄒᆞᄂᆞᆫ觀念이腦髓에浹洽ᄒᆞ야祖先의祭祀를愼勤不絶ᄒᆞ며祖先의后嗣를期於繼承ᄒᆞ니刑典에闕祀罪를嚴重히規定ᄒᆞ고三千之罪에無後가爲大라ᄒᆞ며無子ᄒᆞᆫ妻ᄂᆞᆫ去ᄒᆞ며舜이不告而娶ᄒᆞᆷ이모다繼統奉祀의觀念으로生ᄒᆞᆫ事ㅣ오前述ᄒᆞᆫ바印度의夫位交換과希臘의近親婚姻이또ᄒᆞᆫ此類며ㅣ養

일본 구민법은 유언상속을 유증 중에 규정하고, 신민법은 특정한 유증·포괄한 유증에 공통하는 규정을 유언 중에 편입하여 유증이라는 용어를 보다 한층 확대하고 있다. 유언상속과 무유언상속 어느 것이 가장 먼저 발달한 것인가 하면, 무유언 쪽이 어떤 나라든지 먼저 발달하였으며, 유언상속은 소유권 사상이 발달한 이후의 일이다. 소유권 사상이 없었던 족제시대에는 유언의 방법으로 자유처분을 할 수 없었기 때문이다. 로마법에서 무유언상속은 유언이 없는 때나 유언이 무효로 된 때에 효력이 비로소 발생하는 것으로 하여, 유언상속을 편의 처음에 규정하였으나, 이는 법률편찬의 편의로서 중요한 것을 먼저 정한 것이지 발달의 선후를 취한 것은 아니다. 일본법에서는 무유언상속 즉 가독상속과 유산상속을 유언상속 즉 유증보다 앞에 규정하고 있다.

〈2〉 제사상속과 신분상속

고대에는 조상을 존중하고 높이고 가계를 대대로 이어 전하며, 혈통을 친밀히 하는 관념이 뇌수에 젖고 두루 미쳐, 선조의 제사를 삼가고 조심하여 끊어지지 않게 하며, 선조의 후사를 기약하고 계승하였다. 형전에 궐사죄(闕祀罪)를 엄중히 규정하고, 3천의 죄에 무후(無後)가 크다고 하였다. 무자(無子)한 처는 버리며, 순(舜)임금이 부모에게 고하지 않고 장가든 것 모두 계통을 이어 봉사하는 관념에서 일어난 일이었다. 전술한 바의 인도의 부(夫)의 지위 교환과 그리스의 근친결혼이 또한 이러한 부류이며, 양

子의制度도此에出홈이라如此히奉祀繼后의觀念이重ᄒᆞ고個人財產의制度ᄂᆞᆫ無ᄒᆞ야奉祀人即嗣孫이死沒ᄒᆞ면其子가奉祀權을繼承ᄒᆞ나一邊으로思ᄒᆞ면不可避홀義務가되여一切財產도其奉祀人의게歸ᄒᆞ며系譜、祭器及墳墓ᄂᆞᆫ可히賣鬻치못ᄒᆞ고可히讓與치못ᄒᆞ며可히抛棄지못ᄒᆞᄂᆞᆫ特種世襲物이니我東洋에ᄂᆞᆫ尙今에其美風을遵守ᄒᆞᄂᆞ니라身分相續은專히亡人의身分을承繼ᄒᆞᄂᆞᆫ者ㅣ니家長의權과爵位의權을繼承ᄒᆞ고亡人의게屬ᄒᆞᆫ財產은附屬物로相續人의게移轉ᄒᆞ며財產相續은專히亡人의財產을相續人의게移轉홈을目的ᄒᆞᄂᆞᆫ相續을謂홈이니身分相續은族制時代에行ᄒᆞ던者오財產相續은所有權의思想이發達ᄒᆞᆫ後에行ᄒᆞᆫ者ㅣ니라日本은沿革法理上으로身分相續時代와財產相續時代中間에在ᄒᆞ야相續法中에家督相續은身分相續에屬ᄒᆞ고遺產相續及遺贈은財產相續에屬ᄒᆞᆫ바ㅣ오我國도二者를並用ᄒᆞ야西洋現今制度를不取홀줄로確信ᄒᆞ노라

第四本邦의相續觀念

我邦과支那ᄂᆞᆫ數千年來로密接의關係가有ᄒᆞ야風俗과法來가支那로從來ᄒᆞᆫ바

자제도도 이에서 나온 것이다. 이와 같이 봉사·계후의 관념이 중요하고, 개인재산제도는 없었다. 봉사인(奉祀人) 즉 사손(嗣孫)이 사망하면 그 자(子)가 봉사권을 계승한다. 그러나 한편으로 생각하면, 불가피한 의무가 되어 일체의 재산도 그 봉사인에게 귀속하며 계보, 제기와 분묘는 매각할 수 없고 양도도 할 수 없으며 포기할 수도 없는 특종의 세습물이었다. 우리 동양에는 지금까지도 그 미풍을 준수하고 있다. 신분상속은 오로지 망인의 신분을 승계하는 것이다. 가장의 권리와 작위의 권리를 계승하고 망인에게 속한 재산은 부속물로 상속인에게 이전된다. 재산상속은 오로지 망인의 재산을 상속인에게 이전하는 것을 목적으로 하는 상속을 말한다. 신분상속은 족제시대에 행해지던 것이고, 재산상속은 소유권 사상이 발달한 후에 행해진 것이다. 일본은 연혁·법리상으로 신분상속시대와 재산상속시대 중간에 있어, 상속법 중에 가독상속은 신분상속에 속하고, 유산상속과 유증은 재산상속에 속한다. 우리나라도 두 가지를 병용하여 서양의 현재 제도를 취하지 않고 있는 것으로 확신한다.

IV. 우리나라의 상속관념

우리나라와 중국은 수천 년 이래로 밀접한 관계가 있어 풍속과 법제가 중국으로부터 유래한 것

ㅣ多ᄒᆞ니本邦의相續觀念을說明홈에當ᄒᆞ야支邦의歷史를叙述홈이無用의事가아님으로玆에略記ᄒᆞ노라上古에在ᄒᆞ야混沌初判ᄒᆞᆫ時에人文이未開ᄒᆞ야被髮裸身으로本實을食ᄒᆞ며岩穴에居ᄒᆞ야禽獸와無異ᄒᆞ더니人文이漸開홈애聖賢이繼出ᄒᆞ야或은君師가되고或은輔相이되여典常을嚴明히ᄒᆞ야紀綱을立ᄒᆞ고禮法을整制ᄒᆞ야風俗을化ᄒᆞ며財物을蓄殖ᄒᆞ야生計를厚케ᄒᆞ니玆에至ᄒᆞ야父子君臣의倫과飮食衣服의法과宮室器用의制와肄業聚貨의事가始備ᄒᆞᆫ지라然이나其族類의混雜홈을慮ᄒᆞ야氏姓의法이有ᄒᆞ고宗支의紊亂홈을慮ᄒᆞ야統系의法이有ᄒᆞ고財産의攘奪홈을慮ᄒᆞ야繼續의法이有ᄒᆞ니其條理가明白ᄒᆞ고其秩序가整齊ᄒᆞ얏다謂ᄒᆞᆯ지로다今에其創制ᄒᆞᆫ者를試擧ᄒᆞᆯ진대伏羲가姓法을始創ᄒᆞ고周公이氏法과嫡長相承의法을始定ᄒᆞ고程子가宗子法을嚴立ᄒᆞ얏ᄉᆞ며三代時에授田制産의法이有ᄒᆞ야父子ㅣ傳受ᄒᆞ니라然이나其間에許多ᄒᆞᆫ規例가有ᄒᆞ니氏姓의制度ᄂᆞᆫ別로히事端이無ᄒᆞ나統系ᄒᆞᄂᆞᆫ法에嫡長相承홈은本來周公의法이나衆子庶子中에서賢者를擇홈과同宗中에서繼后홈과嫡長孫이承重홈도亦周公의制라繼后와承重은種種目睹ᄒᆞᄂᆞᆫ바ㅣ나擇賢은稀少ᄒᆞ니趙

이 많다. 우리나라의 상속관념을 설명할 때에는, 중국의 역사를 서술하는 것이 무용의 일이 아니므로 이에 약술한다. 상고에 있어 천지가 개벽할 시기에는, 인문이 미개하여 머리를 풀어헤친 맨몸으로 나무 열매를 먹으며 바위 동굴에 거처하여 금수와 다름없었다. 인문이 점차 발달하면서 성현(聖賢)이 계속 나와 때로 임금과 스승이 되거나 또는 재상이 되어, 법과 상례를 엄히 밝혀 기강을 확립하고, 예법을 정돈하고 제정하여 풍속을 교화하며, 재물을 번식하여 생계를 두텁게 하였다. 이에 이르러 부자·군신의 차례와 의식·의복의 방법과 궁실(宮室)·기용(器用)의 제도와 노복의 일과 재화를 모으는 일이 비로소 갖추어진 것이다. 그러나 그 동족의 혼잡을 우려하여 성씨의 법이 있고, 종자(宗子)와 지자(支子)의 문란을 우려하여 계통의 법이 있었으며, 재산의 절도·약탈을 우려하여 승계의 법이 있었다. 그 조리가 명백하고 그 질서가 가지런하였다고 이를만하다. 지금 그 창제한 것을 열거해 보면, 복희(伏羲)가 성(姓)제도를 처음 만들었으며, 주공(周公)이 씨(氏)제도와 적장상속의 법을 처음 정하고, 정자(程子)가 종자법을 엄히 세웠으며, 하·은·주 삼대 시기에 토지 수여와 재산제도의 법이 있어 부자가 전수하였다. 그러나 그 사이에 많은 규칙과 정례가 있었다. 성씨의 제도는 따로 사단이 없었다. 그러나 계통하는 법에서 적장상속은 본래 주공의 법이었으나 중자·서자 중에서 어진 자(子)를 택하는 것과 동종 중에서 계후(繼後)하는 것 및 적장손이 승중(承重)하는 것 또한 주공의 제도였다. 계후와 승중은 종종 보이지만 어진 자를 택하는 것은 희소하다. 조

簡子가伯魯를捨ᄒᆞ고無恤을立ᄒᆞᆷ과靖郭君이孟嘗君을立ᄒᆞᆫ事가是ㅣ니라繼后와承重ᄒᆞᆷ에도規例가不一ᄒᆞ니繼后를論ᄒᆞᆯ진대或生前에同宗을率來養育ᄒᆞ야繼后케ᄒᆞᆷ도有ᄒᆞ고或遺言으로率來ᄒᆞ야死後를繼承케ᄒᆞᆷ도有ᄒᆞ고或祀宇立後도有ᄒᆞ니祀宇立後ᄂᆞᆫ末俗에屬ᄒᆞ야足히例證ᄒᆞᆯ바ㅣ아니오承重을論ᄒᆞᆯ진대長子死後에其孫이承重ᄒᆞᄂᆞᆫ事ᄂᆞᆫ余輩의目睹ᄒᆞᄂᆞᆫ바ㅣ나或生前에承重ᄒᆞᆫ事도有ᄒᆞ니朱子가年老ᄒᆞᆫ後에孫鑑의게屬祀ᄒᆞ고或은長子가死ᄒᆞᆯ時에無后ᄒᆞ면次子가奉祀ᄒᆞ고次子가又或無后ᄒᆞ면第三子가奉祀ᄒᆞᆫ事도有ᄒᆞ더니此制度가少變ᄒᆞ야次長子가有ᄒᆞᆫ대嫡子가無ᄒᆞ고庶子만有ᄒᆞᆫ時에第三子를立ᄒᆞ야ᄉᆞ니沙溪가곳第三子로ᄡᅥ繼后케ᄒᆞᆷ이此皆周公의制禮를襲ᄒᆞᆫ바ㅣ라ᄒᆞᄂᆞ니라此外에도收養子法이有ᄒᆞ야何代에創始ᄒᆞᆫ지不知ᄒᆞᆯ바ㅣ나周公이服制를定ᄒᆞ얏ᄉᆞ며五代時에此風이盛行ᄒᆞ야收養子로繼承케ᄒᆞ얏ᄉᆞ나父命으로奉祀케ᄒᆞᆫ者ᄂᆞᆫ殆無ᄒᆞ고다만自己의强力으로其父의地位를奪ᄒᆞ야其后를承ᄒᆞ얏더니今世에至ᄒᆞ야下賤輩의無子ᄒᆞᆫ者ㅣ或此法을行ᄒᆞᄂᆞ니라外孫奉祀도亦有ᄒᆞ니此ᄂᆞᆫ周公制禮中에ᄂᆞᆫ無ᄒᆞᆫ바ㅣ나死亡後에無子ᄒᆞ고同宗의繼后者도亦無ᄒᆞ면上中下等人을

간자(趙簡子)가 백로(伯魯)를 버리고 무휼(毋恤)을 세운 것과 정곽군(靖郭君)이 맹상군(孟嘗君)을 세운 일이 이것이다. 계후와 승중하는 것에도 규칙과 정례가 한결같지 아니하였다. 계후를 논해보면, 더러는 생전에 동종을 데려와 양육하여 계후하게 하는 경우도 있었고, 간혹 유언으로 입양하여 사후를 계승하게 하는 경우도 있었으며, 사우입후(祠宇立後)도 있었다. 사우입후는 말세의 풍속에 속하여 족히 예증할 바가 아니다. 승중을 논해보면, 장자 사후에 그 손이 승중하는 일은 우리가 볼 수 있으나, 간혹 생전에 승중한 일도 있었다. 주자(周子)가 연로한 후에 손자 감(鑑)에게 제사를 맡겼고, 간혹 장자가 사망할 때에 무후하면 차자가 봉사하고, 차자가 또한 무후하면 삼자가 봉사한 일도 있었다. 이 제도가 조금 변하여 차장자가 있는데, 적자가 없고 서자만 있을 때에 삼자를 세우기도 하였다. 사계(沙溪)(김장생: 1548-1631)가 곧 삼자로써 계후하게 한 것도 모두 주공의 예제를 답습한 것이었다. 이외에도 수양자법이 있었다. 어느 시대에 비롯되었는지는 알 수 없으나, 주공이 복제(服制)를 정하였으며, 오대 시기에 이 풍속이 성행하여 수양자로 계승하게 하였으나, 부의 명령으로 봉사하게 한 경우는 거의 없었다. 다만 자기의 강한 힘으로 그 부의 지위를 빼앗아 그 뒤를 이었는데, 지금 세상에 이르러 비천한 무리의 무자한 사람이 간혹 이 법을 행하고 있다. 외손봉사도 또한 있었다. 이는 주공의 예제에는 없는 것이나, 사망 후에 무자하고 동종의 계후자도 또한 없으면, 상중하 등급의 사람을

勿論ᄒᆞ고或不得已ᄒᆞ야其外孫이權道로써奉祀ᄒᆞᄂᆞ니收養子繼后及外孫奉祀의法은相續의變例라可論ᄒᆞᆯ바ㅣ無ᄒᆞ나收養子의繼后ᄂᆞᆫ同族도아니오血脈도아니로대外孫奉祀ᄂᆞᆫ비록同族은아니나血脈이相承ᄒᆞᆫ바ㅣ라可謂ᄒᆞᆯ지니라

以上은家督相續의制度ᄅᆞᆯ略述ᄒᆞᆫ바ㅣ나次에財產相續의槪要ᄅᆞᆯ論ᄒᆞ노니三代以前으로브터制產授田ᄒᆞᄂᆞᆫ法이有ᄒᆞ다가周公의時에至ᄒᆞ야此制度가大備ᄒᆞ얏스나普天의下가莫非王土라ᄒᆞ야私民은土地의所有權이無ᄒᆞ고其他財產도一家에屬ᄒᆞ야妻子ᄂᆞᆫ私財ᄅᆞᆯ敢有치못ᄒᆞ더니秦時에至ᄒᆞ야田制ᄅᆞᆯ廢ᄒᆞ야私民도土地의所有權이有ᄒᆞ고幷히私財ᄅᆞᆯ認知ᄒᆞ야其財ᄅᆞᆯ不敢有ᄒᆞᄂᆞᆫ美風이遂變ᄒᆞᆷ애於是에財產相承ᄒᆞᄂᆞᆫ法이始生ᄒᆞ야其財ᄅᆞᆯ諸子가分得ᄒᆞ니或厚薄多寡의不均ᄒᆞᆷ을因ᄒᆞ야骨肉間에爭端이起ᄒᆞ얏스니韓延壽와蘇瓊이郡守의任에在ᄒᆞ야兄弟의爭由ᄅᆞᆯ明決ᄒᆞᆫ事ᄅᆞᆯ今日에至ᄒᆞ기ᄭᆞ지稱道ᄒᆞᆷ을觀ᄒᆞᆯ진대財產分與法이有ᄒᆞᆷ은可知ᄒᆞᆯ바오或年老ᄒᆞ면子孫의게聽ᄒᆞᆫ다ᄒᆞ야財產을其子로管理케ᄒᆞ고一室에退居ᄒᆞ야閑養ᄒᆞᄂᆞᆫ者도有ᄒᆞ나所有權을移轉ᄒᆞᆷ은아니오或은遺書로其子의게財產을贈與ᄒᆞ야他人의侵害ᄅᆞᆯ豫防ᄒᆞᆫ者도有ᄒᆞ니稗說에云ᄒᆞᆫ바昔에

막론하고 때로 부득이하여 그 외손이 권도(權道)로써 봉사하였다. 수양자 계후와 외손봉사의 법은 상속의 변칙이어서 논할만한 것이 없다. 그러나 수양자 계후는 동족도 아니고 혈맥도 아니지만, 외손봉사는 비록 동족은 아니나 혈맥이 서로 이어진다고 할 수 있다.

이상은 가독상속제도를 약술한 것이다. 다음에 재산상속의 개요를 논하고자 한다. 삼대 이전부터 물산을 정하고 토지를 수여하는 법이 있었다가 주공 때에 이르러 이 제도가 크게 정비되었다. 그러나 하늘이 두루 덮고 있는 밑에 왕의 땅 아닌 것이 없다고 하여 평민은 토지의 소유권이 없고, 그 밖의 재산도 일가에 속하여 처자는 사유재산을 감히 소유할 수 없었다. 진나라 시기에 이르러 토지제도를 폐지하고, 평민도 토지의 소유권을 가지고 아울러 사유재산이 인정되어 그 재산을 감히 소유하지 못하는 미풍이 마침내 변하고, 이에 재산을 대대로 잇는 법이 비로소 생겨나 그 재산을 제자(諸子)가 나누어 얻었는데, 간혹 후박·다과의 고르지 못함으로 인해 골육 사이에 쟁단이 일어났다. 한연수(韓延壽)와 소경(蘇瓊)이 군수로 부임하여 형제 사이의 분쟁 사유를 명쾌하게 판단한 일을 오늘날에 이르기까지 칭찬하여 말하는 것을 살펴보면, 재산분여법이 있었음을 알 수 있다. 간혹 연로하면 자손에게 따른다 하여 재산을 그 자(子)로 하여금 관리하게 하고, 뒷방에 퇴거하여 한가롭게 생활하는 사람도 있었으나, 소유권을 이전하는 것은 아니었다. 더러는 유서로 그 자(子)에게 재산을 증여하여 타인의 침해를 예방하는 사람도 있었다. 향간의 이야기에 이르기를, 옛날에

七十에生男ᄒᆞ고死ᄒᆞᆫ者ㅣ有ᄒᆞ야其婿의게遺書曰七十에生男子인덜非吾子리오家產을盡付ᄒᆞ노니女婿ᄂᆞᆫ外人이라勿侵ᄒᆞ라ᄒᆞ얏스며或은其子가不肖ᄒᆞ야斥逐ᄒᆞ고其家財ᄅᆞᆯ女婿의게盡付ᄒᆞ얏다가女婿가追後에其財ᄅᆞᆯ其子의게還給ᄒᆞᆫ者도有ᄒᆞ니其例ᄅᆞᆯ論ᄒᆞᆯ진대張孝基의婦翁이是니라此外에或家產을同族이나他人의게盡與ᄒᆞᄂᆞᆫ者도有ᄒᆞ나已出子與曾孫이無ᄒᆞ고繼后及收養子도無ᄒᆞᆫ境遇에不得已ᄒᆞ야行ᄒᆞᄂᆞᆫ所爲며相續人이有ᄒᆞᆫ時에도遺言으로他人의게幾分의財產을贈與ᄒᆞᄂᆞ니言語與書標ᄂᆞᆫ不問ᄒᆞᄂᆞ니라

以上은本邦相續觀念의大要ᄅᆞᆯ說明ᄒᆞᆫ바ㅣ라祖先의祀宇ᄅᆞᆯ尊奉ᄒᆞ고家長의權利ᄅᆞᆯ貴重히ᄒᆞ야家督相續의制度가嚴整ᄒᆞ고個人도財產權이有ᄒᆞ야生前에ᄂᆞᆫ贈與及遺贈의方法으로處分ᄒᆞᄂᆞᆫ權이有ᄒᆞ고死後에도其遺產을法定ᄒᆞᆫ相續人의게移轉ᄒᆞ야財產相續의制度가有ᄒᆞ나我國은家族制度와個人制度의中間에在ᄒᆞ야日本과恰似ᄒᆞ다謂ᄒᆞᆯ지니라

次에法典을依ᄒᆞ야家督相續과財產相續을分論코져ᄒᆞ노니家督相續에對ᄒᆞ야古禮古法에規定ᄒᆞᆫ바ㅣ有ᄒᆞ나研究說明ᄒᆞᆯ時日이不足ᄒᆞ야此에省略ᄒᆞ고다만

70에 아들을 낳고 죽은 사람이 있었는데, 그 사위에게 유서로 말하기를 '70에 낳은 아들일지언정 내 아들이 아니겠는가? 가산을 전부 주고자 하니 사위는 바깥사람이므로 침범하지 말라'고 하였으며, 더러는 그 자(子)가 불초하여 쫓아내고 그 가산을 사위에게 전부 주었다가 사위가 추후에 그 재산을 그 자(子)에게 환급하게 한 사람도 있었다. 그 예를 논해보면 장효기(張孝基)의 장인을 들 수 있다. 이 외에 간혹 가산을 동족이나 타인에게 전부 준 사람도 있었으나, 자기 소생의 자(子)나 손(孫)이 없고 계후와 수양자도 없는 경우에 부득이하여 행하는 일이었다. 상속인이 있는 때에도 유언으로 타인에게 일정 부분의 재산을 증여한다고 하는 언어나 문서의 표시는 알지 못한다.

이상은 우리나라 상속관념의 대요를 설명한 것이다. 선조의 사당을 공경하여 받들고 가장의 권리를 귀중히 하여 가독상속의 제도가 엄정하고, 개인도 재산권이 있어서 생전에는 증여와 유증의 방법으로 처분하는 권리가 있으며, 사후에도 그 유산을 법정한 상속인에게 이전하는 재산상속제도가 있다. 우리나라는 가족제도와 개인제도의 중간에 있으며, 일본과 흡사하다고 할만하다.

다음에 법전을 따라 가독상속과 재산상속을 구분하여 논하고자 한다. 가독상속에 대해 옛 예법에 규정한 바가 있으나, 연구하여 설명할 시간이 부족하여 이에 생략한다. 다만

現行刑法大全을案ᄒᆞ건대立嗣에對ᄒᆞ야違ᄒᆞᆫ律을制定ᄒᆞ얏스되第五百八十一條에妻의次子로나妻의子(嫡子)가有ᄒᆞ거ᄂᆞᆯ妾의子(庶子)로立嗣ᄒᆞᆫ者ᄂᆞᆫ云云ᄒᆞ얏스니長幼嫡庶의明分을正ᄒᆞᆫ바오妻妾이俱無子ᄒᆞᆫ境遇에最近ᄒᆞᆫ同族의子ᄅᆞᆯ率養ᄒᆞ고告官ᄒᆞ야禮斜ᄅᆞᆯ蒙有ᄒᆞᄂᆞ니違ᄒᆞᆫ者ᄂᆞᆫ云云ᄒᆞ얏스며妾의子가有ᄒᆞ거ᄂᆞᆯ率養ᄒᆞᆫ者ᄂᆞᆫ懲役에處ᄒᆞᆫ다ᄒᆞ야妻妾이俱無子ᄒᆞᆫ境遇에만率養케ᄒᆞ고女의有無ᄂᆞᆫ明言치아니ᄒᆞ얏스나女子ᄂᆞᆫ家督相續權이無ᄒᆞᆷ을可知ᄒᆞᆯ지오同宗의子에도尊卑次序ᄅᆞᆯ失ᄒᆞᆫ者ᄂᆞᆫ云云ᄒᆞ얏스니親等은整然케ᄒᆞ얏스나最近ᄒᆞᆫ子가最近ᄒᆞᆫ尊屬親이無子ᄒᆞᆫ境遇에立后ᄒᆞᄂᆞᆫ義務가有ᄒᆞᆷ과如ᄒᆞ야疑点이不無ᄒᆞ도다率養호대異姓의子孫을乞養ᄒᆞᄂᆞᆫ者ᄂᆞᆫ禁ᄒᆞ얏스며異姓人의게子孫을給與ᄒᆞᄂᆞᆫ者도또ᄒᆞᆫ罰ᄒᆞ고但異姓이라도三歲以下의遺棄ᄒᆞᆫ者ᄂᆞᆫ收養ᄒᆞ야其姓을從케ᄒᆞ대立嗣ᄒᆞᆷ은不得케ᄒᆞ얏스니血統과氏姓을尊重히ᄒᆞᆫ바ㅣ니라遺産相續에對ᄒᆞ야ᄂᆞᆫ大典會通刑典私賤編에未分ᄒᆞᆫ奴婢ᄂᆞᆫ子女의存沒을勿論ᄒᆞ고分給호대分數에未滿ᄒᆞᆫ者ᄂᆞᆫ嫡子女의게均給ᄒᆞ고萬一餘數가有ᄒᆞ면承重子의게先給ᄒᆞ고尙且有餘ᄒᆞ면長幼의次序로給ᄒᆞ야庶子의게ᄂᆞᆫ不及ᄒᆞ고嫡子女가無ᄒᆞᆫ則良妾

현행 형법대전(刑法大全)을 살펴보면, 입사(立嗣)에 대해 율을 위반하였을 경우를 규정하고 있는데, 제582조에 '처의 차자나 처의 자(적자)가 있는데도 첩의 자(서자)로 입사한 사람은'이라 하여, 장유·적서의 명분을 바로 하고, '처첩이 모두 무자한 경우에 최근의 동족의 자를 입양하고 관에 고하여 허가를 받아야 한다. 이를 어긴 사람은'이라 하였으며, '첩의 자가 있는데도 입양한 사람은 징역에 처한다'고 하여, 처첩이 모두 무자한 경우에만 입양하게 하고, 딸(女)의 유무는 분명하게 말하지 아니하였으나, 여자는 가독상속권이 없음을 알 수 있다. '동종의 자일지라도 존비·차서를 잃은 사람은'이라 하였으므로, 촌수는 가지런하고 질서가 있었다. 그러나 최근친의 동종의 자(子)가 최근친의 존속친이 무자한 경우에 입후되는 의무가 있는 것과 같아 의문점은 없다. 입양하면서 이성의 자손을 입양하는 것을 금지하였으며, 이성인에게 자손을 주는 것도 또한 벌하였다. 다만 이성일지라도 3세 이하의 유기된 사람은 수양하여 그 성(姓)을 따르게 하였지만 입사할 수 없게 하였다. 혈통과 성씨를 존숭한 것이다. 유산상속에 대해서는 대전회통(大典會通) 형전(刑典) 사천(私賤) 편에 '나누지 아니한 노비는 자녀의 생존과 사망을 논하지 말고 나누어 주고, 분수에 차지 못한 것은 적자녀에게 고르게 나누어 주고, 만일 남음이 있으면 승중자에게 먼저 주고, 또 남음이 있으면 장유의 차례로 주며, 서자에게는 미치지 않고, 적자녀가 없는 경우에는 양첩

子女오良妾子女가無ᄒᆞᆫ則賤妾子女도同이라ᄒᆞ야田地도此例를亦從ᄒᆞ니라又父母의奴婢를承重子의게ᄂᆞᆫ衆子女보다五分之一을加ᄒᆞ고衆子女ᄂᆞᆫ平分ᄒᆞ고良妾子女ᄂᆞᆫ嫡子의七分之一이오賤妾子女ᄂᆞᆫ十分之一이라ᄒᆞ얏스며嫡無子女ᄒᆞᆫ奴婢ᄂᆞᆫ良妾子女ᄂᆞᆫ平分호대承重子의게ᄂᆞᆫ五分之一을加ᄒᆞ고賤妾子女ᄂᆞᆫ良妾子女의五分之一이라ᄒᆞ야此外에도嫡無子有女ᄒᆞᆫ奴婢와無子女ᄒᆞᆫ嫡母의奴婢와無子有女ᄒᆞᆫ嫡母의奴婢와嫡及良妾이無子女ᄒᆞᆫ奴婢와嫡無子女오良妾도無子有女ᄒᆞᆫ者의奴婢와無子女ᄒᆞᆫ前母繼母의奴婢와有子女ᄒᆞᆫ前母繼母의奴婢와嫡有子女ᄒᆞᆫ養父母의奴婢等各境遇를隨ᄒᆞ야分給ᄒᆞᄂᆞᆫ差等이有ᄒᆞ니甚히複雜眩亂ᄒᆞ다謂ᄒᆞᆯ지로다

第五 相續及相續法의性質

人은其生存最後에死亡이必有ᄒᆞᄂᆞ니故로其生存資料되ᄂᆞᆫ財産에對ᄒᆞ야所有權을失ᄒᆞ면其財産은消散亡滅ᄒᆞ며爭奪紛競ᄒᆞᆷ을致ᄒᆞᆯ憂慮가有ᄒᆞ고特히一家의首領된家長이死亡或其他原因으로家長權을喪失ᄒᆞ면社會의單位된一家의統率을缺ᄒᆞ야國家治安에도及害ᄒᆞᆯ지라故로法律은此에對ᄒᆞ야不得不適當ᄒᆞᆫ

자녀에게, 양첩자녀가 없으면 천첩자녀도 같으며, 전지도 이 예를 또한 따른다.' 또한 '부모의 노비를 승중자에게는 중자녀보다 5분의 1을 가산하고, 중자녀는 평분하고, 양첩자녀는 적자녀의 7분의 1이고, 천첩자녀는 10분의 1'이라 하였다. '적무자녀인 경우의 노비는 양첩자녀는 평분하나 승중자에게는 5분의 1을 가산하고, 천첩자녀는 양첩자녀의 5분의 1'이라 하였다. 이외에도 적자는 없고 적녀가 있는 경우의 노비와 무자녀의 적모의 노비 및 자(子)는 없고 여(女)가 있는 적모의 노비와 적처 및 양첩이 무자한 노비와 적무자녀이고 양첩도 무자녀한 사람의 노비와 무자녀한 전모(前母)·계모의 노비 및 유자녀의 전모·계모의 노비와 적처의 자녀가 있는 양부모의 노비 등 각 경우를 따라 나누어 주는 차등이 있었다. 매우 복잡하고 현란하다고 할만하다.

V. 상속과 상속법의 성질

사람은 그 생존 최후에 사망이 반드시 있다. 그러므로 그 생존자료가 되는 재산에 대해 소유권을 잃으면, 그 재산은 흩어져 없어지며, 쟁탈과 분쟁에 이를 우려가 있다. 특히 일가의 수령인 가장이 사망 또는 그 밖의 원인으로 가장권을 상실하면, 사회의 단위인 일가의 통솔이 결여되어 국가의 치안에도 해가 미치게 된다. 따라서 법률은 이에 대해 마땅히 적당한

方法을規定홀지니此方法이即相續이라家督相續과遺産相續의二種이有ᄒᆞ야相續을開始케ᄒᆞᆫ人을被相續人이라云ᄒᆞ고權利及義務를承繼홀人을相續人이라云ᄒᆞᄂᆞ니라法律은被相續人과相續人間에諸般權利義務를包括繼受케ᄒᆞ야新權利主體될相續人으로舊權利主體된被相續人의地位에代立케ᄒᆞ야써社會의一分子되ᄂᆞᆫ被相續人의缺位를補充ᄒᆞ고相續人은此를因ᄒᆞ야其幸福을傳承ᄒᆞ며債權者ᄂᆞᆫ被相續人의게對ᄒᆞᆫ傷權을相續人의게收捧홈을得ᄒᆞ야社會의信用은玆에安全保護홈을得ᄒᆞᄂᆞ니라

相續의語ᄂᆞᆫ各種의意義가有ᄒᆞ나移轉、承繼、繼后의意思가有ᄒᆞ야他人에屬ᄒᆞᆫ權利義務의全部或一部를移來ᄒᆞ야其地位를代有ᄒᆞᄂᆞᆫ者ㅣ니賣主의權利가買主의移轉ᄒᆞ고受遺者가死亡者의權利를承繼홈과如ᄒᆞ나然이나法典에ᄂᆞᆫ此等에相續의文字를不用ᄒᆞ야相續의意義를制限ᄒᆞ니라凡法律事項을研究홀진대不可不其性質을明確케홀지니若性質을不明히ᄒᆞ고模糊히看過ᄒᆞ면研究홈에十分熱心홀지라도泉源의濁홈을不察ᄒᆞ고其末流를淸澄케홈과如ᄒᆞ야到底히其希望을滿足케ᄒᆞ기不能홀지라然이나法律事項을研究ᄒᆞ야適當ᄒᆞᆫ定義를演

방법을 규정해야 한다. 이 방법이 곧 상속이다. 가독상속과 유산상속의 2종이 있다. 상속을 개시하게 한 사람을 피상속인이라 하고, 권리와 의무를 승계할 사람을 상속인이라 한다. 법률은 피상속인과 상속인 사이에 제반 권리의무를 포괄승계하게 하여, 신 권리주체될 상속인으로 구 권리주체이었던 피상속인의 지위를 갈음하게 한다. 이에 따라 사회의 한 분자인 피상속인의 결위를 보충하고, 상속인은 이에 따라 행복을 이어받으며, 채권자는 피상속인에게 대한 채권을 상속인에게서 회수할 수 있게 되어 사회의 신용은 이에 안전하게 보호될 수 있는 것이다.

상속이란 용어는 여러 가지 의의가 있으나 이전, 승계, 계후의 의미가 있다. 타인에게 속한 권리의무의 전부 또는 일부를 이전하여 그 지위를 갈음하여 보유하는 것이다. 매도인의 권리가 매수인에게 이전하고, 수유자가 사망자의 권리를 승계하는 것과 같다. 그러나 법전에서는 이러한 경우에 상속이라는 문자를 사용하지 아니하여 상속의 의의를 제한한다. 무릇 법률사항을 연구하려면 마땅히 그 성질을 명확하게 해야 한다. 만약 성질을 불분명하게 하고 모호하게 간과하면 연구를 매우 열심히 할지라도, 원천의 혼탁을 살피지 못하고 그 하류를 맑게 하려는 것과 같아, 도저히 그 희망을 만족시킬 수 없다. 그러나 법률사항을 연구하여 적당한 정의를 부연

述홈은學者의一大難事ㅣ라相續定義에至ᄒᆞ야ᄂᆞᆫ一層困難ᄒᆞ니相續은社會組織에至大ᄒᆞᆫ直接關係가有ᄒᆞ야此社會ᄂᆞᆫ屢陳홈과ᄀᆞᆺ치種族制로家族制에移ᄒᆞ고再轉ᄒᆞ야個人制에進ᄒᆞ야幾度의變遷을經ᄒᆞᆫ바ㅣ니相續制度도ᄯᅩᄒᆞᆫ其變遷에隨伴ᄒᆞ야其性質이變ᄒᆞ고又人倫風紀에關係가緊重ᄒᆞ며身分及財產의目的物의種類와開始原因의區別과承繼格式의差異도ᄯᅩᄒᆞᆫ殊異홈으로一定不動ᄒᆞᆫ語辭로써此性質을明確케홀만ᄒᆞᆫ定義를演述홈은決코容易ᄒᆞᆫ바ㅣ아니니라如斯히社會의組織이幾多의變遷을經ᄒᆞ야今日에至ᄒᆞᆫ故로古來學者가演述ᄒᆞᆫ定義도不尠ᄒᆞ나然이나皆當時社會의組織에適合ᄒᆞᆫ者인즉現今社會의相續에直用ᄒᆞ기不能홀지라玆에近時歐洲學者가普通으로相續의定義를演述ᄒᆞᆫ者를示明ᄒᆞ야我國相續觀念에適合與否를論及코져ᄒᆞ노라

相續이란者ᄂᆞᆫ人의死後遺產을處分ᄒᆞᄂᆞᆫ方法이라云ᄒᆞ니此定義ᄂᆞᆫ相續을반다시人의死亡ᄒᆞᆫ後에行ᄒᆞᄂᆞᆫ事項으로其生存中에處分치아니ᄒᆞᆫ財產을法律로定ᄒᆞ야此를處分ᄒᆞᄂᆞᆫ方法이라云홀지라現今歐洲社會의狀態를參照홀진대相續의性質을能히表彰ᄒᆞᆫ者로可信홀지라歐洲에在ᄒᆞ야ᄂᆞᆫ個人으로社會의單位를

설명하는 것은 학자에게서 가장 어려운 일이다. 상속의 정의에 관해서는 한층 곤란하다. 상속은 사회조직과 지대하게 직접 관계가 있고, 이 사회는 거듭 말한 바와 같이 종족제도에서 가족제도로 전이되고, 다시 전변하여 개인제도로 진보하여 몇 번의 변천을 거쳤다. 상속제도도 또한 그 변천에 따라 그 성질이 변하였다. 아울러 인륜과 풍속상의 규율에 관계가 긴밀하고 중요하며, 신분 및 재산의 목적물의 종류와 개시 원인의 구별과 승계방식에서의 차이도 또한 특이하여, 일정하고 불변의 말로 이 성질을 명확하게 할 만한 정의를 부연 설명하는 것은 결코 쉬운 일이 아니다. 이와 같이 사회의 조직이 여러 번 변천을 거쳐 오늘날에 이르렀기 때문에, 옛날부터 지금까지 학자가 부연 설명한 정의도 적지 아니하다. 그러나 대개 당시의 사회조직에 적합한 것이어서 이를 현재 사회의 상속에 곧바로 적용할 수 없다. 이에 최근 유럽의 학자가 일반적으로 상속의 정의를 부연 설명한 것을 명시하여 우리나라 상속관념에서의 적합 여부를 논급하고자 한다.

상속이란 "사후 유산을 처분하는 방법"이라 한다. 이 정의는 상속은 반드시 사람이 사망한 후에 행해지는 사항으로, 그 생존 중에 처분하지 아니한 재산을 법률로 정하여 이를 처분하는 방법이라는 것이다. 현재 유럽 사회의 상태를 참조해 보면 상속의 성질을 능히 나타내어 밝힌 것으로 믿을만하다. 유럽에서는 개인으로 사회의 단위를

組織ᄒᆞ야財產은個人의게全屬ᄒᆞ고決코一族이나一家의所有로認知치아니ᄒᆞ야個人이一朝에死亡ᄒᆞ면其遺留ᄒᆞᆫ財產을處分ᄒᆞᄂᆞᆫ必要가生ᄒᆞᄂᆞ니是ᄂᆞᆫ即歐洲相續의現今思想으로個人制에適合ᄒᆞᆫ者ㅣ라謂ᄒᆞᆯ지로다家族制度의行ᄒᆞᄂᆞᆫ邦國을觀ᄒᆞ건대社會ᄅᆞᆯ搆成ᄒᆞᆫ原素ᄂᆞᆫ一家인故로財產도ᄯᅩᄒᆞᆫ其一家에屬ᄒᆞ니其一家ᄅᆞᆯ組織ᄒᆞᆫ屬員이設或死亡ᄒᆞ야도財產을承繼ᄒᆞᆯ必要가無ᄒᆞ고相續은家長權을承繼ᄒᆞᄂᆞᆫ外에他目的이無ᄒᆞ니由此觀之컨대人의死後遺產을處分ᄒᆞᄂᆞᆫ方法이라云ᄒᆞᄂᆞᆫ定義ᄂᆞᆫ個人制度의相續에ᄂᆞᆫ合當ᄒᆞᆯ지라도家族制度의相續에ᄂᆞᆫ首肯ᄒᆞ기難ᄒᆞᆫ지라然則此定義가家族制度와個人制度가相半ᄒᆞᆫ我國社會에ᄂᆞᆫ何如ᄒᆞᆯ지本邦相續觀念에對照ᄒᆞ야其適否ᄅᆞᆯ說明코져ᄒᆞ노니

本邦에ᄂᆞᆫ家督相續이란者ㅣ有ᄒᆞ야家長의身分을承繼ᄒᆞᄂᆞ니身分은即權利義務의集合ᄒᆞᆫ包括的의主體라由此觀之면近世歐洲學者의云ᄒᆞᄂᆞᆫ바相續은遺產處分의方法이라ᄒᆞᄂᆞᆫ狹義의定義ᄂᆞᆫ其思想이다만財產承繼에限ᄒᆞᆷ으로家督을承繼ᄒᆞᄂᆞᆫ廣義의相續制度에ᄂᆞᆫ不適ᄒᆞ고家督相續의開始原因도死亡만要치아니ᄒᆞ야死亡外에隱居와國籍喪失ᄒᆞᆫ境遇에도ᄯᅩᄒᆞᆫ家督相續을開始ᄒᆞᄂᆞ니此兩

조직하여 재산은 전부 개인에게 속하고, 결코 일족이나 일가의 소유로 인정하지 아니하여 개인이 갑자기 사망하면, 그 남겨진 재산을 처분할 필요가 발생한다. 이는 곧 유럽에서의 상속에 관한 현재의 사상으로 개인제도에 적합한 것이라 말할 수 있다. 가족제도가 행해지고 있는 우리나라를 살펴보면, 사회를 구성하는 원소는 일가이기 때문에, 재산도 또한 그 일가에 속한다. 그 일가를 조직한 가족원이 가령 사망하여도 재산을 승계할 필요가 없고, 상속은 가장권을 승계하는 외에 다른 목적이 없다. 이로 말미암아 살펴보면, 사람의 사후 유산을 처분하는 방법이라고 하는 정의는 개인제도의 상속에는 합당할지라도, 가족제도의 상속에는 수긍하기 어렵다. 그러면 이 정의가 가족제도와 개인제도가 엇비슷한 우리나라 사회에서는 어떠할지를 우리나라 상속관념에 대조하여 그 적합 여부를 설명하고자 한다.

우리나라에는 가독상속이라는 것이 있어서 가장의 신분을 승계한다. 신분은 곧 권리의무의 집합인 포괄적인 것의 주체이다. 이에 따라 살펴보면 근세 서구학자가 말하는 바의 상속은 유산처분의 방법이라 하는 좁은 의미의 정의는, 그 사상이 다만 재산승계에 한정하는 것으로 가독을 승계하는 넓은 의미의 상속제도에는 적합하지 않다. 가독상속의 개시원인도 사망만을 요구하지 아니하여 사망 외에 은거와 국적상실의 경우에도 또한 가독상속은 개시된다. 이 두

個의原因은總히被相續人의生存中에事實이라故로人의死後遺產을處分ᄒᆞᄂᆞᆫ方法이라ᄒᆞᄂᆞᆫ定義를直用ᄒᆞ기不能ᄒᆞᆯ지니라

以上에在ᄒᆞ야余ᄂᆞᆫ歐洲學者의定義가本邦에相適치못ᄒᆞᆷ을示明ᄒᆞ고相續에ᄂᆞᆫ家督相續과財產相續의兩種이有ᄒᆞᆷ을亦言ᄒᆞ얏스나此外에遺贈이란者ㅣ有ᄒᆞ니羅馬共和時代에一種의相續으로盛行ᄒᆞ야死者가生存中에其意思를表示ᄒᆞᆫ時ᄂᆞᆫ此를從ᄒᆞᆷ이當然ᄒᆞ다ᄒᆞ야遺贈은實로相續의本則이라云ᄒᆞ나余의意見은不然ᄒᆞ니遺贈은遺言의一種이라遺言은贈與를目的ᄒᆞᆷ이아니오遺贈도何必義務ᄭᆞ지移轉ᄒᆞᆷ도아니니財產의權利만移轉ᄒᆞ면엇지相續이라云ᄒᆞ며設令義務ᄭᆞ지移轉ᄒᆞ야相續과如ᄒᆞᆫ効果가生ᄒᆞᆯ지라도單純ᄒᆞᆫ遺言은意思表示章에規定ᄒᆞ고遺贈은債權編에規定ᄒᆞ야義務ᄭᆞ지移轉ᄒᆞᄂᆞᆫ境遇에ᄂᆞᆫ相續의條規를准用ᄒᆞᆫ다ᄒᆞ야相續과分離ᄒᆞᆷ이可ᄒᆞᆯ줄노信ᄒᆞ노니故로家督과遺產兩種의相續을概括ᄒᆞᄂᆞᆫ定義를演出ᄒᆞᆷ에足ᄒᆞᆷ으로ᄡᅥ相續이란者ᄂᆞᆫ身分喪失의事實을因ᄒᆞ야前主의權利義務를承繼ᄒᆞᄂᆞᆫ法律의擬制處分이라云ᄒᆞ야左에分析說明ᄒᆞ노라 △

〔第一〕 相續은身分喪失의事實을因ᄒᆞᆷ이라 相續에ᄂᆞᆫ家長의死亡을因ᄒᆞ야

가지 원인은 모두 피상속인의 생존 중의 사실이므로, 사람의 사후 유산을 처분하는 방법이라 하는 정의를 곧바로 적용할 수 없다.

이상에서 나는 서구학자의 정의가 우리나라에 적합하지 않은 점을 명시하고, 상속에는 가독상속과 재산상속의 두 종류가 있음을 또한 언급하였다. 그러나 이외에 유증이라는 것이 있다. 로마 공화정시대에 일종의 상속으로 성행하여 사자가 생존 중에 그 의사를 표시한 때에는, 이를 따르는 것이 당연하다 하여, 유증은 실로 상속의 본칙이라고 하나, 나의 의견은 그렇지 않다. 유증은 유언의 일종이다. 유언은 증여를 목적으로 하지 않고 유증도 반드시 의무까지 이전하는 것도 아니다. 재산상의 권리만 이전하면 어찌 상속이라 말하며, 가령 의무까지 이전하여 상속과 같은 효과가 발생할지라도, 단순한 유언은 의사표시의 장에 규정하고, 유증은 채권편에 규정하여, 의무까지 이전하는 경우에는 상속의 조항을 준용한다고 해도 상속과 분리해야 한다고 믿는다. 따라서 가독과 유산 두 가지의 상속을 개괄하는 정의를 부연 설명하여 내는 것으로 충분하기에, 상속이란 “신분상실의 사실을 원인으로 하여 전주의 권리의무를 승계하는 법률의 의제처분”이라 하고 다음에 분석·설명한다.

〈1〉 상속은 신분상실의 사실을 원인으로 한다.

상속에는 가장의 사망을 원인으로 하여

開始ᄒᆞᄂᆞᆫ家督相續이有ᄒᆞ고又家族의死亡을因ᄒᆞ야開始ᄒᆞᄂᆞᆫ遺産相續이有ᄒᆞ니兩者가모다人의死亡을要ᄒᆞ야畢竟身分喪失에基因ᄒᆞᆫ者ㅣ니라其他隱居相續과如히死亡에基因치아니ᄒᆞᄂᆞᆫ者도有ᄒᆞ나亦是家長된身分의喪失에基因ᄒᆞᆷ이오又戰時條規에違背ᄒᆞ거나國民의隨意나他原因에自然ᄒᆞᆫ結果로國籍을喪失ᄒᆞ면亦是家督相續이開始ᄒᆞ나니此亦家長身分의喪失에基因ᄒᆞᆷ이니라死亡과隱居와國籍喪失이라云ᄒᆞᆷ이總히身分을喪失ᄒᆞᆫ事實이라故로余ᄂᆞᆫ相續은身分喪失의事實을因ᄒᆞᆫ者ㅣ라定義ᄒᆞ야詳設ᄒᆞᆯ必要가無ᄒᆞ나다만注意ᄒᆞᆯ바ᄂᆞᆫ此定義가歐洲諸國에行ᄒᆞᄂᆞᆫ相續에對ᄒᆞ야ᄂᆞᆫ適切치못ᄒᆞᆷ이是니라

(第二) **相續은前主의權利義務를承總ᄒᆞᄂᆞᆫ者ㅣ라** 相續은無主物先占이아니오其目的이被相續人된權利主体에屬ᄒᆞ얏던私權을法定ᄒᆞᆫ原因을依ᄒᆞ야相續人의게移轉케ᄒᆞᆷ을要ᄒᆞᆷ이니相續에ᄂᆞᆫ前主及承繼의觀念을須臾라도分離치못ᄒᆞᆯ바ㅣ니라相續人은被相續人의地位를代表ᄒᆞᄂᆞᆫ故로總權利義務가相續人의權利義務가되야其性質이變更치아니ᄒᆞ고負擔制限도또ᄒᆞᆫ舊樣으

개시하는 가독상속이 있고, 가족의 사망을 원인으로 하여 개시하는 유산상속이 있다. 양자가 모두 사람의 사망을 요구하여 결국 신분상실에서 비롯하는 것이다. 그 밖의 은거상속과 같이 사망에 기인하지 않는 경우도 있으나, 이 또한 가장인 신분상실에서 비롯하는 것이다. 또한 전시법규를 위배하거나 국민이 임의나 그 밖의 원인에 따른 당연한 결과로 국적을 상실하면 이 또한 가독상속을 개시하게 한다. 이 역시 가장신분의 상실에 기인하는 것이다. 사망과 은거 및 국적상실이라 것은 모두 신분을 상실하게 하는 사실이다. 그러므로 나는 상속은 신분상실의 사실을 원인으로 하는 것이라고 정의하고자 하는 것이다. 상세히 설명할 필요가 없으나, 다만 주의할 것은 이 정의가 서구 제국에서 행해지는 상속에 대해서는 적절하지 못하다는 점이다.

〈2〉 상속은 전주의 권리의무를 승계하는 것이다.

상속은 무주물선점이 아니다. 그 목적이 피상속인인 권리주체에 속하였던 사권을 법정한 원인에 따라 상속인에게 이전하게 하는 것이어야 한다. 그러므로 상속에서는 전주와 승계의 관념을 잠깐이라도 분리할 수 없는 것이다. 상속인은 피상속인의 지위를 대표하기 때문에, 모든 권리의무가 상속인의 권리의무가 되어 그 성질이 변경되지 않고 부담과 제한도 또한 옛 모습으로承繼ᄒᆞᄂᆞᆫ者인즉相續人은被相續人의遺產을一括ᄒᆞ야取得ᄒᆞᆫ後此ᄅᆞᆯ實行ᄒᆞᄂᆞᆫ責任이有ᄒᆞ니라相續人은遺產을承繼ᄒᆞᄂᆞᆫ同時의義務도또ᄒᆞᆫ承繼ᄒᆞ야自己의法律行爲와同一ᄒᆞᆫ責任이有ᄒᆞ니其遺產의無資力을不拘ᄒᆞ고自己固有의財產으로도此責任을不免ᄒᆞᄂᆞ니라（羅馬에셔ᄂᆞᆫ相當ᄒᆞᆫ期日內에遺產財產의目錄을調製ᄒᆞ야自己의義務ᄅᆞᆯ遺產額에限定ᄒᆞᄂᆞᆫ바即限定承認의相續을認知ᄒᆞ야無限責任을緩和히ᄒᆞ니라）家督相續도前家長의家長權을代表ᄒᆞ야家屬을統率ᄒᆞᄂᆞᆫ權과一家에屬ᄒᆞᆫ財產에對ᄒᆞᆫ權利義務와祀宇奉承及墳墓守護의義務ᄅᆞᆯ繼承ᄒᆞᄂᆞ니라然이나家督相續은一人에만限ᄒᆞ야도遺產相續은數人의相續人이有ᄒᆞ야其相續分을應ᄒᆞ야權利義務ᄅᆞᆯ承繼ᄒᆞᄂᆞ니라

（第二） **相續은法律의擬制處分이니라** 法律의擬制處分이라ᄒᆞᆷ은一定ᄒᆞᆫ原因이發生ᄒᆞ면被相續人의權利義務ᄂᆞᆫ반다시相續人의게移轉ᄒᆞ야써承繼의結果가生ᄒᆞᆷ을謂ᄒᆞᆷ이니相續人의資格及順位ᄂᆞᆫ法律로一定ᄒᆞᆫ標準을定ᄒᆞ고被相續人은法律에特定ᄒᆞᆫ方法을不依ᄒᆞ면其變更及設定을不得ᄒᆞᄂᆞ니相續法이强行法되ᄂᆞᆫ性質이此에在ᄒᆞ고相續이契約과顯著ᄒᆞᆫ差異ᄂᆞᆫ擬制處分의

로 승계하게 된다. 즉 상속인은 피상속인의 유산을 일괄하여 취득한 후 이를 실행하는 책임을 진다. 상속인은 유산을 승계하는 동시에 의무도 또한 승계하여 자기의 법률행위와 동일한 책임을 진다. 따라서 그 유산의 무자력에도 불구하고 자기 고유의 재산으로 이 책임을 면할 수 없다(로마에서는 상당한 기일 내에 유산재산의 목록을 작성하여 자기의 의무를 유산액에 한정하는 즉 한정승인의 상속을 인정하여 무한책임을 완화한다). 가독상속도 전 가장의 가장권을 대표하여 가족을 통솔하는 권리와 일가에 속한 재산에 대한 권리의무 및 사당과 선조를 받들어 모시고 분묘를 수호하는 의무를 승계한다. 그러나 가독상속은 일인으로만 한정되지만, 유산상속은 여러 사람의 상속인이 있어 그 상속분에 따라 권리의무를 승계한다.

〈3〉 상속은 법률의 의제처분이다.

법률의 의제처분이란 일정한 원인이 발생하면 피상속인의 권리의무는 반드시 상속인에게 이전함으로써 승계의 효과가 발생하는 것을 말한다. 상속인의 사격과 순위는 법률로 일정한 표준을 정하고, 피상속인은 법률에 특정된 방법을 따르지 아니하면 그 변경과 설정을 할 수 없다, 상속법이 강행법인 성질이 이에 있고, 상속이 계약과 현저한 차이는 의제처분의

有無에在ᄒᆞ니卽全財産의賣買或贈與를因ᄒᆞ야權利를移轉ᄒᆞᄂᆞᆫ境遇ᄂᆞᆫ相續과如ᄒᆞ나此ᄂᆞᆫ合意ᄒᆞ야隨意로締結ᄒᆞᄂᆞᆫ者ㅣ라故로法律擬制의結果로生ᄒᆞᄂᆞᆫ相續이라謂치못ᄒᆞᆯ지며權利承繼者ᄂᆞᆫ其承繼의事實을知ᄒᆞᆷ을要ᄒᆞ나相續은法律의擬制를因ᄒᆞ야當然ᄒᆞᆫ結果로權利義務가移轉ᄒᆞᄂᆞᆫ者인즉其移轉의事實을知ᄒᆞᆷ을必要치아니ᄒᆞ며添付를依ᄒᆞ야所有權을取得ᄒᆞᄂᆞᆫ規定이民法에有ᄒᆞ야 一見ᄒᆞ면法律擬制에基因ᄒᆞᆫ權利取得의方法인듯ᄒᆞ나此를詳考ᄒᆞ면其性質이大異ᄒᆞ니添付取得은單純ᄒᆞᆫ所有權取得으로身分喪失의事實에基因치아니ᄒᆞᄂᆞᆫ者ㅣ라故로相續과混合ᄒᆞᆯ바ㅣ아니니라

第二章　家督相續

第一節　家督相續의特質

相續의沿革을觀ᄒᆞᆯ진대家督相續이財産相續보다先發ᄒᆞ야何國이던지同然ᄒᆞ얏스나其後로權利思想이漸次發達ᄒᆞ야個人의財産所有權을認知ᄒᆞᆫ後로財産相續이併行ᄒᆞ더니現今泰西各國에在ᄒᆞ야ᄂᆞᆫ社會의單位를一個人으로定ᄒᆞᆫ結果로先發ᄒᆞ얏던家督相續은도로혀湮滅ᄒᆞ고財産相續만遺存호대東洋에在ᄒᆞ

유무에 있다. 즉 전 재산의 매매 또는 증여를 원인으로 하여 권리를 이전하는 경우는 상속과 같으나, 이는 합의하여 임의로 체결하는 것이다. 따라서 법률의제의 결과로 발생하는 상속이라 말할 수 없다. 권리승계자는 그 승계의 사실을 알고 있을 필요가 있으나, 상속은 법률의 의제를 원인으로 하여 당연한 결과로 권리의무를 이전하게 한다. 즉 그 이전의 사실을 알고 있을 것을 필요로 하지 않는다. 첨부에 따라 소유권을 취득하는 규정이 민법에 있는데, 언뜻 보면 법률의 의제에 따른 권리취득의 방법인 듯하나, 이를 자세히 고찰하면 그 성질이 크게 다르다. 첨부취득은 단순한 소유권취득으로 신분상실의 사실에서 비롯하지 않는다. 그러므로 상속과 혼동해서는 안 된다.

제2장 가독상속

제1절 가독상속의 특질

상속의 연혁을 살펴보면, 가독상속이 재산상속보다 먼저 발생하였으며 어느 나라든지 그러하였다. 그러나 그 후로 권리사상이 점차 발달하여 개인의 재산소유권이 인정된 후로는 재산상속이 병행되었다. 현재 서양 각국에서는 사회의 단위를 한 개인으로 정한 결과, 먼저 발생하였던 가독상속은 도리어 소멸하고 재산상속만 전해져 남게 되었다. 그렇지만 동양에서야ᄂᆞᆫ不然ᄒᆞ야家督相續을相續의本則으로現今ᄭᆞ지繼續ᄒᆞ야相續이라云ᄒᆞ면家督外에ᄂᆞᆫ他種類가更無ᄒᆞᆷ으로認ᄒᆞᄂᆞᆫ者도有ᄒᆞ니此ᄂᆞᆫ誤解의甚ᄒᆞᆫ者ㅣ라謂ᄒᆞᆯ지나大抵家督相續을重히ᄒᆞᄂᆞᆫ思想이國民의腦髓에浸潤ᄒᆞᆷ을可知ᄒᆞᆯᄲᅮᆫ이오到底히西國과ᄀᆞᆺ치廢止치못ᄒᆞᆯ바ㅣ로다然이나我東洋의法律程度가泰西諸國보다幼穉ᄒᆞ다謂치말지니家系ᄅᆞᆯ相傳ᄒᆞ고祖先의祀宇ᄅᆞᆯ崇拜ᄒᆞ야根本을不忘ᄒᆞ고血統을連綿ᄒᆞᄂᆞᆫ禮義의美風을遵守ᄒᆞᄂᆞᆫ所以오又社會의組織은大小가有ᄒᆞ야大로言ᄒᆞ면國家오小로言ᄒᆞ면一家ㅣ라衆人이合ᄒᆞ야一家가되고諸家가合ᄒᆞ야郡道가되고各郡道가合ᄒᆞ야一國이되ᄂᆞ니國家에ᄂᆞᆫ君主或大統領이有ᄒᆞ야此ᄅᆞᆯ統御ᄒᆞᄂᆞ니其君主或統領도地位ᄅᆞᆯ繼承ᄒᆞᄂᆞᆫ典範과選擧法이有ᄒᆞ며郡道에ᄂᆞᆫ地方官이有ᄒᆞ야此ᄅᆞᆯ分治ᄒᆞᄂᆞ니其地方官도任免傳掌ᄒᆞᄂᆞᆫ法이有ᄒᆞᆫ지라然則一家에만엇지此ᄅᆞᆯ統率ᄒᆞᄂᆞᆫ者ㅣ無ᄒᆞ리오若一家에家長이無ᄒᆞ면小社會되ᄂᆞᆫ團體가엇지鞏固ᄒᆞ며設或親權과夫權이有ᄒᆞᆯ지라도妻子外에弟與侄等家屬에ᄂᆞᆫ何權으로統率ᄒᆞ리오故로衆人이一家內에聚合ᄒᆞ야生活ᄒᆞ면此ᄅᆞᆯ小社會로認定ᄒᆞ야原社會의單位ᄅᆞᆯ作ᄒᆞᆷ이正當ᄒᆞ고又此ᄅᆞᆯ統率ᄒᆞᄂᆞᆫ家長이不

는 그렇지 아니하여 가독상속이 상속의 본칙으로, 지금까지도 계속하여 상속이란 가독 외에는 다른 종류가 그 이상 더 없는 것으로 인정하는 사람도 있다. 그러나 이는 오해가 심하다고 할 수 있다. 무릇 가독상속을 중히 여기는 사상이 국민의 뇌수에 배어들어 있음을 알 수 있을 뿐이어서 도저히 서양 제국과 같이 폐지하지 못하고 있을 뿐이다. 그렇다고 우리 동양의 법률 정도가 서양 여러 나라보다 유치하다고 말해서는 안 된다. 가계를 대대로 이어 전하고 선조의 사당을 숭배하여 근본을 잊지 않으며, 혈통을 이어 끊이지 않게 하는 예의의 미풍을 준수하고 있는 까닭이다. 또한 사회의 조직은 크고 작음이 있어 큰 것으로 말하면 국가이고 작은 것으로 말하면 일가이다. 여러 사람이 합쳐져 일가가 되고. 여러 가(家)가 모여 군(郡)과 도(道)가 되며, 군과 도가 합쳐져 한 나라가 된다. 국가에는 군주나 대통령이 있어서 이를 통치한다, 그 군주 또는 통령도 지위를 계승하는 전범(典範)과 선거법이 있으며, 군과 도에는 지방관이 있어 이를 나누어 통치한다. 그 지방관도 임면·관장하는 법이 있는 것이다. 그렇다면 일가에만 어찌 이를 통솔하는 사람이 없겠는가? 만약 일가에 가장이 없으면, 작은 사회로 되는 단체가 어찌 공고하며, 가령 친권과 부권(夫權)이 있을지라도 처자 외에 제(弟)와 질(姪) 등의 가족에 대해서는 어떤 권리로 통솔하겠는가? 그러므로 뭇사람이 일가 내에 모여서 생활하면, 이를 작은 사회로 인정하여 근원 사회의 단위를 만드는 것이 정당하고, 또한 이를 통솔하는 가장이 반

可不無치못홀지라若家長의制度가有ᄒᆞᆫ以上은其家長이家長된身分을喪失ᄒᆞ면此를繼承ᄒᆞᄂᆞᆫ法이有홀지니라又我國에在ᄒᆞ야ᄂᆞᆫ數千年以來로支那聖人의文化를輸入ᄒᆞ고我國固有의禮義를堅守ᄒᆞ야忠君愛國의敎와奉先傳家의心이他邦보다優越ᄒᆞ며且我邦의位置가極東半島에在ᄒᆞ야支那或은日本外에ᄂᆞᆫ商賈의往來와使節의交涉이無ᄒᆞ얏스니非但交通機關이便利치못홀뿐아니라鎖國主義와排外思想이有力ᄒᆞ야支那中漢人外에ᄂᆞᆫ皆是夷狄으로同視ᄒᆞ야彼人의制度가비록善良ᄒᆞ야도取用치아니ᄒᆞ얏스며國民의程度도敢히海外에跋涉치아니홈으로一族一家의團結이益固ᄒᆞ야家를貴重히ᄒᆞ고祖先을尊崇ᄒᆞᄂᆞᆫ禮法은愈盛ᄒᆞ얏스니家督外에他의相續法이更無ᄒᆞᆫ줄로誤信홈도足히怪異ᄒᆞᆫ바ㅣ아니오中世以來로個人의權利도是認ᄒᆞ야財産相續의制度도隱然中에併用ᄒᆞᆫ대家督相續이오히려本則이되니라

家督相續이란者ᄂᆞᆫ家長權을喪失ᄒᆞᆫ境遇에法定相續人이前家長의게屬ᄒᆞ얏던一切의權利義務를承繼홈을謂홈이니此ᄂᆞᆫ原因及相續人과効力을說明홀期會가有홈으로玆에省略ᄒᆞ나此를分析홀진대

드시 있어야 한다. 만약 가장제도가 있는 이상은, 그 가장이 가장인 신분을 상실하면, 이를 계승하는 법이 있어야 한다. 또한 우리나라에서는 수천 년 이래로 중국 성인(聖人)의 문화를 수입하고, 우리나라 고유의 예의를 굳게 지켜 임금에게 충성하고 나라를 사랑하는 가르침과 선조를 받들고 가문을 전하는 마음이 다른 나라보다 우월하였다. 또한 우리나라의 위치가 극동 반도에 있어 중국 또는 일본 외에는 상인의 왕래와 사절의 교섭이 없었다. 비단 교통기관이 편리하지 못하였을 뿐만 아니라, 쇄국주의와 배외사상이 유력하여 중국 중 한족 외에는 모두 오랑캐와 동일시하여, 그들의 제도가 비록 선량할지라도 받아들여 쓰지 않았다. 국민의 정도(程度)도 감히 해외에 나아가지 아니하므로, 일족·일가의 단결이 매우 견고하여 가(家)를 귀중히 여기고 선조를 존경하고 숭배하는 예법은 더욱 융성하였다. 그러므로 가독 외에 다른 상속법이 그 이상 더 없는 것으로 오신하는 것도 족히 괴이한 바가 아니다. 중세 이래로 개인의 권리도 시인되어 재산상속제도도 은연중에 병용되었지만, 가독상속이 오히려 본칙이었다.

"가독상속이라 함은 가장권을 상실한 경우에, 법정상속인이 전(前) 가장에게 속하였던 일체의 권리의무를 승계"하는 것을 말한다. 이는 원인 및 상속인과 효력을 설명할 기회가 있으므로 여기에서는 생략하나, 이를 나누어 설명해 보기로 한다.

(一) 家督相續은家長權을喪失ᄒᆞᆫ境遇에開始ᄒᆞᆷ이라 家長權을喪失ᄒᆞᆫ原因을家督相續開始의原因이라ᄒᆞᄂᆞ니家長의死亡과隱居와國籍喪失과破養等이是니라

(二) 家長相續은前家長의게屬ᄒᆞ얏던一切의權利義務ᄅᆞᆯ承繼ᄒᆞᄂᆞᆫ者ㅣ라 家督相續人은前家長의地位ᄅᆞᆯ代襲ᄒᆞ야其一切의權利義務ᄅᆞᆯ承繼ᄒᆞᄂᆞ니家屬에對ᄒᆞᆫ家長의權利義務ᄅᆞᆯ承繼ᄒᆞᆯᄲᅮᆫ아니라被相續人의姓氏、系統、貴號도繼承ᄒᆞ며財產上의權利義務도繼承ᄒᆞ고系譜、祭具、祀宇、墳墓等의世襲物은家督相續의特權으로繼承ᄒᆞ나前家長의一身에專屬ᄒᆞᆫ親等에對ᄒᆞᆫ權利及技能의關ᄒᆞᆫ義務等은繼承치못ᄒᆞᄂᆞ니라

(三) 家督相續에ᄂᆞᆫ法定ᄒᆞᆫ相續人을要ᄒᆞᄂᆞ니라 家督相續人은一人만限호대法律에違反ᄒᆞ야任意로選定치못ᄒᆞ고其資格順位ᄂᆞᆫ반다시法律의定ᄒᆞᆫ바ᄅᆞᆯ從ᄒᆞᄂᆞ니라

第二節 家督相續의開始

第一欵 家督相續開始의原因

(1) 가독상속은 가장권을 상실한 경우에 개시한다.

가장권을 상실한 원인을 가독상속개시의 원인이라 한다. 가장의 사망과 은거 및 국적상실과 파양 등이 이것이다.

(2) 가독상속은 전 가장에게 속하였던 일체의 권리의무를 승계하는 것이다.

가독상속인은 전 가장의 지위를 이어받아 그 일체의 권리의무를 승계한다. 가족에 대한 가장의 권리의무를 승계할 뿐만 아니라, 피상속인의 성씨, 계통, 칭호도 계승하며, 재산상의 권리의무도 계승한다. 계보, 제구, 사당, 분묘 등의 세습물은 가독상속의 특권으로 계승한다. 그러나 전 가장의 일신에 전속한 존수에 대한 권리와 기능에 관한 의무 등은 계승할 수 없다.

(3) 가독상속에는 법정한 상속인을 필요로 한다.

가독상속인은 1인으로만 한정되며, 법률에 위반하여 임의로 선정하지 못하고, 그 자격·순위는 반드시 법률이 정한 바를 따라야 한다.

제2절 가독상속의 개시

제1관 가독상속개시의 원인

家督相續은法律의擬制處分이라故로一定ᄒᆞᆫ原因이發生ᄒᆞ면被相續人의權利義務ᄅᆞᆯ相續人의게移轉ᄒᆞᄂᆞ니卽此權利義務ᄅᆞᆯ移轉ᄒᆞᄂᆞᆫ事實이發生ᄒᆞᆷ을指ᄒᆞ야家督相續의開始라云ᄒᆞᄂᆞ니我邦에ᄂᆞᆫ家라云ᄒᆞᄂᆞᆫ團体가社會의單位가되야他人이라도親屬關係ᄂᆞᆫ無ᄒᆞ나家族關係가有ᄒᆞᆷ이有ᄒᆞ고家의團体에ᄂᆞᆫ一人의家長이有ᄒᆞ야家政을總管ᄒᆞᄂᆞᆫ職務가有ᄒᆞ니一家에ᄂᆞᆫ同時에二人以上의家長이無ᄒᆞᆫ지라若其一人의家長이生理上으로其生命을喪失ᄒᆞ고法律上으로其家ᄅᆞᆯ脫離ᄒᆞ면반다시家督相續開始의原因이되ᄂᆞ니前家長의位ᄅᆞᆯ代立ᄒᆞᆯ者ㅣ無ᄒᆞ면其家ᄂᆞᆫ消滅ᄒᆞᆯ지니라家長一人만有ᄒᆞ고家屬은一人도無ᄒᆞᆫ境遇ᄂᆞᆫ有ᄒᆞ나家屬만有ᄒᆞ고家長이無ᄒᆞᆫ家ᄂᆞᆫ無ᄒᆞ니若家長이無ᄒᆞ면其家ᄂᆞᆫ廢絶ᄒᆞ고家屬은各其獨立ᄒᆞ야別로히一家ᄅᆞᆯ新立ᄒᆞᆷ에至ᄒᆞ고家長이自己가其家ᄅᆞᆯ廢ᄒᆞ거나家長될者가無ᄒᆞ야廢家或絶家가되ᄂᆞᆫ境遇에ᄂᆞᆫ其家ᄂᆞᆫ消滅ᄒᆞᆷ에至ᄒᆞᄂᆞᆫ故로家長權을繼受取得ᄒᆞᄂᆞᆫ家督相續의原因이되지아니ᄒᆞᄂᆞ니라

家督相續의原因은同時에遺産相續의原因이되지아니ᄒᆞᄂᆞ니設令家長이死亡ᄒᆞᆫ境遇라도遺産相續이開始치아니ᄒᆞᄂᆞ니라何者오家長의資産은唯一로家族

가독상속은 법률의 의제처분이다. 따라서 일정한 원인이 발생하면 피상속인의 권리의무가 상속인에게 이전하게 된다. 즉 이 권리의무를 이전하는 사실이 발생하는 것을 가리켜 가독상속의 개시라 한다. 우리나라에는 가(家)라고 단체가 사회의 단위가 되어, 타인일지라도 친족관계는 없으나 가족관계가 있는 경우가 있고, 가(家)의 단체에는 일인의 가장이 있으며, 가정을 총괄하는 직무가 있다. 그러므로 일가에는 동시에 2인 이상의 가장이 있을 수 없다. 만약 그 1인의 가장이 생리상으로 그 생명을 상실하고, 법률상으로 그 가(家)를 이탈하면, 반드시 가독상속개시의 원인으로 된다. 전 가장의 지위를 대신할 사람이 없으면 그 가(家)는 소멸하므로, 가장 1인만 있고 가족은 없는 경우는 있지만, 가족만 있고 가장이 없는 가(家)는 없다. 만약 가장이 없으면 그 가(家)는 폐가·절가로 되거나, 가족은 각기 독립하여 따로 일가를 새로 세우게 된다. 가장이 자기가 그 가(家)를 폐지하거나 가장될 사람이 없어서 폐가 또는 절가가 되는 경우에는, 그 가(家)는 소멸하게 된다. 따라서 가장권을 이어받아 취득하는 가독상속의 원인이 되지 않는다.

가독상속의 원인은 동시에 유산상속의 원인이 되지 않는다. 가령 가장이 사망한 경우라도 유산상속은 개시되지 않는다. 왜냐하면 가장의 자산은 유일하므로, 가족

團体의一員으로有ᄒᆞᆫ權利와一個人의資格으로有ᄒᆞᆫ權利ᄅᆞᆯ區別치아니ᄒᆞᄂᆞᆫ所以오又何人이던지家族團体의一員이되야家屬이아니면即家長이되ᄂᆞᆫ所以니라家長의死亡을因ᄒᆞ야遺贈의効力이發生ᄒᆞ야受遺者ᄂᆞᆫ相續人과共同ᄒᆞ야其遺産을分割ᄒᆞᆷ을得ᄒᆞ나遺贈은相續이아니오受遺者ᄂᆞᆫ相續人이아니라故로其分割ᄒᆞᄂᆞᆫ바ᄂᆞᆫ前家長의財産에만對ᄒᆞ야行ᄒᆞᆷ이오決코家長權은分割ᄒᆞᄂᆞᆫ者ㅣ아니니라左에各個原因을分說ᄒᆞᆯ진대

(一) 死亡 死亡은人의総權利ᄅᆞᆯ消滅케ᄒᆞᄂᆞᆫ故로家長이死亡ᄒᆞ면家長權도喪失ᄒᆞ야相續이開始ᄒᆞᆷ은當然ᄒᆞᆫ事ㅣ니라死亡니라ᄒᆞᆷ은事實上自然ᄒᆞᆫ死亡을云ᄒᆞᆯᄲᅮᆫ아니라失踪의宣告도亦死亡과同一ᄒᆞᆫ効力이有ᄒᆞ야法律上의死亡도包含ᄒᆞᄂᆞ니失踪이란者ᄂᆞᆫ不在者가一定ᄒᆞᆫ期限内에生死가分明치못ᄒᆞ면利害關係人의請求ᄅᆞᆯ因ᄒᆞ야失踪者로宣告ᄒᆞᄂᆞᆫ者ᄅᆞᆯ謂ᄒᆞᆷ이니此宣告ᄂᆞᆫ絶對의死亡이아니니라即准死者로法律이定ᄒᆞ야死亡者와同一ᄒᆞᆫ効力이生케ᄒᆞᆯᄲᅮᆫ이니若生存ᄒᆞᆷ이確實ᄒᆞ면本人이나利害關係人의請求ᄅᆞᆯ因ᄒᆞ야失踪의宣告ᄅᆞᆯ繳消ᄒᆞᆷ이當然ᄒᆞᆫ지라然則相續人이失踪宣告後繳消前의行爲ᄂᆞᆫ其効力

단체의 일원으로 보유한 권리와 한 개인의 자격으로 보유한 권리가 구별되지 않는 까닭이다. 또 어떤 사람이든지 가족단체의 일원이 되어, 가족이 아니면 곧 가장이 되는 까닭이다. 가장의 사망을 원인으로 하여 유증의 효력이 발생하고, 수유자는 상속인과 공동으로 그 유산을 분할할 수 있으나, 유증은 상속이 아니고 수유자는 상속인이 아니다. 그러므로 그 분할하는 것은 전 가장의 재산에 대해서만 이루어지고, 결코 가장권은 분할되는 것이 아니다. 다음에 각각의 원인을 나누어 설명한다.

(1) 사망

사망은 모든 권리를 소멸하게 한다. 따라서 가장이 사망하면 가장권도 상실하여 상속이 개시되는 것은 당연한 일이다. 사망이라 하는 것은 사실상 자연적인 사망을 말할 뿐만 아니라, 실종선고도 또한 사망과 동일한 효력이 있어서 법률상의 사망도 포함한다. 실종이라 함은 부재자가 일정한 기한 내에 생사가 분명하지 아니하면, 이해관계인의 청구를 원인으로 하여 실종자로 선고하는 것을 말한다. 이 선고는 절대적 사망이 아니다. 즉 사자에 준하는 것으로 법률이 정하여 사망자와 동일한 효력이 발생하게 할 뿐이다. 만약 생존하는 것이 확실하면, 본인이나 이해관계인의 청구를 원인으로 하여 실종선고를 취소하는 것이 당연하다. 그렇게 되면 상속인이 실종선고 후 취소 전에 한 행위는 그 효력이不變ᄒᆞ나撤消後에ᄂᆞᆫ一次取得ᄒᆞ얏던權利義務가喪失됨이正當ᄒᆞᆫ事ㅣ라故로財産에對ᄒᆞ야ᄂᆞᆫ利益을現受ᄒᆞᆫ限度에ᄂᆞᆫ返還ᄒᆞᆷ이可ᄒᆞ고繼受ᄒᆞ얏던家長의權과特種의世襲物은一時停止ᄒᆞ얏던前家長의게返還ᄒᆞᆷ이可ᄒᆞ니라然이나家長權返還이相續은아님은記憶ᄒᆞᆯ바ㅣ니라

(二)　隱居　隱居ᄂᆞᆫ親族法講義ᄅᆞᆯ因ᄒᆞ야解得ᄒᆞᆯ者ㅣ니家長이生存中에其家長權을自退ᄒᆞᄂᆞᆫ者ㅣ라前日에略說ᄒᆞᆫ바와如히財産管理權을子孫의게委任ᄒᆞ고一室에退居ᄒᆞ야閑養ᄒᆞᄂᆞᆫ者ᄂᆞᆫ有호대此ᄂᆞᆫ相續이아니오年老ᄒᆞᆫ後에奉祀ᄅᆞᆯ子孫의게傳屬ᄒᆞᄂᆞᆫ事ㅣ卽今日의隱居ㅣ라我國에ᄂᆞᆫ極히稀有ᄒᆞᆫ者아나隱居ᄂᆞᆫ合意ᄅᆞᆯ因ᄒᆞᄂᆞᆫ境遇와裁判所의許可ᄅᆞᆯ得ᄒᆞᄂᆞᆫ境遇가有ᄒᆞ니年齡이滿六七十以上된者도完全ᄒᆞᆫ能力이有ᄒᆞᆫ家督相續人이相續을單純承認ᄒᆞ면合意로隱居ᄒᆞ고疾病이나其他不得已ᄒᆞᆫ事故가有ᄒᆞ야家政을躬執ᄒᆞ기不能ᄒᆞᆷ에至ᄒᆞᆫ者ᄂᆞᆫ年齡을不拘ᄒᆞ고다만相續人될者가承認ᄒᆞ면裁判所의許可ᄅᆞᆯ得ᄒᆞ야隱居ᄒᆞᆷ이可ᄒᆞᆯ지라故로條件이具備ᄒᆞ야家長이隱居ᄒᆞ면玆에家督相續이開始되ᄂᆞ니라然이나日本에在ᄒᆞ야ᄂᆞᆫ宗家ᄅᆞᆯ相續이나再興ᄒᆞᆯ時에裁判所

이 변하지 아니하나, 취소 후에는 일차 취득하였던 권리의무가 상실되는 것이 정당한 일이다. 따라서 재산에 대해서는 이익을 현재 받은 한도에서는 반환해야 하고, 이어받았던 가장의 권리와 특종의 세습물은 일시 정지하였던 전 가장에게 반환해야 한다. 그러나 가장권반환이 상속은 아니라는 점은 기억해야 한다.

(2) 은거

은거는 친족법 강의를 통해서 이해하였을 것이다. 가장이 생존 중에 그 가장권에서 스스로 물러나는 것이다. 앞에서 약술한 바와 같이, 재산관리권을 자손에게 위임하고 한쪽 방에 물러나 거처하며 한가로이 살아가는 경우가 있지만, 이는 상속이 아니다. 연로한 후에 봉사(奉祀)를 자손에게 전하여 잇게 하는 것이 곧 오늘날의 은거이다. 우리나라에는 극히 드문 경우이나, 은거는 합의를 원인으로 하는 경우와 재판소의 허가를 얻는 경우가 있다, 연령이 만 6·70 이상인 사람도 완전한 능력이 있는 가독상속인이 상속을 단순승인하면 합의로 은거하고,[1] 질병이나 그 밖의 부득이한 사고가 있어서 가정(家政)을 직접 관장할 수 없는 지경에 이른 사람은, 연령을 불문하고 다만 상속인으로 될 사람이 승인하면 재판소의 허가를 얻어 은거할 수 있다. 따라서 조건을 구비하여 가장이 은거하면 이에 가독상속이 개시된다. 그러나 일본에서는 종가(宗家)를 상속하거나 부흥할 때에, 재판소

1 메이지민법 제752조

의許可를得ᄒᆞ야隱居ᄒᆞᆷ을規定ᄒᆞ얏스니余의意見에ᄂᆞᆫ此等의境遇에ᄂᆞᆫ家長이宗家에入ᄒᆞ면其家屬도ᄯᅩᄒᆞᆫ隨從ᄒᆞ야宗家에同入ᄒᆞᆷ이可ᄒᆞ고設或不肯ᄒᆞᄂᆞᆫ者ㅣ有ᄒᆞ면强行치ᄂᆞᆫ못ᄒᆞᆯ지라도一家를新立ᄒᆞᆷ이亦可ᄒᆞ니隱居가開始ᄒᆞᆷ餘地가無ᄒᆞ며家長이婚姻을因ᄒᆞ야他家에入ᄒᆞᄂᆞᆫ境遇의隱居도規定ᄒᆞ얏스나此ᄂᆞᆫ我國風俗에不合ᄒᆞ야採用치못ᄒᆞᆯ줄노信ᄒᆞ노라

(三) **國籍喪失**　國籍喪失이란者ᄂᆞᆫ本國臣民된分限을喪失ᄒᆞᄂᆞᆫ者ㅣ니若家長이臣民된國籍을失ᄒᆞ면家族團体에脫退ᄒᆞᄂᆞᆫ者ㅣ라故로家長權도當然히喪失ᄒᆞ야相續ᄒᆞᆯ人이無ᄒᆞ면其家ᄂᆞᆫ廢絶ᄒᆞ거니와若家督相續人될者가有ᄒᆞ면玆에相續을開始ᄒᆞᄂᆞ니外國의國籍을取得ᄒᆞᆫ者의家屬은반다시隨從ᄒᆞᆯ義務가無ᄒᆞ고其家를暫時廢絶ᄒᆞ얏다가隨從을不肯ᄒᆞᄂᆞᆫ家屬中에셔興復或新立ᄒᆞᄂᆞᆫ바도甚히不便ᄒᆞᆫ즉ᄯᅩᄒᆞᆫ相續開始의原因이되ᄂᆞ니라我國에在ᄒᆞ야ᄂᆞᆫ아직國籍法을制定ᄒᆞᆷ이無ᄒᆞ니如何ᄒᆞᆫ條件이國籍을喪失ᄒᆞᆯᄂᆞᆫ지斷定키不能ᄒᆞ며各國法例도不一ᄒᆞ나自己의志望을因ᄒᆞᆫ者도有ᄒᆞ고離異及罷養을因ᄒᆞᆫ者도有ᄒᆞ고私生子承認을因ᄒᆞᆷ도有ᄒᆞ고女家長의婚姻을因ᄒᆞᆷ도有ᄒᆞ고戰時條

의 허가를 얻어 은거하는 것을 규정하고 있으나,[1] 나의 의견으로는 이들 경우에는 가장이 종가에 들어가면, 그 가족도 또한 따라서 종가에 함께 들어갈 수 있고, 혹시 원하지 않는 사람이 있으면, 강행하지는 못할지라도 또한 일가를 창립할 수 있으므로, 은거가 개시될 여지가 없다. 가장이 혼인으로 인해 타가에 들어가는 경우의 은거도 규정하고 있으나, 우리나라 풍속에 부합하지 아니하여 채용할 수 없는 것으로 믿는다.

(3) 국적상실

국적상실이란 본국 국민인 신분을 상실하는 것이다. 만약 가장이 국민인 국적을 상실하면 가족단체에서 탈퇴하는 것으로 된다. 따라서 가장권도 당연히 상실하며 상속할 사람이 없으면 그 가(家)는 폐가·절가된다. 만약 가독상속인으로 될 사람이 있으면 이에 상속이 개시된다. 외국의 국적을 취득한 사람의 가족은 반드시 따를 의무가 없고, 그 가(家)를 삼시 폐가·절가로 하였다가 따라가는 것을 원하지 않는 가족 중에서 부흥 또는 창립하는 것도 매우 불편하기에 또한 상속개시의 원인이 되는 것이다. 우리나라는 아직 국적법을 제정하지 않고 있어 어떠한 조건이 국적을 상실하게 되는지 단정할 수 없으며, 각국의 법례도 일치하지 않는다. 그러나 자기의 희망을 원인으로 하는 경우도 있고, 이혼과 파양을 원인으로 경우도 있으며, 사생자 인지를 원인으로 하는 경우도 있다. 여자인 가장의 혼인을 원인으로 하는 경우도 있으며, 전시법

1 메이지민법 제753조

規의違反을因홈도有ᄒᆞ야如何ᄒᆞᆫ境遇를勿論ᄒᆞ고家長된者가國籍을喪失ᄒᆞ면家督相續의原因이되ᄂᆞ니라

(四) 罷養　他家에立后ᄒᆞ야相續人으로家長이되얏다가未成年者가率養ᄒᆞᆫ者나親等이나長幼次序를失ᄒᆞᆫ者나後見人을率養ᄒᆞᆫ者나配偶者가不同意ᄒᆞᆫ者나父母의同意를不得ᄒᆞᆫ者와己生子가有ᄒᆞᆫ時ᄂᆞᆫ此를罷養홈을得ᄒᆞ야其家에脫退ᄒᆞᄂᆞ니罷養이라ᄒᆞ면無効와繳消가包含홈이나此의罷養은即養子緣分을繳消홈을謂홈이라繳消의性質은遡往ᄒᆞᄂᆞᆫ効力이無ᄒᆞᆫ즉繳消ᄒᆞᄂᆞᆫ當時에家督相續을開始홀必要가有ᄒᆞ니라

家督相續開始의原因을說了홈에當ᄒᆞ야一言코져ᄒᆞᄂᆞᆫ者ㅣ有ᄒᆞ니泰西各國에ᄂᆞᆫ家督相續의制度가無홈으로開始의原因도無홈이當然ᄒᆞᆫ結果ㅣ나日本에ᄂᆞᆫ以上四原因外에家長이婚姻의離異를因ᄒᆞ야其家를脫退ᄒᆞᄂᆞᆫ原因이有ᄒᆞ야家長이死亡ᄒᆞᆫ後에他相續人이無ᄒᆞ고其家屬되얏던配偶者가相續人으로選定되야家長이되얏다가其後에婚姻이繳消가되야實家에復歸ᄒᆞ면婚家에家長을缺홀道理가無홈으로家督相續이開始ᄒᆞᆫ다規定ᄒᆞ얏스나此ᄂᆞᆫ我國에不合ᄒᆞᆫ바ㅣ

규의 위반을 원인으로 하는 경우도 있다. 어떠한 경우를 막론하고 가장인 사람이 국적을 상실하면 가독상속의 원인으로 된다.

(4) 파양

타가에 입후(立後)하여 상속인으로서 가장이 되었다가 미성년자가 입양을 한 사람과 존수나 장유유서를 잃은 경우나, 후견인을 입양한 사람이나 배우자가 동의하지 아니한 경우나, 부모의 동의를 얻지 못한 경우와 자기가 낳은 자(子)가 있는 때에는 이를 파양할 수 있으며, 그 가(家)에서 탈퇴한다. 파양이라 하는 것에는 무효와 취소가 포함되나, 이 파양은 곧 양자의 인연을 "취소"하는 것을 말한다. 취소의 성질은 기왕에 소급하는 효력이 없으므로 취소하는 당시에 가독상속을 개시할 필요가 있다.

가독상속개시의 원인에 대한 설명을 마무리하면서 한마디 덧붙이고자 하는 것이 있다. 서양 각국에는 가독상속의 제도가 없으므로, 개시의 원인도 없는 것은 당연한 결과이다. 그러나 메이지민법에는 이상의 네 가지 원인 외에 가장이 혼인의 이혼으로 인해 그 가(家)를 탈퇴하는 원인이 있다. 가장이 사망한 후에 다른 상속인이 없고 그 가족이었던 배우자가 상속인으로 선정되어 가장으로 되었다가, 그 후에 혼인이 취소가 되어 실가에 복귀하면 혼가에 가장이 없을 도리가 없으므로, 가독상속이 개시한다고 규정하였으나, 이는 우리나라에 부합하지 않는다.

니我國에女家長制度가甚狹ᄒᆞ야有夫ᄒᆞᆫ妻가家長되ᄂᆞᆫ事ᄂᆞᆫ無ᄒᆞ며有子ᄒᆞᆫ母가家長되ᄂᆞᆫ事도無ᄒᆞᆫ지라家長은死ᄒᆞ고相續人은無ᄒᆞ야其妻一人만獨存ᄒᆞ면不得已ᄒᆞ야其妻가相續人이될지나此相續人이實家로復歸ᄒᆞ면無ᄒᆞ던相續人이엇지到今ᄒᆞ야有ᄒᆞ리오其家ᄂᆞᆫ自然廢絶에至ᄒᆞᆯ지니相續ᄒᆞᆯ餘地가無ᄒᆞ고又無夫無子ᄒᆞᆫ寡婦라야女家長이되ᄂᆞ니寡婦에對ᄒᆞ야何等離異가有ᄒᆞ며母妻子가俱無ᄒᆞᆷ고其女만有ᄒᆞ야此ㅣ相續人이되야家長이되얏슬지라도出嫁ᄒᆞᄂᆞᆫ當時에家長權을喪失ᄒᆞ고親家ᄂᆞᆫ廢絶ᄒᆞᄂᆞ니家長地位에在ᄒᆞᆫ未嫁女가또ᄒᆞᆫ何等의離異가有ᄒᆞ리오此等原因은到底히採用치못ᄒᆞᆯ지며又女家長의入夫婚姻과其織消及離異가家督相續開始의原因으로規定ᄒᆞ얏스니入夫婚姻이란者ᄂᆞᆫ家長의身分이有ᄒᆞᆫ女子가他家에出嫁치아니ᄒᆞ고依然히自家에在ᄒᆞ야夫를迎入ᄒᆞᆫ後其迎入ᄒᆞᆫ夫의게家長權을傳授ᄒᆞᄂᆞᆫ一種特法이라我邦에在ᄒᆞ야ᄂᆞᆫ豫言키難ᄒᆞ나幾百幾千年을經過ᄒᆞ야도如此ᄒᆞᆫ制度ᄂᆞᆫ輸入ᄒᆞᆯ必要가無ᄒᆞᆯ줄로豫信ᄒᆞ노라

玆에一言을更陳ᄒᆞ노니無夫無子ᄒᆞᆫ妻가不得已ᄒᆞ야媤家의家長이되얏다가其

우리나라에서는 여자 가장제도가 매우 이상하여 부(夫) 있는 처가 가장되는 일은 없으며, 자(子) 있는 모가 가장이 되는 일도 없다. 가장은 사망하고 상속인이 없으며 그 처 일인만 있으면 부득이하여 그 처가 상속인으로 되나, 이 상속인으로 실가로 복귀하면 없었던 상속인이 어찌 지금에 이르러 있을 수 있겠는가? 그 가(家)는 자연 폐가·절가에 이르게 되고 상속할 여지가 없다. 또한 무부(無夫)·무자(無子)한 과부라야 여자 가장이 되는데, 과부에 대해 무슨 이혼이 있으며, 모와 처자가 모두 없고 그 딸(女)만 있어 이 사람이 상속인으로 되어 가장이 되었을지라도, 출가하는 당시에 가장권을 상실하고 친가는 폐가·절가로 되는 것이다. 가장의 지위에 있는 미혼녀가 또한 무슨 이혼이 있겠는가? 이들 원인은 도저히 채용할 수 없는 것이다. 또한 여가장의 입부혼인과 그 취소 및 이혼이 가독상속 개시의 원인으로 규정되어 있으나, 입부혼이라는 것은 가장의 신분이 있는 여자가 타가에 출가하지 않고 계속 자가의 가(家)에 있으면서, 부(夫)를 맞아들인 후 그 맞아들인 부(夫)에게 가장권을 전해주는 일종의 특수한 법이다. 우리나라에서는 예언하기 어려우나, 수백수천 년을 경과하여도 이와 같은 제도는 수입할 필요가 없을 것으로 미리 확신한다.

이에 한마디 말을 다시 진술한다. 무부·무자한 처가 부득이하여 시가(媤家)의 가장이 되었다가 그

後에同宗中에셔養子ᄒᆞ면其家長權은其入后ᄒᆞᆫ人의게傳受홈이可ᄒᆞ고無父母無兄弟ᄒᆞᆫ女子가不得已ᄒᆞ야家長이되얏다가追後入后ᄒᆞᄂᆞᆫ者ㅣ有ᄒᆞ면亦然ᄒᆞᆯ줄로信ᄒᆞ노니諸君은硏究ᄒᆞᆯ지어다

第二款　家督相續開始의時期及處所

家督相續開始의時期ᄂᆞᆫ即原因을開始에因ᄒᆞ야相續權이發生ᄒᆞᄂᆞᆫ時期를云홈이니此를各境遇를隨ᄒᆞ야詳說ᄒᆞᆯ진ᄃᆡ即自然ᄒᆞᆫ死亡에ᄂᆞᆫ死亡報告의有無ᄂᆞᆫ不關ᄒᆞ고事實上으로死亡ᄒᆞ면其瞬間에相續權이發生ᄒᆞᆯ지니法律上死亡은幾年間生死가分明치못ᄒᆞᆫ不在者를失踪으로宣告ᄒᆞ야死亡ᄒᆞᆫ者로看做ᄒᆞᄂᆞᆫ者인즉失踪効力이發生ᄒᆞᆫ時期에即相續權도發生ᄒᆞᆯ지나然이나失踪効力이發生ᄒᆞᄂᆞᆫ時期에對ᄒᆞ야三個의立法例가有ᄒᆞ니一은宣告ᄒᆞᆫ日이나宣告確定ᄒᆞᆫ日로브터効力이生ᄒᆞᄂᆞᆫ者ㅣ라ᄒᆞ고二ᄂᆞᆫ法定ᄒᆞᆫ期間이滿了ᄒᆞᆫ時를遡ᄒᆞ야効力이生ᄒᆞᄂᆞᆫ者ㅣ라ᄒᆞ고三은不在者의音信이有ᄒᆞᆫ最後日을遡ᄒᆞ야効力이生ᄒᆞᄂᆞᆫ者ㅣ라ᄒᆞ니此三主義가得失이各有ᄒᆞ고立法이不一ᄒᆞ야可否를斷定키難ᄒᆞ나余ᄂᆞᆫ第一의主義가單純ᄒᆞ고理論에도適合ᄒᆞᆫ줄로信ᄒᆞ노라然이나弊害가伴生ᄒᆞᆯ慮가有

후에 동종 중에서 양자를 하면, 그 가장권은 그 입후한 사람에게 전해야 하고, 부모·형제가 없는 여자가 부득이하여 가장이 되었다가 추후 입후한 사람이 있으면 또한 그러해야 할 것으로 확신한다. 제군은 이를 연구하기 바란다.

제2관 가독상속개시의 시기와 장소

가독상속개시의 시기는 곧 원인이 개시됨으로써 상속권이 발생하는 시기를 말한다. 이를 각 경우에 따라 상설해 보기로 한다. 자연적인 사망인 경우에는, 사망 보고의 유무와 관계없이 사실상으로 사망하면 그 순간에 상속권이 발생하고, 법률상의 사망은 몇 년간 생사가 분명하지 않은 부재자를 실종으로 선고하여 사망자로 간주하는 것이므로, 실종의 효력이 발생한 시기에 곧 상속권도 발생한다. 그러나 실종의 효력이 발생하는 시기에 대해서는 세 가지의 입법례가 있다. 첫째는 선고한 날이나 선고가 확정된 날부터 효력이 발생하는 것이라 하고, 둘째는 법정한 기간이 만료한 때까지 소급하여 효력이 발생하는 것이라 하고, 셋째는 부재자의 소식이 있은 최후일까지 소급하여 효력이 발생하는 것이라고 한다. 이 세 주의가 각각 장단점이 있고. 입법이 한결같지 아니하여 가부를 단정하기 어려우나, 나는 첫 번째의 주의가 단순하고 이론에도 적합한 것으로 믿는다, 그러나 폐해가 생겨날 우려가 있

ᄒᆞ니假令狡猾ᄒᆞᆫ利害關係人은自己의利益을取ᄒᆞ야或은失踪의原因을隱蔽ᄒᆞ고或은速請ᄒᆞ야他人의權利ᄅᆞᆯ左右ᄒᆞᄂᆞᆫ事도有ᄒᆞᆯ지오且裁判官의勤惰와其他事由ᄅᆞᆯ因ᄒᆞ야宣告의遲速이有ᄒᆞ면相續權ᄲᅮᆫ아니라他權利도効力이懸殊ᄒᆞᆯ지니라第三의主義ᄂᆞᆫ理論에不合ᄒᆞ니不在者의最後音信을其死亡ᄒᆞᆫ時로論ᄒᆞ면何由로ᄡᅥ幾年間이나宣告ᄅᆞᆯ猶豫ᄒᆞᆯ必要가有ᄒᆞ리오然則第二의主義가就中에便利ᄒᆞ고又ᄂᆞᆫ理論에適合ᄒᆞ니何者오一은最後音信으로브터幾年의期間이滿了되면人爲로動치못ᄒᆞᆯ바ㅣ니實際에弊害가無ᄒᆞ야利害關係人의權利가比較的確實ᄒᆞ고二ᄂᆞᆫ法律이最後音信으로브터幾年이經過ᄒᆞᆫ事實로ᄡᅥ失踪의原因을作ᄒᆞᆫ故로其原因이完結ᄒᆞᆫ日即期間滿了ᄒᆞᆫ日에死亡ᄒᆞᆷ으로認知ᄒᆞᆷ이理論에最適ᄒᆞ다ᄒᆞᆯ지로다然則相續權도失踪効力이發生ᄒᆞᆫ同時에開始되야宣告의如何ᄂᆞᆫ不關ᄒᆞᆷ이可ᄒᆞ니라隱居로因ᄒᆞ야相續이開始ᄒᆞᄂᆞᆫ時ᄂᆞᆫ合意의隱居와裁判所許可의隱居ᄅᆞᆯ勿論ᄒᆞ고隱居報告ᄒᆞᆫ時에効力이生ᄒᆞᄂᆞᆫ者ㅣ라或者의論은隱居란者ᄂᆞᆫ隱居者가退隱ᄒᆞᆫ事實을謂ᄒᆞᆷ이니合意의條件만具備ᄒᆞ면其時에隱居가成立되야相續이開始ᄒᆞᆫ다云ᄒᆞ나條件이具備ᄒᆞ야도隱居ᄒᆞᄂᆞᆫ者와밋相續人

다. 가령 교활한 이해관계인은 자기의 이익을 취하거나, 실종의 원인을 은폐하거나 또는 빨리 청구하여 타인의 권리를 좌우하는 일도 있을 것이고, 또 재판관의 근면과 게으름 그 밖의 사유로 인해 선고의 늦고 빠름이 있으면 상속권뿐만 아니라, 다른 권리도 효력이 현격하게 달라질 수 있다. 세 번째 주의는 이론에 맞지 아니하다. 부재자의 최후의 소식을 그 사망한 때로 논하면 무슨 이유로 몇 년간이나 선고를 유예할 필요가 있겠는가? 그래서 두 번째 주의가 그 중에 편리하고 또 이론에도 적합하다. 왜냐하면 첫째는 최후의 소식으로부터 몇 년의 기간이 만료되면 인위로 변동할 수 없으므로, 실제에 폐해가 없으며, 이해관계인의 권리가 비교적 확실하고, 두 번째는 법률이 최후의 소식으로부터 몇 년이 경과한 사실로써 실종의 원인을 정하였기 때문에, 그 원인이 완결한 날 즉 기간이 만료한 날에 사망한 것으로 인정하는 것이 이론에 가장 적합하다고 할 수 있다. 그렇다면 상속권도 실종의 효력이 발생하는 것과 동시에 개시되어 선고가 어찌 되었는지와도 관계되지 않게 될 수 있나. 은기로 인해 상속이 개시되는 때에는 합의의 은거와 재판소 허가의 은거를 막론하고, 은거를 보고한 때에 효력이 발생한다. 어떤 사람의 의론은 은거라는 것은 은거자가 은퇴한 사실을 말하므로, 합의의 조건만 구비하면 그때 은거가 성립되어 상속이 개시된다고 한다. 그러나 조건이 구비되어도 은거하는 사람과 상속인으로 될者가戶籍吏의게報告ᄒᆞ야其効力이始生ᄒᆞᄂᆞ니故로其報告ᄒᆞᄂᆞᆫ當時에相續權이發生ᄒᆞᆯ지라法律은萬能ᄒᆞ야必要에應ᄒᆞ야制定ᄒᆞᆫ바오公益上으로言ᄒᆞ야도隱居合意의條件만具備ᄒᆞ야相續權이發生ᄒᆞ면無能力者가相續人이되야家政을紊亂케ᄒᆞᆯ지오隱居者도依然히家長의地位에在ᄒᆞ야賣買貸借等으로第三者로誤解케ᄒᆞ야損害가非常ᄒᆞᆯ지니隱居의成立은戶籍吏의게報告ᄒᆞ야身分登記의節次ᄅᆞᆯ盡了ᄒᆞ야公然發表ᄒᆞᆷ으로써成立의時期로定ᄒᆞᆷ이穩當ᄒᆞ니相續權의發生時期도亦然ᄒᆞᆯ지니라裁判所의許可ᄅᆞᆯ由ᄒᆞᄂᆞᆫ隱居ᄂᆞᆫ疾病其他事由가有ᄒᆞ야家長의退隱을申請ᄒᆞ야許可ᄅᆞᆯ得ᄒᆞᆯ지라도此裁判所가退隱의事由ᄅᆞᆯ正當ᄒᆞᆷ으로認知ᄒᆞ야聽許ᄒᆞᆷ에不外ᄒᆞ니此로써即時에隱居가有ᄒᆞ다結論치못ᄒᆞᆯ지오其許可ᄅᆞᆯ經由ᄒᆞ야隱居의實行即戶籍吏의게報告ᄒᆞᄂᆞᆫ當時에隱居의効力이始生케ᄒᆞᆷ이또ᄒᆞᆫ妥當ᄒᆞ니相續開始의時期도報告ᄅᆞᆯ因ᄒᆞ야發生ᄒᆞᄂᆞ니라國籍喪失로因ᄒᆞ야開始ᄒᆞᄂᆞᆫ相續은法律上의喪失과自己志願의喪失을不拘ᄒᆞ고彼國의國籍을得ᄒᆞ며自國의國籍을失ᄒᆞᄂᆞᆫ時에相續權이發生ᄒᆞᆯ지나國籍喪失効力發生의時期ᄂᆞᆫ國際私法講義에參考ᄒᆞᆯ지며罷養을因ᄒᆞᆫ相續도또ᄒᆞᆫ戶籍吏의

될 사람이 호적공무원에게 보고해야 그 효력이 발생하므로, 그 보고하는 당시에 상속권이 발생하는 것이다. 법률은 만능하여 필요에 따라 제정되는 것이다. 공익상으로 말하여도 은거의 합의조건만 구비하면 상속권이 발생하는 것으로 하면, 무능력자가 상속인으로 되어 가정을 문란하게 할 것이다. 은거자도 여전히 가장의 지위에 있으면서 매매·임차 등으로 제3자로 오해하게 하여 손해가 보통이 아닐 것이다. 은거의 성립은 호적공무원에게 보고하여 신분등기의 절차를 완료하고 공연하게 발표함으로써 성립의 시기를 정하는 것이 온당하다. 상속권의 발생시기도 또한 그러하다. 재판소의 허가를 거쳐야 하는 은거는 질병 그 밖의 사유가 있고 가장의 은퇴를 신청하여 허가를 받을지라도, 이 재판소가 은퇴의 사유를 정당한 것으로 인정하여 허가하는 것에 불과하다. 그러므로 이에 따라 즉시에 은거가 있었다고 결론내리지 못할 것이다. 그 허가를 경유하여 은거의 실행 즉 호적공무원에게 보고하는 당시에 은거의 효력이 발생하는 것으로 하는 것이 또한 타당하다. 상속개시의 시기도 보고를 원인으로 하여 발생하는 것이다. 국적상실의 효력발생시기는 국제사법강의를 참고할 것이며, 파양을 원인으로 한 상속도 또한 호적공무원에

게報告ᄒᆞᆫ時에開始ᄒᆞᄂᆞ니라
家督相續開始의時期ᄂᆞᆫ相續에對ᄒᆞ야極히重要ᄒᆞᆫ바ㅣ니就中以下諸件에必要가有ᄒᆞᆫ지라第一。相續人順位에關ᄒᆞ야ᄂᆞᆫ家督相續人되ᄂᆞᆫ身分은相續開始前에固有ᄒᆞ나開始되ᄂᆞᆫ當時에變狀이有ᄒᆞ야順位ᄅᆞᆯ喪失ᄒᆞᆷ이有ᄒᆞ고第二。資格에關ᄒᆞ야ᄂᆞᆫ相續資格의具備與否ᄂᆞᆫ相續開始ᄒᆞᆯ時에判定ᄒᆞᄂᆞ니故로法定의推定相續人도相續前에廢除되ᄂᆞᆫ事도有ᄒᆞ고廢除되얏던者도復位ᄒᆞᄂᆞᆫ事도有ᄒᆞ나相續開始ᄒᆞᆫ後에ᄂᆞᆫ繳消치못ᄒᆞ며第三。效力에關ᄒᆞ야ᄂᆞᆫ家督相續人은開始ᄒᆞᆫ有로브터前主의一切權利義務ᄅᆞᆯ承繼ᄒᆞᄂᆞᆫ故로相續權이其時에發生ᄒᆞ고相續의承認과拋棄도開始ᄒᆞᆫ後에行ᄒᆞᆯ지니其意思表示의時ᄂᆞᆫ不問ᄒᆞ고相續開始ᄒᆞᆫ時ᄅᆞᆯ遡ᄒᆞ야其效力이生ᄒᆞ며第四。財產筭定에關ᄒᆞ야ᄂᆞᆫ相續의債權者及受遺者ᄂᆞᆫ相續財產의分離ᄅᆞᆯ請求ᄒᆞᆷ을得ᄒᆞ고相續人은遺留分을受ᄒᆞᄂᆞ니此等財產의額을筭定ᄒᆞᆷ은相續開始ᄒᆞᆫ時로標準ᄒᆞᆷ이可ᄒᆞ며第五。相續回復을請求ᄒᆞᄂᆞᆫ時效起筭에關ᄒᆞ야ᄂᆞᆫ家督相續人이아닌者가相續ᄒᆞᆫ時ᄂᆞᆫ眞正ᄒᆞᆫ家督相續人이相續의回復을請求ᄒᆞᆷ을得ᄒᆞᄂᆞ니然이나相續回復의請求權은相續開始ᄒᆞᆫ時로브터幾十

게 보고한 때에 개시된다.

가독상속개시의 시기는 상속과 관련하여 극히 중요하다. 그 중에서 특히 이하의 여러 조건에 필요로 하는 바가 된다. 〈1〉 상속인의 순위와 관련해서는 가독상속인으로 되는 신분은 상속개시 전에 본래부터 갖추고 있어야 하나, 개시되는 당시에 변화가 있어 순위를 상실하기도 한다. 〈2〉 자격과 관련해서는 상속 자격의 구비 여부는 상속개시시에 판정한다. 그러므로 법정의 추정상속인도 상속 전에 폐제되는 경우도 있고, 폐제되었던 사람도 지위를 회복하는 경우도 있으나, 상속개시 후에는 취소하지 못한다. 〈3〉 효력과 관련해서는 가독상속인은 개시한 때부터 전주의 일체의 권리의무를 승계하기 때문에, 상속권이 그때 발생하고, 상속의 승인과 포기도 개시한 후에 이루어지므로, 그 의사표시를 한 때는 묻지 않고 상속개시시에 소급하여 그 효력이 발생한다. 〈4〉 재산 산정과 관련해서는 상속의 채권자와 수유자는 상속재산의 분리를 청구할 수 있고, 상속인은 유류분을 받으므로 이들 재산의 액수를 산정하는 것은 상속개시시를 표준으로 해야 한다. 〈5〉 상속회복을 청구하는 시효 기산과 관련해서는 가독상속인이 아닌 사람이 상속한 때에는 진정한 가독상속인이 상속의 회복을 청구할 수 있으나, 상속회복청구권은 상속개시시부터 몇 십

年을經過ᄒᆞᆫ時ᄂᆞᆫ時效로因ᄒᆞ야消滅ᄒᆞᄂᆞ니라

家督相續開始의處所를簡明히說明ᄒᆞ노니家督相續은即被相續人의家長權을承繼ᄒᆞ고財産權도ᄯᅩᄒᆞᆫ附屬ᄒᆞ야承繼ᄒᆞᄂᆞᆫ者ㅣ라家長權은被相續人의生活이根據되ᄂᆞᆫ最後住所에셔行ᄒᆞ얏고財産도亦其住所에集合ᄒᆞᆷ이通常의例니故로相續은被相續人의最後住所에셔開始ᄒᆞ야近世各國이同然ᄒᆞᆫ바ㅣ니其開始ᄒᆞᄂᆞᆫ處所ᄂᆞᆫ相續에關ᄒᆞᆫ裁判管轄이되야相續人及財産의所在如何ᄂᆞᆫ不拘ᄒᆞ고家督相續에關ᄒᆞᆫ訴訟을被相續人의住所地를管轄ᄒᆞᄂᆞᆫ裁判所에提起ᄒᆞᆷ이可ᄒᆞ니相續財産의管理及保存에關ᄒᆞᆫ事件과相續人選定ᄒᆞᄂᆞᆫ親族會에關ᄒᆞᆫ事件과相續의承認及抛棄에關ᄒᆞᆫ事件等이니라

第三節　家督相續人

第一款　家督相續人의資格

如何ᄒᆞᆫ條件을具備ᄒᆞᆫ者가家督相續人의資格이有ᄒᆞᆫ지以下에其要件을述ᄒᆞ고其欠格을並論코져ᄒᆞ노라

(第一)內國人됨을要ᄒᆞᆷ　私權享有의能力이有ᄒᆞᆫ者ᄂᆞᆫ相續人됨을得ᄒᆞ고私權

년을 경과한 때에는 시효로 인해 소멸한다.
가독상속개시의 장소를 간단히 설명한다. 가독상속은 곧 피상속인의 가장권을 승계하고 재산권도 또한 부속하여 승계하는 것이다. 가장권은 피상속인의 생활의 근거되는 최후의 주소에서 행사되었고, 재산도 또한 그 주소에 모여 있는 것이 통상의 예이다. 그러므로 상속은 피상속인의 최후의 주소에서 개시하며, 근세 각국이 마찬가지이다. 그 개시하는 장소는 재판관할이 되어 상속인과 재산의 소재 여하를 불문하고, 가독상속에 관한 소송을 피상속인의 주소지를 관할하는 재판소에 제기해야 한다. 상속재산의 관리와 보존에 관한 사건과 상속인을 선정하는 친족회에 관한 사건 및 상속의 승인과 포기에 관한 사건 등이 그것이다.

제3절 가독상속인

제1관 가독상속인의 자격

어떠한 조건을 구비한 사람이 가독상속인의 자격이 있는지에 대해 이하에서 그 요건을 설명하고 그 결격을 아울러 논하고자 한다.

〈1〉 내국인이어야 함

사권의 향유 능력이 있는 사람은 상속인으로 될 수 있고, 사권

能力은內外에區別이無ᄒᆞ야同等主義로法令이나條約으로禁止ᄒᆞᆫ境遇外에ᄂᆞᆫ外國人도享有호대家督相續에ᄂᆞᆫ不然ᄒᆞ야外國人은國家社會의單位된一家의家長이되지못ᄒᆞᄂᆞ니此亦法令의禁止ᄒᆞᆫ바ㅣ라故로相續開始ᄒᆞᆯ時에一二秒前이라도國民分限을喪失ᄒᆞ면家督相續人이됨을不得ᄒᆞᄂᆞ니라

(第二)存在者됨을要ᄒᆞᆷ　家督相續開始ᄒᆞᄂᆞᆫ當時에生存치아니ᄒᆞᆫ者ᄂᆞᆫ相續人의資格이無ᄒᆞᆷ은多辯을不要ᄒᆞᆯ지며又私權의享有ᄂᆞᆫ出生ᄒᆞᆫ時로브터爲始ᄒᆞᆷ이本則이로대相續權에關ᄒᆞ야ᄂᆞᆫ出生前이라도公益을爲ᄒᆞ야私權享有ᄅᆞᆯ認知ᄒᆞᆯ必要가有ᄒᆞ니相續權에도出生치아니ᄒᆞᆫ者ᄂᆞᆫ此ᄅᆞᆯ享有치못ᄒᆞᄂᆞᆫ原則을確守ᄒᆞ면人情舊慣에背戾ᄒᆞ고相續權本質에違反ᄒᆞᄂᆞᆫ結果가生ᄒᆞᆯ지라故로家督相續에ᄂᆞᆫ胎兒라도旣生과看做ᄒᆞ야出生以前에도其權利의享有ᄅᆞᆯ認知ᄒᆞᄂᆞ니家長되ᄂᆞᆫ父가死亡ᄒᆞ고其遺腹兒가家督相續人이될時ᄂᆞᆫ其母ᄂᆞᆫ相續開始가有ᄒᆞᆷ을知ᄒᆞᆫ日로一個月內에醫師診斷書ᄅᆞᆯ添付ᄒᆞ야相續開始ᄅᆞᆯ報告ᄒᆞᄂᆞ니라胎兒가家督相續權을有ᄒᆞᆷ은法律의假定인즉該兒가死體로生ᄒᆞᆫ時ᄂᆞᆫ人格이無ᄒᆞᆷ으로旣往을遡ᄒᆞ야相續權을失ᄒᆞ고人된體質을不備ᄒᆞᆫ鬼兒갓

능력은 내외에 구별이 없으며, 동등주의로 법령이나 조약으로 금지한 경우 외에는, 외국인도 향유한다. 그러나 가독상속에서는 그렇지 아니하여 외국인은 국가·사회의 단위로 되는 일가의 가장이 되지 못한다. 이 또한 법령의 금지한 바이다. 그러므로 상속개시시에 잠시라도 국민 신분을 상실하면 가독상속인으로 될 수 없다.

〈2〉 생존자이어야 함

가독상속이 개시되는 당시에 생존하지 않는 사람은 상속인의 자격이 없음은 많은 말이 필요하지 않다. 사권의 향유는 출생한 때부터 시작되는 것이 본칙이지만, 상속권에 관해서는 출생 전이라도 공익을 위해 사권의 향유를 인정할 필요가 있다. 상속권에도 출생하지 아니한 사람은 이를 향유하지 못하는 원칙을 고수하면, 인정과 구관(舊慣)에 배치되고, 상속권 본질에 위반하는 결과가 발생한다. 따라서 가독상속에서는 태아라도 이미 출생으로 간주하여 출생 이전에도 그 권리의 향유를 인정한다. 가장인 부(父)가 사망하고 그 유복자가 가독상속인으로 될 때는, 그 모는 상속개시가 있음을 안 날부터 1개월 내에 의사진단서를 첨부하여 상속개시를 보고해야 한다. 태아가 가독상속권을 가지는 것은 법률의 가정이기에 해당 태아가 사체로 출생한 때에는 인격이 없으므로, 기왕에 소급하여 상속권을 상실한다. 사람으로서의 체질을 구비하지 못한 귀신아이 같

ᄒᆞᆫ者도相續權이無ᄒᆞ며生兒가女子가되야相續人順位ᄅᆞᆯ失ᄒᆞᄂᆞᆫ事ᄂᆞᆫ有ᄒᆞᆯ지나其壽夭ᄂᆞᆫ不問ᄒᆞᆯ바ㅣ니라

（第三）分家以外에ᄂᆞᆫ家長이나法定推定家督相續人의地位에不在ᄒᆞᆫ者ᄅᆞᆯ要ᄒᆞᆷ

甲家의家督相續人의資格이有ᄒᆞᆫ者ᄂᆞᆫ甲家의分家된乙家의家長이나法定推定家督相續人이라도本家의相續人됨이無妨ᄒᆞ나甲家와分家의關係가無ᄒᆞᆫ丙丁戊家의家長及法定推定家督相續人의地位에有ᄒᆞᆫ者ᄂᆞᆫ相續의資格이無ᄒᆞ며現時家長은아니라도一時家長이되얏다가隱居ᄒᆞᆫ者도亦他家의家長됨을許ᄒᆞᆷ이可치아니ᄒᆞ니一家에一家長이오一人이二家의家長이되지못ᄒᆞᆷ은家督相續의定則이니라

（第四）被相續人의生命及意思와先順位에在ᄒᆞᆫ相續人의生命에對ᄒᆞ야不穩ᄒᆞᆫ行爲나不行爲가無ᄒᆞᆫ者ᄅᆞᆯ要ᄒᆞᆷ　元來相續은被相續人의愛情을推測ᄒᆞ야無償으로權利ᄅᆞᆯ移轉케ᄒᆞᄂᆞᆫ者ㅣ라若相續人이故意로惡感情을懷ᄒᆞ야憎惡ᄒᆞᆯ만ᄒᆞᆫ不法不當ᄒᆞᆫ行爲ᄅᆞᆯ爲ᄒᆞ거나應行ᄒᆞᆯ行爲ᄅᆞᆯ不爲ᄒᆞᄂᆞᆫ時ᄂᆞᆫ被相續人의愛情은滅却ᄒᆞ야其相續人의게相續을許ᄒᆞᆯ意思가無ᄒᆞᆷ에至ᄒᆞᆷ이固然ᄒᆞ니其相

은 사람도 상속권이 없으며, 태어난 아이가 여자이어서 상속인 순위를 상실하는 일도 있으나, 그 장수(長壽)와 단명(短命)은 묻지 않는다.

〈3〉 분가 이외에는 가장이나 법정추정가독상속인의 지위에 있지 아니한 사람이어야 함

갑(甲)가의 가독상속인의 자격이 있는 사람은, 갑가에서 분가된 을(乙)가의 가장이나 법정추정가독상속인일지라도, 본가의 상속인으로 되는 것은 무방하다. 그러나 갑가와 분가의 관계가 없는 병·정·무가의 가장과 법정추정가독상속인의 지위에 있는 사람은 상속의 자격이 없다. 현재 가장은 아니더라도 일시 가장이 되었다가 은거한 사람도 또한 타가의 가장으로 되는 것을 허락할 수 없다. 일가에 일 가장이고 일인이 두 가의 가장이 되지 못하는 것은 가독상속의 정칙이다.

〈4〉 피상속인의 생명과 의사 및 선순위에 있는 상속인의 생명에 대해 불온한 행위나 불법행위가 없는 사람이어야 함

원래 상속은 피상속인의 애정을 추측하여 무상으로 권리를 이전하는 것이다. 만약 상속인이 고의로 나쁜 감정을 품고 증오할 만한 불법·부당한 행위를 하거나, 마땅히 해야 할 행위를 하지 아니한 때에는, 피상속인의 애정은 소멸하여 없어지고, 그 상속인에게 상속을 허락할 의사가 없게 되는 것은 본래 그러하다. 그 상

續人이被相續人의生命에對ᄒᆞ야犯罪行爲가有ᄒᆞ거나其生命에關ᄒᆞᆫ加害行爲가有홈을知ᄒᆞ고袖手傍觀ᄒᆞᆫ者의게相續權을與홈은正當이라못ᄒᆞᆯ지라何故오若如此ᄒᆞᆫ行爲不行爲가有ᄒᆞᆫ者의게相續權을與ᄒᆞ면被相續人의生命을害ᄒᆞᄂᆞᆫ行爲를奬勵ᄒᆞ고被相續人의意思를害ᄒᆞ야不當으로相續權을利得ᄒᆞᄂᆞᆫ惡結果를生ᄒᆞ리니但公安에有害ᄒᆞᆯ뿐아니라社會와被相續人의意思에도排斥ᄒᆞᄂᆞᆫ者ㅣ라推定홈이正當ᄒᆞ니라左에家督相續權을剝奪ᄒᆞᄂᆞᆫ各境遇를說明ᄒᆞᆯ진대

其一 故意로被相續人이나先順位에在ᄒᆞᆫ相續人을殺ᄒᆞ고又殺코져ᄒᆞᆫ者

先順位者를殺害홈도被相續人을殺害홈과其輕重이同然ᄒᆞ고殺코져홈도旣遂와其結果ᄂᆞᆫ異ᄒᆞ나其意思ᄂᆞᆫ亦同ᄒᆞ니라日本法에ᄂᆞᆫ死에致ᄒᆞ고死에致코져ᄒᆞ야刑에處ᄒᆞᆫ者ㅣ라ᄒᆞ얏스나故意下에死字ᄂᆞᆫ得當치못ᄒᆞ고又刑에處ᄒᆞᆫ者ㅣ라야相續權이無ᄒᆞ면正當防衛나公訴時效나大赦等을因ᄒᆞ야處刑치아니ᄒᆞᆫ者ᄂᆞᆫ相續權이有홈에至ᄒᆞ리니刑法에親屬間例外ᄂᆞᆫ無ᄒᆞᆯ지라도父兄의게對ᄒᆞ야防衛權으로殺害ᄒᆞ고仍即相續ᄒᆞ면道德에不合ᄒᆞᆯ듯ᄒᆞ며時效大赦

속인이 피상속인의 생명에 대해 범죄행위가 있거나 그 생명에 관한 가해행위가 있음을 알고 수수방관한 사람에게 상속권을 주는 것은 정당하지 않다. 왜냐하면 만약 이러한 작위·부작위가 있는 사람에게 상속권을 주게 되면, 피상속인의 생명을 해치는 행위를 장려하고, 피상속인의 의사를 해치고 부당하게 상속권을 취득하는 나쁜 결과를 발생하게 하기 때문이다. 단지 공안에 유해할 뿐만 아니라, 사회와 피상속인의 의사에도 배척되는 것이라고 추정하는 것이 정당하다. 다음에 가독상속권을 박탈하는 각각의 경우를 설명해 보기로 한다.

① 고의로 피상속인이나 선순위에 있는 상속인을 살해하거나 살해하려고 한 사람

선순위자를 살해하는 것도 피상속인을 살해하는 것과 그 경중이 동일하고, 살해하려고 하는 것도 기수와 그 결과는 다르나 그 의사는 또한 같다. 일본법에는 사방에 이르거나 사망에 이르게 하고자 하여 형(刑)에 처해진 사람이라고 하였으나[1] '고의' 밑에 '사망' 이라는 글자는 마땅함을 얻을 수 없다. 또한 형에 처해진 사람이라고 하여 상속권이 없으면서도 정당방위나 공소시효 또는 대사(大赦) 등으로 인해 처형되지 아니한 사람은, 상속권이 있는 것에 이르게 되며, 형법에 친족 사이의 예외는 없을지라도 부형(父兄)에 대해 방위권으로 살해하고도 그대로 즉시 상속하면 도덕에 합치하지 않은 듯하다. 시효·대사

1 메이지민법 제969조 제2호

ᄂᆞᆫ社會에서도遺忘ᄒᆞ고犯罪事實도消滅ᄒᆞ야不分明ᄒᆞᆫ者ㅣ라云ᄒᆞ나刑法及民法이其目的이有異ᄒᆞ고事實의消滅은事實問題에屬ᄒᆞᆫ者ㅣ니刑에處ᄒᆞᆫ者라야相續權이無케ᄒᆞᆷ은其範圍가稍狹ᄒᆞᆯ듯ᄒᆞ도다

其二　被相續人의殺害됨을知ᄒᆞ고此ᄅᆞᆯ告發或告訴치아니ᄒᆞᆫ者

此ᄂᆞᆫ不行爲者의制裁니被相續人의殺害됨을知ᄒᆞᆫ다ᄒᆞᆷ은實見을不要ᄒᆞ고傳聞을因ᄒᆞᆫ境遇도包含ᄒᆞᆷ이나其被相續人은반다시或者의게生命을見奪ᄒᆞᆫ事實이有ᄒᆞᆷ을要ᄒᆞ며告訴告發은刑事訴訟法을依ᄒᆞ야正當ᄒᆞᆫ官司에告ᄒᆞᆷ을要ᄒᆞᄂᆞ니라被相續人이殺害됨을知ᄒᆞ고告訴告發을不爲ᄒᆞᆫ者ᄅᆞᆯ相續의無資格者로定ᄒᆞᆷ은道理에合ᄒᆞ야正當ᄒᆞ다ᄒᆞᆯ지나未成年者와心神喪失의狀況이有ᄒᆞᆫ相續人의게도其責을同케ᄒᆞᆷ은太酷에近ᄒᆞᆫ故로辨別心이無ᄒᆞᆫ相續人은告訴告發치아니ᄒᆞ야도有資格者로定ᄒᆞᆷ이可ᄒᆞ고又殺害者가自己의配偶者ㅣ나直系血族된時ᄂᆞᆫ此ᄅᆞᆯ告訴告發ᄒᆞᆷ이人情에不忍ᄒᆞᆯ者ㅣ라故로相續人의地位ᄅᆞᆯ失케ᄒᆞᆷ이不可ᄒᆞ니라

以上의二事項은佛法及日本舊民法에ᄂᆞᆫ被相續人의宥免을因ᄒᆞ야家督相續

는 사회에서도 잊어버리고 범죄사실도 소멸하여 불분명한 경우라고 말하나, 형법과 민법은 그 목적이 다르고, 사실의 소멸은 사실문제에 속한다. 그러므로 형에 처해진 사람이라야 상속권이 없게 하는 것은 그 범위가 협소한 듯하다.

② 피상속인이 살해된 것을 알고 이를 고발 또는 고소하지 아니한 사람

이는 불법행위자에 대한 제재이다. 피상속인이 살해된 것을 알았다 함은 실제로 본 것을 필요로 하지 않고, 전문(傳聞)으로 인한 경우도 포함한다. 그러나 그 피상속인은 반드시 어떤 사람에게 생명을 박탈당한 사실이 있어야 한다. 고소·고발은 형사소송법에 따라 정당한 관공서에 알려야 하는 것을 필요로 한다. 피상속인이 살해된 것을 알고 고소·고발을 하지 아니한 사람을 상속의 무자격자로 정하는 것은 도리에 합당하다고 할 것이다. 그러나 미성년자와 심신상실의 상황이 있는 상속인에게도 그 책임을 갖게 하는 것은 지나치게 가혹한 것에 가깝다. 따라서 변별심이 없는 상속인은 고소·고발하지 않아도 유자격자로 정해야 할 것이다. 또한 살해자가 자기의 배우자나 직계혈족인 때는 이를 고소·고발하는 것이 인정에 차마 하지 못할 것이기 때문에, 상속인의 지위를 잃게 할 수 없다.

이상의 사항에 대해 프랑스법과 일본 구민법에서는 피상속인의 용서를 원인으로 하여 가독상속

人되ᄂᆞᆫ資格을保有케ᄒᆞ얏스니被相續人意思의自由를重히ᄒᆞᆫ바ㅣ나第一의事項은犯罪事實에相當ᄒᆞ야公安秩序를害ᄒᆞᆫ者ㅣ니卽社會에對ᄒᆞᆫ行爲라被相續人의意思로相續權을依前保有케ᄒᆞᆷ은私益을爲ᄒᆞ야公益을滅ᄒᆞᄂᆞᆫ譏를不免ᄒᆞᆯ지오況家督相續은家系를重히ᄒᆞ고祖先의祭祀를奉ᄒᆞ야一家의永續을基本ᄒᆞᄂᆞᆫ者ㅣ니直近의先人卽被相續人이나先順位에在ᄒᆞᆫ者에對ᄒᆞ야不敬不倫을行ᄒᆞᆫ者의게資格을保有케ᄒᆞᆷ은贊補ᄒᆞᆯ바ㅣ아니오又何人이던지應援ᄒᆞ고惻隱히ᄒᆞ야同情을表ᄒᆞᆯ만ᄒᆞᆫ境遇에其子弟가되야路人도不行ᄒᆞᄂᆞᆫ不穩의不行爲를行ᄒᆞᆫ者ᄂᆞᆫ大概加害者와共謀ᄒᆞᆫ者ㅣ多ᄒᆞᆫ즉此人의게相續權을與ᄒᆞᆷ은祀字를敬重히ᄒᆞᄂᆞᆫ趣旨에悖戾ᄒᆞ고兼ᄒᆞ야善良의風俗을賊害ᄒᆞᆫ者ㅣ라謂ᄒᆞᆯ지니라

其三 詐欺나脅迫으로被相續人으로ᄒᆞ여곰相續에關ᄒᆞᆫ遺言을行케ᄒᆞ거나繳消케ᄒᆞ거나變更케ᄒᆞ며又行ᄒᆞ거나繳消ᄒᆞ거나變更ᄒᆞᆷ을妨害ᄒᆞᆫ者

此行爲가有ᄒᆞᆫ者의게家督相續人되ᄂᆞᆫ資格을失케ᄒᆞᄂᆞᆫ理由ᄂᆞᆫ被相續人의意思를貫徹케ᄒᆞ고且我國古來의美俗되ᄂᆞᆫ父의게孝ᄒᆞ고長者를尊敬ᄒᆞᄂᆞᆫ道에

인으로 되는 자격을 보유하게 하였는데, 피상속인의 의사의 자유를 무겁게 여긴 것이다. 그러나, ①의 사항은 범죄사실에 상당하여 공안질서를 해한 것 즉 사회에 대한 행위이므로, 피상속인의 의사로 상속권을 전과 다름없이 보유하게 하는 것은, 사익을 위해 공익을 멸절시킨다는 비난을 면할 수 없을 것이다. 하물며 가독상속은 가계를 중요시하고 선조의 제사를 받들어 일가의 영속을 기본으로 하는 것인데, 직근(直近)의 선인 즉 피상속인이나 선순위에 있는 사람에 대해 불경과 불륜을 저지른 사람에게 자격을 보유하게 하는 것은 찬동하고 지지할 바가 아니다. 또한 누구든지 응원하고 측은히 여겨 동정을 표시할 만한 경우에, 그 자제(子弟)가 되어 길가는 사람도 하지 않을 불온한 부작위를 행한 사람은, 대개 가해자와 공모하였던 사람일 경우가 많다. 그러므로 이 사람에게 상속권을 부여하는 것은 사당을 공경하고 중히 여기는 취지에 어긋나고 겸하여 선량한 풍속을 해치는 것이라 하셨다.

③ 사기나 강박으로 피상속인으로 하여금 상속에 관한 유언을 하게 하거나, 취소하게 하거나 변경하게 하며 또한 행하거나 취소하거나 변경하는 것을 방해한 사람

이 행위가 있는 사람에게 가독상속인이 되는 자격을 상실하게 하는 이유는, 피상속인의 의사를 관철하게 하고, 또한 우리나라 고래의 아름다운 풍속인 부(父)에게 효도하고 윗사람을 존경하는 도리에

違背ᄒᆞᆯ뿐아니라祖先의祭祀를不恭히ᄒᆞ는者로推定ᄒᆞᆷ이라此行爲의成立은第一被相續人의相續에關ᄒᆞᆫ遺言의自由를失케ᄒᆞᆷ이니即無理로爲케ᄒᆞ거나不爲케ᄒᆞᆷ이오第二詐欺脅迫이有ᄒᆞᆷ을要ᄒᆞᄂᆞ니即惡意로써被相續人을欺ᄒᆞ야錯誤케ᄒᆞ거나威嚇으로其意思가아닌遺言을爲케ᄒᆞ거나又妨害ᄒᆞ야自己를利코져ᄒᆞ거나他人의게利益或不利益이有케ᄒᆞᆷ을要ᄒᆞᄂᆞ니라

其四。相續에關ᄒᆞᆫ被相續人의遺言書를僞造變造毁棄又藏匿ᄒᆞᆫ者

此行爲를無資格者로ᄒᆞ는理由는其三과同一ᄒᆞ고僞造變造等의義意는刑法上의用語와無異ᄒᆞ나相續에關ᄒᆞᆫ遺言을要ᄒᆞᄂᆞ니相續에不關ᄒᆞᆫ假令葬儀를簡略히ᄒᆞ고家制는嚴肅케ᄒᆞ라는遺言書等은僞造又는變造ᄒᆞ얏슬지라도此에該當치아니ᄒᆞᆫ者ㅣ니라

家督相續人의有資格者되는要件은上과如ᄒᆞ나其無資格ᄒᆞᆫ者가家督相續이된時의効果를研究ᄒᆞᆯ진대

無資格者가家督相續이된時는其無資格相續人과正當ᄒᆞᆫ資格者와第三者間에効果가必生ᄒᆞᆯ지라無能力無身分의無資格相續人된時와不適當ᄒᆞᆫ無資格者된

위배될 뿐만 아니라, 선조의 제사를 공경히 하지 않는 사람으로 추정하는 데 있다. 이 행위의 성립은 첫째 피상속인의 상속에 관한 유언의 자유를 잃게 하는 것이다. 즉 억지로 하게 하거나 하지 못하게 하는 것이다. 둘째 사기·강박이 있어야 한다. 즉 악의로 피상속인을 기망하여 착오에 빠지게 하거나, 위협으로 그 의사가 아닌 유언을 하게 하거나 또는 방해하여 자기를 이롭게 하거나 타인에게 이익 또는 불이익이 있게 해야 한다.

④ 상속에 관한 피상속인의 유언서를 위조, 변조, 훼손 또는 은익한 사람

이 행위를 무자격자로 하는 이유는 ③과 동일하고 위조·변조 등의 의의는 형법상의 용어와 차이가 없으나, 상속에 관한 유언이어야 한다. 상속과 무관한 가령 장례를 간소하게 하고 가법(家法)을 엄숙하게 하라는 유언서 등은 위조 또는 변조되었을지라도 이에 해당하지 않는다.

가독상속인의 유자격자로 되는 요건은 이상과 같으나, 그 자격 없는 사람이 가독상속을 하게 된 때의 효력을 연구해 본다.

무자격자가 가독상속을 하게 된 때에는 무자격 상속인과 정당한 자격자 및 제3자 사이에 효과가 반드시 발생한다. 무능력·무신분의 무자격자가 상속인이 된 때와 부적당한 무자격자가 된

時와其區別이有ᄒᆞᆯ줄로信ᄒᆞᄂᆞ니即外國人이나死亡人의無能力者의相續과他家를相續ᄒᆞᆯ만ᄒᆞᆫ身分이無ᄒᆞᆫ他家의家長及法定推定相續人의相續은相續開始ᄒᆞᆫ時로브터無効로不成立이되고不適當ᄒᆞᆫ者의相續은繳消로無効가되ᄂᆞ니라外國人과死亡者ᄂᆞᆫ身分權의私權을享有ᄒᆞᄂᆞᆫ能力이無ᄒᆞᆷ으로家督相續의無能力됨은明白ᄒᆞ고又他家의家長과法定推定家督相續人이他家의家督相續人이되지못ᄒᆞᆷ은前述ᄒᆞᆫ바ㅣ니若此等의無資格者가家督相續이된時ᄂᆞᆫ道理上으로何人의게對ᄒᆞ던지始初로브터不成立되ᄂᆞᆫ者로當然히無効됨은贅言을不待ᄒᆞᆯ지라此를詳言ᄒᆞ면其相續ᄒᆞᆫ者와正當ᄒᆞᆫ相續人과其他第三者를不問ᄒᆞ고開始ᄒᆞᆫ時로브터相續이라ᄒᆞᄂᆞᆫ事實이無ᄒᆞᆫ것과同一ᄒᆞᆫ効果가生ᄒᆞᄂᆞ니其無能力者가表面上相續ᄒᆞ얏던財産은其元本과果實을正當ᄒᆞᆫ相續人의게盡還ᄒᆞᆷ이可ᄒᆞ고第三者에게對ᄒᆞᆫ總行爲ᄂᆞᆫ全然無効에歸ᄒᆞᆯ지니善意의第三者라도正當ᄒᆞᆫ相續人의게對抗치못ᄒᆞᆯ지라無能力은戶籍上에容易히知了할바오又公示ᄒᆞᆫ者인즉無能力相續人과相關ᄒᆞᆫ第三者ᄂᆞᆫ過失怠慢이有ᄒᆞ다ᄒᆞ야도無妨ᄒᆞ니善意의第三者가現出ᄒᆞᆯ理가無ᄒᆞᆫ지라故로此無能力의相續을全然히無効로ᄒᆞ야第三

때와 그 구별이 있는 것으로 믿는다. 즉 외국인이나 사망한 사람의 무능력자의 상속과 타가를 상속할 만한 신분이 없는 타가의 가장과 법정추정상속인의 상속은 상속개시시부터 무효로서 불성립에 해당한다. 부적당한 사람의 상속은 취소에 따라 무효가 된다. 외국인과 사망자는 신분권인 사권을 향유하는 능력이 없으므로, 가독상속의 능력이 없게 되는 것은 명백하다. 또한 타가의 가장과 법정추정가독상속인이 타가의 가독상속인이 되지 못하는 것은 전술한 바이다. 만약 이들 무자격자가 가독상속을 한 때에는 도리상으로 누구에게 대해서든지 처음부터 불성립으로 당연 무효인 것은 췌언(贅言)을 더할 필요가 없다. 이를 상세히 말하면, 그 상속한 사람과 정당한 상속인과 그 밖의 제3자를 불문하고, 개시한 때부터 상속이라는 사실이 없는 것과 동일한 효과가 발생한다. 따라서 그 무능력자가 표면상 상속하였던 재산은 원본과 과실을 정당한 상속인에게 전부 반환해야 하고, 제3자에 대한 모든 행위는 완전 무효로 돌아가므로 선의의 제3자라도 정당한 상속인에게 대항하지 못한다. 무능력은 호적상으로 쉽게 알 수 있는 바이고 또 공시된 것이기에, 무능력 상속인과 서로 관계있는 제3자는 과실·태만이 있다 하여도 무방하고, 선의의 제3자가 나타날 이치가 없다. 그러므로 이 무능력의 상속은 완전 무효로 되어 제3

者가害를受ᄒᆞ야도不正當이라謂치못ᄒᆞᆯ지니라

被相續人이나相續에關ᄒᆞᆫ先順位에在ᄒᆞᆫ者의生命에對ᄒᆞ야加害ᄒᆞ거나加코져ᄒᆞᆫ者와被相續人의死後處分에關ᄒᆞᆫ意思를妨害ᄒᆞᆫ者ᄂᆞᆫ元來相續權을享有ᄒᆞᆫ者ㅣ나다만被相續人이나先順位相續人의게對ᄒᆞ야不法不穩의行爲를爲ᄒᆞ거나不爲ᄒᆞᆷ을因ᄒᆞ야其資格을失ᄒᆞᆷ에不過ᄒᆞᆷ은前述ᄒᆞᆷ과如ᄒᆞ니若此不適位ᄒᆞᆫ者가家督相續이된時ᄂᆞᆫ如何ᄒᆞᆫ効果가生ᄒᆞᆯ지不適位者와正當相續人과第三者에對ᄒᆞᆫ各境遇를區別ᄒᆞ야說明ᄒᆞ면其不適位者에對ᄒᆞ야ᄂᆞᆫ資格이無ᄒᆞᆫ者가相續이된故로其効果가既往을遡ᄒᆞ야曾往에相續이無ᄒᆞᆫ것과同一ᄒᆞᆫ結果가生ᄒᆞᄂᆞ니相續財産은依例어니와其財産으로生ᄒᆞᆫ果實과添付를因ᄒᆞ야增加ᄒᆞᆫ利益도總히正當ᄒᆞᆫ相續人의게返還ᄒᆞᆷ이可ᄒᆞ고第三者에對ᄒᆞ야ᄂᆞᆫ不適位의原因은隱密히行ᄒᆞᄂᆞᆫ故로其事가發覺되야刑에處ᄒᆞ기前에ᄂᆞᆫ何人이던지知得ᄒᆞᆯ바ㅣ아님으로無能力者의境遇와ᄀᆞᆺ치第三者를責ᄒᆞᆷ은正當치못ᄒᆞ니善意第三者의게對ᄒᆞ야ᄂᆞᆫ不適位되ᄂᆞᆫ原因의事實이發表ᄒᆞᆫ以上에向ᄒᆞ야効果가生케호대既往에不及케ᄒᆞᆷ이正當ᄒᆞ고惡意의第三者의게對ᄒᆞ야ᄂᆞᆫ始初로브터無効로ᄒᆞᆷ이可ᄒᆞ

자가 해를 입어도 정당하지 않다고 말할 수 없는 것이다.

피상속인이나 상속에 관한 선순위에 있는 사람의 생명에 대해 가해하거나 가해하고자 한 사람과 피상속인의 사후처분에 관한 의사를 방해한 사람은, 원래 상속권을 향유하는 사람이지만, 다만 피상속인이나 선순위 상속인에 대해 불법·불온의 행위를 하거나, 하지 아니함으로써 그 자격을 상실한 것에 불과한 것은 전술하는 바와 같다. 만약 이 부적격한 사람이 가독상속한 때는 어떠한 효과가 발생하는가? 부적격자와 정당상속인과 제3자에 대한 각 경우를 구별하여 설명해 본다. 그 부적격자에 대해서는 자격이 없는 사람이 상속하였기 때문에, 그 효과가 기왕에 소급하여 일찍이 상속이 없었던 것과 동일한 결과가 발생한다. 상속재산은 예에 따라 그 재산으로부터 발생한 과실과 첨부를 원인으로 하여 증가한 이익도 모두 정당한 상속인에게 반환해야 한다. 제3자에 대해서는 부적격의 원인은 은밀히 행해진다. 따라서 그 일이 발각되어 형에 처해지기 전에는 누구든지 알 수 있는 바가 아니므로, 무능력자의 경우와 같이 제3자를 책망하는 것은 정당하지 못하다. 선의의 제3자에 대해서는 부적격으로 되는 원인 사실이 발표된 이후에 대해 효과가 발생하게 하나, 기왕에 미치지 않게 하는 것이 정당하고, 악의의 제3자에게 대해서는 처음부터 무효로 해야 한니라正當相續人에對ᄒᆞ야ᄂᆞᆫ不適位者에對ᄒᆞᆷ과ᄀᆞᆺ치旣往을遡ᄒᆞ야相續開始의當時로브터相續人되얏던者와同一의效果가生ᄒᆞᄂᆞᆫ者로思惟ᄒᆞ나但善意의第三者의게對ᄒᆞ야ᄂᆞᆫ對抗치못ᄒᆞᄂᆞᆫ不利益은不可不受ᄒᆞᆯ지니라

玆에附言코져ᄒᆞᄂᆞᆫ件이有ᄒᆞ니即以上의無資格者가相續이된時에何人이主張ᄒᆞᆯ지正當ᄒᆞᆫ家督相續人은相續回復請求權이有ᄒᆞᆫ故로無資格을主張ᄒᆞᆷ을得ᄒᆞ고此等事가公安에關係됨이重ᄒᆞ니檢事나隱居ᄒᆞᆫ被相續人이나先順位에在ᄒᆞᆫ者가主張ᄒᆞᆯ지니라又無資格者의相續은時效로因ᄒᆞ야取得ᄒᆞᆷ을得ᄒᆞᆯ가ᄒᆞᆯ진대盖家督相續權은家長의身分과家長에屬ᄒᆞᆫ特權과家產을承繼ᄒᆞᄂᆞᆫ者ㅣ오時效ᄂᆞᆫ財產權에限ᄒᆞᆷ인즉公安倫紀에所重ᄒᆞ고融通치못ᄒᆞᄂᆞᆫ權利ᄂᆞᆫ取得時效의利益을不得ᄒᆞᆯ者ㅣ니幾年後라도關係人은無資格者로主張ᄒᆞᆷ을得ᄒᆞᆯ지나順位失序ᄒᆞᆫ境遇ᄂᆞᆫ不然ᄒᆞ야取得時效와回復權消滅時效가並行ᄒᆞᆯ지니라

第二款　種類及順位

相續人의順位ᄂᆞᆫ死亡者或隱居者의子나子가死去ᄒᆞᆫ時ᄂᆞᆫ其孫이死亡者或隱居者를承繼ᄒᆞ야其身分及財產의主體가되ᄂᆞᆫ順次를謂ᄒᆞᆷ이니相續人地位에立ᄒᆞ

다. 정당상속인에 대해서는 부적격자에 대한 것과 같이 기왕에 소급하여 상속개시의 당시부터 상속인이 되었던 사람과 동일한 효과가 발생하는 것으로 생각한다. 다만 선의의 제3자에 대해서는 대항하지 못하는 불이익은 받을 수밖에 없다.

이에 부언하고자 하는 것이 있다. 즉 이상의 무자격자가 상속한 된 때에 누가 주장하는가? 정당한 가독상속인은 상속회복청구권이 있다. 따라서 무자격을 주장할 수 있고, 이들 사항이 공안과의 관계가 무거우므로, 검사나 은거한 피상속인이나 선순위에 있는 사람이 주장할 수 있다. 또한 무자격자의 상속은 시효로 인해 취득할 수 있는 것인데, 대개 가독상속권은 가장의 신분 및 가장에 속한 특권과 가산을 승계하는 것이고, 시효는 재산권에 한정되는 것이므로, 공안·인륜에 소중하고 융통할 수 없는 권리는 취득시효의 이익을 얻을 수 없는 것이다. 몇 년 후라도 관계인은 무자격자로 주장할 수 있으나, 순위의 차례를 잃은 경우는 그렇지 아니하여 취득시효와 회복권 소멸시효가 병행할 수 있다.

제2관 종류와 순위

상속인의 순위는 사망자 또는 은거자의 자(子)나 자가 사망한 때에는 그 손(孫)이 사망자 또는 은거자를 승계하여 그 신분과 재산의 주체가 되는 순서를 말한다. 상속인 지위에 서

ᄂᆞᆫ席次라ᄒᆞᆷ과又被相續人의身分及財產權의主體되ᄂᆞᆫ位置에立ᄒᆞᄂᆞᆫ順次라云ᄒᆞᆷ도亦可ᄒᆞ니라一般相續에도此順位ᄅᆞᆯ定ᄒᆞ야法律로干涉ᄒᆞᄂᆞᆫ例가多ᄒᆞ니德國에ᄂᆞᆫ親等의遠近을依ᄒᆞ야定ᄒᆞᆷ을原則으로ᄒᆞ고聯邦中某國에ᄂᆞᆫ死者의卑屬을第一級으로ᄒᆞ고其父母及其子孫을第二級으로ᄒᆞ얏스며法國에ᄂᆞᆫ死亡者의正當ᄒᆞᆫ親族을十二等으로分ᄒᆞ야此ᄅᆞᆯ又四級으로區別ᄒᆞ니第一級을死亡者의卑屬第二級을其父母兄弟姉妹及其卑屬이라ᄒᆞ야第一級이無ᄒᆞᆫ境遇가아니면第二級의相續을不許ᄒᆞ며露國에ᄂᆞᆫ第一死者의男子及其卑屬第二死者의女子及其卑屬第三死者의兄弟及其卑屬이라ᄒᆞ야此順序ᄅᆞᆯ踐行ᄒᆞ니家督相續은法律이尤極干涉ᄒᆞᆯ必要가有ᄒᆞᆫ지라家督相續은一家永續의觀念으로基因ᄒᆞᆫ者ㅣ라故로被相續人의意思如何ᄅᆞᆯ不關ᄒᆞ고此基本에違背치아니ᄒᆞᄂᆞᆫ方針으로써家督相續人을定ᄒᆞᆯ지니即家族中血統者의게相傳ᄒᆞ야家系와家產을永遠히維持保存ᄒᆞᆷ을期ᄒᆞᆯ지라然則家督相續人의位置에立ᄒᆞᆷ을許ᄒᆞᆯ者ᄂᆞᆫ一家永續에가장謹勤ᄒᆞᆯ만ᄒᆞᆫ家族中의血統者로家督을繼承ᄒᆞᆷ에適當ᄒᆞᆫ者가無ᄒᆞᆫ時라야비로소法定家督相續人以外의同宗中으로求ᄒᆞᆯ지니라此境遇도其家存續에有望ᄒᆞᆫ

는 석차라는 것과 또 피상속인의 신분과 재산권의 주체되는 지위에 서는 순차라고도 할 수 있다. 일반상속에서도 이 순위를 정하여 법률로 간섭하는 예가 많다. 독일에는 촌수의 원근에 따라 정하는 것을 원칙으로 하고, 연방 중 어떤 나라에서는 사자의 비속을 제1순위로 하고 그 부모와 그 자손은 제2순위로 하였다. 프랑스에서는 사망자의 정당한 친족을 12등급으로 나누어 이를 4등급으로 구분한다. 제1순위는 사망자의 비속, 제2순위를 그 부모·형제자매와 그 비속이라 하여 제1순위가 없는 경우가 아니면 제2순위의 상속을 허용하지 않는다. 러시아에서는 제1순위로 사자의 남자와 그 비속, 제2순위로 사자의 여자와 그 비속, 제3순위로 사자의 형제자매와 그 비속이라 하여 이 순서를 실행한다. 가독상속은 법률이 더욱 간섭할 필요가 있다. 가독상속은 일가 영속의 관념에서 비롯하는 것이다. 따라서 피상속인의 의사 여하와 관계없이 이 기본에 위반해서는 안 된다고 하는 방침에 따라 가독상속인을 정해야 한다. 즉 가족 중 혈통자에게 대대로 이어 전하여 가계와 가산을 영원히 유지·보전하는 것을 기약하는 것이다. 그렇다면 가독상속인의 위치에 서는 것을 허용할 사람은, 일가 영속에 삼가 부지런할 만한 가족 중의 혈통자이고, 가독을 계승하는 것에 적당한 사람이 없는 때라야 비로소 법정가독상속인 이외의 동종 중에서 찾는 것이다. 이 경우에도 그 가(家)의 존속에 희망이 있는

者를選擇ᄒᆞᆯ지니家督相續基本에適合케ᄒᆞ랴면法律의干涉을要ᄒᆞ나一般普通의思想으로被相續人을觀察ᄒᆞ면其家系를繼承ᄒᆞ고其家制를監督ᄒᆞ야一家를持保ᄒᆞ고又其家產의所有者가되얏던者인즉其意思는充分尊敬ᄒᆞᆯ지라故로從來의慣習을因ᄒᆞ야國家가採用ᄒᆞᆫ相續制度에不反ᄒᆞ고其目的에不害ᄒᆞ는限度에는被相續人의意思를推測ᄒᆞ야家督相續人을定ᄒᆞᆷ이當然ᄒᆞ고且家督相續은一家永續의思想으로採定ᄒᆞᆫ者ㅣ라故로法定ᄒᆞᆫ相續人과被相續人의持定ᄒᆞᆫ相續人이俱無ᄒᆞᆫ時는其家에密着ᄒᆞᆫ關係가有ᄒᆞᆫ親屬으로被相續人의意思에도合ᄒᆞᆯ듯ᄒᆞ고親族會에셔도相當ᄒᆞᆫ者로承認ᄒᆞ는者로써相續人을定ᄒᆞ야一家의斷絶과家產의散亂을防杜ᄒᆞᆯ지니라此方法을從ᄒᆞ면下의六種이有ᄒᆞ니一은法定相續人이오二는指定相續人이오三은選定相續人이오四는次養相續人이오五는妻相續人이오六은女相續人이니左에其順序를從ᄒᆞ야說明ᄒᆞ노라

第一項　法定家督相續人

本項은法定家督相續人의性質條件廢除及推定을說明ᄒᆞ노라

（第一）法定家督相續人의性質　法定家督相續人은家督相續人第一位에居

사람을 선택하는 것이다. 가독상속의 기본에 적합하게 하려면 법률의 간섭이 있어야 한다. 그러나 일반 보통의 사상으로 피상속인을 관찰하면, 그 가계를 계승하고 그 가법을 감독하여 일가를 유지·보전하고 또 그 가산의 소유자가 되었던 사람이었으므로, 그 의사는 충분히 존경되어야 한다. 따라서 종래의 관습에 따라 국가가 채용한 상속제도에 반하지 않고, 그 목적을 해치지 않는 한도에서는, 피상속인의 의사를 추측하여 가독상속인을 정하는 것이 당연하다. 또한 가독상속은 일가 영속의 사상에서 골라 정하는 것이다. 그러므로 법정한 상속인과 피상속인이 지정한 상속인이 모두 없을 때는, 그 가(家)에 밀접한 관계가 있는 친족으로 피상속인의 의사에도 부합할 듯하고, 친족회에서도 상당한 사람으로 승인하는 사람으로 하여금 상속인을 정하게 하여 일가의 단절과 가산의 산일(散逸)을 방지해야 한다. 이 방법을 따르면 다음의 6 종류가 있다. 1은 법정상속이고, 2는 지정상속인이며, 3은 선정상속인이다. 4는 차양자상속인이고, 5는 처상속인이며, 6은 여자상속인이다. 다음에 그 순서에 따라 설명한다.

제1항 법정가독상속인

이 항에서는 법정가독상속인의 성질·조건·폐제와 추정을 설명한다.

〈1〉 법정가독상속인의 성질

법정가독상속인은 가독상속인 제1순위에 있

ᄒᆞᆫ者ㅣ니被相續人의家族되ᄂᆞᆫ卑屬으로被相續人의死亡其他相續開始의原因이發生ᄒᆞᄂᆞᆫ同時에家督相續人이되ᄂᆞᆫ者ᄅᆞᆯ謂ᄒᆞᆷ이니先順位에在ᄒᆞ야家長이되ᄂᆞᆫ者ᄅᆞᆯ法定推定家督相續人이라ᄒᆞ야當然히家督을相續ᄒᆞᆯ權利가有ᄒᆞ고又法定推定家督相續人은其相續을拒絶放棄ᄒᆞᆷ을不得ᄒᆞᄂᆞᆫ故로不得不相續ᄒᆞᆯ義務가有ᄒᆞ다ᄒᆞ야도可ᄒᆞ니라法定家督相續人의게置重ᄒᆞ야第一位에居ᄒᆞ게ᄒᆞᆷ은血統을相承相傳ᄒᆞ야家系의連綿ᄒᆞᆷ을期ᄒᆞᄂᆞᆫ從來慣行의相續制度에適合ᄒᆞᆫ者ㅣ니라

(第二) **法定家督相續人의條件**　家督相續人은其有資格者ᄅᆞᆯ要ᄒᆞᆷ은言을不待ᄒᆞᆷ이나其條件의具備ᄂᆞᆫ家督相續開始ᄒᆞᄂᆞᆫ瞬間問題니라

(甲) 被相續人의同宗의直系卑屬됨을要ᄒᆞᆷ　親族은同宗과異姓이有ᄒᆞ거니와同宗에도直系와傍系의二가有ᄒᆞ니自己ᄅᆞᆯ生ᄒᆞᆫ父祖와自己가生ᄒᆞᆫ子孫을直系라云ᄒᆞ고自己와父祖가同ᄒᆞᆫ者ᄅᆞᆯ傍系라云ᄒᆞ며又尊屬卑屬의區別이有ᄒᆞ니尊屬은自己보담行高ᄒᆞᆫ者오卑屬은自己보담行卑ᄒᆞᆫ者ㅣ라然則直系卑屬은卽被相續人이生ᄒᆞᆫ子與孫曾을謂ᄒᆞᆷ이니嫡庶ᄅᆞᆯ勿論ᄒᆞ고又

는 사람이다. 피상속인의 가족인 비속으로서 피상속인의 사망 그 밖의 상속개시의 원인이 발생하는 동시에 가독상속인이 되는 사람을 가리킨다. 선순위에 있어서 가장이 되는 사람을 법정추정가독상속인이라 하고, 당연히 가독을 상속할 권리가 있으며 또 법정추정가독상속인은 그 상속을 거절·포기할 수 없다. 따라서 반드시 상속할 의무가 있다고 할 수 있다. 법정추정가독상속인을 중요하게 여겨, 제1순위에 있게 하는 것은, 혈통을 서로 잇고 서로 전하여 가계의 연속을 기약하는 종래 관행의 상속제도에 적합한 것이다.

〈2〉 법정가독상속인의 조건

가독상속인은 그 유격자이어야 함은 말할 필요가 없으나, 그 조건의 구비는 가독상속이 개시되는 순간의 문제이다.

① 피상속인의 동종의 직계비속이어야 함

친족은 동종과 이성이 있으며, 동종에도 직계와 방계의 둘이 있다. 자기를 낳은 부조(父祖)와 자기가 낳은 자손을 직계라 말하고, 자기와 부조가 같은 사람을 방계라 이른다. 또한 존속·비속의 구별이 있다. 존속은 자기보다 항렬이 높은 사람이고, 비속은 자기보다 항렬이 낮은 사람이다. 그래서 직계비속은 곧 피상속인이 낳은 자와 손·증손을 말한다. 적서를 막론하고 또

養子도適出子와同一ᄒᆞᆫ權利義務를與ᄒᆞ야直系卑屬이되ᄂᆞ니라

(乙) 被相續人의家屬됨을要ᄒᆞᆷ　親屬은刑法與民法이其範圍가不同ᄒᆞ나我刑法大全에ᄂᆞᆫ十寸의袒免親以內와有服의異姓親과異姓의無服親幾種을規定ᄒᆞ얏스나親屬이無非家長의家屬됨은아니라被相續人의家屬은我國慣例를觀ᄒᆞ면他家에出嫁ᄒᆞᆫ女子와他家에出系ᄒᆞᆫ子孫을除ᄒᆞᆫ外에同居不同居를勿論ᄒᆞ고家長과同戶籍ᄒᆞᄂᆞᆫ直系卑屬과同居ᄒᆞᄂᆞᆫ弟及其子孫과寡居ᄒᆞᆫ母與祖母와隱居ᄒᆞᆫ父與祖를限ᄒᆞ야其配偶者도同然ᄒᆞ며其外의同居者ᄂᆞᆫ雖或至親의關係가有ᄒᆞ야도分家의家屬이寓居에不過ᄒᆞ니直系卑屬中에도出嫁ᄒᆞᆫ女子와出系ᄒᆞᆫ子孫은家屬이되지아니ᄒᆞᄂᆞᆫ故로法定家督相續人이되지못ᄒᆞᄂᆞ니라此를略言ᄒᆞ면禮節을從ᄒᆞ야三年喪을服ᄒᆞᄂᆞᆫ子가卽**法定家督相續人**이됨을記臆ᄒᆞᆯ지니라

(第二)、法定家督相續의廢除　日本法에被相續人을虐待ᄒᆞ거나重大ᄒᆞᆫ侮辱을加ᄒᆞᆫ者와疾病其他身體精神의情狀을因ᄒᆞ야家政을不執ᄒᆞᆯ者와家名을汚辱ᄒᆞᆯ만ᄒᆞᆫ罪를因ᄒᆞ야刑에處ᄒᆞᆫ者와浪費者로準禁治産의宣告를受ᄒᆞ야改悛

양자도 적출자와 동일한 권리의무를 부여받아 직계비속으로 된다.

② 피상속인의 가족이어야 함

친족은 형법과 민법에서 그 범위가 같지 아니하나, 우리 형법대전(刑法大全)에는 10촌의 단문친(袒免親) 이내와 유복의 이성친과 이성의 무복친 등 몇 종류를 규정하였다. 그러나 친족이 모두 가장의 가족으로 되는 것은 아니다. 피상속인의 가족은 우리나라 관례를 살펴보면, 타가에 출가한 여자와 타가에 출계한 자손을 제외하는 것 외에 동거·부동거를 막론하고, 가장과 동일 호적인 직계비속과 동거하는 제(弟)와 그 자손과 과부로 지내는 모와 조모 및 은거한 부와 조부에 한정하고 그 배우자도 마찬가지이다. 그 외의 동거자는 비록 매우 가까운 친족관계가 있어도 분가의 가족이 더부살이 하는 것에 불과하다. 직계비속 중에도 출가한 여자와 출계한 자손은 가족이 되지 않는 까닭에 법정가독상속인이 될 수 없다. 이를 간략하게 말하면 예절(禮節)을 따라서 3년상을 입는 자(子)가 곧 법정가독상속인으로 되는 것을 기억해야 한다.

〈3〉 법정가독상속의 폐제

일본법에는 피상속인을 학대하거나 중대한 모욕을 가한 사람과 질병 그 밖의 신체·정신 상태를 원인으로 하여 가정을 관장할 수 없는 사람과 가명(家名)을 오욕할 만한 죄를 원인으로 하여 형에 처해진 사람 및 낭비자로 준금치산선고를 받고 개전의望이無ᄒᆞᆫ者와其他一家의衰頽ᄒᆞᆯ慮가有ᄒᆞ야親族會의認許ᄒᆞᆫ正當ᄒᆞᆫ理由가有ᄒᆞᆫ者ᄂᆞᆫ被相續人이裁判所에請願ᄒᆞ야相續人을廢除ᄒᆞᆷ을得케ᄒᆞ얏ᄉᆞ니此ᄂᆞᆫ被相續人의意思ᄅᆞᆯ重히ᄒᆞ고家長의威信을示ᄒᆞ고相續人의行爲ᄅᆞᆯ懲勵ᄒᆞᆷ인듯ᄒᆞ나我國禮俗에不合ᄒᆞ야도로혀家亂을釀成ᄒᆞᆯ지로다家督相續은法律이特別히規定ᄒᆞᆫ制度인즉推定家督相續人이被相續人을當然相續ᄒᆞᄂᆞᆫ地位도亦法律이付與ᄒᆞᆫ者ㅣ라法律이旣與ᄒᆞᆫ地位ᄂᆞᆫ其權利ᄅᆞᆯ他人이無故侵奪ᄒᆞᆯ理由가無ᄒᆞ야前款에叙述ᄒᆞᆫ不適位者外에ᄂᆞᆫ被相續人이라도隨意奪取치못ᄒᆞᆯ者ㅣ라若不然이면被相續人이推定家督相續人의地位ᄅᆞᆯ恣意左右ᄒᆞ야一國의禮俗을從ᄒᆞ고國體에適當ᄒᆞᆫ者로豫期ᄒᆞ얏던法律의目的을不達ᄒᆞᆷ에至ᄒᆞᆯ뿐아니라被相續人이隨意로推定家督相續人을廢除ᄒᆞᆷ을得ᄒᆞ면種々一家의不美ᄒᆞᆫ結果가生ᄒᆞ야被相續人이後妻나妾의게溺愛ᄒᆞ야廢嫡立庶ᄒᆞ거나廢長立幼ᄒᆞᄂᆞᆫ弊가生ᄒᆞ야推定家督相續人은爲子之道에不敢辨明ᄒᆞᄂᆞᆫ一家의擾亂이生ᄒᆞ리니엇지細微ᄒᆞᆫ欠節로遽然히廢除ᄒᆞ리오此等의弊害ᄂᆞᆫ王室로브터庶人에至ᄒᆞ기ᄭᆞ지往々見聞ᄒᆞᄂᆞᆫ바ㅣ니라

의 희망이 없는 사람과 그밖에 일가를 쇠퇴하게 할 우려가 있어서 친족회가 인정한 정당한 이유가 있는 사람에 대해 피상속인이 재판소에 청구하여 상속인을 폐제할 수 있게 하고 있다.[1] 이는 피상속인의 의사를 무겁게 여기고, 가장의 위신을 보이며 상속인의 행위를 징계·장려하려고 하는 듯하다. 그러나 우리나라 예속에는 부합하지 않고, 도리어 집안의 분란을 양성하게 될 것이다. 가독상속은 법률이 특별히 규정한 제도이므로, 추정가독상속인이 피상속인을 당연 상속하는 지위도 또한 법률이 부여하는 것이다. 법률이 이미 부여한 지위는 그 권리를 타인이 이유 없이 침탈할 이유가 없으며, 앞 관에서 서술한 부적격자 외에는 피상속인이라도 임의로 탈취하지 못하는 것이다. 만약 그렇지 아니하면 피상속인이 추정가독상속인의 지위를 임의로 좌우하여, 한 나라의 예속을 따르고 국체(國體)에 적당한 사람으로 미리 기대하였던 법률의 목적을 달성할 수 없게 된다. 그뿐만 아니라, 피상속인이 임의로 추정가독상속인을 폐제할 수 있으면, 종종 일가의 불미한 결과가 발생하여, 피상속인이 후처나 첩에게 사랑에 빠져 폐적하고 서자를 세우거나, 장자를 폐하고 유아를 세우는 폐단이 발생하며, 추정가독상속인은 자식된 도리로 감히 변명하지 못하는 일가의 소란이 발생할 것이다. 어찌 세미한 결점으로 갑자기 폐제할 수 있는가? 이들의 폐해는 왕실부터 서인에 이르기까지 왕왕 보고 듣는 바이다.

---

1 메이지민법 제975조

(第四) **法定家督相續人의推定**　正當ᄒᆞᆫ資格이有ᄒᆞᆫ法定家督相續人의相互間에ᄂᆞᆫ法定ᄒᆞᆫ順序를依ᄒᆞ야先順位에在ᄒᆞ야被相續人의權利義務를承繼ᄒᆞᄂᆞᆫ者를法定推定家督相續人이라ᄒᆞᄂᆞ니其順位ᄂᆞᆫ如左ᄒᆞ니라

(甲) 男女中에ᄂᆞᆫ男子가先順位에在ᄒᆞᆷ　被相續人의卑屬家族에同行의男女도有ᄒᆞ고叔侄行의男女도有ᄒᆞᆫ時ᄂᆞᆫ其男子中의長者가法定推定家督相續人이되ᄂᆞ니假令二十歲의長女가有ᄒᆞ고一歲의長男이有ᄒᆞ면其年幼ᄒᆞᆫ長男이相續人이되고子死有女ᄒᆞᆫ境遇에男子의孫이有ᄒᆞ면其孫男이相續人이되ᄂᆞ니라又出生ᄒᆞᆫ者ᄂᆞᆫ皆女子로대相續開始前에懷姙이有ᄒᆞ면其胎兒가相續人이되고若其胎兒가女子로生ᄒᆞᆫ時ᄂᆞᆫ相續權을旣往에遡及ᄒᆞ야喪失ᄒᆞᄂᆞ니라男先女後ᄒᆞᄂᆞᆫ理由ᄂᆞᆫ男子라야家長의職分을能히守成ᄒᆞᄂᆞᆫ能力이優越ᄒᆞᆫ所以인듯ᄒᆞ도다

(乙) 男子中에ᄂᆞᆫ嫡子가先順位에在ᄒᆞᆷ　正當ᄒᆞᆫ婚姻으로生ᄒᆞᆫ子를嫡子라云ᄒᆞ고正當히婚姻ᄒᆞ지아니ᄒᆞᆫ男女間에生ᄒᆞᆫ子를庶子라稱ᄒᆞᄂᆞ니此外에私生子라稱ᄒᆞᄂᆞᆫ者ㅣ有ᄒᆞ나此ᄂᆞᆫ其父를不知ᄒᆞᄂᆞᆫ者ㅣ니父의認知를因ᄒᆞ

〈4〉 법정가독상속인의 추정

정당한 자격이 있는 법정가독상속인 서로 사이에는 법정한 순서를 따라서 선순위에 있으면서 피상속인의 권리의무를 승계하는 사람을 법정추정가독상속인이라 한다. 그 순위는 다음과 같다.

① 남녀 중에는 남자가 선순위에 있음

피상속인의 비속인 가족에 같은 항렬의 남녀도 있고, 숙질 항렬의 남녀도 있는 때에는, 그 남자 중의 장자가 법정추정가독상속인으로 된다. 가령 20세의 장녀가 있고 1세의 장남이 있으면, 그 나이 어린 장남이 상속인으로 되고, 아들이 사망하고 딸이 있는 경우에 남자의 손(孫)이 있으면 그 손이 상속인으로 된다. 또한 출생한 사람은 모두 여자이고 상속개시 전에 회임이 있으면, 그 태아가 상속인이 되고, 만약 그 태아가 여자로 출생한 때에는 상속권을 기왕에 소급하여 상실한다. 남자를 선순위로, 여자를 후순위로 하는 이유는 남자라야 가장의 직분을 능히 수성하는 능력이 우월한 까닭인 듯하다.

② 남자 중에는 적자가 선순위에 있음

정당한 혼인으로 출생한 자(子)를 적자라 하고, 정당하게 혼인하지 아니한 남녀 사이에 출생한 자(子)를 서자라 일컫는다. 이외에 사생자라 일컫는 사람이 있으나, 이는 그 부(父)를 알지 못하는 사람이다. 부의 인지에 따라야庶子가되면相續에關係가有ᄒᆞᆯ지나女家長을不認ᄒᆞᄂᆞᆫ制度에ᄂᆞᆫ相續의問題가生치아니ᄒᆞᆯ지며妾이妻가된時ᄂᆞᆫ其子도嫡子가되야原嫡子와同等이되ᄂᆞ니卽此에嫡子라ᄒᆞᆷ은生後에嫡子의身分을取得ᄒᆞᄂᆞᆫ者도總稱ᄒᆞᆷ이라嫡子가비록庶子보담年淺行卑ᄒᆞ야도先順位에在ᄒᆞ야推定家督相續人이되ᄂᆞ니假令甲乙丙의三子가有ᄒᆞ야甲乙은庶子오丙이嫡子면其丙이相續人이되고又甲乙의庶子가有ᄒᆞ고丙의嫡孫이有ᄒᆞ면其丙이亦相續人이되ᄂᆞ니라嫡子로써先順位에在케ᄒᆞᆷ은一家의平和을維持ᄒᆞ고名分의秩序를定ᄒᆞ며婚姻을重히ᄒᆞ고蓄妾을禁ᄒᆞᄂᆞᆫ良制니라

(丙) 親等이異ᄒᆞᆫ間에ᄂᆞᆫ其近ᄒᆞᆫ者가先順位에在ᄒᆞᆷ　相續開始ᄒᆞᆯ際에被相續人이二子一孫이有ᄒᆞ면其長子가推定家督相續人이되며若其長子가相續權을喪失ᄒᆞ면親等의最近ᄒᆞᆫ者ᄂᆞᆫ卽次子가相續人이되ᄂᆞ니라然이나例外가有ᄒᆞ야承重相續이有ᄒᆞ니後에說明코져ᄒᆞ노라

(丁) 同順位에在ᄒᆞᆫ者間에ᄂᆞᆫ年長者가先順位에在ᄒᆞᆷ　注定相續人으로同一順位에數人이有ᄒᆞᆫ境遇에ᄂᆞᆫ年齡의最長者가推定家督相續人이되ᄂᆞ니

서자가 되면 상속에 관계가 있게 되나, 여자 가장을 인정하지 않는 제도에서는 상속의 문제가 발생하지 아니한다. 첩이 처가 된 때에는 그 자(子)도 적자가 되어 원래의 적자와 동등하게 된다. 즉 이에 적자라 함은 출생 후에 적자의 신분을 취득하는 사람 모두를 총칭하는 것이다. 적자가 비록 서자보다 나이가 적고 항렬이 낮아도 선순위에 있어서 추정가독상속인으로 된다. 가령 갑·을·병의 3자(子)가 있으며 갑·을은 서자이고 병이 적자이면 그 병이 상속인으로 되고, 또 갑·을의 서자가 있고 병의 적손이 있으면 그 병이 또한 상속인으로 된다. 적자로 선순위에 있게 하는 것은 일가의 평화를 유지하고 명분의 질서를 정하며, 혼인을 무겁게 여기고 축첩을 금지하는 좋은 법이다.

③ 촌수가 다른 사람 사이에는 그 가까운 사람이 선순위에 있음

상속개시시에 피상속인에게 2자(子) 1손(孫)이 있으면, 그 장자가 추정가독상속인이 되며, 만약 그 장자가 상속권을 상실하면 촌수의 가장 가까운 사람 곧 차자가 상속인으로 된다. 그러나 예외가 있어서 대습상속[1]이 그것이다. 뒤에서 설명하고자 한다.

④ 같은 순위에 있는 사람 사이에서는 연장자가 선순위에 있음

법정상속인으로 동일 순위에 여러 사람이 있는 경우에는, 연령이 가장 많은 사람이 추정가독상속인으로 된다.

1 원문은 승중(承重)상속이라는 용어를 쓰고 있으나, 승중은 제사를 상속하는 것을 의미하여 적절하지 않다. 저술에 참고한 오쿠다 요시토(奥田義人)의 앞의 책에서는 承祖相續(101頁), 오타 스케토키(太田資時,《相續法》(東京法學院, 明治30(1897))에서는 代承相續(91頁)이라는 용어를 사용하고 있다.

年長者라야家政總督에適當홈이오廢長立幼ᄂᆞᆫ古來로브터弊害가되ᄂᆞᆫ바ㅣ니라

然이나一二三의疑問이有ᄒᆞ니卽私生子나庶子가追後ᄒᆞ야嫡子의身分을取得ᄒᆞᆫ時라假令甲되ᄂᆞᆫ人이光武元年에乙庶子를產ᄒᆞ고五年에丙嫡子를生ᄒᆞᆫ後九年에至ᄒᆞ야其妾과正式의婚姻을因ᄒᆞ야正妻가되면乙庶子ᄂᆞᆫ嫡子가될지라然則乙의年齡은今年에至ᄒᆞ야十歲에達ᄒᆞ고嫡子된後로ᄂᆞᆫ二年에不過ᄒᆞ니出生時嫡子된丙이年歲를不拘ᄒᆞ고生後嫡子된乙을勝ᄒᆞ야相續人이될지生後嫡子라도嫡子ᄂᆞᆫ一般인즉乙이年長者로相續人이될지此에對ᄒᆞ야前者를從ᄒᆞ면嫡兄이有ᄒᆞᆫ弟가相續人이되야次序를失ᄒᆞᆯ지오妾으로正妻된者가死ᄒᆞᆫ後에被相續人이三娶ᄒᆞ야丁嫡子를生ᄒᆞ고丙嫡子가死ᄒᆞ면其境遇에도乙嫡子가相續이못되고丁이相續이되ᄂᆞᆫ結果가生ᄒᆞ리니尤極失序홈이되고後者를從ᄒᆞ면欠点이有ᄒᆞᆫ嫡子가正當婚烟ᄒᆞᆫ前妻의嫡子의旣得權을害ᄒᆞ야正當婚姻을奬勵ᄒᆞᄂᆞᆫ趣旨가아니오廢嫡立庶ᄒᆞ랴ᄂᆞᆫ奸譎ᄒᆞᆫ妾輩의게被惑ᄒᆞ야正妻를作ᄒᆞ고其所出子로相續ᄒᆞᄂᆞᆫ弊害가有

연장자라야 가정 전체의 감독에 적당하고, 장자를 폐하고 유아를 세우는 것은 옛날부터 폐해가 되었다.

그러나 두세 가지 의문이 있다. 즉 사생자나 서자가 추후에 적자의 신분을 취득한 때이다. 가령 갑(甲)인 사람이 광무 원년(1897년)에 을(乙) 서자를 출산하고 5년(1901년)에 병(丙) 적자를 출생한 후 9년(1905년)에 이르러 그 첩과 정식의 혼인을 원인으로 하여 정처가 되면 을 서자는 적자가 된다. 그러면 을의 연령은 금년에 이르러 10세에 이르렀고 적자가 된 후로는 2년에 불과하다. 출생시에 적자가 된 병이 나이를 불문하고 생후에 적자가 된 을에 앞서서 상속인이 되는가? 생후의 적자라도 적자는 마찬가지이므로 을이 연장자로서 상속인이 되는가? 이에 대해 전자를 따르면 적형(嫡兄)이 있는 제(弟)가 상속인이 되어 순서를 상실할 것이고, 첩으로서 정처가 된 사람이 사망한 후에 피상속인이 삼취(三娶)하여 정(丁) 적자를 출생하고 병 적자가 사망하면, 그 경우에도 을 적자가 상속하지 못하고 정이 상속하게 되는 결과가 발생한다. 극히 차례를 잃는 것으로 된다. 후자를 따르면 결점이 있는 적자가 정당한 혼인을 한 전처의 적자의 기득권을 해치며, 정당한 혼인을 장려하는 취지가 아니고, 적자를 폐하고 서자를 세우려는 간사하고 음흉한 첩의 무리에게 유혹되어 정처로 만들고 그 소생자로 상속하는 폐해가 있

ᄒᆞᆯ지라然則兩者가弊害가皆有ᄒᆞ니乙이嫡子의身分을得ᄒᆞᆫ時로브터出生ᄒᆞᆫ者로看做ᄒᆞ야法定의年長者로丙이相續케ᄒᆞ면嫡兄이有ᄒᆞᆫ弟가相續ᄒᆞᄂᆞᆫ失序ᄂᆞᆫ有ᄒᆞᆯ지나丁이相續ᄒᆞᄂᆞᆫ失序ᄂᆞᆫ免ᄒᆞᆯ지오丁으로觀ᄒᆞ야도乙이嫡子의身分을取得ᄒᆞᆫ後에生ᄒᆞᆫ者인즉其相續을乙에게讓ᄒᆞᆷ이可ᄒᆞ고出生時嫡子의既得權을害ᄒᆞᆯ慮가無ᄒᆞ고廢嫡立庶ᄒᆞᄂᆞᆫ奸計도防杜ᄒᆞᄂᆞᆫ良法이됨으로思量ᄒᆞ노라

又養子로他家에入后ᄒᆞᆫ者도嫡出子와同一ᄒᆞᆫ權利ᄅᆞᆯ取得ᄒᆞᄂᆞ니此亦被相續人의嫡子의身分을取得ᄒᆞᆫ時로브터出生ᄒᆞᆫ者로看做ᄒᆞᄂᆞᆫ必要가有ᄒᆞᆫ지라養子ᄂᆞᆫ嫡庶에俱無子ᄒᆞᆫ境遇에率來ᄒᆞᆷ은刑法大典에規定ᄒᆞᆫ바ㅣ니此等의問題가生ᄒᆞᆯ餘地가無ᄒᆞᆯ지로대正妻가斷産ᄒᆞᆫ줄로必定ᄒᆞ고率養ᄒᆞ얏다가追後ᄒᆞ야生男ᄒᆞ고罷養치아니ᄒᆞᆫ時ᄂᆞᆫ天然의年齡과擬定ᄒᆞᆫ年齡을從ᄒᆞ야於此於彼間에其養子가相續人이될지오前妻의嫡子가失踪의宣告ᄅᆞᆯ受ᄒᆞᆫ後失踪者보다年長ᄒᆞᆫ他人의子ᄅᆞᆯ養子ᄒᆞ얏다가失踪者가現出ᄒᆞ야失踪의宣告가撤消되면其養子가비록年長ᄒᆞ야도眞正ᄒᆞᆫ嫡子되ᄂᆞᆫ失踪ᄒᆞ야던

게 될 것이다. 그렇다면 양자 모두 폐해가 있다. 을이 적자의 신분을 취득한 때부터 출생한 사람으로 간주하여 법정의 연장자로 병이 상속하게 하면, 적형이 있는 제가 상속하는 차례를 잃는 바는 있을지라도, 정이 상속하는 차례를 잃는 것은 면하게 된다. 정으로 살펴보아도 을이 적자의 신분을 취득한 후에 출생한 사람이므로 그 상속을 을에게 양보해야 하고, 출생시 적자의 기득권을 해칠 우려가 없으며, 적자를 폐하고 서자를 세우는 간계도 방지하는 좋은 법이 된다고 생각한다.

또 양자로서 타가에서 입후한 사람도 적출자와 동일한 권리를 취득한다. 이 또한 피상속인의 적자의 신분을 취득한 때부터 출생한 사람으로 간주할 필요가 있다. 양자는 적서에 모두 무자한 경우에 데려오는 것으로 형법대전에 규정한다. 이들의 문제가 발생할 여지는 없지만, 정처가 단산(斷産)인 것으로 확신하고, 입양하였다가 추후에 아들을 낳고 파양하지 아니한 때에는, 자연적인 연령과 의제된 연령을 따라 이렇게 되든지 저렇게 되든지 간에 그 양자가 상속인으로 될 것이다. 전처의 적자가 실종선고를 받은 후 실종자보다 연장인 타인의 자(子)를 입양하였다가 실종자가 나타나 실종선고가 취소되면, 그 양자가 비록 연장이어도 진정한 적자인 실종되었던

者가相續人이됨이可ᄒᆞ고又養子ᄒᆞᆫ後私生子ᄅᆞᆯ承認ᄒᆞ야庶子가된後嫡子의身分을又得ᄒᆞᆫ境遇ᄂᆞᆫ養子로嫡子의身分을取得ᄒᆞᆫ時와庶子로嫡子의身分을取得ᄒᆞᆫ時의先後ᄅᆞᆯ比較ᄒᆞ야相續人을推定ᄒᆞᆷ이可ᄒᆞ니此等의嫡子ᄂᆞᆫ都是法律의擬定이라其順位上의權利ᄅᆞᆯ害ᄒᆞᆯ바ㅣ無ᄒᆞ니라

親等이異ᄒᆞᆫ者間에ᄂᆞᆫ最近ᄒᆞᆫ者가先順位에在ᄒᆞ야推定家督相續人이됨은普通의原則이라前說ᄒᆞᆫ바어니와此에例外가有ᄒᆞ니卽承重相續이是라承重이란者ᄂᆞᆫ推定順位에在ᄒᆞᆫ相續人이家督相續開始前에死亡ᄒᆞ면其相續人의卑屬이亦前述ᄒᆞᆫ順位ᄅᆞᆯ從ᄒᆞ야相續ᄒᆞᆷ을謂ᄒᆞᆷ이니假令法定推定家督相續人이相續開始前에死亡ᄒᆞ고二子가有ᄒᆞ면其長子가祖父의家長權을承繼ᄒᆞᄂᆞᆫ者ㅣ라故로玆에注意ᄒᆞᆯ바ᄂᆞᆫ承重相續人이家長權을承繼ᄒᆞᆷ은自己의父되ᄂᆞᆫ被承重人의게承繼ᄒᆞᄂᆞᆫ者ㅣ아니오被相續人의게直受ᄒᆞᄂᆞᆫ者ㅣ니라然이나我國慣例ᄅᆞᆯ從ᄒᆞ면被承重人이家長이된時ᄂᆞᆫ無ᄒᆞ야도其子가相續ᄒᆞᆯ時에死亡ᄒᆞᆫ家長으로看做ᄒᆞ야承重相續人及被相續人中間에添入ᄒᆞᄂᆞ니此ᄂᆞᆫ系統을連綿ᄒᆞ고行列을不失코져ᄒᆞᆷ이라左에圖ᄅᆞᆯ作ᄒᆞ야承

사람이 상속인으로 되어야 한다. 또 입양한 후 사생자를 인지하여 서자가 된 후 적자의 신분을 거듭 취득한 경우에는, 양자로서 적자의 신분을 취득한 때와 서자로서 적자의 신분을 취득한 때의 선후를 비교하여 상속인을 추정해야 한다. 이들 적자는 모두 법률의 의제이므로 그 순위상의 권리를 해치는 바가 없다.

촌수가 다른 사람 사이에는 최근친인 사람이 선순위에서 추정가독상속인으로 되는 것은 보통의 원칙이라고 앞에서 설명하였으나, 이에는 예외가 있다. 즉 대습상속이 이것이다. 대습이란 추정순위에 있는 상속인이 가족상속개시 전에, 사망하면 그 상속인의 비속이 또한 전술한 순위를 따라 상속하는 것을 말한다. 가령 법정추정가독상속인이 상속개시 전에 사망하고 2자(子)가 있으면, 그 장자가 조부의 가장권을 승계하는 것이다. 그러므로 이에서 주의할 바는 대습상속인이 가장권을 승계하는 것은, 자기의 부(父)되는 피대습인에게서 승계하는 것이 아니라 피상속인으로부터 직접 이어받는 것이다. 그러나 우리나라 관례를 따르면 피대습인이 가장으로 된 때는 없어도, 그 자(子)가 상속할 때에 사망한 가장으로 간주하여 대습상속인과 피상속인 중간에 첨가하여 넣는다. 이는 계통을 연속시키고 항렬을 잃지 않고자 하는 것이다. 다음에 그림을 그려 대

重相續의關係를示ᄒᆞ고又必要條件을擧ᄒᆞ야說明ᄒᆞ노니

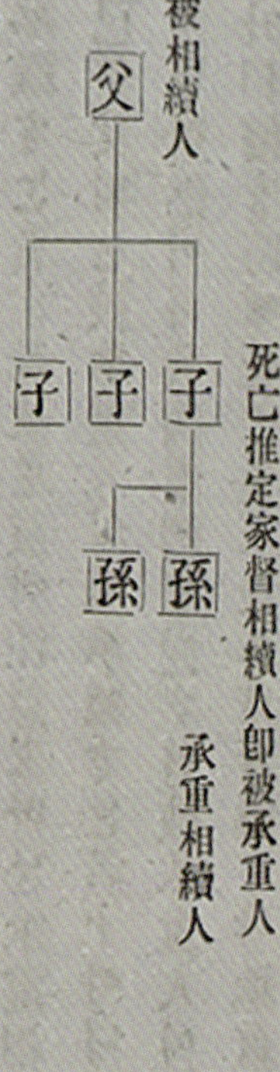

第一條件 承重相續人은法定推定家督相續人의法定推定家督相續人될資格이有ᄒᆞᆫ者를要ᄒᆞᆷ 故로被相續人의卑屬家族되며被承重人의兄弟ᄂᆞᆫ承重相續人이되지못ᄒᆞᄂᆞ니라

第二條件 被承重人이相續開始前에死亡ᄒᆞᆷ을要ᄒᆞᆷ 此ᄂᆞᆫ說明ᄒᆞᆯ바ㅣ無ᄒᆞ나日本法에ᄂᆞᆫ死亡外에도相續權을失ᄒᆞ면承重相續을規定ᄒᆞ얏ᄉᆞ니余의意見에ᄂᆞᆫ或不適位者로相續權을剝奪ᄒᆞ던지國籍을喪失ᄒᆞ야相續權을喪失ᄒᆞ면如此ᄒᆞᆫ境遇에ᄂᆞᆫ次子로相續케ᄒᆞ고次子가無ᄒᆞ면次養ᄒᆞ야相續케ᄒᆞᆷ이可ᄒᆞ니其子가相續權이無ᄒᆞ거ᄂᆞᆯ其孫이엇지相續權이有ᄒᆞ며相續權이無ᄒᆞᆫ中間一代ᄂᆞᆫ何以補充이며其父의權을奪ᄒᆞ고其子를

습상속의 관계를 보이고 또 필요조건을 들어 설명한다.

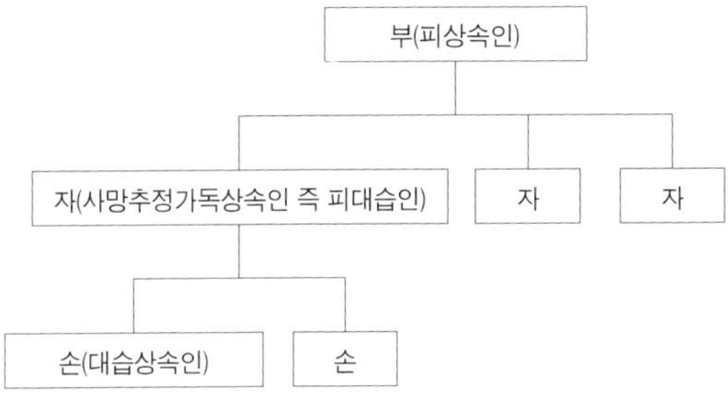

대습상속인이 또한 사망하면 장증손이 대습상속인이 되며 대대로 이와 같음

제1조건; 대습상속인은 법정추정가독상속인의 법정추정가독상속인이 될 자격이 있는 사람이어야 한다. 따라서 피상속인의 비속인 가족이 되며 피대습인의 형제는 대습상속인이 되지 못한다.

제2조건; 피대습상속인이 상속개시 전에 사망해야 한다. 이는 설명할 바가 없으나, 일본법에는 사망 외에도 상속권을 상실하면 대습상속을 규정하고 있다.[1] 나의 의견으로는 간혹 부자격자로 상속권을 박탈당하든지 국적을 상실하여 상속권을 상실하면, 이와 같은 경우에는 차자로 상속하게 하고, 차자가 없으면 차양자(次養子)하여 상속하게 해야 한다. 그 자(子)가 상속권이 없는데, 그 손(孫)이 어찌 상속권이 있으며, 상속권이 없으면 중간 1대는 무엇으로 보충하며, 그 부(父)의 권리를 박탈하고 그 자(子)를

1 메이지민법 제974조

立ᄒᆞ면其子가怏怏ᄒᆞᆫ心이常有ᄒᆞ야其家政에大不利가有ᄒᆯ지니라

此二條件外에一般相續人의게要ᄒᆞᄂᆞᆫ條件을適用ᄒᆷ은勿論ᄒᆯ바ㅣ라故로承重相續의結果에對ᄒᆞ야數言을說明ᄒᆞ노라

元來承重相續人의承繼ᄒᆞᄂᆞᆫ權利ᄂᆞᆫ被承重人의有ᄒᆯ權利에不過ᄒᆞ야此相續權은被承重人이附與ᄒᆞᄂᆞᆫ者ㅣ아니오法律의規定을因ᄒᆞ야被相續人의게傳受ᄒᆞᄂᆞᆫ者ㅣ라故로承重人은被承重人의承繼人이아님을注意ᄒᆯ지나然이나以此로自己의尊親되ᄂᆞᆫ被承重人의保有ᄒᆯ權利義務의範圍ᄅᆞᆯ超過치못ᄒᆯ지며又以上에略言ᄒᆫ바와ᄀᆞᆺ치承重相續이開始ᄒᆞ면被承重人도同時에相續ᄒᆞ얏던者와ᄀᆞᆺ치看做ᄒᆷ이可ᄒᆞ니故로左의結果ᄅᆞᆯ生ᄒᆞᄂᆞ니라

（一） 承重人은被承重人이生前에抛棄ᄒᆫ部分에ᄂᆞᆫ相續치못ᄒᆷ

（二） 承重人은被承重人이曾往에相續치못ᄒᆯ權利ᄅᆞᆯ相續치못ᄒᆷ

（三） 承重人은被承重人의權利義務도亦承繼ᄒᆷ

（第二） 選定家督相續人　法定推定家督相續人이無ᄒᆫ境遇에ᄂᆞᆫ前家長의母與妻와及親族會에셔同宗男子中이나分家의家長中으로可堪之人을選擇ᄒᆞ

세우면, 그 자(子)가 원망하는 마음이 마땅히 있을 것이고 그 가정에 큰 불이익이 있을 것이다.

이 두 가지 조건 외에 일반상속에서 요구되는 조건을 적용하는 것은 물론이다. 그러므로 대습상속의 결과에 대해 몇 마디 말을 덧붙여 설명한다.

원래 대습상속인이 승계하는 권리는 피대습인이 가지는 권리에 불과하다. 이 상속권은 피대습인이 부여하는 것이 아니라, 법률의 규정을 원인으로 하여 피상속인에게서 전해 받는 것이다. 그러므로 대습인은 피대습인의 승계인이 아닌 것에 주의해야 한다. 그러나 이에 따라 자기의 존친(尊親)인 피대습인이 보유할 권리의무의 범위를 초과할 수 없으며, 또 이상에서 간략하게 언급한 바와 같이, 대습상속이 개시하면 피대습인도 동시에 상속하였던 사람과 같이 간주해야 한다. 따라서 다음과 같은 결과가 발생한다.

① 대습인은 피대습인이 생전에 포기한 부분에 대해서는 상속하지 못함

② 대습인은 피대습인이 일찍이 상속하지 못할 권리를 상속하지 못함

③ 대습인은 피대습인의 권리의무도 또한 승계함

제2항 선정가독상속인

법정추정가독상속인이 없는 경우에는 전(前) 가장의 모와 처 및 친족회에서 동종 남자 중에서나 분가의 가장 중에서 감당할만한 사람을 선택하

야相續케ᄒᆞᄂᆞ니家長生前에無子ᄒᆞ야養子ᄒᆞᆫ時ᄂᆞᆫ其養子가適子가되ᄂᆞᆫ故로法定家督相續人이되니說明ᄒᆞᆯ바ㅣ無ᄒᆞ거니와家長死亡後에母或妻나親族會에셔同宗中으로相續ᄒᆞᆯ者ᄅᆞᆯ選定ᄒᆞᆫ時ᄂᆞᆫ指定이나選擇의如何方法을勿論ᄒᆞ고一朝選定ᄒᆞᆫ時에ᄂᆞᆫ養子와同視ᄒᆞᆷ이我國의慣習이니라

日本法에ᄂᆞᆫ法定家督相續人次에指定家督相續人이有ᄒᆞ야死亡或隱居의原因으로相續이開始ᄒᆞᆯ時에法定家督相續人이無ᄒᆞ면被相續人은同姓異姓을勿論ᄒᆞ고家督相續人을指定ᄒᆞᆷ을得케規定ᄒᆞ얏스나生前意思로指定ᄒᆞᆫ者ᄂᆞᆫ即養子오姓貫年歯ᄅᆞᆯ不問ᄒᆞ고指定ᄒᆞᆷ은不可ᄒᆞ며又其次에家屬中選定家督相續人이有ᄒᆞ야法定及指定家督相續人이無ᄒᆞᆫ境遇에被相續人의父가有ᄒᆞ면其父며父가無ᄒᆞ면母며父母가俱無ᄒᆞ면親族會에셔家族中으로配偶者、兄弟、姉妹、兄弟姉妹의直系卑屬의順序ᄅᆞᆯ從ᄒᆞ야家督相續人을選定케ᄒᆞ얏스나兄弟의直系卑屬外에ᄂᆞᆫ採用ᄒᆞᆯ制度가못되며選擇ᄒᆞ야相續ᄒᆞᆫ時ᄂᆞᆫ養子와同視ᄒᆞᆷ이可ᄒᆞ고又其次에直系尊屬中寸數의最近ᄒᆞᆫ者가相續人이되며又其次에ᄂᆞᆫ親族會에셔被相續人의親族、家族、分家의家長分家及本家의家屬

여 상속하게 한다. 가장 생전에 무자하여 양자한 때에는 그 양자가 적자가 된다. 따라서 법정가독상속인이 되므로 설명할 것이 없고, 가장 사망 후에 모 또는 처나 친족회에서 동종 중에서 상속할 사람을 선정한 때에는, 지정이나 선택의 여하한 방법을 막론하고 일단 선택한 때에는 양자와 동일시하는 것이 우리나라의 관습이다.

일본법에는 법정가독상속인 다음에 "지정가독상속인"이 있다. 사망 또는 은거를 원인으로 상속이 개시될 때는, 법정가독상속인이 없으면 피상속인은 동성·이성을 막론하고 가독상속인을 지정할 수 있다고 규정하고 있다.[1] 그러나 생전의 의사로 지정한 것은 곧 양자이고 성과 본, 연령을 불문하고 지정할 수 없다. 또 그 다음에 "가족 중 선정가독상속인"이 있다. 법정 및 지정가독상속인이 없는 경우에, 피상속인의 부(父)가 있으면 그 부가, 없으면 모가, 부모가 모두 없으면 친족회에서 가족 중에서 배우자, 형제, 자매, 형제자매의 직계비속의 순서를 따라 가독상속인을 선정하게 하고 있다. 그러나 형제의 직계비속 외에는 채용될 제도가 못되며, 선택하여 상속한 때에는 양자와 동일시해야 한다. 또 그 다음에 직계존속 중 촌수의 최근친인 사람이 상속인으로 되며, 또 그 다음에는 친족회에서 피상속인의 친족, 가족, 분가의 가장, 분가와 본가의 가족

1 메이지민법 제979조

中으로相續人을選定ᄒᆞ며又其次에ᄂᆞᆫ親族會에서他人中으로選定ᄒᆞᆫ다ᄒᆞ얏ᄉᆞ나此亦採用ᄒᆞᆯ必要가無ᄒᆞ도다

要ᄒᆞ건ᄃᆡ法定家督相續人이無ᄒᆞᆫ時에他에서相續人을選定ᄒᆞᆯ진ᄃᆡ寸數의最近ᄒᆞᆫ者로定ᄒᆞᆷ이可ᄒᆞᆯ듯ᄒᆞ나强制로義務를負케ᄒᆞᆷ이不可ᄒᆞ야同宗中男子로被相續人의侄行되ᄂᆞᆫ者ㅣ면足ᄒᆞ니選擇ᄒᆞᄂᆞᆫ人은被相續人의父母나兄弟나配偶者가合意ᄒᆞ야知事人이主幹ᄒᆞᆯ지며其相續人으로被選된人은養子와同等의效力이有케ᄒᆞᆷ이니라

(第三) 次養家督相續人 家長이死亡ᄒᆞᆫ後에法定家督相續人이無ᄒᆞ고同宗卑行中으로選定ᄒᆞᆯ相續人이無ᄒᆞ면不得已ᄒᆞ야死亡ᄒᆞᆫ家長의同行人中으로選定ᄒᆞ야相續케ᄒᆞᄂᆞ니此家督相續人은死亡ᄒᆞᆫ家長을相續ᄒᆞᆷ이아니오前家長의被相續人의后를相續ᄒᆞ야死亡ᄒᆞᆫ家長과同等의地位에在케ᄒᆞ니此ㅣ我國慣習의特例니라

(第四) 妻家督相續人 法定家督相續人及選定家督相續人이無ᄒᆞ고次養ᄒᆞᆯ者도無ᄒᆞ면被相續人의妻가不得已ᄒᆞ야家督相續人이되ᄂᆞᆫ事가或有ᄒᆞ니此

중에서 상속인을 선정하며, 또 그 다음에는 친족회에서 타인 중에서 선정한다고 하였으나 이 또한 채용할 필요가 없다.

요컨대 법정가독상속인이 없는 때에 타인을 상속인으로 선정한다면, 촌수의 최근친인 사람으로 정하는 것이 옳을듯하다. 그러나 강제로 의무를 부담하게 할 수 없고, 동종 중 남자로 피상속인의 조카 항렬이 되는 사람이면 충분하므로, 선택하는 사람은 피상속인의 부모나 형제 또는 배우자가 합의하여 일을 잘 아는 사람이 주관하게 하며, 그 상속인으로 선정된 사람에 대해서는 양자와 동등한 효력이 있다고 해야 한다.

제3항 차양자가독상속인

가장이 사망한 후에 법정가독상속인이 없고 동종의 비속인 항렬 중에서 선정할 상속인이 없으면, 부득이하여 사망한 가장의 동일 항렬인 사람 중에서 선정하여 상속하게 한다. 이 가독상속인은 사망한 가장을 상속하는 것이 아니고 전(前) 가장의 피상속인의 뒤를 상속하여 사망한 가장과 동등한 지위에 있게 된다. 이는 우리나라 관습의 특례이다.

제4항 처가독상속인

법정가독상속인과 선정가독상속인이 없고 차양자할 사람도 없으면, 피상속인의 처가 부득이하게 상속인이 되는 경우가 간혹 있다. 이

는相續의變體라暫時權設ᄒᆞᆫ者에不過ᄒᆞ니追後ᄒᆞ야入后ᄒᆞᄂᆞᆫ者가有ᄒᆞ면無効에歸ᄒᆞᄂᆞ니라

（第五）　女家督相續人　以上四種의家督相續人이俱無ᄒᆞᆫ境遇에未嫁ᄒᆞᆫ女만有ᄒᆞ면亦相續人이되ᄂᆞᆫ變體가有ᄒᆞ니出嫁ᄒᆞ거나入后ᄒᆞᄂᆞᆫ者가有ᄒᆞ면此亦相續權을失ᄒᆞ야無効에歸ᄒᆞᄂᆞ니라

又有一變體ᄒᆞ니隱居로因ᄒᆞ야相續人이되얏던家長이家長權을喪失ᄒᆞᆫ後에第一第二第三種의相續人이無ᄒᆞ면其隱居ᄒᆞ얏던尊屬親이相續權을回復ᄒᆞᄂᆞ니如此ᄒᆞᆫ境遇에ᄂᆞᆫ其間家長되얏던相續權은無効에歸ᄒᆞᆯ지니라

第四節　家督相續의効力

家督相續은法律의規定을依ᄒᆞ야被相續人의家長權과家産을相續人이承繼ᄒᆞᄂᆞᆫ方法이니一般相續効力에對ᄒᆞ야도英國에ᄂᆞᆫ被相續人의長子ᄂᆞᆫ被相續人의不動産所有權을依例承繼호ᄃᆡ被相續人이負擔ᄒᆞᆫ義務ᄂᆞᆫ承繼치아니ᄒᆞ며法國에ᄂᆞᆫ被相續人의義務도亦承繼케ᄒᆞ얏스며我國은古來慣習上被相續人이有ᄒᆞᆫ財産權을一般承繼ᄒᆞ야其義務도亦擔當ᄒᆞᄂᆞ니라抑有償特定權限에因ᄒᆞᆫ權利

는 상속의 변형이고 잠시의 임기응변으로 설정한 것에 불과하다. 추후에 입후하는 사람이 있으면 무효로 돌아간다.

제5항 여자가독상속인

이상의 4종류의 가독상속인이 모두 없는 경우에 미혼인 딸만 있으면 또한 상속인이 되는 변형이 있다. 출가하거나 입후한 사람이 있으면, 이 또한 상속권을 상실하고 무효로 돌아간다.

또 하나의 변형이 있다, 은거로 인해 상속인이 되었던 가장이 가장권을 상실한 후에 제1항부터 제3항까지의 상속인이 없으면, 그 은거하였던 존속친이 상속권을 회복한다. 이와 같은 경우에는 그 사이 가장이 되었던 상속권은 무효로 돌아간다.

제4절 가독상속의 효력

가독상속은 법률의 규징에 따라 피상속인의 가장권과 가산을 상속인이 승계하는 방법이다. 일반상속의 효력에 대해서도, 영국에서는 피상속인의 장자는 피상속인의 부동산소유권을 예에 따라 승계하지만, 피상속인이 부담한 의무는 승계하지 아니하며, 프랑스에서는 피상속인의 의무도 또한 승계한다. 우리나라는 예부터 피상속인이 보유한 재산권을 일반승계하고, 그 의무도 또한 담당한다. 또한 유상의 특정 권한에 따른 권리의取得은他人의財産을減少케ᄒᆞᄂᆞᆫ者ㅣ아니라其財産의性質을變ᄒᆞᆯ뿐이로ᄃᆡ無償且包括權限의取得中其相續ᄯᅩᄒᆞᆫ者ᄂᆞᆫ前人의財産을全失케ᄒᆞᄂᆞᆫ者ㅣ라故로若權利만取得ᄒᆞ고義務ᄂᆞᆫ負擔치아니ᄒᆞ면相續人은過分의利益을得ᄒᆞ고前人의債權者ᄂᆞᆫ不測의損害ᄅᆞᆯ被ᄒᆞ리니相續人의게義務도負擔케ᄒᆞᆷ이正當ᄒᆞ고ᄯᅩ家督相續은家長權을承繼ᄒᆞᄂᆞᆫ代에家長에當ᄒᆞᆫ義務도不可不承繼ᄒᆞᆯ지니元來家屬은其家와密着ᄒᆞᆫ關係가有ᄒᆞᆯ뿐더러家長의養育을受ᄒᆞᄂᆞᆫ身分이有ᄒᆞ던者인즉家長의變易을因ᄒᆞ야猝地에悲境에至케ᄒᆞᆷ은不可ᄒᆞ고相續人도利益되ᄂᆞᆫ部分을讓受ᄒᆞᆫ以上에ᄂᆞᆫ不利益되ᄂᆞᆫ義務의部分도亦繼受ᄒᆞᆷ이正當ᄒᆞᆯ지니라要ᄒᆞ건ᄃᆡ家督相續은家長權과家産權을包括取得ᄒᆞᆷ에不外ᄒᆞ니包括取得은義務도亦包含ᄒᆞᆫ者ㅣ라謂ᄒᆞ리로다

凡權利의取得은取得者가意思表示ᄒᆞᆫ時브터効力이生ᄒᆞᆷ이通則이되야賣買、贈與、交換、委任이皆然ᄒᆞ니相續도亦權利의取得인즉相續承認의意思表示ᄒᆞᆫ時브터家長權과家産權을取得ᄒᆞᆯ者와如ᄒᆞ니然이나一般取得의通則을從ᄒᆞ야相續ᄒᆞᆯ意思表示即承認ᄒᆞᆫ時브터効力이生케ᄒᆞ면相續開始後相續人承認ᄒᆞᄂᆞᆫ

의 취득은 타인의 재산을 감소하게 하는 것이 아니고, 그 재산의 성질을 변경할 뿐이지만, 무상 그리고 포괄 권한의 취득 중 상속 같은 것은 전(前) 사람의 재산을 전부 상실하게 한다. 그러므로 만약 권리만을 취득하고 의무는 부담하지 아니하면, 상속인은 분수에 넘치는 이익을 얻고, 전 사람의 채권자는 불측의 손해를 입게 된다. 상속인에게 의무도 부담하게 하는 것이 정당하다. 또한 가독상속은 가장권을 승계하는 대신 가장에 해당하는 의무도 마땅히 승계하는 것이다. 원래 가족은 그 가(家)와 밀접한 관계가 있을 뿐 가장의 양육을 받는 신분이 있는 사람이다. 그러므로 가장의 변경으로 인해 졸지에 비참한 지경에 이르게 해서는 안 되고, 상속인도 이익이 되는 부분을 양수한 이상에는 불이익으로 되는 의무의 부분도 또한 이어받는 것이 정당하다. 요컨대 가독상속은 가장권과 가산권을 포괄 취득하는 것에 지나지 않고, 포괄 취득은 의무도 또한 포함하는 것이라고 말할 수 있다.

무릇 권리의 취득은 취득자가 의사표시한 때부터 효력이 발생하는 것이 통칙으로 되어 매매, 증여, 교환, 위임이 모두 그렇다. 상속도 또한 권리의 취득이므로 상속승인의 의사표시한 때부터 가장권과 가산권을 취득하는 것과 같다. 그러나 일반 취득의 통칙을 따라 상속할 의사표시 즉 승인한 때부터 효력을 발생하게 하면, 상속개시 후 상속인이 승인하는

中間은一家가消滅ᄒᆞ얏다가新家가成立ᄒᆞᆷ과如ᄒᆞ야家長權及家產權의主體가無ᄒᆞᆫ空隙이生ᄒᆞ리니其間相續財產에셔生ᄒᆞᆫ果實의取得權에對ᄒᆞ야爭訟을不免ᄒᆞᄂᆞᆫ結果가生ᄒᆞ리라故로相續을因ᄒᆞᆫ承繼ᄂᆞᆫ相續人이相續開始의事實을不知ᄒᆞᆷ도不關ᄒᆞ고承認의有無도不問ᄒᆞ고時效로써權利를取得消滅ᄒᆞᆷ과ᄀᆞᆺ치法律의擬制處分으로相續開始의原因이發生ᄒᆞ면被相續人의權利義務가相續人의게即時移轉ᄒᆞᄂᆞ니라

家督相續人은前戶主의資格을繼承ᄒᆞᄂᆞᆫ者ㅣ라故로家督相續開始의原因이發生ᄒᆞ면前家長의有ᄒᆞᆫ權利義務ᄂᆞᆫ一切家督相續人의게移轉ᄒᆞᄂᆞᆫ者ㅣ라今其權利義務를大別ᄒᆞ면家長權과財產權의二種이有ᄒᆞ니家長權은親族權의一로親族法講義에屬ᄒᆞ야此에詳論치아니ᄒᆞ거니와家姓을稱ᄒᆞᄂᆞᆫ權과所屬이不分明ᄒᆞᆫ財產을取得ᄒᆞᄂᆞᆫ權과家族의居所를指定ᄒᆞᄂᆞᆫ權과家屬變更의許可權과家屬이分戶ᄒᆞ거나本家分家의相續을許可ᄒᆞᄂᆞᆫ權과家屬의婚姻及率養을許可ᄒᆞᄂᆞᆫ權과家屬의禁治產及準禁治產을請求及繳消ᄒᆞᄂᆞᆫ權과親族會를招集ᄒᆞ고幷意見을陳述ᄒᆞᄂᆞᆫ權과後見人이되ᄂᆞᆫ權等의各種이며財產權은物權、債權其他著

중간은 일가가 소멸하였다가 새로운 가(家)가 성립하는 것과 같아, 가장권과 가산권의 주체가 없는 틈이 생겨 그 사이 상속재산에서 발생한 과실의 취득권에 대해 쟁송을 면할 수 없는 결과가 발생하게 된다. 그러므로 상속을 원인으로 한 승계는 상속인이 상속개시의 사실을 알지 못하는 것과 관계없고, 승인의 유무도 불문하고, 시효로 취득·소멸하는 것과 같이 법률의 의제처분으로 상속개시의 원인이 발생하면, 피상속인의 권리의무가 상속인에게 즉시 이전한다.

가독상속인은 전 호주의 자격을 승계하는 사람이다. 그러므로 가독상속개시의 원인이 발생하면 전 가장이 가진 권리의무는 모두 가독상속인에게 이전하는 것이다. 이제 그 권리의무를 대별하면, 가장권과 재산권의 두 종류가 있다. 가장권은 친족권의 하나로 친족법 강의에 속하여 이에서 자세히 논하지 않겠으나, 가(家)의 성(姓)을 일컫는 권리와 가족 변경의 허가권 및 가족이 분가하거나 본가·분가의 상속을 허가하는 권리와 가족의 혼인 및 입양을 허가하는 권리와 가족의 금치산 및 준금치산을 청구·취소하는 권리와 친족회를 소집하고 아울러 의견을 진술하는 권리 및 후견인이 되는 권리 등 여러 가지이다. 재산권은 물권, 채권 그 밖의 저

作權、特許權、商標權의專用權等을勿論ᄒᆞ고又其權利ᄂᆞᆫ契約에因ᄒᆞᆷ과準契約或不法行爲에因ᄒᆞᆷ을不問ᄒᆞ고總히相續人의게移轉ᄒᆞ야被相續人의身體ᄅᆞᆯ代表ᄒᆞᆷ과恰似ᄒᆞ니라權利ᄅᆞᆯ若此히家長權과財産權을勿論ᄒᆞ고總히承繼ᄒᆞ면此에對ᄒᆞᆫ義務도負擔ᄒᆞᄂᆞ니相續人은家族을扶養ᄒᆞ고且敎育ᄒᆞᄂᆞᆫ義務ᄅᆞᆯ負擔ᄒᆞᆯ지며前家長의債務도亦負擔ᄒᆞᆯ지니라

然이나前家長이其一身에限ᄒᆞ야專屬ᄒᆞᆫ權利義務ᄂᆞᆫ他人의게移轉치못ᄒᆞᄂᆞᆫ故로雖家督相續人이라도此ᄅᆞᆯ承繼치못ᄒᆞᄂᆞ니卽親權과後見權과夫權과勳功을因ᄒᆞᆫ終身年金等은其性質上承繼치못ᄒᆞᄂᆞ니라但前家長의一身에專屬ᄒᆞᆫ權利義務라도履行不能等을因ᄒᆞ야損害賠償의權利義務로變ᄒᆞ고又不履行不請求ᄒᆞᆷ을因ᄒᆞ야單純ᄒᆞᆫ金錢의請求權으로存在ᄒᆞᆫ境遇ᄂᆞᆫ家督相續人이亦承繼ᄒᆞᄂᆞ니라

家督相續은家系ᄅᆞᆯ重히ᄒᆞ고祭祀ᄅᆞᆯ繼承ᄒᆞᆷ에在ᄒᆞᆫ故로系譜、祭具、墳墓의所有權은被相續人이라도他人의게贈與遺贈치못ᄒᆞ고債權의執行을押收치못ᄒᆞ야家督相續人의特權으로相續開始ᄒᆞᄂᆞᆫ同時에其所有權이相續人의게移轉ᄒᆞᄂᆞᆫ

작권, 특허권, 상표권의 전용권 등을 막론한다. 또 그 권리는 계약으로 인한 것과 준계약 또는 불법행위로 인한 것을 묻지 않고, 모두 상속인에게 이전하여 피상속인의 신체를 대표하는 것과 흡사하다. 권리를 만약 이와 같이 가장권과 재산권을 막론하고 모두 승계하면, 이에 대한 의무도 부담하게 된다. 상속인은 가족을 부양하고 또 교육하는 의무를 부담하며 전 가장의 채무도 또한 부담한다.

그렇지만 전 가장의 그 일신에 전속한 권리의무는 타인에게 이전될 수 없다. 따라서 비록 가독상속인일지라도 이를 승계할 수 없다. 즉 친권과 후견권 및 부권(夫權)과 공훈을 원인으로 한 종신연금 등은 그 성질상 승계할 수 없다. 다만 전 가장의 일신에 전속한 권리의무라도 이행불능 등에 따라 손해배상의 권리의무로 변하고, 또 불이행·불청구를 원인으로 하여 단순한 금전청구권으로 존재하는 경우는 가독상속인이 또한 승계한다.

가독상속은 가계를 무겁게 여기고 제사를 계승하는 것에 있다. 그러므로 계보, 제구, 분묘의 소유권은 피상속인일지라도 타인에게 증여·유증할 수 없고, 채권의 집행으로 압수할 수 없으며, 가독상속인의 특권으로 상속이 개시되는 동시에 그 소유권이 상속인에게 이전한다.

지라故로遺留分의算定에도此等物의價額은算入치아니ᄒᆞᄂᆞ니라盖財産이란者ᄂᆞᆫ大概果實을生ᄒᆞ고讓與를得ᄒᆞᄂᆞᆫ者ㅣ라然則系譜、祭具、墳墓ᄂᆞᆫ財産權이아난듯ᄒᆞ나義務中에屬ᄒᆞᆫ者ㅣ아님으로財産權이라稱ᄒᆞᆷ이可ᄒᆞ니라

家督相續은被相續人의權利義務를一切相續人의게移轉ᄒᆞᆷ이本則이라然이나隱居와國籍喪失로因ᄒᆞᆫ家督相續에ᄂᆞᆫ被相續人이尙今生存ᄒᆞᆷ으로써本則을適用치못ᄒᆞᆯ事情이有ᄒᆞ야左의例外가有ᄒᆞ니

(一) 隱居로因ᄒᆞᆫ家督相續의特別効力　隱居者ᄂᆞᆫ相續開始以前에ᄂᆞᆫ一切財産의所有主라財産의所有主ᄂᆞᆫ處分權이有ᄒᆞ야賣買讓與가自己의隨意니自已生活의必要로自己의財産을留保ᄒᆞᆷ도喋喋을不待ᄒᆞᆯ지며法律도禁遏ᄒᆞᆯ理由가無ᄒᆞᆫ지라以下의條件으로其財産을相續人의게移轉치아니ᄒᆞ고自已가留保ᄒᆞᆷ을得ᄒᆞᄂᆞ니라

(甲) 確定日을書ᄒᆞᆫ證書로써其財産을留保ᄒᆞᆷ을得ᄒᆞᆷ　確定日이有ᄒᆞᆫ證書로써財産을留保ᄒᆞᆷ은非但被相續人與相續人間의權利를鞏固ᄒᆞᆷ이라第三者의權利를保護ᄒᆞᆷ에在ᄒᆞ니若被相續人의게自由로財産을留保ᄒᆞᆷ을得케ᄒᆞ

따라서 유류분의 산정에도 이들 물건의 가액은 산입하지 않는다. 일반적으로 재산이라 하는 것은 대개 과실을 발생하게 하고 양도할 수 있는 것이다. 그렇다면 계보. 제구. 분묘는 재산권이 아닌 듯하나, 의무 중에 속하는 것도 아니므로 재산권이라고 일컬을 수 있을 것이다.

가독상속은 피상속인의 권리의무를 모두 상속인에게 이전하는 것이 본칙이다. 그러나 은거와 국적상실로 인한 가독상속의 경우에는, 피상속인이 여전히 생존함으로써 본칙을 적용할 수 없는 사정이 있다. 다음의 예외가 있다.

(1) 은거로 인한 가독상속의 특별효력

은거자는 상속개시 이전에는 모든 재산의 소유주이다. 재산의 소유주는 처분권을 가지며 매매·양도가 자기의 임의이고, 자기 생활의 필요로 자기의 재산을 유보하는 것도 자질구레한 설명을 기다리지 아니하며 법률도 금지할 이유가 없다. 이하의 조건으로 그 재산을 상속인에게 이전하지 않고 자기에게 유보할 수 있다.

① 확정일자를 적은 증서로 그 재산을 유보할 수 있음

확정일자가 있는 증서로 재산을 유보하는 것은, 다만 피상속인과 상속인 사이의 권리를 공고히 하며, 제3자의 권리를 보호하는 것에 있다. 만약 피상속인에게 자유로이 재산을 유보할 수 있게 하면第三者는現時에財産이何人의게屬ᄒᆞᆷ을不知ᄒᆞ야疑眩ᄒᆞᆯ지며往往被相續人과相續人의通謀를因ᄒᆞ야其權利를害ᄒᆞᆯ事도不無ᄒᆞ리니故로財産의留保는確定日이有ᄒᆞᆫ証書가아니면其効가無ᄒᆞ야相續人의財産으로看做ᄒᆞᆷ이可ᄒᆞ니라財産留保는相續開始前에定치아니면其効가無ᄒᆞᆷ으로証書의確定日이相續開始後가된時는第三者는其無効를主張ᄒᆞᆷ을得ᄒᆞᄂᆞ니라

(乙) 家督相續의遺留分을犯치못ᄒᆞᆷ　家督相續은前家長을代ᄒᆞ야家名을保持ᄒᆞ고家族을扶養ᄒᆞᄂᆞᆫ義務를負ᄒᆞᄂᆞ니故로隱居者는過分의財産을留保ᄒᆞ야家督相續人으로ᄒᆞ야곰此等義務에不堪케ᄒᆞᆷ은不可ᄒᆞᆯ지라因ᄒᆞ야家督相續人의遺留分을不侵케ᄒᆞᄂᆞ니라

隱居를因ᄒᆞᆫ家督相續財産權利의特別効力은以上과如ᄒᆞ나義務도此를隨ᄒᆞ야特別의効力이有ᄒᆞ니多少財産을留保ᄒᆞᆫ境遇에도相續本則에拘泥ᄒᆞ야隱居者의게對ᄒᆞ야報給의請求를不得ᄒᆞ면隱居者는財産을安有ᄒᆞᄂᆞᆫ福德을享有ᄒᆞ고相續人은債務應報에不堪ᄒᆞᆯ지며債權者는畢竟不捧의境에至ᄒᆞ며或은狡猾ᄒᆞᆫ徒가有ᄒᆞ야債權者의게對ᄒᆞ야義務를免키爲ᄒᆞ야隱居ᄒᆞᄂᆞᆫ弊도有

면, 제3자는 현재 재산이 누구에게 속하는지를 알 수 없고 의심스럽고 애매하며, 때로 피상속인과 상속인의 통모로 말미암아 그 권리를 해치는 경우도 없지 않다. 그러므로 재산의 유보는 확정일자가 있는 증서가 아니면, 그 효력이 없고 상속인의 재산으로 간주해야 한다. 재산유보는 상속개시 전에 정해지지 아니하면 그 효력이 없으므로, 증서의 확정일자가 상속개시 후인 된 때에는 제3자는 그 무효를 주장할 수 있다.

② 가독상속인의 유류분을 침해하지 못함

가독상속인은 전 가장을 갈음하여 가명(家名)을 유지·보전하고 가족을 부양하는 의무를 부담한다. 따라서 은거자는 분수에 넘치는 재산을 유보하여 가독상속인으로 하여금 이들 의무에 감당할 수 없게 해서는 안 되기 때문에, 가독상속인의 유류분을 침해하지 못하게 하는 것이다.

은거를 원인으로 한 가독상속의 재산권리의 특별효력은 이상과 같으나, 의무도 이를 따라 특별한 효력이 있다. 다소의 재산을 유보한 경우에도, 상속 본칙에 구애되어 은거자에 대해 변제[1]의 청구를 할 수 없게 하면, 은거자는 재산을 편안히 보유하는 복덕을 누리고, 상속인은 채무변제에 감당하지 못하게 되며, 채권자는 끝내 받지 못하는 지경에 이르거나 또는 교활한 무리가 있어서 채권자에 대해 의무를 면하기 위해 은거하는 폐단도 있

1 원문은 보급(報給)이라는 말을 쓰고 있으나, 변제에 해당한다. 이 당시의 법전에서도 변제라는 용어를 사용하고 있었음에도 저자가 이를 달리 표현한 것이다.

ᄒᆞ리니是故로法律은債權者를保護ᄒᆞ야權利의保全과信用의發達을期ᄒᆞ기爲ᄒᆞ야其債權者는選擇權으로被相續人이나相續人의게對ᄒᆞ야履行을請求케ᄒᆞᆷ이可ᄒᆞ니라

(二)　國籍喪失을因ᄒᆞᆫ家督相續의特別効力　第一의境遇와ᄀᆞᆺ치前家長은依然存在ᄒᆞ야相續開始ᄒᆞᆯ際ᄭᆞ지一切財產의所有權을有ᄒᆞᆫ者ㅣ라且國籍喪失로因ᄒᆞ야相續이開始케ᄒᆞᆷ은全혀法律의力이니國家는其組織의必要上으로私人의權利을減却ᄒᆞᆷ이나然이나憲法에臣民의所有權을保障ᄒᆞ고又外國人도私權享有能力을認知ᄒᆞᆫ以上에는法律의權能을濫用치못ᄒᆞᆯ바이오國籍喪失로써相續開始의原因을定ᄒᆞᆷ은國家搆成의必要로因ᄒᆞᆫ者이나其所有財產을强制로相續人의게移轉케ᄒᆞᆷ은甚히不當ᄒᆞᆯ지라又家督相續의本則을適用ᄒᆞ야其權利를一切家督相續人의게移轉ᄒᆞᆯ時는雖外國人이된者라도其生活의途를失ᄒᆞᆯ結果를生ᄒᆞ리니頗酷ᄒᆞᆫ嫌이有ᄒᆞᆫ故로因ᄒᆞ야法律은他家督相續의境遇와는其効力을顚倒ᄒᆞ야一切의權利義務는國籍喪失者의게依屬케ᄒᆞᆷ을本則으로ᄒᆞ고唯左의權利義務만相續人의게移轉케ᄒᆞᄂᆞ니라

다. 이 때문에 법률은 채권자를 보호하고 권리의 보전과 신용의 발달을 기약하기 위해, 그 채권자는 선택권으로 피상속인이나 상속인에 대해 이행을 청구할 수 있게 한다.

(2) 국적상실을 원인으로 한 가독상속의 특별효력

(1)의 경우와 같이 전 가장은 여전히 존재하여 상속개시시까지 모든 재산의 소유권을 가지는 사람이다. 또 국적상실을 원인으로 하여 상속이 개시되게 하는 것은 전적으로 법률의 힘이다. 국가는 그 조직의 필요에서 사인의 권리를 소멸하게 하는 것이다. 그러나 헌법에 국민의 소유권을 보장하고 또 외국인도 사권을 향유할 수 있는 능력을 인정하고 있는 이상에는 법률의 기능을 남용하지 못하는 것이다. 국적상실로 상속개시의 원인을 정하는 것은 국가 구성의 필요에서 비롯된 것이나, 그 소유재산을 강제로 상속인에게 이전하게 하는 것은 매우 부당하다. 또한 가독상속의 본칙을 적용하여 그 권리를 모두 가독상속인에게 이전할 때는, 비록 외국인이 된 사람일지라도 그 생활의 방도를 상실하는 결과가 발생하게 될 것이다. 매우 가혹한 혐의가 있기 때문에, 이에 따라 법률은 다른 가독상속의 경우와는 그 효력을 거꾸로 하여, 일체의 권리의무는 국적상실자에게 여전히 귀속하게 하는 것을 본칙으로 하고, 오직 다음의 권리의무만 상속인에게 이전하게 한다.

(一)家長權　家督相續人은前家長을代ᄒᆞ야家族을統率ᄒᆞᄂᆞᆫ者이오家長權의移轉이家督相續의目的인故로家長權은不得不相續人의게歸屬케ᄒᆞᆯ지니라

(二)家督相續人特權에屬ᄒᆞᆫ權利　系譜、祭具及墳墓의所有權은一家를保持ᄒᆞᄂᆞᆫ者이라故로一家를保持ᄒᆞᆷ을目的ᄒᆞᄂᆞᆫ家督相續에ᄂᆞᆫ國籍喪失의境遇라도相續人의게移轉케ᄒᆞᆷ이可ᄒᆞ니라

(三)遺留分　家長은一家를保全ᄒᆞ고家族을扶養ᄒᆞᄂᆞᆫ義務를負ᄒᆞᄂᆞᆫ故로此義務를盡ᄒᆞᆷ에必要되ᄂᆞᆫ遺留分은國籍喪失로因ᄒᆞᆫ家督相續의境遇에도本則을適用ᄒᆞᆯ지니라

(四)前家長이指定ᄒᆞᆫ財產　法律이國籍을喪失ᄒᆞᆫ者의財產을依然히屬케ᄒᆞᆷ은國籍喪失者의意思를不關ᄒᆞ고當然히其財產을失케ᄒᆞᆷ이酷薄에近ᄒᆞᆫ所以이나國籍喪失者가任意로家督相續人의게移轉ᄒᆞᆷ은亦禁ᄒᆞᆯ理由가無ᄒᆞ니라

(五)前家長이相續으로取得ᄒᆞᆫ財產　前家長이前時에相續人으로前家長의

① **가장권**; 가독상속인은 전 가장을 갈음하여 가족을 통솔하는 사람이고, 가장권의 이전이 가독상속의 목적이다. 따라서 가장권은 부득이 상속인에게 귀속하게 하는 것이다.

② **가독상속인의 특권에 속한 권리**; 계보, 제구와 분묘의 소유권은 일가를 유지·보전하는 것이다. 그러므로 일가를 유지·보전하는 것을 목적으로 하는 가독상속에는 국적상실의 경우라도 상속인에게 이전하게 하는 것이다.

③ **유류분**; 가장은 일가를 보전하고 가족을 부양하는 의무를 부담한다. 그러므로 이 의무를 다하는 것에 필요한 유류분은 국적상실로 인한 가독상속의 경우에도 본칙을 적용한다.

④ **전 가장이 지정한 재산**; 법률이 국적을 상실한 사람의 재산을 여전히 귀속하게 하는 것은 국적상실자의 의사와 관계없이 당연히 그 재산을 상실하게 하는 것이 가혹하고 야박한 것에 가까운 까닭이다. 그러나 국적상실자가 임의로 가독상속인에게 이전하는 것은 또한 금지할 이유가 없다.

⑤ **전 가장이 상속으로 취득한 재산**; 전 가장이 이전 시기에 상속인으로 전 가장의

財産을承繼ᄒᆞᆫ者ᄂᆞᆫ即世傳ᄒᆞᄂᆞᆫ物이니此財産을外國人되ᄂᆞᆫ被相續人의게依屬케ᄒᆞᆷ은不可ᄒᆞ니라

(六八)本國人이아니면享有치못ᄒᆞᄂᆞᆫ權利　土地의所有權과礦産權갓ᄒᆞᆫ本國人이아니면享有치못ᄒᆞᄂᆞᆫ權利ᄅᆞᆯ本國國籍을喪失ᄒᆞᆫ者가享有치못ᄒᆞᆷ은辯論을不待ᄒᆞᆯ지라然이나其財産을無主物로삼ᄂᆞᆫ것은穩當치아니ᄒᆞ니故로家督相續人의게歸屬케ᄒᆞᆷ이可ᄒᆞ니라

國籍喪失者의權利ᄂᆞᆫ依然히屬케ᄒᆞᆷ으로本則을定ᄒᆞ고右에列記ᄒᆞᆫ財産에만限ᄒᆞ야家督相續人의게移轉케호ᄃᆡ家長의義務ᄂᆞᆫ盡皆移轉케ᄒᆞ고債務ᄂᆞᆫ相續ᄒᆞᆫ財産에限ᄒᆞ야履行케ᄒᆞᆷ이可ᄒᆞ니라

第五節　家督相續權의回復及其請求權의時効

資格이無ᄒᆞᆫ者와資格을失ᄒᆞᆫ者와順位에不在ᄒᆞᆫ者가家督相續을ᄒᆞᆫ境遇에ᄂᆞᆫ眞正ᄒᆞᆫ家督相續人은此에對ᄒᆞ야相續의回復請求ᄒᆞᆷ을得ᄒᆞᄂᆞ니此請求ᄅᆞᆯ擧訴ᄒᆞ랴면被相續人이相續開始ᄒᆞᆯ時에普通裁判籍을有ᄒᆞᆫ地ᄅᆞᆯ管轄ᄒᆞᄂᆞᆫ裁判所에提起ᄒᆞᆯ지니라

재산을 승계한 것은 곧 대대로 물려받은 재산이다. 이 재산을 외국인이 되는 피상속인에게 여전히 귀속하게 할 수 없는 것이다.

⑥ **본국인이 아니면 향유하지 못하는 권리;** 토지의 소유권과 광산권 같은 본국인이 아니면 향유하지 못하는 권리를 본국 국적을 상실한 사람이 향유하지 못하는 것은 변론을 기다리지 아니할 것이다. 그러나 그 재산을 무주물로 삼는 것은 온당하지 아니하다. 그러므로 가독상속인에게 귀속하게 해야 한다.

국적상실자의 권리는 여전히 귀속하게 하는 것으로 본칙을 정하고, 앞에서 열거한 재산에 한해서만 가독상속인에게 이전하게 하면, 가장의 의무는 거의 다 이전하게 하고 채무는 상속한 재산에 한정하여 이전하게 해야 한다.

제5절 가독상속권의 회복과 그 청구권의 시효

사격이 없는 사람과 자격을 상실한 사람 및 순위에 있지 아니한 사람이 가독상속을 한 경우에는, 진정한 가독상속인은 이에 대해 상속의 회복청구를 할 수 있다. 이 청구를 제소하려면 피상속인이 상속개시시에 보통재판적을 둔 장소를 관할하는 재판소에 제기해야 한다.

然이나家督相續은被相續人의權利義務를家督相續人의게包括移轉ᄒᆞᄂᆞᆫ故로其關係가複雜ᄒᆞ야事實上에家督相續이有ᄒᆞᆫ後에此를回復ᄒᆞ면眞正ᄒᆞᆫ家督相續人의게一切의權利義務를委付ᄒᆞᄂᆞ니當事者及第三者의게對ᄒᆞᆫ權利義務가非常ᄒᆞᆫ攪亂이生ᄒᆞᆯ지며相續이有ᄒᆞᆫ時로回復ᄒᆞ기싸지時日의經過가多ᄒᆞᆷ을從ᄒᆞ야其攪亂이益甚ᄒᆞ야經濟上及社會上에影響이及ᄒᆞᆯ지라故로法律은此에關ᄒᆞ야時効를設ᄒᆞ되普通時効보다其期間은短縮케ᄒᆞᄂᆞ니라

家督相續回復請求權의時効ᄂᆞᆫ家督相續人이나其法定代理人이相續權侵害의事實을知ᄒᆞᆫ時브터五年이며相續開始ᄒᆞᆫ時브터二十年으로定ᄒᆞᆷ이可ᄒᆞ고胎兒ᄂᆞᆫ請求ᄒᆞᄂᆞᆫ能力이無ᄒᆞᆯᄲᅮᆫ더러又胎兒에ᄂᆞᆫ法定代理人도無ᄒᆞᆫ故로出生後法定代理人이有ᄒᆞᆫ然後에可히回復을請求ᄒᆞᆯ지니라

第六節　相續財産의費用

相續財産에ᄂᆞᆫ種々의費用이有ᄒᆞ야管理의費用과限定承認及財産分離ᄒᆞᆯ際에精筭의費用과相續財産에關ᄒᆞᆫ訴訟費用과賦課ᄒᆞᄂᆞᆫ各種의租稅가不少ᄒᆞᆯ지라此等의費用은相續財産을保護ᄒᆞᆷ에必要ᄒᆞᆫ者ㅣ라써相續財産에關ᄒᆞ야利害關

그러나 가독상속은 피상속인의 권리의무를 가독상속인에게 포괄 이전하기 때문에, 그 관계가 복잡하며, 사실상에 가독상속이 있은 후에 이를 회복하면 진정한 가독상속인에게 일체의 권리의무를 위부(委付)하게 된다. 당사자와 제3자에 대한 권리의무가 예사롭지 아니한 교란이 발생하게 될 것이다. 상속이 있는 때로 회복하기까지 시일의 경과가 많아짐에 따라 그 교란이 더욱 심하고 경제상 그리고 사회상에 영향이 미친다. 이 때문에 법률은 이에 관하여 시효를 두고 보통시효보다 그 기간을 단축하고 있는 것이다.

가독상속회복청구권의 시효는 가독상속인이나 그 법정대리인이 상속권 침해의 사실을 안 때부터 5년이며, 상속개시시부터 20년으로 정해야 한다. 태아는 청구하는 능력이 없을 뿐만 아니라, 또 태아에게는 법정대리인도 없기 때문에, 출생 후 법정대리인이 있게 된 후에 회복을 청구할 수 있다.

제6절 상속재산의 비용

상속재산에는 여러 가지 비용이 든다. 관리비용과 한정승인 및 재산분리할 때의 정산비용과 상속재산에 관한 소송비용 및 부과하는 각종의 조세가 적지 않다. 이들 비용은 상속재산을 보호하는데 필요한 것으로 상속재산에 관하여 이해관

係가有ᄒᆞᆫ者ᄂᆞᆫ總히其利益을受ᄒᆞᄂᆞᆫ者ㅣ라故로此를專혀相續人及受遺者나債權者의게負擔치못ᄒᆞᆯ지며設或負擔케ᄒᆞ야도其負擔額을定ᄒᆞᆷ이極히困難ᄒᆞᆯ지라故로相續財産의費用은其財産中으로支撥ᄒᆞ고若家督相續人의過失로因ᄒᆞ야生ᄒᆞᆫ費用은其相續人이負擔ᄒᆞ며遺留分으로ᄂᆞᆫ支撥치아니ᄒᆞᆫ다日本法에規定ᄒᆞ얏스나余의意見에ᄂᆞᆫ相續財産이相續開始後에아즉相續人의게實際로移轉ᄒᆞ기前에生ᄒᆞᆫ諸般費用은相續財産中으로支撥ᄒᆞᆫ後에各承繼ᄒᆞᆫ者의게分配ᄒᆞᆷ이可ᄒᆞ고承繼ᄒᆞ면其財産의性質이變ᄒᆞᆫ즉其後費用은勿論이어니와各히承繼ᄒᆞᆫ後라도自前으로繼續ᄒᆞᄂᆞᆫ費用도各承繼ᄒᆞᆫ額에應ᄒᆞ야負擔케ᄒᆞᆷ이可ᄒᆞ며遺留分財産에도分排推徵ᄒᆞᆷ이無妨ᄒᆞᆯ줄로思量ᄒᆞ노라

第三章　遺産相續

第一節　總說

遺産相續은歐米各國에서專行ᄒᆞᄂᆞᆫ者이니我國은家族制度가鞏固ᄒᆞ야家督相續外에他相續이無ᄒᆞᆫ줄로誤信ᄒᆞ나近日個人制度의主義가浸漸ᄒᆞ고私有財産制度를認知ᄒᆞᆷ에至ᄒᆞ야此相續을行ᄒᆞᄂᆞᆫ者ㅣ不少ᄒᆞ도다將來에親族法上의身

계가 있는 사람은 모두 그 이익을 받는 것이다, 그러므로 이를 오로지 상속인과 수유자나 채권자에게 부담하게 할 수 없으며, 가령 부담하게 하여도 그 부담액을 정하는 것이 극히 곤란하다. 따라서 상속재산의 비용은 그 재산 중에서 지급하고, 만약 가독상속인의 과실(過失)로 인해 발생한 비용은 그 상속인이 부담하며 유류분으로는 지급하지 않는다고 일본법에 규정하고 있다.[1] 그러나 나의 의견으로는 상속재산이 상속개시 후에 아직 상속인에게 실제로 이전하기 전에 발생한 제반 비용은 상속재산 중에서 지급한 후에 각각 승계한 사람에게 분해해야 하고, 승계하면 그 재산의 성질이 변하므로 그 후의 비용은 물론이고 각각 승계한 후라도 자기 앞으로 계속되는 비용도 각각 승계한 액수에 따라 부담하게 해야 하며, 유류분재산에 대해서도 분배·추징하는 것이 무방하다고 생각한다.

제3장 유산상속

제1절 총설

유산상속은 구미 각국에서 오로지 행해지는 것으로 우리나라는 가족제도가 공고하여 가독상속 외에 다른 상속이 없는 것으로 잘못 믿기도 한다. 그러나 요즈음은 개인제도의 주의가 점점 스며들어 사유재산제도를 인정하기에 이르러 이 상속이 행해지는 경우가 적지 않다. 장래에 친족법상의 신

1 메이지민법 제967조

分注意보다財産을尊重히ᄒᆞᄂᆞᆫ風俗이漸盛ᄒᆞ고家族으로財産을貯蓄ᄒᆞ며義務ᄅᆞᆯ負擔ᄒᆞᄂᆞᆫ者ㅣ日々增加ᄒᆞ면家督相續보다遺産相續이尙多ᄒᆞᆯ지ᄂᆞᆫ未可必이로ᄃᆡ幷行ᄒᆞᆷ은無疑ᄒᆞ리로다

遺産相續은財産移轉의一事實이니其移轉의原因은法律行爲도아니오又不法行爲도아니오惟法律規定의擬制處分이라故로遺産相續이란者ᄂᆞᆫ家屬이死亡ᄒᆞᆫ境遇에法定ᄒᆞᆫ遺産相續人이死者財産의一切權利義務ᄅᆞᆯ承繼ᄒᆞᄂᆞᆫ行爲ᄅᆞᆯ謂ᄒᆞᆷ이라故로遺産相續은家督相續과相似ᄒᆞ나亦異同이有ᄒᆞ기此에辨別ᄒᆞ노라

(一)相續開始의原因　家督相續은被相續人되ᄂᆞᆫ者가家長에限ᄒᆞ야其相續開始의原因은死亡ᄲᅮᆫ아니라其他家長權을喪失ᄒᆞ면相續이開始ᄒᆞ되遺産相續은不然ᄒᆞ야被相續人되ᄂᆞᆫ者가家屬이오家長이아니니其相續開始의原因도死亡에만限ᄒᆞ고隱居와國籍을喪失ᄒᆞᆫ境遇에ᄂᆞᆫ相續開始의原因이되지아니ᄒᆞᄂᆞ니라

(二)相續人의資格順位　遺産相續에도家督相續과갓치相續人의資格과順位에對ᄒᆞ야法律로特別히規定ᄒᆞᆯ지나스사로差別이有ᄒᆞ니家督相續人은一家

분주의보다 재산을 존중하는 풍속이 점점 성행하고, 가족으로서 재산을 저축하며 의무를 부담하는 사람이 나날이 증가하면, 가독상속보다 유산상속이 더욱 많아질 것인지는 아직 그렇게 되기를 바랄 수는 없지만, 병행하게 될 것은 의심의 여지가 없다.

유산상속은 재산 이전의 한 가지 사실이다. 그 이전의 원인은 법률행위도 아니고 또 불법행위도 아니다. 오직 법률이 규정하는 의제처분이다. 그러므로 유산상속이란 가족이 사망한 경우에 법정한 유산상속인이 사자 재산의 모든 권리의무를 승계하는 행위를 말한다. 따라서 유산상속은 가독상속과 서로 비슷하나 또한 다름이 있다. 이에 변별해 본다.

① **상속개시의 원인**; 가독상속은 피상속인으로 되는 사람이 가장으로 국한되고, 그 상속개시의 원인은 사망뿐만 아니라 그밖에 가장권을 상실하면 상속이 개시된다. 유산상속은 그렇지 아니하여 피상속인으로 되는 사람이 가족이고 가장이 아니다. 그 상속개시의 원인도 사망에만 한정되고, 은거와 국적을 상실한 경우에는 상속개시의 원인이 되지 않는다.

② **상속인의 자격·순위**; 유산상속에서도 가독상속과 같이 상속인의 자격과 순위에 대해 법률로 특별히 규정하나, 스스로 차별이 있다. 가독상속인은 일가

一人이로ᄃᆡ遺産相續人은數人됨이無妨ᄒᆞ며法定推定家督相續人은被相續人家에在ᄒᆞᆷ을要호ᄃᆡ第一次遺産相續人은同家를不要ᄒᆞ며家督相續에ᄂᆞᆫ指定及選定家督相續人이有ᄒᆞ나遺産相續에ᄂᆞᆫ法定相續人ᄲᅮᆫ이니라

(三)相續의效力　家督相續에ᄂᆞᆫ前家長의一切權利義務를相續ᄒᆞᆷ을目的ᄒᆞ야財産上의權利義務ᄲᅮᆫ아니라家長의權利義務도相續ᄒᆞᄂᆞᆫ故로身分의變更이有ᄒᆞ되遺産相續은但被相續人의財産上의權利義務를目的ᄒᆞᄂᆞᆫ故로遺産相續人은相續을因ᄒᆞ야身分의變更이無ᄒᆞ고又家督相續은一家를保全ᄒᆞ기爲ᄒᆞᄂᆞᆫ故로特權에屬ᄒᆞᆫ財産이有ᄒᆞ나遺産相續은但相續人의利益을保護ᄒᆞᄂᆞᆫᄃᆡ在ᄒᆞ야如斯ᄒᆞᆫ財産이無ᄒᆞ며遺産相續人은數人이有ᄒᆞᆫ故로相續分及遺産分割等의問題가生ᄒᆞᄂᆞ니라

以上은家督相續과遺産相續이相異ᄒᆞᆫ槪略이니後日說明에可히明白ᄒᆞᆯ지오家督相續과遺産相續間의共通ᄒᆞᄂᆞᆫ規定은如左ᄒᆞ니

(一)相續開始處所의關ᄒᆞᆫ規定　遺産相續은家屬의權利義務를承繼ᄒᆞᄂᆞᆫ者ㅣ라家屬의權利義務ᄂᆞᆫ其生活本據되ᄂᆞᆫ住所에서輻湊됨이通例니故로遺産相

1인이지만, 유산상속인은 여러 사람으로 되어도 무방하다. 법정추정가독상속인은 피상속인의 가(家)에 있어야 하는 반면, 제1순위 유산상속인은 동일 가(家)를 요구하지 아니한다. 가독상속에는 지정과 선정가독상속인이 있으나, 유산상속에는 법정상속인뿐이다.

③ **상속의 효력**; 가독상속에서는 전 가장의 일체의 권리의무를 상속하는 것을 목적으로 하여 재산상의 권리의무뿐만 아니라, 가장의 권리의무도 상속하기 때문에, 신분의 변경이 있다. 그러나 유산상속은 다만 피상속인의 재산상의 권리의무만을 목적으로 한다. 따라서 유산상속인은 상속을 원인으로 하여 신분의 변경이 없다. 또한 가독상속은 일가를 보전하기 위한 것이다. 그러므로 특권에 속하는 재산이 있으나, 유산상속은 다만 상속인의 이익을 보호하는 것을 목적으로 하며, 이러한 재산이 없다. 유산상속인은 여러 사람이 있을 수 있다. 따라서 상속분과 유산분할 등의 문제가 발생한다.

이상은 가독상속과 유산상속의 서로 다른 점을 개관한 것이고, 후일 설명에서 명백히 밝힐 수 있을 것이다. 가독상속과 유산상속 사이에 공통하는 규정은 다음과 같다.

① **상속개시장소에 관한 규정**; 유산상속은 가족의 권리의무를 승계하는 것이다. 가족의 권리의무는 그 생활의 본거가 되는 주소에 몰려 있는 것이 통례이다. 그러므로 유산상

續을開始ᄒᆞᆯ處所ᄂᆞᆫ家督相續開始의處所와갓치被相續人의住所ㅣ니라因ᄒᆞ야遺產相續에關ᄒᆞᆫ裁判管轄과非訟事件等은被相續人의住所地ᄅᆞᆯ管轄ᄒᆞᄂᆞᆫ普通裁判所에서受理ᄒᆞᄂᆞ니라

(二)相續回復請求權時效에關ᄒᆞᆫ規定　相續回復의請求權은家督相續과遺產相續을分ᄒᆞ야其時效ᄅᆞᆯ異定ᄒᆞᆯ理由가無ᄒᆞ니故로遺產相續回復의請求權도遺產相續人이나其法定代理人이相續權侵害의事實을知ᄒᆞᆫ時브터幾年이며相續開始ᄒᆞᆫ時브터幾年間回復請求權을不行ᄒᆞ면時效로因ᄒᆞ야消滅케ᄒᆞ야家督相續의境遇와同一케ᄒᆞᆯ바ㅣ니라

(三)相續財產費用에關ᄒᆞᆫ規定　遺產相續財產에關ᄒᆞᆫ費用은總遺產承繼者의共同利益이됨으로亦家督相續의境遇와갓치其財產中으로爲先支撥ᄒᆞᆷ이可ᄒᆞ니라

(四)胎兒相續權에關ᄒᆞᆫ規定　遺產相續에도公平히相續人의順位ᄅᆞᆯ定ᄒᆞᆯ必要가有ᄒᆞᆷ으로써胎兒라도旣生者로看做ᄒᆞ야相續權을認知ᄒᆞᆷ이可ᄒᆞ니라

第二節　遺產相續人

속을 개사하는 장소는 가독상속개시의 장소와 같이 피상속인의 주소이다. 이에 따라 유산상속에 관한 재판관할과 비송사건 등은 피상속인의 주소지를 관할하는 보통재판소에서 수리한다.

② **상속회복청구권 시효에 관한 규정**; 상속회복청구권을 가독상속과 유산상속을 나누어 그 시효를 달리 정할 이유가 없다. 따라서 유산상속회복의 청구권도 유산상속인이나 그 법정대리인이 상속권 침해의 사실을 안 때부터 몇 년이며, 상속개시시부터 몇 년간 회복청구권을 행사하지 아니하면, 시효로 인해 소멸하게 하여 가독상속의 경우와 동일하게 할 것이다.

③ **상속재산비용에 관한 규정**; 유산상속재산에 관한 비용은 모든 유산상속자의 공동이익이 되므로 또한 가독상속의 경우와 같이 그 재산 중에서 먼저 지급해야 한다.

④ **태아의 상속권에 관한 규정**; 유산상속에서도 공평하게 상속인의 순위를 정할 필요가 있으므로, 태아라도 이미 출생한 사람으로 간주하여 상속권을 인정해야 한다.

제2절 유산상속인

第一欵　遺産相續人의資格

財産相續은被相續人의意思를從ᄒᆞ야何人이던지相續人됨을得ᄒᆞᆯ지라故로同居不同居와親族及他人과家長과他家의家督相續人을不問ᄒᆞᆯ지며內外國人도區別치아니ᄒᆞ고被相續人의指定ᄒᆞᆫ者면皆相續人이될지라然이나遺産相續은被相續人이相續人을指定치아니ᄒᆞᆫ境遇卽無遺言相續에屬ᄒᆞ야但被相續人의意思를推測ᄒᆞ야愛情이有ᄒᆞᆯ만ᄒᆞᆫ人으로相續케ᄒᆞᆷ이可ᄒᆞ니左의二條件이有ᄒᆞ면可히死亡者의意思에適合ᄒᆞ다ᄒᆞ리로다

第一條件　遺産相續人되는者는左의身分에一이有ᄒᆞᆫ者를要ᄒᆞᆷ

(一)被相續人의直系卑族
(二)被相續人의配偶者
(三)被相續人의直系尊屬
(四)被相續人의家長

何人이던지自己의子孫을愛ᄒᆞᆷ은自然ᄒᆞᆫ人情이니若被相續人이生時에遺贈ᄒᆞ랴면第一其直系卑族의게其所有財産을與ᄒᆞᆷ이正當ᄒᆞᆫ條理오其次에는死

제1관 유산상속인의 자격

재산상속은 피상속인의 의사에 따라 누구든지 상속인으로 될 수 있다. 따라서 동거·부동거와 친족 및 타인과 가장 및 타가의 가독상속인을 불문하며, 내외국인도 구별하지 않고, 피상속인이 지정한 사람이면 모두 상속인으로 된다. 그러나 유산상속은 피상속인이 상속인을 지정하지 아니한 경우 즉 무유언상속에 속한다. 다만 피상속인의 의사를 추측하고 애정이 있을 만한 사람으로 상속하게 하는 것이 옳다. 다음의 두 조건이 있으면 사망자의 의사에 적합하다고 할 수 있다.

제1조건; 유산상속인으로 되는 사람은 다음의 신분 중 어느 하나에 있는 사람이어야 함

① 피상속인의 직계비속
② 피상속인의 배우자
③ 피상속인의 직계존속
④ 피상속인의 가장

어떤 사람이든지 자기의 자손을 사랑하는 것은 자연적인 인정이다. 만약 피상속인이 생전에 유증을 한다면, 제일 먼저 그 직계비속에게 그 소유재산을 주려는 것이 정당한 조리이다. 그다음에는 생

生契活로偕老를成說ᄒᆞᆫ夫妻의게讓與ᄒᆞᆷ이正當ᄒᆞᆫ愛情이오其次에ᄂᆞᆫ尊敬ᄒᆞ고孝道로事ᄒᆞᄂᆞᆫ直系尊族의게讓與ᄒᆞᆷ이亦當然ᄒᆞᆫ道理오其次에ᄂᆞᆫ自巳를扶養ᄒᆞ던家長의게傳케ᄒᆞ야財產의散亂을防止ᄒᆞᆯ지니라

第二條件　不適位者가아니者를要ᄒᆞᆷ　相續人의不適位에關ᄒᆞ야家督相續章에서說明ᄒᆞᆫ바ㅣ라遺產과家督이其性質上差異가有ᄒᆞ나大體ᄂᆞᆫ同一ᄒᆞ며被相續人의感情도亦一般이니被相續人이나遺產相續의先順位者의게對ᄒᆞ야不穩ᄒᆞᆫ行爲나不行爲가有ᄒᆞᆫ者의게ᄂᆞᆫ被相續人이財產을讓與ᄒᆞᆯ意思가無ᄒᆞ다推想ᄒᆞᆯ지니라

以上二個條件에不合ᄒᆞᆫ相續은無効로歸ᄒᆞᆷ이當然ᄒᆞ야正當ᄒᆞᆫ相續人은相續財產의回復을請求ᄒᆞᄂᆞᆫ權이有ᄒᆞ니不當ᄒᆞᆫ遺產相續人은卽惡意의占有者가됨으로써相續財產이其不當相續人의責에歸ᄒᆞᆯ만ᄒᆞᆫ事由로因ᄒᆞ야滅失이나毁損ᄒᆞᆫ時ᄂᆞᆫ全部를賠償ᄒᆞᆯ지며其相續財產目的物에對ᄒᆞ야必要費가有ᄒᆞᆫ時ᄂᆞᆫ果實을取得지아니ᄒᆞᆫ境遇에ᄂᆞᆫ其費用의返還을請求ᄒᆞᆯ지며改良費가有ᄒᆞᆫ時ᄂᆞᆫ其價格의增加가現存ᄒᆞᆫ境遇에限ᄒᆞ야回復者ᄂᆞᆫ其費用의金額이나增加額을選擇ᄒᆞ야

사를 같이하기로 약속하고 부부로 평생 함께 늙기로 합의한 부부에게 넘겨주려는 것이 정당한 애정이다. 그다음에는 존경하고 효도로 섬기는 직계존속에게 넘겨주려는 것 또한 당연한 도리이다. 그다음에는 자기를 부양하던 가장에게 전하여 재산의 산일을 방지해야 한다.

제2조건; 결격자가 아닌 사람이어야 함

상속인의 결격에 관해서는 가독상속의 장에서 설명하였다. 유산과 가독이 그 성질상 차이가 있으나 대략은 동일하며 피상속인의 감정도 또한 같다. 피상속인이나 유산상속의 선순위자에 대해 불온한 행위를 하거나, 해야 할 것을 하지 아니한 사람에게는 피상속인이 재산을 줄 의사가 없다고 미루어 생각하는 것이다.

이상의 2개 조건에 맞지 아니한 상속은 무효로 돌아감이 당연하고, 정당한 상속인은 상속재산의 회복을 청구하는 권리를 갖는다. 부당한 유산상속인은 곧 악의의 점유자가 됨으로써 상속재산이 그 부당한 상속인의 책임으로 돌릴만한 사유로 인해 멸실이나 훼손한 때에는 전부를 배상해야 한다. 그 상속재산의 목적물에 대해 필요비가 있는 때에는 과실을 취득하지 아니한 경우에는 그 비용의 반환을 청구하고, 개량비가 있는 때에는 그 가격의 증가가 현존한 경우에 한하여 그 비용의 금액이나 증가액을 선택하여

償還ᄒᆞᆯ지니라若不正當相續者가相續財產에對ᄒᆞ야第三者와法律行爲가有ᄒᆞᆫ時ᄂᆞᆫ如河ᄒᆞᆫ結果가生ᄒᆞ리오此ᄅᆞᆯ論ᄒᆞ건ᄃᆡ身分上에關係ᄂᆞᆫ戶籍으로써公告ᄒᆞᄂᆞᆫ者이니第一條件에不合ᄒᆞᆫ相續人과去來가有ᄒᆞᆫ第三者ᄂᆞᆫ惡意者로看做ᄒᆞ야全然無效에屬케ᄒᆞᆷ이可ᄒᆞ되戶籍上에錯誤로因ᄒᆞ야正當ᄒᆞᆫ相續人으로確信ᄒᆞ얏던第三者와第二條件의情을不知ᄒᆞᆫ第三者ᄂᆞᆫ卽善意者이니相續의回復이有ᄒᆞ면相續開始ᄒᆞᆫ時에溯ᄒᆞ야無效가되ᄂᆞᆫ故로正當ᄒᆞᆫ相續人의게對ᄒᆞ야ᄂᆞᆫ對抗치못ᄒᆞᆯ바이나利益을現受ᄒᆞᆫ財產에만限ᄒᆞ야賠償ᄒᆞᄂᆞᆫ義務가有ᄒᆞᆯᄲᅮᆫ이니라

第二款　遺產相續人의順位

前說ᄒᆞᆫ바와如히遺產相續人은被相續人의正邪와愛憎을不問ᄒᆞ고其意思ᄅᆞᆯ推測ᄒᆞᆯ만ᄒᆞᆫ普通狀況을基本ᄒᆞᄂᆞ니其順序ᄂᆞᆫ

（第一）　直系卑族中親等이異ᄒᆞᆫ者間에ᄂᆞᆫ其近ᄒᆞᆫ者가先順位에在ᄒᆞᆷ　假令被相續人의게一等親의子와二等親의孫이有ᄒᆞ면其子가遺產相續人이되ᄂᆞ니此ㅣ被相續人의普通意思ᄅᆞᆯ推定ᄒᆞᆷ이라然이나若被相續人의意思만依ᄒᆞ야定ᄒᆞ면私情이有ᄒᆞᆫ被相續人은末子와孫子의게財產을與ᄒᆞᆷ을冀望ᄒᆞᆯ者이有

상환하게 해야 한다. 만약 부정당한 상속자가 상속재산에 대해 제3자와 법률행위가 있는 때에는 어떠한 결과가 발생하는가? 이를 논해보면 신분상의 관계는 호적으로 공고되는 것이므로 제1조건에 맞지 아니한 상속인과 거래가 있는 제3자는 악의자로 간주하여 완전 무효에 귀속하게 해야 한다. 그렇지만 호적상의 착오로 인해 정당한 상속인으로 확신하였던 제3자와 제2조건의 정상을 알지 못한 제3자는 곧 선의자이고, 상속의 회복이 있으면 상속개시시에 소급하여 무효가 되기 때문에, 정당한 상속인에 대해서는 대항하지 못할 것이나, 이익을 현재 받은 재산에만 한정해서 배상하는 의무가 있을 뿐이다.

제2관 유산상속인의 순위

전술한 바와 같이 유산상속인은 피상속인의 정직함과 간사함 및 애정을 묻지 않고, 그 의사를 추측할 만한 일반상황을 기본으로 한다. 그 순위는 다음과 같다.

〈1〉 직계비속 중 촌수가 다른 사람 사이에는 그 가까운 사람이 선순위에 있음

가령 피상속인에게 1촌의 자(子)와 2촌의 손(孫)이 있으면 그 자(子)가 유산상속인으로 된다. 이는 피상속인의 의사를 추정한 것이다. 그러나 만약 피상속인의 의사만을 따라서 정하면 사사로운 정이 있는 피상속인은 말자(末子)와 손자에게 재산을 주려고 희망하는 사람도 있

ᄒᆞᆯ터이나此ᄂᆞᆫ公平正當ᄒᆞᆫ被相續人이아닌즉法律이此ᄅᆞᆯ標準ᄒᆞᆯ바ㅣ아니오又父가有ᄒᆞᆫ子가遺產相續人이되지못ᄒᆞᆷ은財產의分離ᄂᆞᆫ國家經濟上에不利ᄒᆞᆫ結果가生ᄒᆞ야大資本家ᄅᆞᆯ減少케ᄒᆞᄂᆞᆫ所以니라

(第二) 直系卑族中親等이同ᄒᆞᆫ者ᄂᆞᆫ同順位에在ᄒᆞᆷ 被相續人이三人의子나二人의孫이有ᄒᆞ면其子나其孫은同順位에在ᄒᆞ야遺產相續人이되ᄂᆞ니平等으로相續權을與ᄒᆞᆷ은被相續人의愛情이子나孫의出生先後에厚薄이有ᄒᆞᆯ理由가無ᄒᆞ고法律도亦分等ᄒᆞᆯ理由가無ᄒᆞᆫ所以니라

以上直系卑族相續順位에關ᄒᆞᆫ二個原則에도家督相續과갓치例外가有ᄒᆞ니卽承重相續이是也ㅣ라相續人될者가相續開始前에死亡ᄒᆞ얏거나或은相續權을喪失ᄒᆞᆫ境遇에其直系卑族이有ᄒᆞ면其卑族이死亡或相續權을失ᄒᆞᆫ者의順位에進ᄒᆞ야遺產相續人이되ᄂᆞ니此承重相續에ᄂᆞᆫ下의三條件이具備ᄒᆞᆷ을要ᄒᆞᄂᆞ니라

(一)被承重者가被相續人의直系卑族中으로法定遺產相續人地位에在ᄒᆞᆫ時

(二)被承重者가相續開始前에死亡ᄒᆞ거나或相續權을喪失ᄒᆞᆫ時

을 것이다. 그러나 이는 공평·정당한 피상속인이 아니므로 법률이 이를 표준으로 할 바가 아니다. 또한 부(父)가 있는 자(子)가 유산상속인이 되지 못하는 것은[1] 재산의 분리는 국가경제상에 불리한 결과를 발생하게 하여 대자본가를 감소하게 하는 까닭으로 된다.

〈2〉 직계비속 중 촌수가 같은 사람은 같은 순위에 있음

피상속인이 3인의 자(子)나 2인의 손(孫)이 있으면, 그 자(子)나 그 손은 같은 순위에 있고 유산상속인으로 된다. 평등하게 상속권을 부여하는 것은, 피상속인의 애정이나 자(子)나 손(孫)의 출생 선후에 두터움과 얇음이 있을 이유가 없고, 법률도 또한 등급을 나눌 이유가 없기 때문이다.

이상의 직계비속 상속순위에 관한 두 가지 원칙에도 가독상속에서와 같이 예외가 있다. 즉 대습상속이 이것이다. 상속인으로 될 사람이 상속개시 전에 사망하였거나 또는 상속권을 상실한 경우에, 그 직계비속이 있으면 그 비속이 사망 또는 상속권을 상실한 사람의 순위에 나아가 유산상속인으로 된다. 이 대습상속에는 아래의 세 조건이 있어야 한다.

① 피대습자가 피상속인의 직계비속으로서 법정유산상속인의 지위에 있는 때

② 피대습자가 상속개시 전에 사망하거나 또는 상속권을 상실한 때

1 문맥상 이하에 결락이나 편집상의 오류가 있을 것으로 추측된다.

(三) 承重者가相續開始ᄒᆞᆯ際에被承重者의直系卑族으로相續資格이有ᄒᆞᆫ者가된時

此三條件이具備ᄒᆞᆫ時ᄂᆞᆫ被承重者의地位에在ᄒᆞ야被相續人의遺産을承重ᄒᆞ야相續ᄒᆞᄂᆞ니此ᄅᆞᆯ圖解ᄒᆞ면

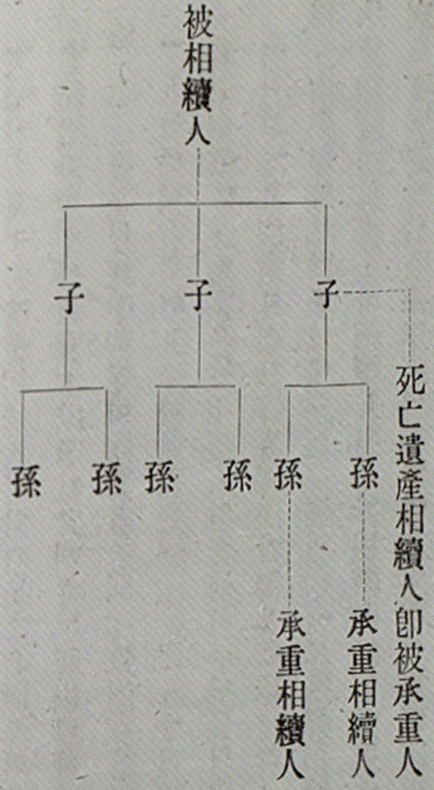

(第二) 配偶者　直系卑族이無ᄒᆞᆫ時나皆相續을抛棄ᄒᆞᆫ時에遺産을相續ᄒᆞᆯ者

③ 대습자가 상속개시시에 피대습자의 직계비속으로 상속자격이 있는 사람인 때

이 세 조건이 구비한 때에는 피대습자의 지위에서 피상속인의 유산을 대습하여 상속한다. 이를 도해하면

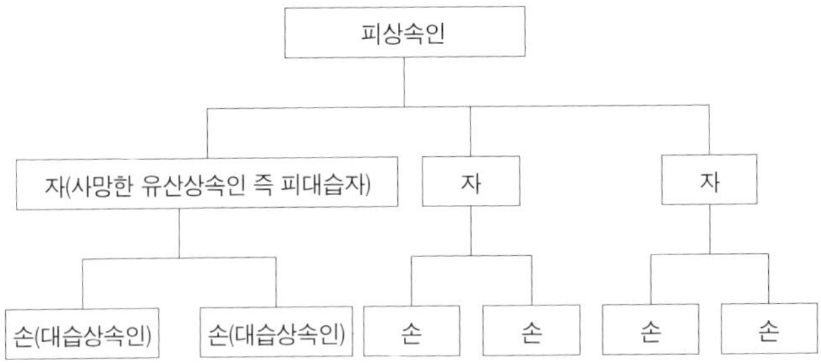

〈3〉 배우자

직계비속이 없는 때나 모두 상속을 포기한 때에 유산을 상속할 사람

는配偶者ㅣ니配偶者는其夫나妻가되는故로一人以上이無ᄒᆞ야其間에順位問題가不生ᄒᆞᄂᆞ니라

（第四） 直系尊親 直系尊屬은或數人이有ᄒᆞᆫ時도有ᄒᆞ니其親等이異ᄒᆞᆫ者間에는最近親者가遺產相續人이되고若同等親이數人이有ᄒᆞ면其間에는區別을不賓ᄒᆞ야平等으로相續케ᄒᆞᄂᆞ니라

（第五） 家長 家長도某家를勿論ᄒᆞ고二人以上되는境遇가無ᄒᆞ니亦是順位의問題가不生ᄒᆞᄂᆞ니라

日本法에推定遺產相續人이被相續人을虐待ᄒᆞ고又重大ᄒᆞᆫ侮辱을加ᄒᆞᆫ者는裁判所의許可를得ᄒᆞ야其相續人을廢除ᄒᆞᆷ을得케ᄒᆞ얏ᄉᆞ니蓋被相續人은財產의所有者인즉其意思에反ᄒᆞ야強制로一定ᄒᆞᆫ人의게相續케ᄒᆞᆯ理由가無ᄒᆞ야被相續人은自己의게不法ᄒᆞᆫ行爲가有ᄒᆞᆫ相續人을廢除케ᄒᆞᆷ인듯ᄒᆞ나設或裁判所의許可를得ᄒᆞᆫ然後에廢除ᄒᆞᆯ지라도惡意偏頗ᄒᆞᆫ被相續人이有ᄒᆞ야正當ᄒᆞᆫ相續人의地位를奪ᄒᆞ야家內의和睦을破ᄒᆞᄂᆞᆫ者도有ᄒᆞ리니余는此規定을不取ᄒᆞ노라

第三節 遺產相續의効力

은 배우자이다. 배우자는 그 부(夫)나 처이다. 따라서 1인 이상이 없고 그 사이에 순위 문제가 발생하지 않는다.

〈4〉 직계존속

직계존속은 때로 여러 사람이 있는 때도 있다. 그 촌수가 다른 사람 사이에서는 최근친자가 유산상속인으로 되고, 만약 동일 촌수가 여러 사람이 있으면, 그 사이에서는 구별을 두지 않고 평등하게 상속하게 한다.

〈5〉 가장

가장도 그 가(家)를 막론하고 2인 이상 되는 경우가 없다. 이 또한 순위의 문제가 발생하지 않는다.

일본법에 추정유산상속인이 피상속인을 학대하고 또 중대한 모욕을 가한 사람은 재판소의 허가를 얻어 그 상속인을 폐제할 수 있게 하고 있다.[1]

대개 피상속인은 재산의 소유자인 즉 그 의사에 반해 강제로 일정한 사람에게 상속하게 할 이유가 없으며, 피상속인은 자기에게 불법한 행위가 있는 상속인을 폐제하게 하는 것 같다. 그러나 가령 재판소의 허가를 얻은 후에 폐제할지라도, 악의적이고 편파적인 피상속인이 있고, 정당한 상속인의 지위를 박탈하여 가내의 화목을 깨뜨리는 사람도 있을 것이므로 나는 이 규정을 취하지 않는다.

제3절 유산상속의 효력

1 메이지민법 제975조 제1호

遺産相續은財産相續으로身分을包含치아니ᄒᆞ야各國에셔通用ᄒᆞᄂᆞᆫ者ㅣ니被相續人의財産에屬ᄒᆞᆫ一切權利義務를承繼ᄒᆞᄂᆞᆫ者ㅣ라故로被相續人의有ᄒᆞᆫ物權債權은擧皆承繼ᄒᆞ며同時에被相續人이他人의게對ᄒᆞᆫ財産上의義務도亦承繼ᄒᆞ되此에例外가有ᄒᆞᆷ은被相續人의一身에專屬ᄒᆞᆫ權利義務ᄂᆞᆫ其死亡ᄒᆞᆫ時에即時消滅되고其性質이移轉치못ᄒᆞᄂᆞᆫ故로相續人이承繼치못ᄒᆞ며外國人이享有치못ᄒᆞᄂᆞᆫ權利義務도其性質上으로外國人되ᄂᆞᆫ相續人의게移轉치못ᄒᆞᄂᆞ니라

遺産相續의效力도家督相續의效力과ᄀᆞᆺ치相續開始ᄒᆞᆫ時로브터生ᄒᆞᄂᆞ니遺産相續은被相續人의死亡을因ᄒᆞ야開始ᄒᆞᄂᆞᆫ故로遺産相續人은被相續人의死亡後一定ᄒᆞᆫ期間을經ᄒᆞᆫ後에相續의承認及抛棄가有ᄒᆞᆷ을不問ᄒᆞ고被相續人이死亡ᄒᆞᆫ其瞬間에效力이發生ᄒᆞᄂᆞ니라

遺産相續人이一人이되ᄂᆞᆫ時ᄂᆞᆫ被相續人의權利義務ᄂᆞᆫ單獨으로承繼ᄒᆞ야別로히困難ᄒᆞᆫ問題가無ᄒᆞ나若數人이되ᄂᆞᆫ時ᄂᆞᆫ其相續財産이數人의게移轉ᄒᆞ야各相續人은其相續分에應ᄒᆞ야權利義務를承繼ᄒᆞᄂᆞ니其相續財産이分割ᄒᆞ기前

유산상속은 재산상속으로서 신분을 포함하지 아니한다. 각국에서 공통되는 바이다. 피상속인의 재산에 속한 일체의 권리의무를 승계한다. 따라서 피상속인이 가진 물권·채권은 모두 승계하며 동시에 피상속인이 타인에 대한 재산상의 의무도 또한 승계한다. 다만 이에 예외가 되는 것은 피상속인의 일신에 전속한 권리의무로, 이는 그 사망한 때에 즉시 소멸되고 그 성질이 이전하지 못하기 때문에 상속인이 승계할 수 없다. 외국인이 향유하지 못하는 권리의무도 그 성질상 외국인인 상속인에게 이전되지 않는다.

유산상속의 효력도 가독상속의 효력과 같이 상속개시시부터 발생한다. 유산상속은 피상속인의 사망을 원인으로 하여 개시한다. 따라서 유산상속인은 피상속인의 사망 후 일정한 기간을 경과한 후에 상속의 승인과 포기 있음을 묻지 않고, 피상속인이 사망한 그 순간에 효력이 발생하는 것이다.

유산상속인이 1인이 되는 때에는 피상속인의 권리의무는 단독으로 승계하며 따로 곤란한 문제가 없다. 그러나 만약 여러 사람이 되는 때에는 상속재산이 분할하기 전

에ᄂᆞᆫ所有權共有의法則을適用ᄒᆞᆯ지니라

第一欵　相續分

被相續人은相續財産의所有主인즉財産所有主ᄂᆞᆫ其財産을隨意處分ᄒᆞᄂᆞᆫ故로相續人의게分配ᄒᆞᄂᆞᆫ分量도自由로定ᄒᆞᆯ理由가有ᄒᆞ니其意思ᄅᆞᆯ標準ᄒᆞ야相續分을定ᄒᆞᆷ이正當ᄒᆞᆯ듯ᄒᆞ나法律은一般被相續人의多數意思ᄅᆞᆯ想像ᄒᆞ야同順位의相續人은其相續分을相均케ᄒᆞᆷ이可ᄒᆞ니同等親에對ᄒᆞ야敬愛의程度ᄅᆞᆯ相異케ᄒᆞᆯ理가無ᄒᆞᆫ지라世人의偏辟ᄒᆞᆫ人은或末子ᄅᆞᆯ愛ᄒᆞ고長子ᄅᆞᆯ疎ᄒᆞ며毋의게厚ᄒᆞ고父의게薄ᄒᆞᄂᆞᆫ者ㅣ不無ᄒᆞ나此等은世人의共斥ᄒᆞᄂᆞᆫ바오彼此에愛憎이無ᄒᆞᆷ이正當ᄒᆞᆫ人情이라故로法律은同情同愛로推定ᄒᆞ야其相續分을平等으로定ᄒᆞᆯ者ㅣ니라

大典會通에嫡子와賤妾子와良妾子와承重子ᄅᆞᆯ區別ᄒᆞ야相續分을甚히錯亂케定ᄒᆞ얏슴은前日에說明ᄒᆞᆫ바ㅣ어니와庶子ᄅᆞᆯ賤良으로又分ᄒᆞᆯ必要가無ᄒᆞ나同等親卑族에嫡子와庶子와私生子ᄂᆞᆫ有ᄒᆞ니庶子와私生子ᄂᆞᆫ嫡子相續分의二分之一로定ᄒᆞᆷ이可ᄒᆞᆫ지라盖庶子와私生子ᄂᆞᆫ正當ᄒᆞᆫ婚姻으로出生ᄒᆞᆫ者ㅣ아닌즉

에는 소유권 공유의 법칙을 적용하게 된다.

제1관 상속분

피상속인은 상속재산의 소유주이고, 재산소유자는 그 재산을 임의로 처분할 수 있다. 그러므로 상속인에게 분배하는 분량도 자유로이 정할 이유가 있고 그 의사를 표준하여 상속분을 정하는 것이 정당할 듯하다, 그러나 법률은 일반 피상속인의 다수 의사를 상상하여 같은 순위의 상속인은 그 상속분을 서로 균등하게 하는 것이 타당하다. 동일 촌수에 대해 공경과 사랑의 정도를 서로 달리하게 할 이유가 없기 때문이다. 세상 사람 중 한쪽으로 치우친 사람은 때로 말자(末子)를 사랑하고 장자를 멀리하며, 모에게 후하고 부에게 박한 사람도 없지 아니하나, 이들은 세상 사람들이 모두 배척하는 바이다. 서로 간에 애증이 없는 것이 정당한 인정이나. 이 때문에 법률은 동일한 애정으로 추정하여 상속분을 평등하게 정한 것이다.

대전회통(大典會通)에 적자와 천첩자녀 및 양첩자녀와 승중자를 구별하여 상속분을 매우 어수선하게 규정하고 있는 것에 대해서는 전일에 설명한 바이다. 서자를 양천으로 또 나눌 필요는 없으나, 동일 촌수의 비속에 적자와 서자 및 사생자는 있고, 서자와 사생자는 적자의 상속분의 2분의 1로 정해야 한다. 대개 서자와 사생자는 정당한 혼인으로 출생한 사람이 아니므로,

國家는人倫의大道로正當ᄒᆞᆫ婚姻을奬勵ᄒᆞ야一夫一妻의制度를貫徹ᄒᆞᆯ必要로庶子와私生子의相續을減少케ᄒᆞ며若相續分을同一케ᄒᆞ면一賤婦人이勢力이有ᄒᆞ야嫡夫人을侮蔑ᄒᆞᆷ에至ᄒᆞ야正當ᄒᆞᆫ夫婦의和誼를毁傷케ᄒᆞᆯ念慮도有ᄒᆞ니라。

承重相續人이相續分을受ᄒᆞᆷ에特別ᄒᆞᆫ規定이有ᄒᆞ니若承重相續人이一人되는時는被承重相續分의全部를相續ᄒᆞ야困難ᄒᆞᆫ問題가無ᄒᆞ며設或其承重相續人이庶子라도被承重人이嫡子면等分이無ᄒᆞᆯ지라假令甲되는被相續人이乙丙丁의三子가有ᄒᆞ야乙이被相續人보다先死ᄒᆞ고戊되는子가有ᄒᆞ며相續財産은三萬圓이면丙丁은最近親으로同順位에在ᄒᆞᆫ者인즉各一萬五千圓式相續ᄒᆞᆯ터이나戊가乙을代ᄒᆞ야承重相續으로丙丁戊三人이各一萬圓式相續ᄒᆞᆯ지라以上은三子가皆嫡子가되는境遇를云ᄒᆞᆷ이니三子中에庶子及私生子가有ᄒᆞ야乙이庶子가되면其承重人戊는六千圓이오丙丁은各一萬二千圓이며丙丁이庶子가되고乙이嫡子가되면丙丁의相續分은乙의二分의一이니即七千五百圓式이오戊는一萬五千圓이되며又承重相續人이數人이되고其中에嫡庶가有ᄒᆞ면相續分

국가는 인륜의 대의로 정당한 혼인을 장려하고 일부일처의 제도를 관철할 필요에서 서자와 사생자의 상속을 축소시킨 것이다. 만약 상속분을 동일하게 하면, 어떤 천한 부인이 세력이 있어서 적처를 모멸하게 되고, 정당한 부부의 화목과 의리를 훼손하게 할 염려도 있다.

대습상속인이 상속분을 받는 것에는 특별한 규정이 있다. 만약 대습상속인이 1인인 때에는 피대습상속분의 전부를 상속하여 곤란한 문제가 없고, 비록 그 대습상속인이 서자라도 피대습인이 적자이면 등급의 구분이 없다. 가령 갑인 피상속인에게 을, 병, 정의 3자(子)가 있고, 을이 피상속인보다 먼저 사망하고 무되는 자(子)가 있으며, 상속재산은 3만원이면 병, 정은 최근친으로 같은 순위에 있는 사람이므로 각각 1만 5천원씩을 상속할 것이나, 무가 을을 갈음하여 대습상속으로 병, 정, 무 3인이 각각 1만원씩 상속하게 된다. 이상은 3자가 모두 적자가 되는 경우를 말한다. 3자 중에 서자나 사생자가 있고 을이 서자가 되면 그 대습인 무는 6천원이고 병, 정은 각각 1만 2천원이며 병, 정이 서자가 되고 을이 적자가 되면 병, 정의 상속분은 을의 2분의 1이므로 7천 5백 원씩이고 무는 1만 5천원으로 된다. 또한 대습상속인이 여러 사람이 되고 그 중에 적서가 있으면 상속분에도層節이有ᄒᆞ나假令承重人이戊己庚三兄弟가有ᄒᆞ야戊ᄂᆞᆫ嫡子오巳庚은庶子된境遇에乙의相續分이一萬圓이면戊ᄂᆞᆫ五千圓이오己庚은各二千五百圓이며乙의相續分이一萬五千圓이면戊가七千五百圓이오己庚은各三千七百五十圓의相續分을受ᄒᆞ리니今에此롤圖解ᄒᆞ면

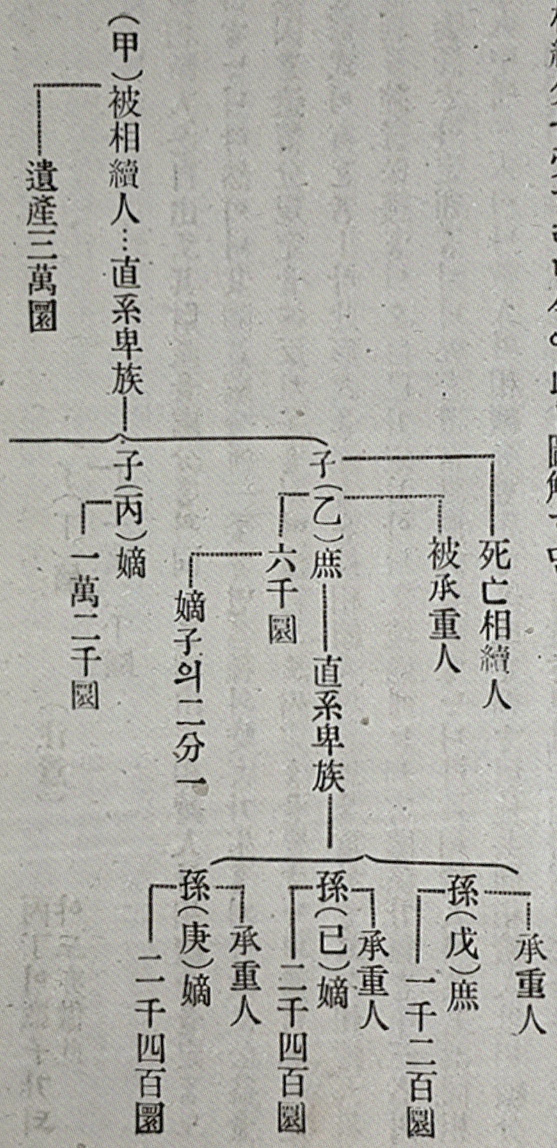

도 층계와 단락이 있다. 가령 대습인으로 무, 기, 경 3형제가 있고 무는 적자이고 기, 경은 서자인 경우에, 을의 상속분이 1만원이면 무는 5천원이고 기, 경은 각각 2천 5백 원이며, 을의 상속분이 1만 5천원이면 무가 7천 5백 원이고 기, 경은 각각 3천 7백 5십 원의 상속분은 받게 된다. 지금 이를 도해하면

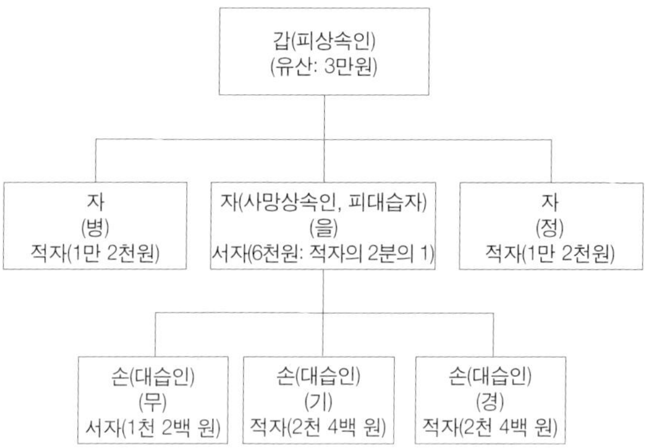

(주의) 병, 정이 서자인 경우라도 또한 이를 본뜸

（注意）丙丁이庶子가되야도亦倣此

子（丁）嫡 一萬二千圓

被相續人은自由로其財産을處分ᄒᆞᆷ과同一ᄒᆞᆫ理由로相續人의相續分을定ᄒᆞᆷ도得ᄒᆞᄂᆞ니라然이나其隨意處分에그委ᄒᆞ면各種의弊害가生ᄒᆞᆯ지라故로公益을基因ᄒᆞᆫ遺留分規定을違反치못ᄒᆞᆯ지며遺言으로써定ᄒᆞᆷ을要ᄒᆞᄂᆞ니遺言은一定ᄒᆞᆫ形式이有ᄒᆞᆫ者ㅣ라此形式을從ᄒᆞᆷ은被相續人의意思를重히ᄒᆞ고各相續人의權利를確實保護ᄒᆞᆷ이오自巳가定치아니ᄒᆞᆫ境遇에ᄂᆞᆫ利害關係가無ᄒᆞᆫ第三者의게委託ᄒᆞ야定케ᄒᆞᆯ지나또ᄒᆞᆫ遺言의形式을要ᄒᆞᄂᆞ니라被相續人이萬若共同相續人中에一人이나數人의相續分만定ᄒᆞ고或定케ᄒᆞ며他共同相續人의相續分은定치아니ᄒᆞᆫ時ᄂᆞᆫ定ᄒᆞᆫ部分은其定ᄒᆞᆫ바를從ᄒᆞ고其定치아니ᄒᆞᆫ部分은法定ᄒᆞᆫ相續分에關ᄒᆞᆫ規定을從ᄒᆞᆯ지니假令三萬圓되ᄂᆞᆫ財産으로長子의게五分을與ᄒᆞ기로定ᄒᆞ고次子及末子의게ᄂᆞᆫ定치아니ᄒᆞ얏스면長子ᄂᆞᆫ一萬五千圓이오次子及末子ᄂᆞᆫ各法定ᄒᆞᆫ相續分을從ᄒᆞ야其殘餘財産을平分ᄒᆞ야各七千五百圓이되

피상속인은 자유로이 그 재산을 처분할 수 있는 것과 동일한 이유로 상속인의 상속분을 정할 수 있다. 그러나 그 임의처분에 일임하면 각종의 폐해가 발생하기 때문에, 공익에 기인한 유류분 규정을 위반하지 못하며 유언으로 정해야 한다. 유언에는 일정한 방식이 있다 이 방식을 따르는 것은 피상속인의 의사를 무겁게 여기고, 각 상속인의 권리를 확실하게 보호하기 위해서이다. 자기가 정하지 아니한 경우에는 이해관계가 없는 제3자에게 위탁하여 정하게 할 수 있으나, 또한 유언의 방식을 필요로 한다. 만약 피상속인이 공동상속인 중의 1인이나 여러 사람의 상속분만 정하거나 또는 정하게 하며 다른 공동상속인의 상속분은 정하지 아니한 때에는, 정한 부분은 그 정한 바를 따르고 그 정하지 아니한 부분은 법정한 상속분에 관한 규정을 따른다. 가령 3만원 되는 재산으로 장자에게 2분의 1을 주는 것으로 정하고 차자와 말자에게는 정하지 아니하였으면, 장자의 몫은 1만 5천원이고 차자와 말자의 몫은 각각 법정한 상속분에 따라 그 잔여재산을 평분하여 각각 7천 5백원이 된

ᄂᆞ니라

被相續人이共同相續人中一人或數人의게遺贈이나贈與가有ᄒᆞᆫ時ᄂᆞᆫ其受遺及受贈額을遺產價額에統加ᄒᆞ야普通算定法으로各相續人의相續分을定ᄒᆞᆫ後受遺及受贈額과比較ᄒᆞ야相等ᄒᆞ거나相續分이多ᄒᆞᆫ時ᄂᆞᆫ其相續分을從ᄒᆞᆯ지며受遺及受贈額이相續分보다超過ᄒᆞᄂᆞᆫ時ᄂᆞᆫ其受遺及受贈額을從호ᄃᆡ相續分은受ᄒᆞᆷ을不得케ᄒᆞᆷ이可ᄒᆞ니他相續人은其殘餘遺產으로相續分을定ᄒᆞᆯ지라假令被相續人이甲乙丙의三子가有ᄒᆞ고四万圓의遺產이有ᄒᆞᆫ中에셔一萬圓을甲의게贈與ᄒᆞᆫ時에甲이受贈으로一萬圓을次持ᄒᆞ고其餘三萬圓을三子가또分配ᄒᆞ면甲은二萬圓의遺產을受ᄒᆞᆯ지나此ᄂᆞᆫ厚薄이懸殊ᄒᆞᆫ則四萬圓遺產을贈與가無ᄒᆞᆷ으로看做ᄒᆞ야三子의게分配ᄒᆞ면每人의相續分이一萬三千三百三十三圓三三이될지라然則受贈額보다此相續分이多ᄒᆞ니各平等分配ᄒᆞ야도受贈相續人의게損害가無ᄒᆞᆯ지며若二萬圓의贈與가有ᄒᆞ면相續分보다受贈額이多ᄒᆞᆫ故로甲은二萬圓의贈與만受ᄒᆞ고乙丙은其殘額二萬圓의二分之一即一萬圓式相續分을受ᄒᆞ게되ᄂᆞ니乙丙은雖或損害가有ᄒᆞᆯ지나甲의既得權을不侵ᄒᆞ고被相續人

다.

피상속인이 공동상속인 중의 1인에게 유증이나 증여를 한 때는, 그 수유 및 수증액을 유산 가액에 모두 가산하여 보통산정법으로 각 상속인의 상속분을 정한 후, 수유 및 수증액과 비교하여 서로 같거나 상속분이 많은 때는 그 상속분을 따르며, 수유 및 수증액이 상속분보다 초과하는 때에는 그 수유 및 수증액을 따르게 하나, 상속분은 받을 수 없게 하는 것이 타당하므로 다른 상속인은 그 잔여 유산으로 상속분을 정한다. 가령 피상속인이 갑, 을, 병의 3자(子)가 있고 4만원의 유산이 있는 중에서 1만원을 갑에게 증여한 때에 갑이 수증으로 1만원을 차지하고 그 나머지 3만원을 3자가 또 분배하면 갑은 2만원의 유산을 받게 된다. 그러나 이는 두터움과 얇음이 현격하게 다르게 되므로, 4만원 유산을 증여가 없는 것으로 간주하여 3자에게 분배하면 각자의 상속분이 1만 3천 3백 3십 3원 33이 될 것이다. 그렇다면 수증액보다 이 상속분보다 많은 것으로 되어 각각 평등 분배하여도 수증상속인에게 손해가 없으며, 만약 2만원의 증여가 있으면 상속분보다 수증액이 많기 때문에, 갑은 2만원의 증여만 받고 을, 병은 그 잔액 2만원의 2분의 1 즉 1만원씩 상속분을 받게 된다. 을, 병은 비록 때로 손해가 있으나, 갑의 기득권을 침해할 수 없고 피상속인

의自由處分을또ᄒᆞᆫ重히ᄒᆞ는優勝点이有ᄒᆞ니라

共同相續人은分割을依ᄒᆞ야遺産을始得ᄒᆞᆯ지나分割前相續分도亦一種의財産權인즉其處分을禁ᄒᆞᆯ理由가無ᄒᆞᆫ지라故로若相續人中의一人이分割前에其相續分을他人의게賣買讓與ᄒᆞᆷ을得호ᄃᆡ第三者의게讓渡ᄒᆞ는境遇에는他共同相續人은一個月內로其價額과費用을償還ᄒᆞ고其相續分을還退讓受ᄒᆞᆷ을得ᄒᆞᄂᆞ니此는第三者가共同相續人中에加ᄒᆞ야相續人間에和誼를破ᄒᆞ야紛擾를生케ᄒᆞ고先祖의遺愛ᄒᆞ던財産을他人의게移轉ᄒᆞᆷ이感愴ᄒᆞᆫ懷가有ᄒᆞᆫ所以니라

第二欵　遺産의分割

本欵은前欵의定ᄒᆞᆫ바相續分에應ᄒᆞ야財産을分割ᄒᆞ는方法과分割로生ᄒᆞ는當事者의權利及義務를定ᄒᆞᆫ者ㅣ라盖被相續人은遺産의所有者인즉處分ᄒᆞ는權利가有ᄒᆞ고其處分은實行ᄒᆞᆷ에對ᄒᆞ야도各種의方法을定ᄒᆞᆷ을得ᄒᆞᆷ이當然ᄒᆞ나然이나相續開始前에分配及其方法을發表ᄒᆞ면共同相續人間에不和가生ᄒᆞ기易ᄒᆞᆫ故로遺言卽死後處分으로만分割의方法을定ᄒᆞ고又第三者의게委托ᄒᆞᆷ을要ᄒᆞᄂᆞ니即不動産은長子의게로動産은次子의게로債權은末子의게로分割케

의 자유 처분을 또한 중시하는 장점이 있다.

공동상속인은 분할에 따라 유산을 비로소 취득하게 된다. 그러나 분할 전 상속분도 또한 일종의 재산권이므로 그 처분을 금지할 이유가 없다. 따라서 만약 상속인 중의 1인이 분할 전에 그 상속분을 타인에게 매매·양도할 수 있다. 제3자에게 양도한 경우에는 다른 공동상속인은 1개월 내로 그 가액과 비용을 상환하고 그 상속분을 도로 무르고 양수할 수 있다. 이는 제3자가 공동상속인 중에 참가하여 상속인 사이의 화목과 우의를 깨뜨리고 분란을 일으키며, 선조가 남겨 전해준 재산을 타인에게 이전하는 것이 가슴에 사무쳐 슬픈 소회가 있는 까닭이다.

제2관 유산의 분할

이 관은 앞 관에서 정한 바의 상속분에 따라 재산을 분할하는 방법과 분할로 발생하는 당사자의 권리와 의무를 정한다. 대개 피상속인은 유산의 소유자이므로 처분하는 권리가 있고, 그 처분은 실행에 대해서도 각종의 방법을 정할 수 있는 것이 당연하다. 그러나 상속개시 전에 분배와 그 방법을 발표하면 공동상속인 사이에 불화가 생기기 쉽다. 그러므로 유언 즉 사후처분으로만 분할의 방법을 정하고 또한 제3자에게 위탁해야 한다. 즉 부동산은 장자에게, 동산은 차자에게, 채권은 말자에게 분할하게

ᄒᆞᆷ이皆被相續人의自由나라被相續人은其分割의速ᄒᆞᆷ이不利益으로思量ᄒᆞᄂᆞᆫ境遇에ᄂᆞᆫ一定期間內에分割의停止ᄅᆞᆯ遺言ᄒᆞᆷ을得ᄒᆞ되國家經濟上에財産融通에妨害가有ᄒᆞᆯ지니其期間은公益上의理由로極히短縮ᄒᆞᆯ지니라

萬若被相續人이分割上에何等의遺言이無ᄒᆞ거나遺言이有ᄒᆞ야도協議로分割ᄏᆡᄒᆞᆫ時ᄂᆞᆫ共同相續人은協議로써分割ᄒᆞᆯ지로ᄃᆡ若協議가不和ᄒᆞᄂᆞᆫ境遇에ᄂᆞᆫ不得不裁判所에對ᄒᆞ야其分割을請求ᄒᆞᆯ지니라

分割의効力은分割ᄒᆞᄂᆞᆫ當時로브터効力이生ᄒᆞᄂᆞᆫ主意와既往을遡ᄒᆞ야相續開始ᄒᆞᆫ時로브터効力이生ᄒᆞᄂᆞᆫ主意가有ᄒᆞ니法理上으로其可否ᄅᆞᆯ論ᄒᆞᆯ진ᄃᆡ若分割ᄒᆞᄂᆞᆫ當時로브터効力이生ᄏᆡᄒᆞ면相續開始後分割以前의相續財産은不得不共有物로認知ᄒᆞᆯ지니然則被相續人의財産이共有에移ᄒᆞ얏다가分割로因ᄒᆞ야各相續人이取得ᄒᆞ면其間事에對ᄒᆞ야相續人間에不平이生ᄒᆞᆯ念慮가有ᄒᆞᆯᄲᅮᆫ아니라計算等도極히混雜ᄒᆞᆯ지며此에反ᄒᆞ야其効力을遡及ᄏᆡᄒᆞ면計算이簡單ᄒᆞ고且分割者의權利ᄅᆞᆯ保護ᄒᆞ며其互相間의平和ᄅᆞᆯ持保ᄒᆞᆯ지라蓋分割로因ᄒᆞ야各受部分의所有權을取得ᄏᆡᄒᆞ야相續開始及分割間에共同相續人의一人甲이

하는 것 모두 피상속인의 자유이다. 피상속인은 그 분할이 빠르게 이루어지는 것이 불이익하다고 생각하는 경우에는, 일정기간 내에 분할의 정지를 유언할 수 있다. 그렇지만 국가경제상의 재산 융통에 방해가 있으므로 그 기간은 공익상의 이유로 극히 단축되어야 한다.

만약 피상속인이 분할 상에 어떠한 유언도 없거나, 유언이 있어도 협의로 분할하게 하는 때에는, 공동상속인은 협의로 분할할 수 있다. 만약 협의가 이루어지지 않는 경우에는, 부득이 재판소에 대해 그 분할을 청구해야 한다.

분할의 효력은 분할하는 당시부터 효력이 발생하는 주의와 기왕에 소급하여 상속개시시부터 효력이 발생하는 주의가 있다. 법리상으로 그 가부를 논해본다. 만약 분할하는 당시부터 효력이 발생하게 하면, 상속개시 후 분할 이전의 상속재산은 부득이 공유물로 인정된다. 그러면 피상속인의 재산이 공유로 이전하였다가 분할로 인해 각 상속인이 취득하면, 그사이의 일에 대해 상속인 사이에 불평이 발생할 염려가 있을 뿐만 아니라 계산 등도 복잡해진다. 이에 반해 그 효력을 소급하게 하면, 계산이 간단하고 또 분할자의 권리를 보호하며 그 상호간의 평화를 유지·보전할 수 있다. 대개 분할로 각기 받은 부분의 소유권을 취득하게 되며, 상속개시와 분할 사이에 공동상속인의 1인인 갑

共有에係ᄒᆞᆫ相續財產의一部를第三者의게讓與ᄒᆞ고又典執ᄒᆞᆫ後其財產部分이分割을因ᄒᆞ야他相續人乙이受ᄒᆞ면乙은甲의讓與와物權의設定을因ᄒᆞ야第三者가所有權의追奪을當ᄒᆞᆯ지라然則乙은甲의게對ᄒᆞ야擔保를要求ᄒᆞ고賠償을請求ᄒᆞᄂᆞᆫ不得已ᄒᆞᆫ境遇에至ᄒᆞ리니如斯히互相關連ᄒᆞ야親族間爭訟이有ᄒᆞᆯ지며或은無資力을因ᄒᆞ야不平等의分割을惹起ᄒᆞᆯ지니此를不可不豫防ᄒᆞᆯ지라遡及主意ᄂᆞᆫ如斯ᄒᆞᆫ廢害가無ᄒᆞ야甲의所爲가無權利者의行爲로當然히無效에歸ᄒᆞ고第三者ᄂᆞᆫ甲의게對ᄒᆞ야賠償을請求ᄒᆞᆯ權이有ᄒᆞᆯ뿐이니라

分割後에各共同相續人은如何ᄒᆞᆫ責任을負擔ᄒᆞᄂᆞ뇨共有者分割責任의法理를從ᄒᆞ야賣主와ᄀᆞᆺ치其所持分에應ᄒᆞ야責任을負擔ᄒᆞᆯ지라共同相續人은完全ᄒᆞᆫ相續分을得ᄒᆞ고他相續人은不完全或無價値ᄒᆞᆫ相續分을得ᄒᆞᄂᆞᆫ不公平이無케ᄒᆞᆷ이니相續開始前에生ᄒᆞᆫ事由에만對ᄒᆞ야共同擔保ᄒᆞ고相續開始後에分割前에ᄂᆞᆫ各其事由를生케ᄒᆞᆫ者의責任에歸ᄒᆞᆯ지니라其責任의範圍ᄂᆞᆫ賣主와ᄀᆞᆺ치各其相續分의限度를應ᄒᆞ야數理上으로比例分擔ᄒᆞᆯ지니遺贈及贈與ᄂᆞᆫ相續分에不入ᄒᆞᄂᆞᆫ故로其責任을負擔ᄒᆞᆯ바ㅣ아니니라債權에對ᄒᆞ야ᄂᆞᆫ各共同相續人은

이 공유와 관계있는 상속재산의 일부를 제3자에게 양도하거나 또는 전당잡힌 후, 그 재산 부분을 분할로 인해 다른 상속인 을이 받으면, 을은 갑의 양도와 물권 설정을 원인으로 하여 제3자로부터 소유권의 추탈을 당하게 된다. 그러면 을은 갑에 대해 담보를 요구하고 배상을 청구하는 부득이한 경우에 이르게 된다. 이와 같이 상호 관련하여 친족 사이에 쟁송이 있게 되거나 또는 무자력으로 인해 불평등한 분할을 야기하게 된다. 이를 마땅히 예방해야 한다. 소급주의는 이와 같은 폐해가 없고, 갑이 행한 바는 무권리자의 행위로서 당연 무효에 돌아가고, 제3자는 갑에게 대해 배상을 청구할 권리를 가질 뿐이다.

분할 후에 각 공공상속인은 어떠한 책임을 부담하게 되는가? 공유자의 분할책임의 법리에 따라 매도인과 같이 그 지분에 따라 책임을 부담한다. 공동상속인은 완전한 상속분을 취득하고 다른 상속인은 불완전 또는 무가치한 상속분을 취득하는 불공평이 없게 하기 위해서이다. 상속개시 전에 발생한 사유에 대해서만 공동으로 담보하게 하고, 상속개시 후 분할 전에는 각기 사유를 발생하게 한 사람의 책임으로 귀속된다. 그 책임의 범위는 매도인과 같이 각기 상속분의 한도에 따라 수리상으로 비례하여 분담하게 된다. 유증과 증여는 상속분에 산입되지 않기 때문에, 그 책임을 부담할 바가 아니다. 채권에 대해서는 각 공동상속인은

同一의法理로分割當時에債務者의資力을擔保ᄒᆞᄂᆞᆫ責任이有ᄒᆞ고報給期가不到ᄒᆞᆫ債權에ᄂᆞᆫ報給ᄒᆞᆯ時期에債務者의資力을擔保ᄒᆞᄂᆞᆫ義務가有ᄒᆞ니라

擔保의責任이有ᄒᆞᆫ共同相續人中에償還ᄒᆞᆯ資力이無ᄒᆞᆫ時ᄂᆞᆫ其部分을求償者及他資力이有ᄒᆞᆫ者가各其相續에應ᄒᆞ야分擔케ᄒᆞᆷ이公平ᄒᆞᆯ지라然이나此求償權은過失이有ᄒᆞᆫ者의게도與ᄒᆞᆷ은亦不公ᄒᆞᆷ에至ᄒᆞ니假令其擔保權을主張ᄒᆞᆯ만ᄒᆞᆫ事實이有ᄒᆞᆷ을知ᄒᆞ고卽時에償還을請求ᄒᆞ면完全ᄒᆞᆫ受捧을得ᄒᆞᆯ事情이有ᄒᆞᆫᄃᆡ此ᄅᆞᆯ懈怠不請ᄒᆞ다가其間에無資力者가生ᄒᆞ면自巳가負擔ᄒᆞ고他相續人의게ᄂᆞᆫ求償權이無ᄒᆞᆯ지니라

以上擔保의責任은被相續人이何等의意思ᄅᆞᆯ表示치아니ᄒᆞᆫ境遇ᄅᆞᆯ想像ᄒᆞ야被相續人의意思ᄅᆞᆯ推定ᄒᆞ야決定ᄒᆞᆷ인즉若被相續人이反對의意思ᄅᆞᆯ表示ᄒᆞ야共同相續人中에或은擔保의責任이無케ᄒᆞ고或은二分의一만擔保케ᄒᆞ면不可不此意思ᄅᆞᆯ從ᄒᆞᆯ지니라

第四章 相續의選擇

第一節 總論

동일한 법리로 분할 당시에 채무자의 자력을 담보하는 책임을 진다. 변제기가 도래하지 아니한 채권에 대래서는 변제할 시기의 채무자의 자력을 담보하는 의무를 부담한다.

담보책임이 있는 공동상속인 중에 상환할 자력이 없는 때에는, 그 부분을 구상자와 자력이 있는 다른 사람이 각기 상속분에 따라 분담하게 하는 것이 공평하다. 그러나 이 구상권을 과실이 있는 사람에게도 부여하는 것은 또한 불공평하게 된다. 가령 그 담보권을 주장할 만한 사실이 있음을 알고, 즉시 상환을 청구하면 완전히 받을 수 있는 사정이 있었는데, 이를 게을리하여 청구하지 않았다가 그사이에 무자력자가 생기면, 자기가 부담하고, 다른 상속인에 대해서는 구상권이 없다.

이상의 담보책임은 피상속인이 아무런 의사를 표시하지 아니한 경우를 상상하여 피상속인의 의사를 추정하여 결정한 것이다. 따라서 만약 피상속인이 반대의 의사를 표시하여 공동상속인 중에 어떤 사람은 담보의 책임이 없게 하고, 어떤 사람에게는 2분의 1만 담보하게 하면 마땅히 이 의사를 따른다.

제4장 상속의 선택

제1절 총론

凡人은自由가有ᄒᆞ야國家公益을因ᄒᆞᆫ强制外에ᄂᆞᆫ他의强制ᄅᆞᆯ不受ᄒᆞ야其意思에反ᄒᆞᆫ權利ᄅᆞᆯ取得케ᄒᆞ고義務ᄅᆞᆯ負擔케못ᄒᆞᆯ지라故로相續人도被相續人의權利義務ᄅᆞᆯ承繼ᄒᆞ고承繼치아니ᄒᆞᆷ이亦自由인즉合其利害ᄅᆞᆯ計料ᄒᆞ야承認ᄒᆞ고抛棄ᄒᆞᆷ이相續人의選擇權이니라

選擇ᄒᆞᄂᆞᆫ方法이有三ᄒᆞ니卽單純承認、限定承認、抛棄가是라單純承認이란者ᄂᆞᆫ相續人이無條件으로法律의資格에應ᄒᆞ야被相續人의權利義務ᄅᆞᆯ承認ᄒᆞᄂᆞᆫ者이니卽家督相續과一人되ᄂᆞᆫ遺産相續에ᄂᆞᆫ被相續人의權利義務ᄅᆞᆯ一切承繼ᄒᆞ고數人되ᄂᆞᆫ遺産相續에ᄂᆞᆫ其相續分에應ᄒᆞ야被相續人의權利義務ᄅᆞᆯ承繼ᄒᆞᄂᆞᆫ者ᄅᆞᆯ云ᄒᆞᆷ이오限定承認은相續人이移轉ᄒᆞᄂᆞᆫ被相續人의權利額에限定ᄒᆞ야其義務ᄅᆞᆯ承繼ᄒᆞᄂᆞᆫ一種의條件을付ᄒᆞᆫ相續의承認이며抛棄ᄂᆞᆫ法律의擬制로旣爲移轉ᄒᆞᆫ被相續人의權利義務ᄅᆞᆯ一切不受ᄒᆞ야無關係ᄒᆞᆫ地位에立ᄒᆞᄂᆞᆫ意思行動이니라

此에注意ᄒᆞᆯ바ㅣ有ᄒᆞ니盖被相續人의權利義務ᄂᆞᆫ相續開始ᄒᆞᄂᆞᆫ卽時에相續人의게移轉ᄒᆞᄂᆞᆫ者로此移轉을稱ᄒᆞ야相續이라ᄒᆞᆷ이니然則追後ᄒᆞ야已往移轉ᄒᆞᆫ

무릇 사람은 자유가 있고, 국가의 공익에 따른 강제 외에는 다른 강제를 받지 아니하며, 그 의사에 반해 권리를 취득하게 하고 의무를 부담하게 할 수 없다. 따라서 상속인도 피상속인의 권리의무를 승계하고, 승계하지 않는 것 또한 자유이므로, 각기 그 이해를 헤아려 승인하고 포기하는 것이 상속인의 선택권이다.

선택하는 방법은 세 가지이다. 즉 단순승인, 한정승인, 포기가 이것이다. "단순승인"이란 상속인이 무조건으로 법률의 자격에 따라 피상속인의 권리의무를 승인하는 것이다. 즉 가독상속과 상속인이 1인인 유산상속의 경우에는, 피상속인의 권리의무를 모두 승계하고, 상속인이 여러 사람인 유산상속의 경우에는, 그 상속분에 따라 피상속인의 권리의무를 승계하는 것을 말한다. "한정승인"은 상속인이 이전되는 피상속인의 권리액에 한정하여 그 의무를 승계하는 일종의 조건을 붙인 상속의 승인이다. "포기"는 법률의 의제로서 이미 이전되었던 피상속인의 권리의무를 모두 받지 않고 관계없는 지위에 서는 의사 행동이다.

이에 주의할 점이 있다. 대개 피상속인의 권리의무는 상속이 개시되는 즉시 상속인에게 이전하는 것으로, 이 이전을 가리켜 상속이라 한다. 그렇다면 추후 기왕에 이전된

被相續人의權利義務를或은承認ᄒᆞ고或은拋棄ᄒᆞᆫ다ᄒᆞᆷ이怪異ᄒᆞᆯ듯ᄒᆞ나被相續人의權利義務가相續開始ᄒᆞᄂᆞᆫ同時에移轉케ᄒᆞᆷ은全혀法律의擬制處分에不過ᄒᆞ야實際의移轉은相續承認ᄒᆞᄂᆞᆫ時에在ᄒᆞ고法律의擬制로人의自由를無視ᄒᆞ야其意思에反ᄒᆞᆫ相續을承繼케ᄒᆞᆷ이不可ᄒᆞ니承認ᄒᆞ기前에確定力이無ᄒᆞ다可謂ᄒᆞᆯ지라譬컨ᄃᆡ未成年者가後見人의同意를不得ᄒᆞᆫ行爲ᄂᆞᆫ可히繳消ᄒᆞᆯ지나繳消ᄒᆞ기前에ᄂᆞᆫ有效로成立이되고追認ᄒᆞ면有效로確定이되ᄂᆞ니相續의移轉도拋棄ᄒᆞ기前에ᄂᆞᆫ有效라도確定力이無ᄒᆞ다가承認ᄒᆞᆷ에至ᄒᆞ야確定力이始生ᄒᆞᄂᆞᆫ者ㅣ라故로相續의承認은開始ᄒᆞᆫ相續을確認ᄒᆞᄂᆞᆫ單獨行爲오決코承諾은아니니相續의效力이相續人의承諾與否를不拘ᄒᆞ고相續開始ᄒᆞᄂᆞᆫ同時에發生ᄒᆞᆫ者를相續人이承認ᄒᆞ면其效力이確定ᄒᆞ야相續의效力을不可動ᄒᆞᆷ에至ᄒᆞᆯ뿐이니라

相續의開始가有ᄒᆞ나承認或拋棄를行使치못ᄒᆞᆯ境遇와行使ᄒᆞᆯ能力이無ᄒᆞᆫ境遇가有ᄒᆞ니前者ᄂᆞᆫ相續人이相續開始ᄒᆞᆫ後에死亡ᄒᆞᆫ境遇오後者ᄂᆞᆫ相續人이無能力者된境遇라相續人이相續開始ᄒᆞᆫ後에死亡ᄒᆞ고其相續人이有ᄒᆞ면其相續人

피상속인의 권리의무를 때로 승인하고, 때로 포기한다고 하는 것은 괴이할 듯하다. 그러나 피상속인의 권리의무가 상속이 개시되는 동시에 이전하게 하는 것은 전적으로 법률의 의제처분에 불과하다. 실제의 이전은 상속을 승인하는 때에 있으며, 법률의 의제로 사람의 자유를 무시하고 그 의사에 반해 상속을 승인하게 할 수 없고, 승인하기 전에는 확정력이 없다고 말할 수 있다. 비유하자면 미성년자가 후견인의 동의를 얻지 아니한 행위는 취소할 수 있으나, 취소하기 전에는 유효로 성립되고, 추인하면 유효로 확정되는 것과 같다. 상속의 이전도 포기하기 전에는 유효일지라도 확정력이 없다가 승인에 이르러 확정력이 비로소 발생하는 것이다. 따라서 상속의 승인은 개시된 상속을 확인하는 단독행위이고, 결코 승낙이 아니다. 상속의 효력이 상속인의 승낙 여부에 구애되지 않고 상속이 개시되는 동시에 발생한 것을 상속인이 승인하면, 그 효력이 확정되어 상속의 효력을 움직일 수 없게 될 뿐이다.

상속의 개시가 있으나 승인 또는 포기를 할 수 없는 경우와 행사할 능력이 없는 경우가 있다. 전자는 상속인이 상속개시 후에 사망한 경우이고, 후자는 상속인이 무능력자로 된 경우이다. 상속인이 상속개시 후에 사망하고 그 상속인이 있으면, 그 상속인이此權利ᄅᆞᆯ選擇ᄒᆞᄂᆞ니此死者의相續人의承認或拋棄ᄒᆞᆷ과承重相續人의承認或拋棄ᄒᆞᆷ과混同치말지어다承重相續은被承重人間에相續關係가無ᄒᆞ나死亡者의相續人이相續을承認或拋棄ᄒᆞᆷ은死者가一朝相續ᄒᆞᆫ者ᄅᆞᆯ其相續人이又相續ᄒᆞᆷ이니被相續人의相續選擇權을承繼ᄒᆞ야行使ᄒᆞᄂᆞᆫ者ㅣ니라無能力者가單獨으로選擇權을行使키不能ᄒᆞᆫ境遇에ᄂᆞᆫ其法定代理人이行ᄒᆞ되相續人이未成年者及禁治産者된時ᄂᆞᆫ後見人의同意ᄅᆞᆯ要ᄒᆞ고妻가된時ᄂᆞᆫ夫의許可ᄅᆞᆯ得ᄒᆞ고準禁治産者된時ᄂᆞᆫ補佐人의同意ᄅᆞᆯ要ᄒᆞ고胎兒가된時ᄂᆞᆫ母가代行ᄒᆞᄂᆞ니라相續의承認及拋棄가相續人의自由이나然이나二個의例外가有ᄒᆞ니(一)隱居者의家督相續人은반다시單純承認치아니치못ᄒᆞᆯ지라此ᄂᆞᆫ公益上으로隱居制度가社會에及ᄒᆞᄂᆞᆫ影響을防杜ᄒᆞᆷ이니隱居者가權利에屬ᄒᆞᆫ財産은相續人의게與ᄒᆞ고負債ᄂᆞᆫ留保ᄒᆞ야債權者ᄅᆞᆯ損害케ᄒᆞᄂᆞᆫ弊ᄅᆞᆯ考慮ᄒᆞᆷ이오(二)直系卑族되ᄂᆞᆫ法定家督相續人은拋棄ᄅᆞᆯ不得ᄒᆞᆯ지라此ᄂᆞᆫ我國固有의慣習에因ᄒᆞᆫ者인ᄃᆡ一家永續을基本ᄒᆞᄂᆞᆫ相續制度의精神을貫徹ᄒᆞ고古來의美風을維持ᄒᆞᄂᆞᆫ必要의制度라盖被相續人의家에서出生ᄒᆞᆫ直系卑屬이隨意로相續을拋棄ᄒᆞ면其家系

이 이 권리를 선택하게 되므로, 이 사망자의 상속인의 승인 또는 포기와 대습상속인의 승인 또는 포기와는 혼동해서는 안 된다. 대습상속은 피대습인 사이에 상속관계가 없으나, 사망자의 상속인이 상속을 승인 또는 포기하는 것은, 사망자가 일단 상속한 것을 그 상속인이 또 상속하여 피상속인의 상속선택권을 승계하여 행사하는 것이다. 무능력자가 단독으로 선택권을 행사할 수 없는 경우에는 그 법정대리인이 행사하는데, 상속인이 미성년자와 금치산자인 때에는, 후견인의 동의가 필요하며, 처인 때에는 부(夫)의 허가를 얻고, 준금치산자인 때에는 보좌인의 동의가 필요하며, 태아인 때에는 모가 대행한다.

상속의 승인과 포기는 상속인의 자유이나, 두 가지 예외가 있다. ① 은거자의 가독상속인은 반드시 단순승인해야 한다. 이는 공익상으로 은거제도가 사회에 미치는 영향을 방지하기 위한 것으로, 은거자가 권리에 속하는 재산은 상속인에게 주고 부채는 유보하여 채권자에게 손해를 입히는 폐단을 고려한 것이다. ② 직계비속인 법정가독상속인은 포기를 할 수 없다. 이는 우리나라 고유의 관습에 기인하는 것으로, 일가의 영속을 기본으로 하는 상속제도의 정신을 관철하고, 옛날부터 지금까지의 미풍을 유지하기 위해 필요한 제도이기 때문이다. 어찌 피상속인의 가(家)에서 출생한 직계비속이 임의로 상속을 포기할 수 있게 하여, 그 가계를子子孫孫의게傳ᄒᆞ야祖先을祭祀ᄒᆞᄂᆞᆫ孝心은斷絶ᄒᆞᆯ지라故로直系卑屬은相續을義務가有ᄒᆞ다ᄒᆞ야도不當ᄒᆞᆫ言이아니며直系卑屬外의相續人은祭祀를奉ᄒᆞ고家系를傳ᄒᆞᆯ義務가無ᄒᆞᆫ즉抛棄與承認이當事者의自由니라

承認與抛棄가相續人의選擇自由이나此를輕率이決定ᄒᆞ얏다가後日에至ᄒᆞ야財産上及名譽道理上에後悔도有ᄒᆞ리니相續人의게相當ᄒᆞᆫ熟考期間을與ᄒᆞᆷ이至當ᄒᆞ고且必要ᄒᆞ리로다外國立法例에ᄂᆞᆫ熟考期間外에財産調査期間을與ᄒᆞ야精密히相續人을保護ᄒᆞ얏스나熟考期間을與ᄒᆞ면其間에自然히財産도可히調査ᄒᆞᆯ지니煩雜ᄒᆞᆫ區別은廢ᄒᆞᆷ이可ᄒᆞ고日本法에ᄂᆞᆫ此熟考期間을三箇月로定ᄒᆞ고事情을依ᄒᆞ야伸長ᄒᆞᆷ을得ᄒᆞᆫ다ᄒᆞ얏스되財産을調査ᄒᆞ고選擇權을熟考ᄒᆞᆷ에三箇月ᄭᆞ지要ᄒᆞᆯ理由가無ᄒᆞᆯ듯ᄒᆞ니期間伸長은尙矣勿論이오設令財産調査가煩亂ᄒᆞᆯ지라도一箇月間만槪算ᄒᆞ면承認의利害를可知ᄒᆞᆯ터이오期間이長久ᄒᆞ도록相續을未確定ᄒᆞᆫ데置ᄒᆞ면相續債權者와受遺者ᄂᆞᆫ損害가多ᄒᆞ고國家經濟上에影響이及ᄒᆞᆯ지니라以上期間의起筭点은相續人身分을隨ᄒᆞ야差異가有ᄒᆞ니相續人이有能力者된時ᄂᆞᆫ其相續人이自已의게相續權이發生ᄒᆞᆫ事實이有ᄒᆞᆷ

를 자자손손에게 전하여 선조를 제사하는 효심을 단절할 수 있겠는가. 따라서 직계비속에게는 상속할 의무가 있다고 하여도 부당한 말이 아니며, 직계비속 외의 상속인은 제사를 받들고 가계를 전할 의무가 없으므로 포기와 승인은 당사자의 자유이다.

승인과 포기는 상속인의 선택·자유이다. 그러나 이를 경솔하게 결정하였다가 후일에 이르러 재산상 및 명예·도리상 후회하는 때도 있다. 상속인에게 상당한 숙려기간을 허여하는 것이 지당하고 또 필요하다. 외국의 입법례에는 숙려기간 외에 재산조사기간을 부여하여 정밀하게 상속인을 보호하고 있다. 그러나 숙려기간을 허여하면, 그사이에 자연 재산도 조사할 수 있을 것이므로, 번잡한 구별은 할 필요가 없다. 일본법에서는 이 숙려기간을 3개월로 정하고, 사정에 따라 연장할 수 있게 하고 있으나,[1] 재산을 조사하고 선택권을 숙려하는 데 3개월까지 필요할 이유가 없는 듯하다. 기간 연장은 오히려 논할 것이 없고, 가령 재산조사가 번잡할지라도 1개월만 대강 계산하면 승인의 이해를 알 수 있을 것이다. 기간이 오래도록 상속을 미확정인 것으로 두면, 상속채권자와 수유자에게는 손해가 많고, 국가경제상으로 영향을 미치게 될 것이다. 이상의 기간의 기산점은 상속인 신분에 따라 차이가 있다. 상속인이 유능력자인 때에는, 그 상속인이 자기에게 상속권이 발생한 사실이 있음

1 메이지민법 제1017조

을知ᄒᆞᆫ時로브터起算ᄒᆞ며無能力者된時ᄂᆞᆫ其法定代理人이相續權이發生ᄒᆞᆫ事實을知ᄒᆞᆫ時브터起算ᄒᆞ며相續人이承認이나拋棄ᄒᆞ기前에死亡ᄒᆞ고相續人의相續人이此를選擇ᄒᆞᆯ時에도自己의게相續이開始ᄒᆞᆫ事實卽承認拋棄치아니ᄒᆞ고死亡ᄒᆞᆫ事實을知ᄒᆞᆫ時브터起算ᄒᆞᄂᆞ니此ᄂᆞᆫ熟考期間을與ᄒᆞᆫ實効가有케ᄒᆞᆷ이니라

前說과如히此期間은相續人이承認或拋棄ᄒᆞᆯ熟考를與ᄒᆞᆷ인즉相續人은此期間中에取一決定ᄒᆞᆯ지라取捨ᄒᆞᆷ에ᄂᆞᆫ相續財產의多寡를依ᄒᆞ야決ᄒᆞᆯ지니假令相續財產中權利額이多ᄒᆞ고義務가少ᄒᆞᆫ時ᄂᆞᆫ單純으로承認ᄒᆞ고權利額과義務額의多寡가判知치못ᄒᆞᆯ時ᄂᆞᆫ限定으로承認ᄒᆞ고義務가多ᄒᆞᆷ이判然ᄒᆞᆯ時ᄂᆞᆫ拋棄ᄒᆞᆷ이人情의常態라如斯히相續人의意思ᄂᆞᆫ財產의多寡를因ᄒᆞ야變更이有ᄒᆞ리니相續財產의調査權은不可無ᄒᆞᆯ바ㅣ로다若此ㅣ無ᄒᆞ면法律은相續人의게對ᄒᆞ야空想으로써承認과拋棄를强決케ᄒᆞᆷ과一般이니엇지不當치아니ᄒᆞ리오

相續人이承認及拋棄ᄒᆞ기前에其相續財產의狀態를硏究ᄒᆞ건ᄃᆡ元來相續財產은其主体가確定치못ᄒᆞᆷ을不係ᄒᆞ고法律이相續開始ᄒᆞᄂᆞᆫ同時에相續人으로ᄒᆞ

을 안 때부터 기산하며, 무능력자인 때에는 그 법정대리인이 상속권이 발생한 사실을 안 때부터 기산한다. 상속인이 승인이나 포기하기 전에 사망하고, 상속인의 상속인이 이를 선택할 때에도, 자기에게 상속이 개시한 사실 즉 승인·포기하지 않고 사망한 사실을 안 때부터 기산한다. 이는 숙려기간을 허여한 실제의 효과가 있게 하기 위해서이다.

앞에서 설명한 바와 같이 이 기간은 상속인이 승인 또는 포기할 숙려를 허여한 것이므로, 상속인은 이 기간 중에 어느 하나를 취하여 결정한다. 취사선택할 경우에는 상속재산의 많고 적음에 따라 결정할 것이다. 가령 상속재산 중 권리액이 많고 의무가 적은 때에는 단순으로 승인하며, 권리액과 의무액의 많고 적음을 판단하여 알 수 없는 때에는 한정으로 승인하고, 의무가 많음이 아주 명백한 때에는 포기하는 것이 인정의 일상적인 모습이다. 이와 같이 상속인의 의사는 재산의 많고 적음에 따라 변경되기 마련이다, 상속재산의 조사권은 없을 수 없다. 만약 이것이 없다면 법률은 상속인에게 헛된 생각으로 승인과 포기를 억지로 결정하게 하는 것과 같다. 어찌 부당하지 않은가?

상속인이 승인과 포기하기 전의 그 상속재산의 상태를 연구해 본다. 원래 상속재산은 그 주체가 확정되지 않는 것과 관계없이 법률에 따라 상속개시와 동시에 상속인으로 하야곰相續財產의主體로認ᄒᆞ고一便으로幾月間不確定ᄒᆞᆫ狀態에置ᄒᆞᄂᆞᆫ所以ᄂᆞᆫ相續人意思의自由를重히ᄒᆞ야熟考期間을與코져ᄒᆞᆷ이니相續人의利益을爲ᄒᆞ야此期間이有ᄒᆞᆯ진ᄃᆡ相續人은拋棄ᄒᆞ기前ᄶᅡ지相續財產管理의責을任ᄒᆞᆷ은當然ᄒᆞᆫ義務라其管理에當ᄒᆞᆫ注意의程度ᄂᆞᆫ自己固有財產과同一ᄒᆞ나元來法律의擬制이나相續人은其財產의所有者가된所以라若此責任을怠ᄒᆞ야財產이減少ᄒᆞᄂᆞᆫ等行爲가有ᄒᆞ면限定承認及拋棄의自由를奪ᄒᆞᆷ도有ᄒᆞ고相續債權者ᄂᆞᆫ賠償을請求ᄒᆞᆷ도有ᄒᆞ리니自巳의物을保存ᄒᆞᆷ과同一ᄒᆞᆫ注意로管理ᄒᆞᆯ지니라

相續人이其財產에對ᄒᆞ야適當ᄒᆞᆫ管理를不爲ᄒᆞ면檢事나利害關係人의請求를因ᄒᆞ야裁判所ᄂᆞᆫ何時던지相續人의게對ᄒᆞ야保存에必要ᄒᆞᆫ處分을命ᄒᆞᆷ을得ᄒᆞᄂᆞ니故로相續人의承認拋棄前에ᄂᆞᆫ管理人의別置有無를不關ᄒᆞ고處分을命ᄒᆞᆯ지라若相續人이適當ᄒᆞᆫ管理를不爲ᄒᆞ거나相續人이管理에着手치못ᄒᆞᆯ事情이有ᄒᆞ거나相續人이現出치아니ᄒᆞᄂᆞᆫ時에ᄂᆞᆫ裁判所ᄂᆞᆫ請求를依ᄒᆞ야管理人을命ᄒᆞ야相續財產을保存케ᄒᆞᄂᆞ니라其保存에必要ᄒᆞᆫ處分이란者ᄂᆞᆫ財產保藏의意味만有ᄒᆞᆯᄲᅮᆫ아니라必要에應ᄒᆞ야ᄂᆞᆫ賣却ᄒᆞᆷ도無妨ᄒᆞ니라

여금 상속재산의 주체로 인정하는 것이다. 한편으로 몇 개월 동안 불확정한 상태에 두는 까닭은, 상속인 의사의 자유를 중시하여 숙려기간을 허여하는 것이고, 상속인의 이익을 위해 이 기간이 있는 것이다. 상속인이 포기하기 전까지 상속재산 관리의 책임을 지는 것은 당연한 의무이다. 그 관리에 있어 주의의 정도는 자기 고유재산과 동일하다. 원래 법률의 의제이지만 상속인은 그 재산의 소유자로 되기 때문이다. 만약 이 책임을 게을리하여 재산이 감소하는 등의 행위가 있으면, 한정승인 및 포기의 자유를 박탈할 수도 있고, 상속채권자는 배상을 청구할 수도 있다. 자기의 물건을 보존하는 것과 동일한 주의로 관리해야 한다.

상속인이 그 재산에 대해 적당한 관리를 하지 아니하면, 검사나 이해관계인의 청구에 따라 재판소는 언제든지 상속인에게 보존에 필요한 처분을 명할 수 있다. 따라서 상속인의 승인·포기 전에는 관리인을 따로 두는 것 유무와 관계없이 처분을 명한다. 만약 상속인이 적당한 관리를 하지 아니하거나, 상속인이 관리에 착수하지 못할 사정이 있거나, 상속인이 나타나지 않는 때에는 재판소는 청구에 따라 관리인을 임명하여 상속재산을 보존하게 한다. 그 보존에 필요한 처분이라 하는 것은 재산을 보전하는 의미만 있을 뿐만 아니라, 필요에 따라서는 매각하는 것도 무방하다.

相續의承認及拋棄는即法律上의効果를生케ᄒᆞ랴는法律行爲인ᄃᆡ隱居相續의承認을除ᄒᆞᆫ外에는法律行爲中單獨行爲에屬ᄒᆞᆫ지라自已一人의意思로完全히成立ᄒᆞᄂᆞᆫ故로自己가亦自由로繳消ᄒᆞᆷ을得ᄒᆞᆯ듯ᄒᆞ나相續財産을確定ᄒᆞᆫ所有主가無ᄒᆞᆫ位置에久存ᄒᆞ면相續債權者及受遺者의利益을害ᄒᆞᆯᄲᅮᆫ아니라財産의流通改良이無ᄒᆞ야國家經濟上에不利益이되리니故로此公益을爲ᄒᆞ야一朝承認及拋棄ᄒᆞᆫ者는繳消를不得케ᄒᆞᆷ이可ᄒᆞ니라然이나此原則은相續人이承認及拋棄ᄒᆞᆯ時에事實의錯誤가無ᄒᆞ고自由意思로出ᄒᆞᆫ者를想像ᄒᆞᆷ이니若相續人이事實의錯誤가有ᄒᆞ고法律行爲의要素가缺ᄒᆞ며自由意思로不爲ᄒᆞᆫ承認及拋棄는一般原則上으로此를繳消ᄒᆞᆷ이當然ᄒᆞ니未成年者及禁治産者가後見人의同意를不得ᄒᆞᆫ者와準禁治産者가保佐人의同意를不得ᄒᆞᆫ者와妻가夫의同意를不得ᄒᆞᆫ者와親族會의認許를得ᄒᆞᆯ境遇에此를不行ᄒᆞᆫ者는繳消ᄒᆞᆷ을得ᄒᆞᄂᆞ니라

以上의境遇는其承認拋棄를繳消ᄒᆞᆷ을得ᄒᆞ나法律은其繳消權을永久行使ᄒᆞᆷ은認准치못ᄒᆞᆯ꺼라故로一般繳消權의時効에例外를設ᄒᆞ야承認及拋棄ᄒᆞᆫ時로起算ᄒᆞ야幾年이며追認을ᄒᆞᆯ만ᄒᆞᆫ時로起算ᄒᆞ야幾個月로短縮ᄒᆞ야若此期限이過

상속의 승인과 포기는 곧 법률상의 효과를 발생하게 하려는 법률행위인데, 은거상속의 승인을 제외하고는 법률행위 중 단독행위에 속한다. 자기 1인의 의사로 완전히 성립하기 때문에 자기가 또한 자유로 철회할 수 있을 듯하다. 그러나 상속재산을 확정된 소유주가 없는 위치에 오래 두면, 상속채권자와 수유자의 이익을 해칠 뿐만 아니라, 재산의 유통·개량도 불가능하여 국가경제상으로도 불이익하게 된다. 그러므로 이 공익을 위해 일단 승인과 포기한 사람은 철회할 수 없게 해야 한다. 그러나 이 원칙은 상속인이 승인과 포기할 때 사실의 착오가 없고, 자유의사로 이루어진 것을 상상한 것이다. 만약 상속인에게 사실의 착오가 있고, 법률행위의 요소가 결여되었으며, 자유의사로 하지 아니한 승인과 포기는 일반원칙상 이를 철회하는 것이 당연하다. 미성년자와 금치산자가 후견인의 동의를 얻지 아니한 경우와 준금치산자가 보좌인의 동의를 얻지 아니한 경우 및 처가 부(夫)의 동의를 얻지 아니한 경우와 친족회의 허가를 얻을 경우에 이를 얻지 아니한 경우는 철회할 수 있다.

이상의 경우는 그 승인·포기를 철회할 수 있으나, 법률은 그 철회권을 영구적으로 행사하는 것을 인정할 수 없다. 따라서 일반 철회권의 시효에 예외를 두어 승인과 포기한 때부터 기산하여 몇 년이며, 추인을 할 만한 때부터 기산하여 몇 개월로 단축하고, 만약 이 기간이 지

ᄒᆞ면時效로消滅케ᄒᆞᆷ이可ᄒᆞ니無能力者가能力者된時와詐欺脅迫된事實을覺知ᄒᆞᆫ時와脅迫을免ᄒᆞ야自由가된時ᄅᆞᆯ追認ᄒᆞᆯ만ᄒᆞᆫ時라云ᄒᆞᆷ이아니라

第二節　承認

第一欵　單純承認

單純承認은相續人이無條件으로開始ᄒᆞᆫ相續을全然繼受ᄒᆞᄂᆞᆫ意思表示即法律行爲ᄅᆞᆯ云ᄒᆞᆷ이니此ᄅᆞᆯ詳言ᄒᆞ면家督相續에ᄂᆞᆫ被相續人의家長된身分에屬ᄒᆞᆫ權利義務와其財産權上의權利義務ᄅᆞᆯ一切承繼ᄒᆞᆷ이오遺産相續에ᄂᆞᆫ被相續人의財産權上의權利義務ᄅᆞᆯ一切承繼ᄒᆞᆷ을云ᄒᆞᆷ이니此意思表示ᄂᆞᆫ明示默示가有ᄒᆞ고相續人의行爲나或不行爲ᄅᆞᆯ因ᄒᆞ야單純承認으로看做ᄒᆞᄂᆞᆫ者도有ᄒᆞᆫ지라明示의單純承認은書面口頭로戶籍吏의게單純承認ᄒᆞᄂᆞᆫ趣旨ᄅᆞᆯ陳述ᄒᆞᆷ을指ᄒᆞᆷ이오直接으로言語로發表치아니ᄒᆞ나手ᄅᆞᆯ擧ᄒᆞ고頭ᄅᆞᆯ低ᄒᆞ야單純ᄒᆞᆫ意思로解得ᄒᆞᆯ만ᄒᆞᆫ行爲가有ᄒᆞ면足ᄒᆞ며又相續人의資格이아니면到底히行치못ᄒᆞᆯ行爲即先祖의神主ᄅᆞᆯ奉ᄒᆞ거나自己의相續分을他人의게讓與ᄒᆞᆫ事實이有ᄒᆞ면此ᄅᆞᆯ默示라論ᄒᆞᆷ이可ᄒᆞ고又相續財産에對ᄒᆞ야或不正ᄒᆞᆫ行爲가有ᄒᆞ면單純承認으로

나면 시효로 소멸하는 것으로 해야 한다. 무능력자가 능력자로 된 때와 사기·협박당한 사실을 깨달아 안 때와 협박을 면하고 자유가 된 때를 추인할 만한 때라 할 수 있다.

제2절 승인

제1관 단순승인

단순승인은 상속인이 개시된 상속을 무조건으로 전부 이어받는 의사표시 즉 법률행위를 말한다. 이를 상세히 말하면 가독상속에서는 피상속인의 가장된 신분에 속한 권리의무와 그 재산권상의 권리의무를 전부 승계하는 것이고, 유산상속에서는 피상속인의 재산권상의 권리의무를 전부 승계하는 것을 말한다. 이 의사표시는 명시·묵시가 있고, 상속인의 행위 또는 부작위로 인해 단순승인으로 간주되는 경우도 있다. 명시의 단순승인은 서면·구술로 호적공무원에게 단순승인하는 취지를 진술하는 것을 가리킨다. 직접 언어로 발표하지 아니하지만, 손을 들고 머리를 수구려 단순한 의사로 해석될 만한 행위가 있으면 충분하다. 또한 상속인의 자격이 아니면 도저히 할 수 없는 행위 즉 선조의 신주를 받들거나 자기의 상속분을 타인에게 양도한 사실이 있으면 이를 묵시라 논할 수 있다. 또 상속재산에 대해 때로 부정한 행위가 있으면 단순승인으로

看做ᄒᆞᆷ은泰西法에도亦規定ᄒᆞᆫ바ㅣ니라故로以下의行爲或不行爲가有ᄒᆞᆫ時ᄂᆞᆫ其實은相續人의意思에違反됨이明白ᄒᆞ나法律의力으로其相續人은無條件承認ᄒᆞᆫ者로看做ᄒᆞᄂᆞ니法律은單純承認ᄒᆞᆷ을願ᄒᆞᄂᆞᆫ바ㅣ니라

（一）相續人이相續財産의全部나一部ᄅᆞᆯ處分ᄒᆞᆫ時　盖相續財産의全部或一部ᄅᆞᆯ處分이라ᄒᆞᆷ은相續財産을賣却贈與갓ᄒᆞᆫ重大ᄒᆞᆫ行爲만指ᄒᆞᆷ이아니오交換典質及借與도亦處分中에包含ᄒᆞᆯ지라理論上으로言ᄒᆞ면法律은擬制로相續人의게所有權을既與ᄒᆞᆷ으로써其處分은正當權限內의行爲라云ᄒᆞᆯ지나相續人及債權者等의利益을保護ᄒᆞ기爲ᄒᆞ야其移轉을確定치아니ᄒᆞᆷ이니是以로他人의物을處分ᄒᆞ얏다云ᄒᆞ기不能ᄒᆞ나法律은相續人의게對ᄒᆞ야適當ᄒᆞᆫ期間內에單純承認限定承認及抛棄ᄒᆞᄂᆞᆫ法律行爲ᄅᆞᆯ命ᄒᆞ고且管理의責任도命ᄒᆞ얏거ᄂᆞᆯ若相續人이管理權限에超越ᄒᆞᄂᆞᆫ行爲가有ᄒᆞ면此ᄂᆞᆫ法律의命令을違背ᄒᆞᄂᆞᆫ者ㅣ라故로其制裁로單純承認ᄒᆞᆫ者로看做ᄒᆞᆷ이오反證을不許ᄒᆞᄂᆞ니決코相續人의意思ᄅᆞᆯ推測ᄒᆞᆷ은아니라然이나管理ᄒᆞᄂᆞᆫ責任으로出ᄒᆞᆫ保存行爲ᄂᆞᆫ亦法律에命ᄒᆞᆫ範圍內니此ᄅᆞᆯ相續人意思에反ᄒᆞ야單純承認ᄒᆞᆫ者로論

간주하는 것은 서양법에도 또한 규정하고 있다. 따라서 이하의 행위 또는 부작위가 있는 때에는, 그 실제는 상속인의 의사에 위반되는 것이 명백하더라도, 법률의 힘으로 그 상속인은 무조건 승인한 사람으로 간주되는 것이다. 법률은 단순승인하는 것을 바라는 것이다.

〈1〉 **상속인이 상속재산의 전부나 일부를 처분한 때;** 대개 상속재산의 전부 또는 일부를 처분하는 것이란 상속재산을 매각·증여 같은 중대한 행위만 가리키는 것이 아니고, 교환·전당 및 임차도 또한 처분 중에 포함된다. 이론상으로 말하면 법률은 의제로 상속인에게 소유권을 이미 부여하였으므로, 그 처분은 정당한 권한 내의 행위라고 말할 수 있다. 그러나 상속인과 채권자 등의 이익을 보호하기 위해 그 이전을 확정하지 않는 것이다. 이에 따라 타인의 물건을 처분하였다고 말할 수는 없으나, 법률은 상속인에 대해 적당한 기간 내에 단순승인·한정승인 및 포기하는 법률행위를 명하고 또 관리의 책임도 명하였는데, 만약 상속인이 관리권한을 넘는 행위를 하면, 이는 법률의 명령을 위배하는 것이다. 이 때문에 그 제재로서 단순승인한 것으로 간주하는 것이고, 반증을 허용하지 않는 것이지 결코 상속인의 의사를 추측하는 것은 아니다. 그러나 관리하는 책임에서 나온 보존행위는 또한 법률이 명한 범위 내이므로, 이를 상속인의 의사에 반해 단순승인한 것으로 논

홈이不可ᄒᆞ니라

(二)法定ᄒᆞᆫ期間內에限定承認이나拋棄치아니ᄒᆞᆫ時 相續人은相續權이發生홈을知ᄒᆞᆫ時브터法定ᄒᆞᆫ期間內에承認이나拋棄ᄒᆞᆯ지니然而其期間內에此等法律行爲ᄅᆞᆯ不爲ᄒᆞᆫ時ᄂᆞᆫ法律의制裁로單純承認ᄒᆞᆫ者로看做ᄒᆞᄂᆞ니라

(三)相續人이限定承認이나拋棄ᄒᆞᆫ後라도相續財產의全部나一部ᄅᆞᆯ隱匿ᄒᆞ거나消費ᄒᆞ며又惡意로財產目錄中에記載치아니ᄒᆞᆫ時 相續人이限定承認이나拋棄ᄒᆞᆫ後라도홈은相續人이法定ᄒᆞᆫ期間內에限定承認이나拋棄ᄒᆞᄂᆞᆫ意思ᄅᆞᆯ表示ᄒᆞᆫ境遇에其前後ᄅᆞᆯ勿論홈이오隱匿이라홈은自己ᄅᆞᆯ爲ᄒᆞ거ᄂᆞ他人을爲ᄒᆞ야相續財產됨을不知케ᄒᆞᄂᆞᆫ目的으로隱匿홈을云홈이오消費라홈은相續債權의報給과相續財產保存等의消費가아닌消耗ᄅᆞᆯ云홈이오惡意로財產目錄에記載치아니홈이라홈은相續人이限定承認ᄒᆞ기爲ᄒᆞ야財產目錄을調製ᄒᆞᆯ時에自己나他人을利케ᄒᆞ거나他人을害케ᄒᆞᆯ意思로相續財產을其目錄中에記載치아니홈을云홈이라然이나相續人의拋棄ᄅᆞᆯ因ᄒᆞ야次位者가相續權을承認ᄒᆞ야相續財產을取得ᄒᆞᆫ以後ᄂᆞᆫ相續人의不正ᄒᆞᆫ行爲가發覺이되나

할 수 없다.

〈2〉 법정한 기간 내에 한정승인이나 포기하지 아니한 때; 상속인은 상속권이 발생하는 것을 안 때부터 법정한 기간 내에 승인이나 포기할 수 있다. 그런데도 이 기간 내에 이들 법률행위를 하지 아니한 때에는 법률의 제재로 단순승인한 것으로 간주하는 것이다.

〈3〉 상속인이 한정승인이나 포기한 후라도 상속재산의 전부나 일부를 은닉하거나 소비하며 또한 악의로 재산목록 중에 기재하지 아니한 때; '상속인이 한정승인이나 포기한 후라도'라 함은 상속인이 법정한 기간 내에 한정승인이나 포기하는 의사를 표시한 경우에 그 전후를 논하지 않는다. '은닉'이란 자기를 위하거나 타인을 위해 상속재산인 것을 알지 못하게 할 목적으로 감추는 것을 말한다. '악의로 재산목록 중에 기재하지 않는 것'이란 상속인이 한정승인하기 위해 재산목록을 작성할 때, 자기나 타인을 이롭게 하거나 타인을 해할 의사로 상속재산을 그 목록 중에 기재하지 않는 것을 이른다. 그러나 상속인의 포기로 인해 다음 순위자가 상속권을 승인하여 상속재산을 취득한 이후에는, 상속인의 부정한 행위가 발각되더라도

單純承認者로看做치아니ᄒᆞᄂᆞ니若不然ᄒᆞ면承認ᄒᆞᆫ次位相續人의旣得權을剝奪ᄒᆞᄂᆞᆫ結果가生ᄒᆞᆯ뿐아니라相續財産主軆의速定을希望ᄒᆞᄂᆞᆫ相續債權者及受遺者의利益을害ᄒᆞ고併ᄒᆞ야國家經濟에害가有ᄒᆞᆷ을因ᄒᆞᆷ이니라

單純承認의效果ᄂᆞᆫ以上說明에徵ᄒᆞ야可知ᄒᆞᆯ바ㅣ나此에詳言ᄒᆞ노니單純承認者ᄂᆞᆫ被相續人의權利義務ᄅᆞᆯ無限承繼ᄒᆞᄂᆞᆫ者인ᄃᆡ家督相續에ᄂᆞᆫ被相續人이家長으로有ᄒᆞ던權利義務와財産의主軆로有ᄒᆞ던權利義務ᄅᆞᆯ一切承繼ᄒᆞ야被相續人身軆의代表者와恰如ᄒᆞ고遺産相續에ᄂᆞᆫ被相續人이財産의主體로有ᄒᆞ던權利義務ᄅᆞᆯ一切承繼ᄒᆞ야被相續人의財産과相續人의固有財産이玆에混同ᄒᆞ야相續人은被相續人의債權者及受遺者의게對ᄒᆞ야自已前來의債權者와同等으로辨償ᄒᆞᆷ에至ᄒᆞᄂᆞ니라

第二欵　限定承認

限定承認은相續人이相續財産을限度로ᄒᆞ야被相續人의負擔ᄒᆞᆫ債務ᄅᆞᆯ辨償ᄒᆞᄂᆞᆫ責에任ᄒᆞᄂᆞᆫ條件으로相續을承認ᄒᆞᄂᆞᆫ法律行爲라此制度가我國慣習에ᄂᆞᆫ未有ᄒᆞᆫ者이나外國에ᄂᆞᆫ羅馬法以來로行ᄒᆞᄂᆞᆫ바ㅣ니二個條件을要ᄒᆞᄂᆞᆫ지라第一

단순승인자로 간주되지 않는다. 만약 그렇지 아니하면 승인한 다음 순위 상속인의 기득권을 박탈하는 결과가 발생할 뿐 아니라, 상속재산 주체의 빠른 결정을 희망하는 상속채권자와 수유자의 이익을 해하고, 아울러 국가경제에 해가 되기 때문이다.

단순승인의 효과는 이상의 설명에 따라서 알 수 있을 것이나, 이에 자세히 말하고자 한다. 단순승인자는 피상속인의 권리의무를 "무한" 승계하는 사람이다. 가독상속에서는 피상속인이 가장으로 보유하던 권리의무와 재산의 주체로 보유하던 권리의무를 모두 승계하여 피상속인의 신체의 대표자와 흡사하다. 유산상속에서는 피상속인이 재산의 주체로 보유하던 권리의무를 모두 승계하여 피상속인의 재산과 상속인의 고유자산이 이에 혼동하여, 상속인은 피상속인의 채권자와 수유자에 대해 자기의 그 이전부터의 채권사와 동 등하게 상환하는 것에 이른다.

제2관 한정승인

한정승인은 상속인이 상속재산을 한도로 하여 피상속인이 부담한 채무를 상환하는 책임을 지는 조건으로 상속을 승인하는 법률행위이다. 이 제도가 우리나라 관습에는 없는 것이나, 외국에서는 로마법 이래로 행해지는 것이다. 두 가지 조건이 필요하다. 첫 번째

條件은承認抛棄ᄒᆞᄂᆞᆫ期限內에財産目錄을調製ᄒᆞ야相續開始地ᄅᆞᆯ管轄ᄒᆞᄂᆞᆫ區裁判所에提出ᄒᆞᆷ을要ᄒᆞ니限定承認은相續財産限度에만責任을負擔ᄒᆞᄂᆞᆫ故로其目錄을調製치아니ᄒᆞ면後日不正ᄒᆞᆫ減少ᄅᆞᆯ防禦키不能ᄒᆞᆯ지라此目錄을調製ᄒᆞᆷ에ᄂᆞᆫ善意로且格式을依ᄒᆞ야遺脫업시記載ᄒᆞᆯ지니若不然ᄒᆞ면前欵第三을依ᄒᆞ야限定承認은無効가되고單純承認ᄒᆞᆫ者로看做ᄒᆞᆯ지라然이나目錄記載ᄒᆞᆯ時에誤字落書가有ᄒᆞ거나財産의誤記誤落이有ᄒᆞ면補充訂正만ᄒᆞ야도限定承認과財産目錄을有効로ᄒᆞᆷ이可ᄒᆞ니비록審愼注意ᄒᆞ나誤書誤脫은或有ᄒᆞᆫ바ㅣ라故意가아닌輕微ᄒᆞᆫ過失을深責ᄒᆞᆯ수업ᄂᆞ니라第二條件은同一期限內에同一裁判所에對ᄒᆞ야限定承認ᄒᆞᄂᆞᆫ意思ᄅᆞᆯ申述ᄒᆞᆷ을要ᄒᆞᄂᆞ니單純承認에ᄂᆞᆫ默示의意思表示도亦可ᄒᆞ나限定承認에ᄂᆞᆫ반다시明示의意思表示ᄅᆞᆯ要ᄒᆞᆷ은利害關係가有ᄒᆞᆫ相續債權者와受遺者가限定承認이何時에成立됨을知ᄒᆞ고其權利防禦ᄅᆞᆯ實行ᄒᆞᆯ時期의起筭點을定ᄒᆞ야損害ᄅᆞᆯ不被케ᄒᆞᆯ뿐아니라他日携貳ᄅᆞᆯ明確키卞正ᄒᆞᆷ에便利ᄒᆞ니라

此로브터限定承認으로生ᄒᆞᄂᆞᆫ効果ᄅᆞᆯ說明코져ᄒᆞ노니第一効果ᄂᆞᆫ被相續人債

조건은, 승인·포기하는 기간 내에 재산목록을 작성하여 상속개시지를 관할하는 구(區)재판소[1]에 제출해야 한다. 한정승인은 상속재산 한도에서만 책임을 부담한다. 그러므로 그 목록을 작성하지 아니하면, 후일 부정한 감소를 방어할 수 없게 된다. 이 목록을 작성할 경우에는 선의로 또한 양식에 따라 빠짐없이 기재해야 한다. 만약 그렇지 아니하면 앞 관의 〈3〉에 따라 한정승인은 무효가 되고 단순승인한 것으로 간주된다. 그러나 목록을 기재할 때에 오자나 그릇된 기록이 있거나, 재산의 오기나 잘못된 누락이 있으면, 보충·정정만 하여도 한정승인과 재산목록을 유효로 해야 한다. 비록 조심하고 삼가 주의하더라도 그릇된 기록이나 잘못된 누락은 때로 있기 마련이다. 고의가 아닌 경미한 과실을 깊게 문책할 수 없는 것이다. 두 번째 조건은, 동일 기한 내에 동일 재판소에 대해 한정승인하는 의사를 진술해야 한다. 단순승인에는 묵시의 의사표시도 또한 가능하나, 한정승인에는 반드시 명시의 의사표시를 필요로 하는 것은, 이해관계가 있는 상속채권자와 수유자가 한정승인이 어느 때에 성립되었는지를 알고, 그 권리방어를 실행할 시기의 기산점을 정하여 손해를 입지 않게 할 뿐 아니라, 나중에 사이가 나빠지는 것을 명확하게 빨리 바로잡기에 편리해서이다.

이제부터 한정승인으로 발생하는 효과를 설명하고자 한다. 첫 번째 효과는 피상속인의 채

1 융희 원년(1907년) 12월 27일자의 법률 제8호 재판소구성법에 따라 설치된 제1심 재판소로 간단한 민·형사사건의 재판권을 가졌으며 판사가 단독으로 재판하였다(같은 법 제2조, 제8조, 제9조 참조).

權債務의精算完了ᄒᆞ기ᄭᆞ지ᄂᆞᆫ相繼財産을別立ᄒᆞ야相續人으로ᄒᆞ야곰管理人兼精算人과同視效果를生ᄒᆞᄂᆞ니라限定承認에도相續人이被相續人人의正當相續人되ᄂᆞᆫ以上에ᄂᆞᆫ相續開始ᄒᆞᄂᆞᆫ同時에財産所有權은法律에擬制를因ᄒᆞ야相續人의게移轉ᄒᆞᄂᆞᆫ故로理論上으로言ᄒᆞ면相續人은相續財産의所有者가되야自由로管理處分ᄒᆞᆯ터이나限定承認은相續財産에만限ᄒᆞ야被相續人의債務를負擔ᄒᆞᄂᆞᆫ故로相續財産과相續人의固有財産과混同ᄒᆞᆯ바ㅣ아니라然則相續財産은一個財團法人과恰似히成立ᄒᆞᄂᆞ니管理人도亦不可無라其財産은相續債權者及受遺者에게分配ᄒᆞ고殘餘가有ᄒᆞ면相續人의게歸ᄒᆞᄂᆞᆫ者인즉相續人으로管理케ᄒᆞ고淸筭케ᄒᆞᆷ이不條理가아니오且便利ᄒᆞ니라第二效果ᄂᆞᆫ被相續人과相續人間의權利義務ᄂᆞᆫ各立ᄒᆞᆫ者로看做ᄒᆞᆷ이니此亦理論上에ᄂᆞᆫ被相續人의게對ᄒᆞ야有ᄒᆞᆫ權利義務가相續을因ᄒᆞ야混同으로消滅되얏다ᄒᆞᆷ이正當ᄒᆞ나財産의混合을禁ᄒᆞᄂᆞᆫ限定承認의性質로生ᄒᆞᄂᆞᆫ變例오第三效果ᄂᆞᆫ前言ᄒᆞᆷ과ᄀᆞᆺ치相續財産의限度內가아니면相續人은被相續人의債務를負擔치아니ᄒᆞ고若剩餘가有ᄒᆞ면相續人이此를取得ᄒᆞᆷ이니相續開始ᄒᆞᄂᆞᆫ同時에被相續人의權利

권채무의 정산이 완료되기까지는 상속재산을 따로 세워, 상속인으로 하여금 관리인 겸 정산인과 동일시하는 효과를 발생하게 한다. 한정승인을 해도 상속인이 피상속인의 정당한 상속인으로 되는 이상에는, 상속이 개시되는 동시에 재산소유권은 법률의 의제로 인해 상속인에게 이전한다. 따라서 이론상으로 말하면 상속인은 상속재산의 소유자가 되어 자유로이 관리·처분할 수 있으나. 한정승인은 상속재산에만 한정하여 피상속인의 채무를 부담한다. 따라서 상속재산과 상속인 고유재산이 혼동돼서는 안 된다. 그래서 상속재산은 하나의 재단법인과 흡사하게 성립한다. 관리인도 또한 없을 수 없다. 그 재산은 상속채권자와 수유자에게 분배하고 나머지가 있으면 상속인에게 귀속하는 것이므로, 상속인으로 관리하게 하고 정산하게 하는 것도 부조리가 아니고 또한 편리하다. 두 번째 효과는 피상속인과 상속인 사이의 권리의무는 따로 분리되는 것으로 간주하는 것이다. 이 또한 이론상으로는 피상속인에 대해 가진 권리의무가 상속에 따라 혼동으로 소멸되는 것으로 하는 것이 정당하나, 재산의 혼합을 금지하는 한정승인의 성질에서 발생하는 변칙이다. 세 번째 효과는 앞에서 말한 것과 같이 상속재산의 한도 내가 아니면 상속인은 피상속인의 채무를 부담하지 않고, 만약 나머지가 있으면 상속인이 이를 취득하는 것이다. 이는 상속이 개시되는 동시에 피상속인의 권리

義務ᄂᆞᆫ相續人의게移轉ᄒᆞᄂᆞᆫ純理에不合ᄒᆞ나限定承認은相續人을保護ᄒᆞᄂᆞᆫ制度인ᄃᆡ相續財産을分別케ᄒᆞᄂᆞᆫ故로此等効果가自然發生ᄒᆞᄂᆞ니라

以上과如ᄒᆞᆫ効果가生ᄒᆞᆷ으로써限定承認者의相續人은左의權利及義務가有ᄒᆞ기項을設ᄒᆞ야爲先其義務ᄅᆞᆯ說明ᄒᆞ노라

第一項　限定承認相續人의義務

(第一)限定承認相續人은其固有財産과同一注意로相續財産을管理ᄒᆞᆷ을要ᄒᆞᆷ

屢屢說明ᄒᆞᆫ바이나相續人은相續財産에對ᄒᆞ야所有者가됨으로管理權도亦所有權內에包含되야其財産을管理ᄒᆞᆷ은相續人의權利라謂ᄒᆞᆯ지나然이나此ᄅᆞᆯ權利로認ᄒᆞ면抛棄ᄒᆞᆷ도亦自由라ᄒᆞᆯ지니故로此ᄅᆞᆯ義務로定ᄒᆞᆷ이오他人의權利ᄅᆞᆯ保護ᄒᆞ기爲ᄒᆞ야財産의管理ᄅᆞᆯ命ᄒᆞᆫ時ᄂᆞᆫ善良ᄒᆞᆫ注意ᄅᆞᆯ要ᄒᆞᆷ이普通이나然而此境遇에다만自己固有財産에對ᄒᆞᆫ注意로足ᄒᆞ게ᄒᆞᆫ바ᄂᆞᆫ限定承認者도相續人되ᄂᆞᆫ以上에ᄂᆞᆫ相續財産의所有者ㅣ로ᄃᆡ條件附로一時其權利ᄅᆞᆯ停止ᄒᆞᆷ에不過ᄒᆞᆫ즉善良ᄒᆞᆫ管理人의責을負케ᄒᆞᆷ은過酷ᄒᆞᆯ듯ᄒᆞᆫ바ㅣ니라

然이나相續人의게管理義務ᄅᆞᆯ命ᄒᆞ야相續財産을別立케ᄒᆞᆷ은相續債權者及

의무는 상속인에게 이전하는 순수한 이론에 맞지 아니한다. 그러나 한정승인은 상속인을 보호하는 제도로서 상속재산을 분별하게 하는 까닭으로 이들 효과가 자연 발생하는 것이다.

이상과 같은 효과가 발생함으로써 한정승인한 상속인은 다음의 권리와 의무가 있다. 항을 두어 우선 그 의무를 설명한다.

제1항 한정승인 상속인의 의무

〈1〉 한정승인상속인은 그 고유재산과 동일한 주의로 상속재산을 관리해야 함

여러 번 설명한 바이나, 상속인은 상속재산에 대해 소유자가 되므로 관리권도 또한 소유권 내에 포함되어 그 재산을 관리하는 것은 상속인의 권리라 할 수 있다. 그러나 이를 권리로 인정하면, 포기하는 것도 또한 자유라고 할 것이기 때문에, 이를 의무로 정한 것이다. 타인의 권리를 보호하기 위해 재산의 관리를 명한 때에는 선량한 주의를 필요로 하는 것이 보통이다. 그러나 이 경우에 다만 자기의 고유재산에 대한 주의로 충분하게 한 것은, 한정승인자도 상속인이 되는 이상에는 상속재산의 소유자이지만, 조건부로 일시 그 권리를 정지당하고 있는 것에 불과하므로, 선량한 관리인의 책임을 지게 하는 것은 가혹한 듯하기 때문이다.

그렇지만 상속인에게 관리의무를 명하여 상속재산은 따로 세우게 하는 것은 상속채권자와

受遺者의權利ᄅᆞᆯ保護ᄒᆞᆷ이니相續債權者及受遺者의所有財產의管理ᄅᆞᆯ限定承認者의게委任ᄒᆞᆫ境遇와恰似ᄒᆞ다謂ᄒᆞᆯ지라故로相續債權者와受遺者ᄂᆞᆫ管理의狀況을報告케ᄒᆞᆯ權利가有ᄒᆞ고以上權利者의請求가有ᄒᆞ면何時던지其管理의狀況을報告ᄒᆞᆯ責任이有ᄒᆞ며管理終結後에ᄂᆞᆫ其顚末을報告ᄒᆞᆷ이亦可ᄒᆞ고管理中에取收ᄒᆞᆫ相續財產에屬ᄒᆞᆯ만ᄒᆞᆫ金錢과果實과其他取得ᄒᆞᆫ權利ᄂᆞᆫ相續財產中에移轉ᄒᆞᆷ이可ᄒᆞ고此ᄅᆞᆯ因ᄒᆞ야生ᄒᆞᆫ費用은相續財產中으로支撥ᄒᆞᆷ이可ᄒᆞ고若相續人이無能力者가되야其義務ᄅᆞᆯ盡키不能ᄒᆞ거나又能力은有ᄒᆞ야도管理의任에就키不能ᄒᆞᆫ事故가有ᄒᆞ거나又管理의方法이不正當ᄒᆞ면利害關係人及檢事ᄂᆞᆫ裁判所에請求ᄒᆞ야管理人을選定ᄒᆞ며相續財產保存에必要ᄒᆞᆫ命令을發ᄒᆞᆷ이可ᄒᆞ니라

(第二)限定相續人은相續財產을精筭ᄒᆞᆯ義務ᄅᆞᆯ負ᄒᆞᆷ　限定承認者ᄂᆞᆫ相續財產을限度ᄒᆞ야相續債權及遺贈을報償ᄒᆞᆯ事로條件的承認이라即相續財產을精算ᄒᆞ야剩餘가有ᄒᆞ면自己가取得ᄒᆞ고不足ᄒᆞ면債權者及受遺者가損失케ᄒᆞᆯ意思ᄅᆞᆯ表示ᄒᆞᆷ이니相續財產의精算은限定承認의自然ᄒᆞᆫ結果ㅣ라相續財產

수유자의 권리를 보호하기 위해서 이다. 그러므로 상속채권자와 수유자의 소유재산의 관리를 한정승인자에게 위임한 경우와 흡사하다고 이를 수 있다. 따라서 상속채권자와 수유자는 관리의 상황을 보고하게 할 권리가 있고, 이상의 권리자의 청구가 있으면 언제든지 그 관리의 상황을 보고할 책임이 있으며, 관리종결 후에는 그 처음과 끝을 보고해야 한다. 관리 중에 수취한 상속재산에 속할만한 금전과 과실 및 그밖에 취득한 권리는 상속재산으로 이전해야 하고, 이에 따라 발생한 비용은 상속재산 중에서 지급해야 한다. 만약 상속인이 무능력자가 되어 그 의무를 다할 수 없거나 또는 능력은 있어도 관리의 임무에 나아갈 수 없는 사고가 있거나 또는 관리의 방법이 정당하지 아니하면, 이해관계인과 검사는 재판소에 청구하여 관리인을 선정하며 상속재산보존에 필요한 명령을 발하게 할 수 있다.

〈2〉 한정상속인은 상속재산을 정산할 의무를 부담함

한정승인자는 상속재산을 한도로 하여 상속채권과 유증을 상환하는 것으로 조건적 승인을 한 것이다. 즉 상속재산을 정산하여 나머지가 있으면 자기가 취득하고 부족하면 채권자와 수유자가 손실을 입게 할 의사를 표시한 것이다. 상속재산의 정산은 한정승인의 자연스러운 결과이다. 한정상속인이 상속재산에關ᄒᆞᆫ義務ᄂᆞᆫ履行ᄒᆞ고權利ᄂᆞᆫ主張ᄒᆞᆷ에當ᄒᆞ야各種節次가有ᄒᆞ나大體ᄂᆞᆫ法人이解散ᄒᆞᆫ境遇와同一ᄒᆞ니此ᄅᆞᆯ細分ᄒᆞ면

(甲)限定承認者됨을公告　此ᄂᆞᆫ一般利害關係人의게承認의限定을知悉케ᄒᆞᆷ인ᄃᆡ若管理人을選定ᄒᆞᆫ時ᄂᆞᆫ其姓名도亦公告ᄒᆞᆷ이可ᄒᆞ니라

(乙)各相續債權者及受遺者의게對ᄒᆞ야一定ᄒᆞᆫ期限內에其權利의請求ᄅᆞᆯ催告　元來義務者ᄂᆞᆫ債權者催促을不待ᄒᆞ고債務ᄅᆞᆯ履行ᄒᆞᄂᆞᆫ責任이有ᄒᆞ나限定承認은報給의公平을目的ᄒᆞᆷ으로相續財産을別立케ᄒᆞ고債權者의게ᄂᆞᆫ其權利ᄅᆞᆯ請求케ᄒᆞᆯ必要가有ᄒᆞ며若相續人이債權者의姓名居住ᄅᆞᆯ知ᄒᆞ면特別히催告ᄒᆞᆷ이可ᄒᆞ며若期限이過ᄒᆞ면報給을爲始ᄒᆞ야請求가無ᄒᆞᆫ債權者ᄂᆞᆫ除外ᄒᆞᆷ이可ᄒᆞ나債務者가先時에確知ᄒᆞᄂᆞᆫ債權者의게ᄂᆞᆫ特別ᄒᆞᆫ催告도有ᄒᆞ려니와清算에除外치못ᄒᆞᆯ지니라

(丙)公平히報償　相續財産으로各權利者의게對ᄒᆞ야報給ᄒᆞᆷ이裕餘ᄒᆞᆷ을明知ᄒᆞ면債權通告의順序ᄅᆞᆯ依ᄒᆞ야支撥ᄒᆞᆷ도可ᄒᆞᆯ듯ᄒᆞ나財産과債務의比較가分明치못ᄒᆞ면不公平ᄒᆞᆫ結果가生ᄒᆞᆯ터이오財産額이超過ᄒᆞᆷ으로思量ᄒᆞᆫ

에 관한 의무를 이행하고 권리를 주장할 경우 각종 절차가 있으나, 대략은 법인이 해산한 경우와 동일하다. 이를 세분하면 다음과 같다.

① **한정승인자로 된 것을 공고**; 이는 일반 이해관계인에게 승인의 한정을 자세히 알게 하는 것이다. 만약 관리인을 선정한 때에는 그 성명도 또한 공고해야 한다.

② **각 상속채권자와 수유자에 대해 일정한 기한 내에 그 권리의 청구를 최고함**; 원래 의무자는 채권자의 독촉을 기다리지 않고 채무를 이행할 책임이 있다. 그러나 한정승인은 변제의 공평을 목적으로 하고, 상속재산을 따로 세우도록 하는 것이기에, 채권자에게는 그 권리를 청구하게 할 필요가 있다. 만약 상속인이 채권자의 성명·거주를 알고 있으면 특별히 최고해야 한다. 만약 기한이 지나면 변제를 비롯하여 청구가 없는 채권자는 정산에서 제외해야 한다. 그러나 채무자가 그에 앞서 확실히 알고 있는 채권자에게는 특별한 최고도 있어야 하며 정산에서 제외하지 못한다.

③ **공평한 상환**; 상속재산으로 각 권리자에 대해 변제하는데 여유가 있는 것을 명확히 알 수 있으면, 채권통고의 순서에 따라 지급해야 할 듯하다. 그러나 재산과 채무의 비교가 분명하지 않으면 불공평한 결과가 발생하게 된다. 재산액이 초과하는 것으로 생각한

者도追後에變態도不無ᄒᆞ리니限定承認者ᄂᆞᆫ債權通告期間滿了ᄒᆞ기ᄭᆞ지債權의支給을拒絶ᄒᆞᆷ을得ᄒᆞ고亦拒絶치아니치못ᄒᆞᆯ지니라
債權通告期間滿了後에ᄂᆞᆫ其通告次序를依ᄒᆞ야報給ᄒᆞᆯ지나相續債權者ᄂᆞᆫ其債權者될時에相當ᄒᆞᆫ原因이有ᄒᆞ고相當ᄒᆞᆫ報酬도有ᄒᆞ나受遺者ᄂᆞᆫ大槪恩惠的行爲로其權利를得ᄒᆞᆫ者이니兩者를同等待遇ᄒᆞ면도로혀公平을維持ᄒᆞᆷ이아니라故로債權者의게先給ᄒᆞᆫ後에剩餘가有ᄒᆞ여야受遺者의게報給ᄒᆞᆷ이可ᄒᆞ니라
然則期間內에通告ᄒᆞᆫ債權者及受遺者와期間內에通告가無ᄒᆞ야도限定承認者가豫知ᄒᆞᆫ債權者及受遺者의게ᄂᆞᆫ同時報給ᄒᆞᆯ지나受遺者ᄂᆞᆫ債權者의게支給ᄒᆞᆫ後가아니면推捧을不得ᄒᆞ며若財産額이債務額보다少ᄒᆞᆯ時ᄂᆞᆫ各其權利의比例를應ᄒᆞ야支給ᄒᆞ고優先權이有ᄒᆞᆫ債權者의게ᄂᆞᆫ他債權보다爲先支給ᄒᆞᆯ지라然이나此亦財産額이不足ᄒᆞ면優先權利의順序를依ᄒᆞ야支撥ᄒᆞᆷ은言을不待ᄒᆞ고明白ᄒᆞᆯ지니라
支給期가아직到達치아니ᄒᆞᆫ債權도前述ᄒᆞᆫ次序方法을從ᄒᆞ야支給ᄒᆞᆯ지라

경우에도 추후에 상태가 변하는 경우도 없지 않다. 한정승인자는 채권통고기간이 만료하기까지 채권의 지급을 거절할 수 있고 또한 거절해야 한다.

채권통고기간만료 후에는 그 통고 순서에 따라 변제해야 한다. 그러나 상속채권자는 그 채권자가 될 때는 상당한 원인이 있고 상당한 보수도 있으나, 수유자는 대개 은혜적 행위로서 그 권리를 취득한 사람이므로, 양자를 동등하게 대우하면 도리어 공평을 유지할 수 없게 된다. 따라서 채권자에게 먼저 지급한 후에 나머지가 있어야 수유자에게 변제해야 한다.

그렇다면 기간 내에 통고한 채권자와 수유자 그리고 기간 내에 통고가 없어도 한정승인자가 미리 알고 있었던 채권자와 수유자에 대해서는 동시에 변제하나, 수유자는 채권자에게 지급한 후가 아니면 추심할 수 없다. 만약 재산액이 채무액보다 적은 때에는 각기 권리의 비례에 따라 지급하고, 우선권이 있는 채권자에 내해시는 다른 채권보다 우선 지급한다. 그러나 이 또한 재산액이 부족하면 우선권리의 순서를 따라 지급하는 것은 말을 기다리지 않고도 명백하다.

支給期가到來치아니ᄒᆞᆫ債權이라도瑕疵가有ᄒᆞᆫ債權은아니오又履行期間이란者ᄂᆞᆫ大體가債務者의利益을爲ᄒᆞ야定ᄒᆞᆫ바이니其利益을抛棄ᄒᆞᆫ境遇와可히同論ᄒᆞᆯ지라故로期限이不到ᄒᆞᆫ債權者의게도他債權者와ᄀᆞᆺ치支給ᄒᆞᆷ이可ᄒᆞ니라然이나條件을附ᄒᆞᆫ債權과存續期間이無限定ᄒᆞᆫ債權은此와同一로論키不能ᄒᆞ니抑條件附債權은條件成否를因ᄒᆞ야其權利가成立或消滅ᄒᆞᄂᆞᆫ者이오存續期間이無限定ᄒᆞᆫ債權은其債權額이確定치못ᄒᆞᆫ者이니엇지支給期不到ᄒᆞᆫ債權과同論ᄒᆞ리오然이나是亦債權인즉條件附債權은破産의境遇와ᄀᆞᆺ치其債權을供託所에任置ᄒᆞ야其條件의成就를待ᄒᆞᆷ이可ᄒᆞ고存續期間이未確定ᄒᆞᆫ債權은債權通告期間滿了ᄒᆞᆫ日ᄭᅡ지計筭ᄒᆞᆷ이可ᄒᆞᆯ듯ᄒᆞ도다（日本法에ᄂᆞᆫ二者를皆裁判所에셔選定ᄒᆞᆫ鑑定人의評價를從ᄒᆞ야支給케規定ᄒᆞ얏ᄂᆞ니라）

限定承認者即清算人이前述ᄒᆞᆫ方法節次를遵守치아니ᄒᆞ야相續債權者나受遺者의게損害를被케ᄒᆞᆫ時ᄂᆞᆫ其制裁로自己固有의財産으로賠償ᄒᆞᆯ지니此이故意或過失로他人의게損害를被케ᄒᆞᆫ者에對ᄒᆞᆫ一般通理에不外ᄒᆞ니

지급기가 도래하지 아니한 채권이라도 하자가 있는 채권은 아니고, 또 이행기간이란 대체로 채무자의 이익을 위해 정한 것이므로, 그 이익을 포기한 경우와 동일하게 논할 수 있다. 따라서 기한이 도래하지 아니한 채권자에게도 다른 채권자와 같이 지급해야 한다. 그렇지만 조건을 붙인 채권과 존속기간이 무한정한 채권은 이와 동일하게 논할 수 없다. 또한 조건부채권은 조건의 성취 여부에 따라 그 권리가 성립 또는 소멸하는 것이고, 존속기간이 무한정한 채권은 그 채권액을 확정할 수 없는 것이므로, 어찌 지급기가 도래하지 않은 채권과 같이 논하겠는가? 그러나 이 또한 채권이므로 조건부채권은 파산의 경우와 같이, 그 채권을 공탁소에 임치하여 그 조건의 성취를 기다려야 하고, 존속기간이 미확정인 채권은 채권통고기간만료한 날까지 계산할 수 있을 듯하다(일본법에서는 양자를 모두 재판소서 선정한 감정인의 평가에 따라 지급하는 것으로 규정하고 있다[1]).

한정승인자 즉 청산인이 전술한 방법과 절차를 준수하지 아니하여 상속채권자나 수유자에게 손해를 입힌 때에는, 그 제재로서 자기 고유의 재산으로 배상하게 해야 한다. 이는 고의 또는 과실로 타인에게 손해를 입힌 사람에 대한 일반의 공통된 도의에 지나지 않는

1 메이지민법 제1032조 제2항

라

(丁)相續財産의競賣　限定承認者는辨報ᄒᆞᆷ에對ᄒᆞ야相續財産의賣却을要ᄒᆞᆯ時는반다시競賣의方法을依ᄒᆞᆯ義務가有ᄒᆞ니現金이나金錢과同視ᄒᆞᆯ만ᄒᆞᆫ通用証券은直出給ᄒᆞ야도議論이無ᄒᆞ나其他動産或不動産은賣却ᄒᆞᆯ必要가有ᄒᆞᆫ지라故로此等物品은반다시公然ᄒᆞᆫ競賣場에托ᄒᆞ야競賣ᄒᆞᆯ지니或은執行裁判所나執達吏의手를經ᄒᆞ야競賣ᄒᆞᆷ도無妨호ᄃᆡ私賣即協議上의賣買는不許ᄒᆞᄂᆞ니라大概競賣는私賣보다低廉ᄒᆞ야權利者의不利益도有ᄒᆞᆯ지나반다시競賣를要ᄒᆞᆷ은協議上의賣買에는不正詐欺의行爲가有ᄒᆞᆯ가ᄒᆞ야多少의廉價는不顧ᄒᆞ고競賣에付ᄒᆞᆷ이니라

第二項　限定承認相續人의權利

(第一)費用及利息의請求權　限定承認者는相續財産管理ᄒᆞᆯ時에必要를因ᄒᆞ야先用ᄒᆞᆫ浮費와其浮費의利息을相續財産에셔先取ᄒᆞ며又負擔ᄒᆞᆫ債務는相續財産으로支給ᄒᆞ고若支給期가未到ᄒᆞᆫ時는相續債權者와受遺者로ᄒᆞ야곰擔保를供케ᄒᆞ는權利가有ᄒᆞ니限定承認者가相續財産을管理ᄒᆞᆷ은自己만爲

다.

④ **상속재산의 경매;** 한정승인자는 상환을 위해 상속재산을 매각해야 할 때에는, 반드시 경매의 방법에 따를 의무가 있다. 현금이나 금전과 동일시할 만한 유가증권은 직접 지급하여도 의론이 없으나, 그 밖의 동산 또는 부동산은 매각할 필요가 있다. 따라서 이들 물품은 반드시 공연한 경매장에 맡겨 경매해야 한다. 때로는 집행재판소나 집행관의 손을 거쳐 경매하는 것도 무방하지만, 사매(私賣) 즉 협의상의 매매는 허용하지 않는다. 대개 경매는 사매보다 저렴하여 권리자에게 불이익하기도 하다. 그러나 반드시 경매해야 하는 것은, 협의상 매매의 경우에는 부정·사기의 행위가 있을까 하여 다소의 염가는 고려하지 않고 경매에 부치는 것이다.

제2항 한정승인 상속인의 권리

〈1〉 비용과 이자의 청구권

한정승인자는 상속재산을 관리할 때에 필요에 따라 먼저 사용한 비용과 그 비용의 이자를 상속재산에서 먼저 취한다. 또 부담한 채무는 상속재산에서 지급하고, 만약 지급기가 도래하지 아니한 때에는 상속채권자와 수유자로 하여금 담보를 제공하게 할 권리를 가진다. 한정승인자가 상속재산을 관리하는 것은 자기만을 위

ᄒᆞᆯ뿐아니오相續債權者及受遺者를爲ᄒᆞᆷ이니其利益을共受ᄒᆞᆫ相續債權者及受遺者의게負擔케ᄒᆞᆷ이當然ᄒᆞᆫ지라實則間接으로自己와相續債權者及受遺者의負擔이되ᄂᆞ니라

〔第二〕競賣를停止ᄒᆞᄂᆞᆫ權　限定承認者ᄂᆞᆫ相續債權者及受遺者의게對ᄒᆞ야相續財產의價額을辨出ᄒᆞ고競賣를停止ᄒᆞᆷ을得ᄒᆞᄂᆞ니盖限定承認者의게此權을與ᄒᆞᆫ所以ᄂᆞᆫ被相續人과相續人은大槩父子夫婦의親族關係가有ᄒᆞᆫ者ㅣ라故로被相續人의財產을相續人이永久保有ᄒᆞᆷ은一種의名譽로아ᄂᆞᆫ慣習이有ᄒᆞ고被相續人도其財產을相續人이守持ᄒᆞᆷ을望ᄒᆞᆷ도人情이니他人의게損害가無ᄒᆞᆯ以上에ᄂᆞᆫ慣習과人情을尊重히ᄒᆞᆷ이至當ᄒᆞᆫ지라夫競賣ᄂᆞᆫ不正의手段을行치못ᄒᆞ게ᄒᆞ야債權者와受遺者를保護ᄒᆞᆷ에不過ᄒᆞ니若相續人이公明正大ᄒᆞ게裁判所에셔選任ᄒᆞᆫ鑑定人의評價를從ᄒᆞ야相續財產의全部나一部를差持ᄒᆞ고自己固有의金錢으로代給ᄒᆞ면廉價되ᄂᆞᆫ競賣에付ᄒᆞ야何必相續人의先人의財產을他人의게移轉ᄒᆞᆯ理由가有ᄒᆞ리오

〔第三〕分配加入의權限定　承認者ᄂᆞᆫ相續債權者로相續財產分配에加入ᄒᆞᄂᆞᆫ

할 뿐만 아니라, 상속채권자와 수유자를 위해서이기도 하다. 그러므로 그 이익을 함께 받은 상속채권자와 수유자에게 부담하게 하는 것이 당연하다. 사실상 간접적으로 자기 및 상속채권자와 수유자의 부담으로 되는 것이다.

〈2〉 경매를 정지하는 권리

한정승인자는 상속채권자와 수유자에 대해 상속재산의 가액을 변제하고 경매를 정지할 수 있다. 대개 한정승인자에게 이 권리를 부여한 이유는, 피상속인과 상속인은 일반적으로 부자·부부의 친족관계가 있는 사람이기 때문에, 피상속인의 재산을 상속인이 영구 보유하는 것을 일종의 명예로 아는 것이 관습이고, 피상속인도 그 재산을 상속인이 지키고 유지·보전하는 것을 바라는 것도 인정이므로, 타인에게 손해가 없는 이상에는 관습과 인정을 존중하는 것이 지당한 데 있다. 무릇 경매는 부정한 수단을 행사하지 못하게 하여 채권자와 수유자를 보호하는 것에 지나지 않는다. 만약 상속인이 공명·정대하게 재판소에서 선임한 감정인의 평가에 따라 상속재산의 전부나 일부를 차지하고, 자기 고유의 금전으로 대신 시급하면 염가로 되는 경매에 부칠 무슨 필요가 있으며, 상속인의 선인(先人)의 재산을 타인에게 이전할 이유가 있겠는가?

〈3〉 분배·가입의 권리

한정승인자는 상속채권자로서 상속재산분배에 가입하는

權利가有ᄒᆞᆫ지라盖債權과債務가一人의게歸ᄒᆞ면混同이되야其債權은消滅ᄒᆞᆷ이普通의原則이나限定承認ᄒᆞᆫ境遇에ᄂᆞᆫ相續財産을別立ᄒᆞ야限定承認者、相續債權者及受遺者의共有物과同視ᄒᆞᄂᆞᆫ結果로限定相續人의債權이相續을因ᄒᆞ야消滅이되지아니ᄒᆞ고相續財産精算에加入ᄒᆞ야他債權과갓치分配ᄅᆞᆯ受ᄒᆞᄂᆞ니라

(第四)相續財産確得의權　限定承認者ᄂᆞᆫ相續財産으로相續債權者와受遺者의게平等分給ᄒᆞ고오히려殘餘가有ᄒᆞ면確實히取得ᄒᆞᄂᆞᆫ權利가有ᄒᆞ니此ᄂᆞᆫ限定承認으로相續ᄒᆞᆫ性質로生ᄒᆞᆫ當然ᄒᆞᆫ事ㅣ라故로說明을要치아니ᄒᆞ노라

第三項　相續債權者及受遺者의權利

此項은相續債權者及受遺者의權利ᄅᆞᆯ敍述ᄒᆞ고兼ᄒᆞ야相續債權者와受遺者互相間의關係ᄅᆞᆯ說明코져ᄒᆞ노라

(第一)限定承認者의財産管理ᄅᆞᆯ監査ᄒᆞᄂᆞᆫ權　相續債權者와受遺者ᄂᆞᆫ相續財産에對ᄒᆞ야利害關係가有ᄒᆞᆫ者인즉限定承認者의管理良否ᄂᆞᆫ自己頭上에直接影響이及ᄒᆞᄂᆞᆫ故로監査權을與ᄒᆞᆷ은當然ᄒᆞᆫ事ㅣ라何時던지限定承認者의

권리를 가진다. 대개 채권과 채무가 1인에게 귀속하게 되면 혼동으로 그 채권은 소멸하는 것이 일반원칙이다. 그러나 한정승인한 경우에는 상속재산을 따로 세워 한정승인자, 상속채권자와 수유자의 공유물과 동일시하는 결과로, 한정상속인의 채권이 상속에 따라 소멸되지 않고 상속재산 정산에 가입하여 다른 채권과 같이 분배를 받는 것이다.

〈4〉 상속재산을 확실히 취득하는 권리

한정승인자는 상속재산으로 상속채권자와 수유자에게 평등 분배하고, 오히려 나머지가 있으면 확실히 이를 취득하는 권리를 가진다. 이는 한정승인으로 상속한 성질에서 발생하는 당연한 것이다. 따라서 설명을 필요로 하지 않는다.

제3항 상속채권자와 수유자의 권리

이 항에서는 상속채권자와 수유자의 권리를 서술하고, 아울러 상속채권자와 수유자 상호 간의 관계를 설명하고자 한다.

〈1〉 한정승인자의 재산관리를 감사하는 권리

상속채권자와 수유자는 상속재산에 대해 이해관계가 있는 자이다. 그러므로 한정승인자의 관리가 좋음과 좋지 않음은 자기 머리 위에 직접 영향을 미치기 때문에, 감사권을 부여하는 것은 당연한 일이다. 언제든지 한정승인자에게對ᄒᆞ야管理의狀況을通知케ᄒᆞ고管理가終了ᄒᆞ면其精細ᄒᆞᆫ始末을通知케ᄒᆞ되若管理가不相當ᄒᆞᆷ으로思量ᄒᆞ면裁判所에申請ᄒᆞ야適當ᄒᆞᆫ命令을仰ᄒᆞ고損害賠償을請求ᄒᆞᆷ도得ᄒᆞᄂᆞ니라

（第二）債權을受捧ᄒᆞᄂᆞᆫ權　催告期間內에通告ᄒᆞᆫ相續債權者와限定承認者가豫知ᄒᆞᆫ相續債權者ᄂᆞᆫ催告期間이滿了ᄒᆞ면即時에推捧을請求ᄒᆞᆯ뿐아니라受遺者보다先推ᄒᆞᄂᆞᆫ權이有ᄒᆞ다ᄒᆞᆷ은前說ᄒᆞᆫ바어니와此ᄅᆞᆯ詳言ᄒᆞ면相續債權者ᄂᆞᆫ期間內에請求의有無ᄅᆞᆯ不關ᄒᆞ고限定承認者가債權者됨을知ᄒᆞ면受捧ᄒᆞᆷ을得ᄒᆞᄂᆞᆫ지라然이나普通債權者ᄂᆞᆫ優先權이有ᄒᆞᆫ債權者가全額을受捧ᄒᆞᆫ後가아니면其推尋을不得ᄒᆞ며受遺者ᄂᆞᆫ此等債權者가受捧ᄒᆞ고殘餘가有ᄒᆞᆫ時가아니면期間內에請求ᄒᆞ얏슬지라도推捧을不得ᄒᆞ며又此受遺者가受捧ᄒᆞ고殘餘가有ᄒᆞ여야債務者가豫知치못ᄒᆞᆫ債權者로期間後에請求ᄒᆞᆫ債權者가受捧ᄒᆞᆷ을得ᄒᆞ고又剩餘가有ᄒᆞ여야期間內에請求치아니ᄒᆞ고且限定承認者가豫知치못ᄒᆞᆫ受遺者가비로소受捧ᄒᆞᆷ을得ᄒᆞᄂᆞ니라然이나特別擔保가有ᄒᆞᆫ相續債權者及受遺者ᄂᆞᆫ其擔保物로受捧ᄒᆞᆯ權利가有ᄒᆞᆷ으로催告期間內에

대해 관리의 상황을 통지하게 하고, 관리가 종료되면 그 정밀하고 상세한 처음과 끝을 통지하게 한다. 만약 관리가 상당하지 아니한 것으로 생각하면 재판소에 신청하여 적당한 명령을 바라고 손해배상을 청구할 수도 있다.

〈2〉 채권을 받을 권리

최고기간 내에 통고한 상속채권자와 한정승인자가 미리 알고 있었던 상속채권자는, 최고기간이 만료하면 즉시 추심을 청구할 뿐만 아니라, 수유자보다 먼저 추심할 수 있는 권리를 가지는 것은 앞에서 설명한 바이다. 이를 상세히 말하면 상속채권자는 기간 내에 청구의 유무와 관계없이, 한정승인자가 채권자로 된 것을 알았으면 변제를 받을 수 있으나, 일반 채권자는 우선권이 있는 채권자가 전액을 변제받은 후가 아니면 그 추심을 할 수 없다. 수유자는 이들 채권자가 변제를 받고 나머지가 있은 후가 아니면, 기간 내에 청구하였을지라도 추심할 수 없다. 또한 이 수유자가 변제받고 나머지가 있어야 채무자가 미리 알지 못한 채권자로서 기간 후에 청구한 채권자가 변제받을 수 있나. 또 나머지가 있이야 기간 내에 청구하지 않고 또한 한정승인자가 미리 알지 못한 수유자가 비로소 변제받을 수 있다. 그러나 특별담보가 있는 상속채권자와 수유자는 그 담보물로 변제받을 권리가 있으므로, 최고기간 내에

請求ᄒᆞᆫ與否와限定承認者의豫知與否를不拘ᄒᆞ고推捧ᄒᆞᄂᆞᆫ權利가有ᄒᆞ니라

(第三)競賣와鑑定에叅加ᄒᆞᄂᆞᆫ權　相續債權者와受遺者의게競賣와鑑定에叅加케ᄒᆞᄂᆞᆫ權을付與홈은第一의理由와一般이라故로疊論치아니ᄒᆞ나自己의費用으로써叅加케ᄒᆞ며叅加의請求가有ᄒᆞᆫ뒤限定承認者가此를不待ᄒᆞ고競賣나鑑定을擅行ᄒᆞ얏스면此ᄂᆞᆫ無効로主張홈을得ᄒᆞ야第三者의게도亦同ᄒᆞ니라

次에相續債權者와受遺者互相間의關係를論ᄒᆞ노니各相續債權者와受遺者ᄂᆞᆫ前述ᄒᆞᆫ受捧順序를從ᄒᆞ야請求ᄒᆞ야可히相侵치못ᄒᆞᆯ지라然이나限定承認者가支撥ᄒᆞᆯ時에此를違背ᄒᆞ야債權者와受遺者의게損害가有ᄒᆞ면限定承認者ᄂᆞᆫ自己固有財産으로賠償의責任이有ᄒᆞ거니와此로써正當ᄒᆞᆫ債權者와受遺者를十分保護ᄒᆞᆫ다謂치못ᄒᆞᆯ지니限定承認者가資産이無홈도有ᄒᆞ고不足홈도有ᄒᆞᆫ故로限定承認者가懈怠或故意로公平치못ᄒᆞᆫ支撥方法을取ᄒᆞ야他債權者及受遺者의게損害를被케ᄒᆞᄂᆞᆫ事情을知ᄒᆞ고도拚然히支給을受ᄒᆞᆫ相續債權者及受遺者ᄂᆞᆫ其制裁를定ᄒᆞᆯ必要가有ᄒᆞ고理由가亦有ᄒᆞ니故로損害를被ᄒᆞᆫ權利者ᄂᆞᆫ限

청구하였는지의 여부와 한정승인자가 미리 알았는지의 여부를 불문하고, 변제받을 권리를 가진다.

〈3〉 경매와 감정에 참가하는 권리

상속채권자와 수유자에게 경매와 감정에 참가하게 하는 권리를 부여하는 것은 첫 번째 이유와 같다. 따라서 거듭 논하지 아니한다. 다만 자기 비용으로 참가하게 하며, 참가의 청구가 있는데도 한정승인자가 이를 기다리지 않고 경매나 감정을 제멋대로 하였을 경우에는, 이는 무효로 주장할 수 있고 제3자에 대해서도 또한 같다.

다음에 상속채권자와 수유자 상호간의 관계를 논한다. 각 상속채권자와 수유자는 전술한 변제순서에 따라 청구하며 서로 침범할 수 없다. 그러나 한정승인자가 지급하면서 이를 위배하여 채권자와 수유자에게 손해가 있으면, 한정승인자는 자기의 고유재산으로 배상할 책임이 있지만, 이에 따라 정당한 채권자와 수유자를 충분히 보호한다고 할 수 없다. 한정승인자가 자산이 없는 경우도 있고, 부족한 경우도 있다. 따라서 한정승인자가 게으름 놓는 고의로 공평하지 아니한 지급방법을 취하여, 다른 채권자와 수유자에게 손해를 입히는 사정을 알고도 몰래 지급을 받은 상속채권자와 수유자에 대해서는, 그 제재를 정할 필요가 있고 이유가 또한 있다. 그러므로 손해를 입은 권리자는 한

定承認者의게對ᄒᆞ야賠償을請求ᄒᆞ고一便으로ᄂᆞᆫ知情不正ᄒᆞᆫ他債權者或受遺者의게對ᄒᆞ야求償ᄒᆞᄂᆞᆫ權이有ᄒᆞ니라

以上限定承認者의게對ᄒᆞᆫ損害要償權과惡意의債權者及受遺者의게對ᄒᆞᆫ求償權은本來債權됨이無疑ᄒᆞᆷ으로一般時效ᄅᆞᆯ依ᄒᆞ야消滅ᄒᆞᆯ지나此等債權은義務ᄅᆞᆯ不遵ᄒᆞ고權利ᄅᆞᆯ濫用ᄒᆞᆫ不法行爲에原因ᄒᆞᆫ者ㅣ라謂ᄒᆞᆯ지라故로不法行爲로因ᄒᆞᆫ債權時效의規定을適用ᄒᆞ야其時效ᄅᆞᆯ加害行爲의事實을知ᄒᆞᆫ時와加害行爲가有ᄒᆞᆫ時로區分ᄒᆞ야各幾年을經過ᄒᆞ면其請求權을消滅케ᄒᆞ야一般時效보다短縮ᄒᆞᆷ이可ᄒᆞ니라

第三節 抛棄

相續의抛棄ᄂᆞᆫ相續人이自己ᄅᆞᆯ爲ᄒᆞ야開始ᄒᆞᆫ相續과其關係ᄅᆞᆯ斷絶코ᄌᆞᄒᆞᄂᆞᆫ意思表示니法定家督相續人을除ᄒᆞᆫ外에ᄂᆞᆫ如何ᄒᆞᆫ相續人이던지此自由가皆有ᄒᆞᆫ지라此意思表示ᄂᆞᆫ相續開始地裁判所에其抛棄ᄒᆞᄂᆞᆫ緣由ᄅᆞᆯ書面과或口頭로申述ᄒᆞ야明示ᄅᆞᆯ要ᄒᆞᄂᆞ니暗默의表示ᄅᆞᆯ不許ᄒᆞᆷ은專히相續債權者及受遺者의權利ᄅᆞᆯ保護ᄒᆞᆷ으로限定承認의明示와同一ᄒᆞᆫ理由니라

정승인자에 대해 배상을 청구하고, 한편으로는 사정을 알고 있는 부정한 다른 채권자 또는 수유자에 대해 구상하는 권리를 가진다.

이상의 한정승인자에 대한 손해배상권과 악의의 채권자와 수유자에 대한 구상권은 본래 채권인 점에서 의심할 여지가 없으므로 일반시효에 따라 소멸한다. 그러나 이들 채권은 의무를 준수하지 않고 권리를 남용한 불법행위에 기인한 것이라 할 수 있다. 따라서 불법행위로 인한 채권시효의 규정을 적용하여, 그 시효를 가해행위의 사실을 안 때와 가해행위가 있은 때로 구분하여 각각 몇 년을 경과하면 그 청구권을 소멸하게 하여 일반시효보다 단축해야 한다.

제3절 포기

상속의 포기는 상속인이 자기를 위해 개시된 상속과 그 관계를 단절하고자 하는 의사표시이다. 법정가독상속인을 제외하고는 어떠한 상속인이든지 모두 이 자유를 가진다. 이 의사표시는 상속개시지 재판소에 그 포기하는 사유를 서면 또는 구술로 신청하여 명시해야 한다. 묵시의 표시를 허용하지 않는 것은, 전적으로 상속채권자와 수유자의 권리를 보호하기 위한 것으로 한정승인에서의 명시와 동일한 이유이다.

拋棄ᄒᆞᆫ相續人은相續人이아니되얏던者와同ᄒᆞ야相續財産과無關係ᄒᆞᆫ地位에在ᄒᆞᄂᆞ니相續開始ᄒᆞᆫ當時를溯ᄒᆞ야其効力이生ᄒᆞ며此를因ᄒᆞ야家督相續과相續人一人만有ᄒᆞᆫ遺産相續에ᄂᆞᆫ次位의相續人을相續開始ᄒᆞᆫ時브터相續人되얏던者로看做ᄒᆞ고數人의遺産相續人이有ᄒᆞᆫ時ᄂᆞᆫ其中에一人이拋棄ᄒᆞᆫ相續分은拋棄치아니ᄒᆞᆫ他相續人의相續分에應ᄒᆞ야相續開始ᄒᆞᆫ時브터歸屬ᄒᆞᆫ者로看做ᄒᆞᄂᆞ니라然이나此ᄂᆞᆫ當事者間의效果오第三者의게對ᄒᆞ야ᄂᆞᆫ必然치아니ᄒᆞᄂᆞ니假令相續人이承認或拋棄ᄒᆞᆯ期間內나相續財産管理中의必要로相續財産을第三者의게放賣ᄒᆞᆫ時도旣往을溯ᄒᆞ야其賣買가無效가될지나善意의第三者를害ᄒᆞᆷ은當然ᄒᆞᆫ條理가아니니故로善意第三者의게對ᄒᆞ야ᄂᆞᆫ此拋棄의溯及效가不及케ᄒᆞᆷ이正當ᄒᆞᆯ줄로信ᄒᆞ노라

相續人은其拋棄를因ᄒᆞ야新相續人이相續財産의管理를爲始ᄒᆞ기ᄭᆞ지ᄂᆞᆫ自己財産에對ᄒᆞᆫ同一注意로其相續財産을繼續管理ᄒᆞᆷ을要ᄒᆞᆯ지라盖拋棄ᄒᆞᆫ相續人은關係가無ᄒᆞ야相續財産은他人의所有가될더이나然이나相續人地位에在ᄒᆞᆫ者ᄂᆞᆫ大概被相續人과特別ᄒᆞᆫ親族關係가有ᄒᆞᆯᄲᆞᆫ더러況父子關係가有ᄒᆞᆫ者가自

포기한 상속인은 상속인이 아니었던 것과 동일하여 상속재산과 관계없는 지위에 있게 된다. 상속개시 당시까지 소급하여 그 효력이 발생하며, 이에 따라 가독상속과 상속인 1인만 있는 유산상속에서는 다음 순위의 상속인을 상속개시시부터 상속인으로 되었던 사람으로 간주한다. 여러 사람의 유산상속인이 있는 때에는 그 중 1인이 포기한 상속분은 포기하지 아니한 다른 상속인의 상속분에 따라 상속개시시부터 귀속한 것으로 간주된다. 그러나 이는 당사자 사이의 효과이고 제3자에게 대해서는 반드시 그렇지 않다. 가령 상속인이 승인 또는 포기할 기간 내나 상속재산관리 중의 필요에서 상속재산을 제3자에게 매각한 때에는, 기왕에 소급하여 그 매매가 무효가 될 것이다. 그러나 선의의 제3자를 해치는 것은 당연한 조리가 아니다. 따라서 선의의 제3자에게 대해서는 이 포기의 소급효가 미치지 아니하게 하는 것이 정당한 것으로 믿는다.

상속인은 그 포기로 인해 새로운 상속인이 상속재산의 관리를 시작하기까지는 자기재산에 대한 동일한 주의로 그 상속재산을 계속 관리해야 한다. 대개 포기한 상속인은 상속재산과 관계가 없는 것으로 되어 상속재산은 타인의 소유가 될 것이다. 그러나 상속인 지위에 있는 사람은 대개 피상속인과 특별한 친족관계가 있으며, 하물며 부자관계가 있는 사람이 자

己의利益만爲ᄒᆞ야抛棄ᄒᆞ면德義에損傷이라云ᄒᆞᆷ도無妨ᄒᆞ니暫時間管理義務를抛棄者의게負擔케ᄒᆞᆷ도不當ᄒᆞᆫ事ㅣ아니라且國家로見ᄒᆞ야도一日이라도無主의財產으로放置ᄒᆞᆷ은經濟의道에不適ᄒᆞᆫ故로次位相續人이管理ᄒᆞ기ᄭᆞ지抛棄者로ᄒᆞ야곰管理케ᄒᆞᆷ은公益으로基因ᄒᆞᆫ者ㅣ라云ᄒᆞ리로다然則抛棄者의管理가受任ᄒᆞᆫ境遇와恰似ᄒᆞ니管理狀況의報告와淸算管理中에領收ᄒᆞᆫ金錢及其他物品의越給과費用의請求와利害關係人의權利와裁判所의處分命令等을委任에關ᄒᆞᆫ規定을准用ᄒᆞᆷ이可ᄒᆞ니라

第五章 財產의分離

第一節 總論

此制度가泰西에는羅馬法時代로브터行ᄒᆞᆫ者이나日本은新民法의創設ᄒᆞᆫ바이라財產分離는一般擔保로目的ᄒᆞᆫ財產에對ᄒᆞ야擔保로目的지아니ᄒᆞᆫ債權者보담優先推捧케ᄒᆞ기爲ᄒᆞ야相續財產과相續人의固有財產의混淆를防杜ᄒᆞᆷ을許ᄒᆞᄂᆞᆫ一利益이라相續財產은相續開始ᄒᆞᄂᆞᆫ同時에擬制로相續人의게移轉ᄒᆞ야其固有財產과混同ᄒᆞ리니故로此를分離지아니ᄒᆞ면相續債權者及受遺者ᄂᆞᆫ不

기의 이익만을 위해 포기하면 도덕상의 의무에 손상이 된다고 말해도 무방하다. 잠시 관리의무를 포기자에게 부담하게 하는 것도 부당한 일이 아니다. 또한 국가적 견지에서도 하루라도 무주의 재산으로 방치하는 것은 경제의 도리에 적합하지 않다. 따라서 다음 순위의 상속인이 관리하기까지 포기자로 하여금 관리하게 하는 것은 공익에 기인하는 것이라 할 수 있다. 그래서 포기자의 관리는 수임의 경우와 흡사하므로, 관리상황의 보고와 청산관리 중에 수령한 금전과 그 밖의 물품의 인도와 비용의 청구 및 이해관계인의 권리와 재판소의 처분명령 등에 관해 위임에 관한 규정을 준용할 수 있다.

제5장 재산의 분리

제1절 총론

이 제도가 서양에서는 로마법시대부터 행해져 온 것이나 일본은 신민법에서 이를 신설한 것이다. 재산분리는 일반담보의 목적으로 된 재산에 대해 목적으로 하지 아니한 채권자보다 우선 추심하게 하기 위해, 상속재산과 상속인의 고유재산의 혼동을 방지하는 것을 허락하는 하나의 이익이 있다. 상속재산은 상속이 개시되는 동시에 의제로서 상속인에게 이전하여 그 고유재산과 혼동하게 된다. 따라서 이를 분리하지 아니하면 상속채권자와 수유자는 뜻하지

哼의損害를被흘慮가有ᄒ고相續人의債權者도亦然흘지라假令相續人이固有흔財産이無호ᄃ債務는千圓이有ᄒ고相續財産은千圓이오相續債務도亦千圓이면此境遇에財産及債權債務가混合ᄒ야各債權者는同等으로半額을受捧ᄒ리니然則相續債權者及受遺者는滿足히受捧흘債權의半額을損失ᄒ고相續人의債權者는意外로半額을受捧홈에至흘지라無財産者의게給償ᄒ얏다가推尋흘可望이無ᄒ야도自業自得으로怨尤흘處이無ᄒ거늘如此히意外의結果로一便은損ᄒ고一便은利ᄒ면엇지公平타謂ᄒ리오相續人의財産은多ᄒ고相續으로傳受흔財産이移轉흔債務額보다少흔境遇에는相續人의債權者의地位가亦同然ᄒ리라故로相續債權者及受遺者와相續人의債權者의게財産分離의請求權을各與흔所以니라

法國民法에는相續人의債權者의게는此權利를不與ᄒ얏ᄉ니其理由는凡債權者는其債務者의行爲가詐欺가有흔外에는自己의財産을減少ᄒ는事이有ᄒ야도敢히妨害흘權利가無홈은何人이던지知了흘바ㅣ라故로債務者가相續人의資格으로其相續承認홈을因ᄒ야債務가增加홈에至ᄒ나債權者는此를禁止키

않은 손해를 입을 우려가 있고, 상속인의 채권자도 또한 그러하다. 가령 상속인이 고유재산은 없으나 채무는 천원이 있고 상속재산은 천원이며 상속채무도 또한 천원이면, 이 경우에 재산과 상속채무가 뒤섞여 합쳐져 각 채권자는 동등하게 반액을 변제받게 된다. 그렇게 되면 상속채권자와 수유자는 충분히 변제받을 채권의 반액의 손실을 입고, 상속인의 채권자는 의외로 반액을 변제받게 된다. 무재산자에게 채무를 부담하게 하였다가 추심할 가망이 없어도 자업자득으로 원망하고 탓할 곳이 없는데, 이와 같이 의외의 결과로 한편은 손실을 입고 다른 한편은 이익을 보게 된다면 어찌 공평하다고 하겠는가. 상속인의 재산은 많고 상속으로 이어받은 재산이 이전된 채무액보다 적은 경우에는, 상속인의 채권자의 지위가 또한 마찬가지이다. 이 때문에 상속채권자와 수유자 및 상속인의 채권자에게 재산분리의 청구권을 각각 부여한 까닭이다.

프랑스민법에서는 상속인의 채권자에게는 이 권리를 부여하지 않았다. 그 이유는 무릇 채권자는 그 채무자의 행위가 사기가 있는 외에는, 자기의 재산을 감소하는 일이 있어도 감히 방해할 권리가 없음은 누구든지 알고 있기에, 채무자가 상속인의 자격으로 그 상속을 승인하는 것에 따라 채무가 증가하게 되어도 채권자는 이를 금지할 수

不能ᄒᆞ다ᄒᆞᄂᆞᆫ理由에在ᄒᆞᆫ지라然이나此ᄂᆞᆫ債務者가其財産을增加ᄒᆞᆯ目的을實行ᄒᆞ기爲ᄒᆞ야其結果가畢竟財産이減少ᄒᆞᄂᆞᆫ境遇와必要가無ᄒᆞᆫ如何ᄒᆞᆫ行爲로自然히債務가增加ᄒᆞᄂᆞᆫ境遇ᄅᆞᆯ混視ᄒᆞᆫ論이라卽被相續人의債務ᄅᆞᆯ無慮擔當ᄒᆞ야自已固有의債權者ᄅᆞᆯ害케ᄒᆞᄂᆞᆫ行爲ᄅᆞᆯ同視ᄒᆞᆫ바ㅣ로다盖相續人順位에在ᄒᆞᆫ者가單純承認치아니치못ᄒᆞᄂᆞᆫ制度면已어니와法定相續人이라도限定承認을得ᄒᆞ고他相續人은抛棄ᄭᆞ지得ᄒᆞᄂᆞᆫ以上에ᄂᆞᆫ相續人의債權者의게分離請求權을不與ᄒᆞᆯ理由가無ᄒᆞ니라

上述ᄒᆞᆷ과ᄀᆞᆺ치財産의分離란者ᄂᆞᆫ相續財産과相續人의固有財産의混淆ᄅᆞᆯ避ᄒᆞᄂᆞᆫ者이오限定承認도亦相續財産과相續人의固有財産의混同을避ᄒᆞᄂᆞᆫ者이라此同一ᄒᆞᆫ点으로因ᄒᆞ야或者ᄂᆞᆫ限定承認이有ᄒᆞ면財産分離의必要가無ᄒᆞ고財産分離의請求가有ᄒᆞ면限定承認ᄒᆞᆯ必要가無ᄒᆞ다云ᄒᆞ나此ᄂᆞᆫ深思치못ᄒᆞᆫ結論이라財産分離의効果ᄂᆞᆫ相續債權者及受遺者가相續人의債權者에優先ᄒᆞ야相續財産中으로支給을受ᄒᆞ고若不滿足ᄒᆞ면相續人固有財産에對ᄒᆞ야도亦支給을請求ᄒᆞᄂᆞᆫ權利가有ᄒᆞ니卽相續財産과相續人固有財産이一時分別ᄒᆞᆯ而已라

없다고 하는 이유에서 비롯한다. 그러나 이는 채무자가 재산을 증가할 목적을 실행하기 위해 그 결과가 끝내 재산이 감소하는 경우와 필요가 없는 어떠한 행위로 자연히 채무가 증가는 경우를 혼동해서 본 논리이다. 즉 피상속인의 채무를 모두 담당하여 자기 고유의 채권자를 해치게 되는 행위를 동일시한 것이다. 대개 상속인의 순위에 있는 사람이 단순승인해야 하는 제도라면 모르지만, 법정상속인이라도 한정승인을 할 수 있고, 다른 상속인은 포기까지 할 수 있는 이상에는, 상속인의 채권자에게 분리청구권을 부여하지 않은 이유가 없다.

상술한 바와 같이 재산의 분리란 것을 상속재산과 상속인의 고유재산이 뒤섞이게 되는 것을 피하는 것이다. 한정승인도 또한 상속재산과 상속인의 고유재산의 혼동을 피하는 것이다. 이처럼 동일한 점으로 말미암아 어떤 사람은 한정승인이 있으면 재산분리의 필요가 없고, 재산분리의 청구가 있으면 한정승인할 필요가 없다고도 말한다. 그러나 이는 깊이 생각하지 못한 결론이다. 재산분리의 효과는 상속재권자와 수유자가 상속인의 채권자에 우선하여 상속재산 중에서 지급을 받고, 만약 만족하지 못하면 상속인의 고유재산에 대해서도 또한 지급을 청구하는 권리가 있다. 즉 상속재산과 상속인의 고유재산이 일시 분별될 뿐이다.

然則相續人은此請求를避코ᄌᆞ홀진ᄃᆡ限定承認홈이可ᄒᆞ고又相續人의限定承認이有ᄒᆞ나오히려相續債權者及受遺者와相續人의債權者ᄂᆞᆫ財產의分離를請求홀利益이有ᄒᆞ니前章에說明ᄒᆞᆫ限定承認은單純承認과又치絕對的으로確定不動ᄒᆞᄂᆞᆫ者ㅣ아니라相續人의行爲를因ᄒᆞ야其效力이消滅ᄒᆞ야單純承認으로看做ᄒᆞᄂᆞᆫ境遇가多ᄒᆞ니分別ᄒᆞ얏던各財產이相續人의게復合홈은自然ᄒᆞᆫ結果라此時를當ᄒᆞ야財產分離를請求홀期限이已過ᄒᆞ얏스면債權者中一便은不得已ᄒᆞ야其損害를受홀지니엇지相續人의限定承認홈만恃ᄒᆞ리오

第二節　相續債權者及受遺者의請求

(第一)財產分離節次　相續財產을分離ᄒᆞ랴면左의節次를依홈을要ᄒᆞᄂᆞ니라

(一)相續債權者나受遺者가裁判所에請求홈을要홈　受遺者ᄂᆞᆫ無償으로財產을得ᄒᆞᄂᆞᆫ者ㅣ됨으로有償行爲의債權者와同視홀바ㅣ아니나相續財產의債權者되기ᄂᆞᆫ一般인즉此亦分離請求權이有ᄒᆞ니라

(二)財產分離ᄂᆞᆫ相續開始ᄒᆞᆫ時브터三箇月內며又相續財產이相續人固有財產과混合ᄒᆞ기前에請求홈을要홈　相續開始後三箇月間은相續人이承認

그래서 상속인이 이 청구를 피하고자 하려면, 한정승인을 해야 한다. 또 상속인의 한정승인이 있더라도 오히려 상속채권자와 수유자 및 상속인의 채권자는 재산의 분리를 청구할 이익이 있으며, 앞 장에서 설명한 한정승인은 단순승인과 같이 절대적으로 확정·고정되는 것이 아니다. 상속인의 행위에 따라 그 효력이 소멸하고 단순승인으로 간주되는 경우가 많으므로, 분별되었던 각 재산이 상속인에게 다시 합쳐지는 것은 자연스러운 결과이다. 이때 재산분리를 청구할 기한이 이미 지났으면, 채권자 중 일방은 부득이하게 그 손해를 입게 될 것이다. 어찌 상속인이 한정승인을 하는 것보다 나을 수 있겠는가?

제2절 상속채권자와 수유자의 청구

〈1〉 재산분리절차

상속재산을 분리하려면 다음의 질차를 따라야 한다.

(1) 상속채권자나 수유자가 재판소에 청구해야 함

수유자는 무상으로 재산을 취득하는 자이므로 유상행위의 채권자와 동일시할 바는 아니다. 그러나 상속재산의 채권자로 되는 것은 같기에 이 또한 분리청구권을 가진다.

(2) 재산분리는 상속개시시부터 3개월 내에 또한 상속재산이 상속인 고유재산과 혼합되기 전에 청구해야 함

상속개시 후 3개월 사이는 상속인이 승인·

抛棄ᄒᆞᄂᆞᆫ期間이니此期間內ᄂᆞᆫ財産이混合치아니ᄒᆞᆷ이通例ᄲᅮᆫ더러設或混合이되얏슬지라도時日이不多ᄒᆞ야分離가容易ᄒᆞᆷ으로此期間內에ᄂᆞᆫ何時던지請求ᄒᆞᆷ을得ᄒᆞ며三箇月後라도實際에其財産이混合치아니ᄒᆞ야變更이無ᄒᆞᆫ時ᄂᆞᆫ亦分離의請求ᄅᆞᆯ許ᄒᆞᄂᆞ니라

(三)財産分離의判決이確定ᄒᆞᆫ時ᄂᆞᆫ其請求ᄒᆞᆫ者ᄂᆞᆫ五日內에他相續債權者及受遺者의게對ᄒᆞ야財産分離의命令이有ᄒᆞᆫ事와二箇月에不下ᄒᆞᄂᆞᆫ一定ᄒᆞᆫ期間內에分配加入을通告ᄒᆞᆷ이可ᄒᆞᆯ事ᄅᆞᆯ公告ᄒᆞᆷ을要ᄒᆞᆷ　相續財産은財産의分離ᄅᆞᆯ求ᄒᆞᄂᆞᆫ者의게만對ᄒᆞ야支給ᄒᆞᆯ바ㅣ아니오總債權者의게對ᄒᆞ야平等分配ᄒᆞᆯ바ㅣ라故로其分離ᄅᆞᆯ請求ᄒᆞ야命令을得ᄒᆞᆫ者의게公告ᄒᆞᄂᆞᆫ義務ᄅᆞᆯ負케ᄒᆞ니라

(第二)相續財産分離의效力　相續財産分離의效力은相續債權者及受遺者의게對ᄒᆞᆫ效力과相續人의게對ᄒᆞᆫ效力과裁判所에對ᄒᆞᆫ效力과及第三者의게對ᄒᆞᆫ效力에分ᄒᆞ야說明ᄒᆞᆷ이便利ᄒᆞᆯ지로다

(一)相續債權者及受遺者의게對ᄒᆞᆫ效力　財産分離ᄅᆞᆯ請求ᄒᆞᆷ은相續債權者

포기하는 기간이므로, 이 기간 내에는 재산이 혼합되지 않는 것이 통례이고, 가령 혼합이 되었을지라도 시일이 많지 아니하여 분리가 용이하기 때문에, 이 기간 내에는 언제든지 청구할 수 있다. 3개월 후라도 실제 그 재산이 혼합되지 아니하여 변경이 없는 때에는 또한 분리의 청구를 허용하는 것이다.

(3) 재산분리의 판결이 확정한 때에는 그 청구한 자는 5일 내에 다른 상속채권자와 수유자에 대해 재산분리의 명령이 있었다는 사실과 2개월에 밑돌지 않는 일정한 기간 내에 분배 가입을 통고해야 할 사항을 공고해야 함

상속재산은 재산의 분리를 청구하는 자에 대해서만 지급하는 것이 아니고, 모든 채권자에 대해 평등 분배된다. 그러므로 그 분리를 청구하여 명령을 얻은 자에게 공고하는 의무를 부담하게 한 것이다.

〈2〉 상속재산분리의 효력

상속재산분리의 효력은 상속채권자와 수유자에게 대한 효력과 상속인에게 대한 효력 및 재판소에 대한 효릭 및 제3자에게 대한 효력으로 나누어 설명하는 것이 편리하다.

(1) 상속채권자와 수유자에 대한 효력

재산분리를 청구하는 것은 상속채권자

와受遺者가相續財產에對ᄒᆞ야相續人의債權者보다優先ᄒᆞ야受捧홈에在ᄒᆞᆫ지라故로財產分離의判決이確定ᄒᆞ면相續財產과相續人의固有財產은分離가되야財產分離ᄅᆞᆯ請求ᄒᆞᆫ者와適法으로分配加入에通告ᄒᆞᆫ者와相續人이豫知ᄒᆞᆫ者ᄂᆞᆫ相續財產에對ᄒᆞ야相續人의債權者보다優先ᄒᆞ야收捧홈을得ᄒᆞᆯ지며此外의債權者ᄂᆞᆫ優先收捧權이無ᄒᆞᆯ지라然이나其債權을全失홈이아니라相續人의債權者와同等의權이有ᄒᆞ며相續人의債權者도相續財產中殘餘가有ᄒᆞ면亦收捧홈을得ᄒᆞᆯ지니라

財產分離의効力을完全히ᄒᆞ고相續債權者及受遺者ᄅᆞᆯ保護ᄒᆞ랴면現存ᄒᆞᆫ相續財產에對ᄒᆞ야만優先收捧ᄒᆞᄂᆞᆫ權이有ᄒᆞ다홈에未洽ᄒᆞ니先取特權에關ᄒᆞᆫ規定을准用ᄒᆞ야財產分離登記前에相續人이不動產을第三者의게賣ᄒᆞ야其代價ᄅᆞᆯ아직領受ᄒᆞ기前과又動產을善意로第三者의게賣ᄒᆞ야其代價ᄅᆞᆯ아직領受ᄒᆞ기前에ᄂᆞᆫ其代價에對ᄒᆞ야도優先의權利ᄅᆞᆯ行케ᄒᆞ며其他相續財產을他人의게賃貸ᄒᆞᆫ時와第三者가相續財產을滅失毁棄홈을因ᄒᆞ야損害賠償이有ᄒᆞᆫ時ᄂᆞᆫ其借賃과損害賠償에對ᄒᆞ야도亦優先權을行케ᄒᆞᆯ

와 수유자가 상속재산에 대해 상속인의 채권자보다 우선하여 변제받는 데 있다. 따라서 재산분리의 판결이 확정되면, 상속재산과 상속인의 고유재산은 분리되어 재산분리를 청구한 자와 적법하게 분배 가입에 통고한 자 및 상속인이 미리 알고 있는 자는 상속재산에 대해 상속인의 채권자보다 우선하여 변제받을 수 있으며, 이외의 채권자는 우선변제권이 없는 것이다. 그러나 그 채권을 전부 상실하는 것은 아니고 상속인의 채권자와 동등한 권리를 가지며, 상속인의 채권자도 상속재산 중 나머지가 있으면 또한 변제받을 수 있다.

재산분리의 효력을 완전히 하고 상속채권자와 수유자를 보호하려면, 현존한 상속재산에 대해서만 우선변제받는 권리를 가진다고 하는 것은 미흡하다. 우선특권에 관한 규정을 준용하여 재산분리등기 전에 상속인이 부동산을 제3자에게 매도하여 그 대가를 아직 수령하기 전 및 동산을 선의로 제3자에게 매도하여 그 대가를 아직 수령하기 전에는, 그 대가에 대해서도 우선권을 행사하게 하며, 그 밖의 상속재산을 타인에게 임대한 때와 제3자가 상속재산을 멸실 훼손하는 것을 원인으로 하여 손해배상이 있는 때에는 그 차임과 손해배상에 대해서도 또한 우선권을 행사하게 해야

지라然이나分離의利益을受할者가以上特權을行코ᄌᆞ할時는其目的物된代金損害賠償等의報給或出給ᄒᆞ기前에押留홈을要할지니라

(二)相續人에對ᄒᆞᆫ効力

(甲)管理義務　財産分離의判決이確定ᄒᆞ면相續財産과相續人固有財産이區別ᄒᆞ야二個의財團이形成ᄒᆞ야其相續財産은相續債權者及受遺者를爲ᄒᆞ야存在ᄒᆞ고相續人은此等人이支給을受ᄒᆞᆫ後가아니면處分치못할지라故로相續財産이相續人의占有에係할時는其相續人으로ᄒᆞ야곰管理케홈이便利할지라卽相續人은單純承認ᄒᆞᆫ後라도財産分離의請求가有ᄒᆞ면裁判所에셔管理人을選任치아니ᄒᆞᆫ以上에는相續財産에對ᄒᆞ야管理ᄒᆞ는義務가有ᄒᆞ니라此義務의程度와及權利는如左ᄒᆞ니라

(가)注意의程度　固有財産에對홈과同一ᄒᆞ고

(나)報告의義務　相續人은相續債權者及受遺者의請求가有ᄒᆞ면何時던지管理事務處理의狀況을報告ᄒᆞ고又管理終了ᄒᆞᆫ後는遲滯업시其顚末을報告홈이可ᄒᆞ고

한다. 다만 분리의 이익을 받는 자가 이상의 특권을 행사하고자 할 때에는, 그 목적물로 된 대금·손해배상 등이 변제 또는 인도 전에 압류해야 한다.

(2) 상속인에 대한 효력

① **관리의무**; 재산분리의 판결이 확정되면 상속재산과 상속인 고유재산이 구별되어 2개의 재단이 형성된다. 그 상속재산은 상속채권자와 수유자를 위해 존재하고, 상속인은 이들이 지급을 받은 후가 아니면 처분하지 못한다. 따라서 상속재산이 상속인의 점유와 관계있는 때에는 그 상속인으로 하여금 관리하게 하는 것이 편리하다. 즉 상속인은 단순승인한 후라도 재산분리의 청구가 있으면, 재판소에서 관리인을 선임하지 아니한 이상에는 상속재산에 대해 관리할 의무가 있다. 이 의무의 정도와 그 권리는 다음과 같다.

㉮ 주의의 정도; 고유재산에 대한 것과 동일하다.

㉯ 보고의 의무; 상속인은 상속채권자와 수유자의 청구가 있으면 언제든지 관리사무 처리상황을 보고하고 또 관리 종료 후에는 지체 없이 그 전말을 보고해야 한다.

(다)添加의義務　相續財産을處理홈에當ᄒᆞ야相續人이他處에셔收捧ᄒᆞᆫ金錢其他物品及其收取ᄒᆞᆫ果實은相續財産中에加ᄒᆞ고又相續人이相續을因ᄒᆞ야取得ᄒᆞᆫ權利ᄂᆞᆫ他財産과ᄀᆞ치債權者及受遺者의게分配홈이可ᄒᆞ고

(라)賠償의義務　相續人이管理에屬ᄒᆞᆫ金額을消費ᄒᆞᆫ時ᄂᆞᆫ其消費ᄒᆞᆫ日以後의利息을辨出홈이可ᄒᆞ고若損害가有ᄒᆞ면其賠償의責에任ᄒᆞᆯ지오

(마)相續人의權利　相續人이相續財産을管理홈에必要로認ᄒᆞᆯ費用이有ᄒᆞᆫ時ᄂᆞᆫ其費用及支出ᄒᆞᆫ日以後의利息의償還을請求홈을得ᄒᆞ고又必要로認ᄒᆞᆯ債務를負擔ᄒᆞᆫ時ᄂᆞᆫ相續財産으로써其報償에充ᄒᆞ고若報給期가未到ᄒᆞᆫ者ᄂᆞᆫ相續財産中相當ᄒᆞᆫ財産으로써其擔保에供케홈을得ᄒᆞᄂᆞ니라

(乙)分配의義務　相續人은相續債權者及受遺者의게分配支給홈을要ᄒᆞᄂᆞ니其分配ᄂᆞᆫ債權及受遺額에應ᄒᆞ야公平을期ᄒᆞᆯ지라故로債權分離請

㉰ 첨가의 의무; 상속재산을 처리하는 것에 있어 상속인이 다른 곳에서 변제받은 금전 그 밖의 물품과 그 수취한 과실은 상속재산 중에 더하고, 또 상속인이 상속을 원인으로 하여 취득한 권리는 다른 재산과 같이 채권자와 수유자에게 분배해야 한다.

㉱ 배상의 의무; 상속인의 관리에 속한 금액을 소비한 때에는, 그 소비한 날 이후의 이자를 지급해야 하고, 만약 손해가 있으면 그 배상의 책임을 져야 한다.

㉲ 상속인의 권리; 상속인이 상속재산을 관리하는 데 필요한 것으로 인정되는 비용이 있는 때에는, 그 비용과 지출한 날 이후의 이자를 상환하는 것을 청구할 수 있다. 또 필요한 것으로 인정되는 채무를 부담한 때에는 상속재산으로 그 변제에 충당하고, 만약 변제기가 도래하지 아니한 것은 상속재산 중 상당한 재산으로 그 담보에 제공하게 할 수 있다.

② 분배의 의무; 상속인은 상속채권자와 수유자에게 분배·지급해야 한다. 그 분배는 채권과 수유액에 따라 공평을 기해야 하므로, 채권분리 청

之期間及其公告期間滿了前에 [illegible]

給을拒絕치아니ᄒᆞ고他債權者及受遺者의게損害가生ᄒᆞ면相續人은賠償의責이有ᄒᆞ고情을知ᄒᆞ고不當히支給을受ᄒᆞᆫ者의게對ᄒᆞ야ᄂᆞᆫ求償權이有ᄒᆞ나時效ᄂᆞᆫ不法行爲로因ᄒᆞᆫ求償權과同ᄒᆞ니라相續債權者及受遺者ᄂᆞᆫ相續財產에對ᄒᆞ야相續人의債權者보다優先ᄒᆞ야支給을受ᄒᆞ고全部의支給을受ᄒᆞ기不能ᄒᆞᆫ境遇에限ᄒᆞ야相續人固有財產에對ᄒᆞ야도權利ᄅᆞᆯ行ᄒᆞ나相續人의債權者가支給을受ᄒᆞ고殘餘가有ᄒᆞᆫ境遇에만支給을受ᄒᆞᄂᆞᆫ權이有ᄒᆞ니라

各權利者에게支給ᄒᆞᄂᆞᆫ順序와方法을說明ᄒᆞ노니特別ᄒᆞᆫ財產에對ᄒᆞᆫ優先權債權者의게ᄂᆞᆫ其財產價額에對ᄒᆞ야他債權者及受遺者보다優先ᄒᆞ야支給ᄒᆞᆷ이可ᄒᆞ고普通債權者의게ᄂᆞᆫ各其債權額에應ᄒᆞ야支給ᄒᆞᆷ이可ᄒᆞ며支給期가不到ᄒᆞᆫ債權도全部ᄅᆞᆯ支給ᄒᆞᆷ이可ᄒᆞ고條件附債權及存續期間이不確定ᄒᆞᆫ債權은裁判所에셔選任ᄒᆞᆫ鑑定人의評價ᄅᆞᆯ從ᄒᆞ야支給ᄒᆞᆷ이可ᄒᆞ며受遺者의게ᄂᆞᆫ普通債權者의게支給ᄒᆞᆫ後가아니면支給지못

구기간과 그 공고기간 만료 전에는 지급을 거절하는 권리를 가진다. 만약 그 지급을 거절하지 않고, 다른 채권자와 수유자에게 손해가 발생하면 상속인은 배상의 책임을 진다. 정을 알고 부당하게 지급을 받은 자에게 대해서는 구상권이 있으나, 시효는 불법행위로 인한 구상권과 같다. 상속채권자와 수유자는 상속재산에 대해 상속인의 채권자보다 우선하여 지급을 받고, 전부의 지급을 받을 수 없는 경우에 한하여 상속인 고유재산에 대해서도 권리를 행사한다. 그러나 상속인의 채권자가 지급을 받고 나머지가 있는 경우에만 지급을 받는 권리를 가진다.

각 권리자에게 지급하는 순서와 방법에 대해 설명한다. 특별한 재산에 대한 우선권을 가진 채권자에 대해서는 그 재산가액에 대해 다른 채권자와 수유자보다 우선하여 지급해야 한다. 일반채권자에 대해서는 각기 그 채권액에 따라 지급해야 한다. 지급기가 도래하지 아니한 채권도 전부를 지급할 수 있고, 조건부채권과 존속기간이 불확정한 채권은 재판소에서 선임한 감정인의 평가를 따라 지급할 수 있다. 수유자에게는 일반채권자에게 지급한 후가 아니면 지급할 수 없

ᄒᆞᄂᆞ니以上은限定承認의境遇와同一ᄒᆞᆫ理由라故로今에贅論치아니ᄒᆞ노라

相續債權者及受遺者의게分配支給ᄒᆞᆯ時에相續財產中特定物의推尋을目的ᄒᆞᆫ者ᄂᆞᆫ其物件을出給ᄒᆞᆷ이可ᄒᆞ고金錢을目的ᄒᆞᆫ債權은相續財產을競賣ᄒᆞ야其賣得金으로支給ᄒᆞᆷ이可ᄒᆞ나相續人은鑑定人의評價를從ᄒᆞ야留保ᄒᆞᄂᆞᆫ權이有ᄒᆞ며相續債權者及受遺者ᄂᆞᆫ自己의費用으로써相續財產의競賣及鑑定에叅加ᄒᆞ야監督ᄒᆞᆷ을得ᄒᆞᄂᆞ니相續人은此叅加請求가有ᄒᆞᆫ時에其叅加를不待ᄒᆞ고競賣或鑑定ᄒᆞᆫ時ᄂᆞᆫ其競賣及鑑定으로써叅加를請求ᄒᆞᆫ者의게對抗ᄒᆞᆷ을不得ᄒᆞᄂᆞ니라

(三)裁判所에對ᄒᆞᆫ効力　相續財產은相續人이管理ᄒᆞ나疎忽危險ᄒᆞᆯ念慮가有ᄒᆞᆫ故로裁判所ᄂᆞᆫ利害關係人의請求가無ᄒᆞ야도何時던지必要ᄒᆞᆫ處分을命ᄒᆞᆷ을得ᄒᆞ고裁判所가管理人을選任ᄒᆞᆫ時ᄂᆞᆫ不在者의管理人을選任ᄒᆞᆫ境遇와갓치同一處置ᄒᆞᄂᆞ니라

(四)第三者의게對ᄒᆞᆫ効力　財產分離의判決이有ᄒᆞ면其効力을相續人及相續

다. 이상은 한정승인의 경우와 동일한 이유이기 때문에 지금 쓸데없이 논하지 않는다.

상속채권자와 수유자에게 분배·지급할 때에 상속재산 중 특정물의 추심을 목적으로 한 것은 그 물건을 인도해야 한다. 금전을 목적으로 한 채권은 상속재산을 경매하여 그 매각대금으로 지급해야 하나, 상속인은 감정인의 평가에 따라 유보하는 권리를 가진다. 상속채권자와 수유자는 자기 비용으로 상속재산의 경매와 감정에 참가하여 감독할 수 있다. 상속인이 이 참가 청구가 있는 때에 그 참가를 기다리지 않고 경매 또는 감정한 때에는, 그 경매와 감정을 가지고 참가를 청구한 자에게 대항할 수 없다.

(3) 재판소에 대한 효력

상속재산은 상속인이 관리하므로 소홀·위험할 염려가 있다. 따라서 재판소는 이해관계인의 청구가 없어도 언제든지 필요한 처분을 명할 수 있다. 재판소가 관리인을 선임한 때에는 부재자의 관리인을 선임한 경우와 같이 동일한 처리를 한다.

(4) 제3자에 대한 효력

재산분리의 판결이 있으면 그 효력을 상속인과 상속

債權者間에만生케홀뿐아니라第三者의게도其効力이生케ᄒᆞ야公平히保護홀지라平穩公然ᄒᆞ게動產을占有ᄒᆞ야善意無過失ᄒᆞᆫ者의게ᄂᆞᆫ即時로其動產上에行使ᄒᆞᄂᆞᆫ權利를取得ᄒᆞᄂᆞ니財產分離의確定이有ᄒᆞᄂᆞᆫ欠点이無ᄒᆞᆫ動產占有ᄒᆞᆫ第三者의게ᄂᆞᆫ取得ᄒᆞᆫ權利를剝奪홈이無ᄒᆞ고不動產에關ᄒᆞᆫ權利得喪變更은登記ᄒᆞ지아니ᄒᆞ면第三者의게對抗치못홈이本則인故로財產分離에도不動產에對ᄒᆞ야ᄂᆞᆫ分離ᄒᆞᆫ登記를아니ᄒᆞ면第三者의게對抗치못ᄒᆞᄂᆞ니라

(第)三財產分離의請求及其効力의防止　財產分離의節次ᄂᆞᆫ煩雜ᄒᆞ야財產融通에弊가有ᄒᆞ고相續人도不名譽가될뿐더러且相續人은祖先傳來의財產을保守홀希望이有홈은當然ᄒᆞᆫ道理라此等事情이有홈으로써財產을分離치아니ᄒᆞ야도相續債權者及受遺者의게害가無ᄒᆞᆫ以上에ᄂᆞᆫ分離홀必要가無ᄒᆞᆫ지라即相續人이其固有財產으로써支給ᄒᆞ거나相當ᄒᆞᆫ擔保를供ᄒᆞ고財產分離의請求를防止ᄒᆞ며効力을消滅케ᄒᆞᄂᆞᆫ申請이有ᄒᆞ면裁判所ᄂᆞᆫ不可不其申請을採用홀지니라然이나相續人의債權者가自己의債權을推捧키不能ᄒᆞᆫ證明

채권자 사이에서만 발생하게 할 뿐만 아니라, 제3자에게도 효력이 발생하도록 하여 공평하게 보호한다. 평온·공연하게 점유하여 선의·무과실인 자에게는 즉시 그 동산 상에 행사하는 권리를 취득하게 한다. 재산분리의 확정이 있는 결점이 없는 동산을 점유한 제3자에게는 취득할 권리를 박탈할 수 없다. 부동산에 관한 권리의 득실변경은 등기하지 아니하면 제3자에게 대항하지 못하는 것이 본칙이기 때문에, 재산분리의 경우에도 부동산에 대해서는 분리등기를 하지 않으면 제3자에게 대항하지 못한다.

〈3〉 재산분리의 청구와 그 효력의 정지

재산분리의 절차는 번잡하여 재산의 융통에 폐단이 있다. 상속인도 불명예가 될 뿐만 아니라 또 상속인이 조상 전래의 재산을 보전하여 지키려는 희망을 가지는 것은 당연한 도리이다. 이러한 사정이 있으므로, 재산을 분리하지 않아도 상속채권자와 수유자에게 해가 없는 이상에는 분리할 필요가 없다. 즉 상속인이 그 고유재산으로 지급하거나 상당한 담보를 제공하고 재산분리의 청구를 방지하며 효력을 소멸하게 하는 신청이 있으면, 재판소는 마땅히 그 신청을 채용해야 한다. 그러나 상속인의 채권자가 자기의 채권을 추심할 수 없는 증명으로異議를述ᄒᆞ면裁判所ᄂᆞᆫ相續人의申請을却下ᄒᆞᄂᆞ니相續人의債權者ᄂᆞᆫ相續人固有財產에對ᄒᆞ야相續債權者보다優先ᄒᆞ야受捧ᄒᆞᄂᆞᆫ權이有ᄒᆞᆫ所以니라

第三節　相續人債權者의請求

被相續人의게信用을置ᄒᆞ얏던相續債權者及受遺者를保護ᄒᆞ야相續財產에對ᄒᆞᆫ分離請求權을與ᄒᆞᆯ진ᄃᆡ相續人의게信用을置ᄒᆞ얏던相續人의債權者도保護ᄒᆞ야相續人財產에對ᄒᆞᆫ分離請求權을與ᄒᆞᆷ을公平正當ᄒᆞᆫ바이라其結果ᄂᆞᆫ兩者가皆相續財產과相續人固有財產을分離ᄒᆞ야各優先權을主張ᄒᆞᆷ에在ᄒᆞ니其節次도亦同ᄒᆞᆷ으로此에疊論치아니ᄒᆞ고請求人이相反되ᄂᆞᆫ結果로生ᄒᆞᄂᆞᆫ異点만說明코져ᄒᆞ노라

日本相續法에相續債權者或受遺者가相續財產의分離를請求ᄒᆞᄂᆞᆫ期間과相續人이限定承認ᄒᆞᄂᆞᆫ期間을皆相續開始ᄒᆞᆫ後三個月로定ᄒᆞ야兩者가同然ᄒᆞ나相續人의債權者가相續人固有財產의分離를請求ᄒᆞᄂᆞᆫ期間은相續人이限定承認ᄒᆞᆯ만ᄒᆞᆫ期間內를要ᄒᆞ고雖相續人이單純承認ᄒᆞᆫ後라도相續財產과相續人의固

으로 이의를 진술하면, 재판소는 상속인의 신청을 각하한다. 상속인의 채권자는 상속인 고유재산에 대해 상속채권자보다 우선하여 변제받는 권리가 있는 까닭이다.

제3절 상속인 채권자의 청구

피상속인에게 신용을 두었던 상속채권자와 수유자를 보호하기 위해 상속재산에 대한 분리청구권을 부여한 것과 마찬가지로, 피상속인에게 신용을 두었던 상속인의 채권자도 보호하여 상속인재산에 대한 분리청구권을 부여하는 것이 공평·정당하다. 그 결과는 양자가 모두 상속재산과 상속인 고유재산을 분리하여 각각 우선권을 주장할 수 있다. 그 절차도 또한 같으므로 이에 거듭 논하지 않고 청구인이 상반되는 결과에서 발생하는 차이점만 설명하고자 한다.

일본상속법에서는 상속채권자 또는 수유자가 상속재산의 분리를 청구하는 기간과 상속인이 한정승인하는 기간을 모두 상속개시한 후 3개월로 규정[1]하여 양자가 같은 모양이다. 그러나 상속인의 채권자가 상속인 고유재산의 분리를 청구하는 기간은, 상속인이 한정승인할 만한 기간 내이어야 하고, 비록 상속인이 단순승인한 후라도 상속재산과 상속인의 고

1 메이지민법 제1041조 제1항 본문

有財産이混合ᄒᆞ기前에ᄂᆞᆫ何時던지請求ᄒᆞᆫ다規定ᄒᆞ얏스니相續開始ᄒᆞᆫ後卽時라도相續人이單純承認ᄒᆞ얏스며又相續人行爲의制裁ᄅᆞᆯ因ᄒᆞ야單純承認으로看做ᄒᆞᄂᆞᆫ境遇에ᄂᆞᆫ相續人의債權者ᄂᆞᆫ分離ᄅᆞᆯ請求치못ᄒᆞᆷ에至ᄒᆞᆯ지라其理由ᄂᆞᆫ若請求權을許ᄒᆞ면相續人을制裁ᄒᆞᄂᆞᆫ趣旨에反ᄒᆞ고不正ᄒᆞᆫ相續人을保護ᄒᆞ야相續債權者ᄅᆞᆯ害ᄒᆞᆷ에至ᄒᆞ리라ᄒᆞᆷ에在ᄒᆞ니此理由ᄂᆞᆫ相續債權者의請求에對ᄒᆞ야도亦同一ᄒᆞᆫ結果가生ᄒᆞ리니一視ᄒᆞᄂᆞᆫ下에如此ᄒᆞᆫ區別을置ᄒᆞᆷ은不可ᄒᆞᆯ뿐더러相續人의不當行爲ᄅᆞᆯ因ᄒᆞ야其債權者가分離請求權이無ᄒᆞ면相續人의制裁ᄅᆞᆯ其債權者의게加ᄒᆞᆷ이아니리오相續人과其債權者及相續債權者ᄂᆞᆫ同等의保護ᄅᆞᆯ受ᄒᆞᆯ지오其責任도他人의게及ᄒᆞᆯ바ㅣ아니며財産混合前에ᄂᆞᆫ何時던지分離케ᄒᆞᆷ을觀ᄒᆞ야도其理由가不足ᄒᆞᆷ을可知오其矛盾의甚ᄒᆞᆷ을不免ᄒᆞᆯ지로다財産의管理와不動産의登記와支給의順序等이前節의境遇와無異ᄒᆞ기此에省論ᄒᆞ노라

第六章　相續人의曠缺

相續人의曠缺은相續開始ᄒᆞᆫ境遇에相續財産의主體될者卽相續人의地位에立

유재산이 혼합하기 전에는 언제든지 청구한다고 규정하고 있는데, 상속개시 후 즉시라도 상속인이 단순승인하였으며, 또 상속인의 행위에 대한 제재로 인해 단순승인으로 간주되는 경우에는, 상속인의 채권자는 분리를 청구할 수 없게 된다. 그 이유는 만약 청구권을 허용하면 상속인을 제재하는 취지에 반하고, 부정한 상속인을 보호하여 상속채권자를 해하게 되기에 이르게 되는 데 있다. 이 이유는 상속채권자의 청구에 대해서도 또한 동일한 결과가 발생하므로, 동일시하면서 이와 같은 구별을 두는 것은 불가하다 그뿐만 아니라, 상속인의 부당행위로 인해 그 채권자가 분리청구권이 없으면 상속인의 제재를 그 채권자에게 더하는 것이 아니겠는가? 상속인과 그 채권자 및 상속채권자는 동등한 보호를 받으며, 그 책임도 타인에게 미칠 바가 아니다. 재산 혼합 전에는 언제든지 분리하게 하는 것을 보아도 그 이유가 부족한 것을 알 수 있고, 그 모순의 심함을 면하지 못할 것이다.

재산의 관리와 부동산의 등기 및 지급의 순서 등이 앞 절의 경우와 다름이 없어 이에 생략한다.

제6장 상속인의 부존재

상속인의 부존재는 상속이 개시된 경우에 상속재산의 주체가 될 사람 즉 상속인의 지위에 설

ᄒᆞᆯ者가現出치아니ᄒᆞᆫ時와其有無가分明치못ᄒᆞᆫ時와又相續人이皆相續을抛棄ᄒᆞᆫ時ᄅᆞᆯ謂ᄒᆞᆷ이라故로相續人의承認이나抛棄가未確定ᄒᆞᆫ時와相續人中一人이抛棄ᄒᆞᆫ時ᄂᆞᆫ相續人의曠缺이라謂치못ᄒᆞᆯ지라抑相續이開始ᄒᆞ면相續財產의主體ᄂᆞᆫ消滅ᄒᆞᄂᆞ니相續人이有ᄒᆞᆫ境遇에法律의規定을依ᄒᆞ야其主體의資格을相續人이承繼ᄒᆞ야斷絕치아니ᄒᆞᆫ者로看做ᄒᆞᆯ뿐이니若相續人이無ᄒᆞ면其相續財產은實際에無主物이될지라然이나此ᄅᆞᆯ無主物로ᄒᆞ면先占者의게歸屬ᄒᆞᆯ지니公衆은爭先ᄒᆞ고腕力으로取ᄒᆞ면社會의秩序ᄂᆞᆫ반다시紊亂ᄒᆞᆷ에至ᄒᆞᆯ지라故로各國이皆豫防ᄒᆞᄂᆞᆫ法則을定ᄒᆞ나此境遇에對ᄒᆞᆫ各國法例가二主義가有ᄒᆞᆫ지라其一은國庫가相續ᄒᆞᄂᆞᆫ規定인ᄃᆡ其理由ᄂᆞᆫ國庫가相續財產을取得ᄒᆞᆷ을不拘ᄒᆞ고債權者의게對ᄒᆞᆫ義務ᄅᆞᆯ負擔치아니ᄒᆞᆷ은不當ᄒᆞᆷ이라ᄒᆞᆷ이오其二ᄂᆞᆫ法人으로ᄒᆞᄂᆞᆫ規定이니卽法人의財團은相續債權者及受遺者의게辨報ᄒᆞ고剩餘가有ᄒᆞ면國庫에歸屬ᄒᆞᆷ이라其理由ᄂᆞᆫ國家ᄅᆞᆯ相續人으로定ᄒᆞ면相續債權者及受遺者의게對ᄒᆞᆫ關係가煩雜ᄒᆞᆯ뿐이오相續人으로定치아니ᄒᆞ야도債權者의게害가無ᄒᆞᆯ以上에ᄂᆞᆫ國庫로써相續人으로定ᄒᆞᆯ必要가無ᄒᆞ다ᄒᆞ야前者ᄂᆞᆫ佛、白、伊、獨諸

사람이 나타나지 아니한 때와 그 유무가 분명하지 아니한 때 및 상속인이 모두 상속을 포기한 때를 말한다. 따라서 상속인의 승인이나 포기가 미확정인 때와 상속인 중 1인이 포기하였을 때는 상속인의 부존재라 이를 수 없다. 또한 상속이 개시되면 상속재산의 주체는 소멸하나, 상속인 있는 경우에 법률의 규정에 따라 그 주체의 자격을 상속인이 승계하여 단절되지 아니한 것으로 간주될 뿐이다. 만약 상속인이 없으면 그 상속재산은 실제로 무주물이 될 것이다. 그러나 이를 무주물로 하면 선점자에게 귀속하게 되고, 일반인이 앞을 다퉈 완력으로 취하면 사회의 질서는 반드시 문란하게 된다. 그러므로 각국이 모두 예방하는 법칙을 정하고 있는 것이다. 이 경우에 대한 각국 법례에는 2 주의가 있다. 그 하나는 국고가 상속하는 규정이다. 그 이유는 국고가 상속재산을 취득하는 것에도 불구하고, 채권자에 대한 의무를 부담하게 하지 않는 것은 부당하기 때문이라 한다. 그 둘은 법인으로 하는 규정이다. 즉 법인인 재단은 상속채권자와 수유자에게 변제하고 나머지가 있으면 국고에 귀속하게 하는 것이다. 그 이유는 국가를 상속인으로 정하면 상속채권자와 수유자에게 대한 관계가 복삽해질 뿐이고, 상속인으로 정하지 않아도 채권자에게 해가 없는 이상에는, 국고를 상속인으로 정할 필요가 없다고 한다. 전자는 프랑스, 벨기에, 독일 등 여러

國法의規定이오後者ᄂᆞᆫ日本新民法의規定이라我國은況家督相續이有ᄒᆞᆫ故로國庫로若相續人을定ᄒᆞ면一層의難問題가生ᄒᆞ리니라

前述ᄒᆞᆫ理由로相續人이曠缺ᄒᆞ면其財産은法人으로ᄒᆞᆷ이可ᄒᆞ니法人을組成ᄒᆞ면法人은實로人이아니라行爲를不得ᄒᆞᄂᆞ니此를代表ᄒᆞᆯ自然人으로其財産을管理케ᄒᆞᆯ지라故로債權者受遺者와如ᄒᆞᆫ利害關係人과國益을代表ᄒᆞᄂᆞᆫ檢事의請求를依ᄒᆞ야裁判所ᄂᆞᆫ管理人을定ᄒᆞᆷ이可ᄒᆞ니라裁判所가管理人을定ᄒᆞ면遲滯업시公告ᄒᆞ야何人이相續財産을管理ᄒᆞᆷ을知悉케ᄒᆞᆯ지니其公告에ᄂᆞᆫ(一)申請人의氏名住所(二)被相續人의氏名身分職業及最後住所(三)被相續人의出生及死亡의處所又年月日(四)管理人의氏名住所를記載ᄒᆞᆯ지니라

以下에管財人의責任을說明ᄒᆞ면

第一責任은相續財産의目錄을調製ᄒᆞᆯ지며又其他裁判所가財産保存에對ᄒᆞ야命ᄒᆞᆫ處分과又管財人된權限內에셔行ᄒᆞᆯ管理行爲를爲ᄒᆞᆯ지나自己權限外에保存行爲를不可不行ᄒᆞᆯ事가有ᄒᆞ면裁判所의許可를要ᄒᆞᄂᆞ니라

第二責任은相續債權者及受遺者의請求가有ᄒᆞ면相續財産의狀況을報告ᄒᆞᆯ지

나라 법의 규정이고, 후자는 일본 신민법의 규정이다.[1] 우리나라는 가독상속이 있기 때문에, 만약 국고를 상속인으로 정한다면 한층 어려운 문제가 발생하게 된다.

전술한 이유로 상속인이 부존재하면, 그 재산은 법인으로 하는 것이 옳다. 법인을 구성하면 법인은 실은 사람이 아니라 행위를 할 수 없다. 이를 대표할 자연인으로 하여금 그 재산을 관리하게 해야 한다. 따라서 채권자·수유자와 같은 이해관계인과 국익을 대표하는 검사의 청구에 따라 재판소는 관리인을 정할 수 있다. 재판소가 관리인을 정하면 지체 없이 공고하여 누가 상속재산을 관리하는가를 알게 해야 한다. 그 공고에는 ① 신청인의 성명·주소, ② 피상속인의 성명·신분·직업 및 최후주소, ③ 피상속인의 출생과 사망의 장소 및 연월일, ④ 관리인의 성명·주소를 기재해야 한다.

이하에 관리인의 책임을 설명하면

첫째 책임은 상속재산의 목록을 작성하는 것이다. 또 그 밖에 재판소가 재산보전에 대해 명한 처분과 관재인이 권한 내에서 행할 관리행위를 하는 것이다. 그러나 자기 권한 외에 보전행위로 마땅히 해야 할 사항이 있으면 재판소의 허가가 있어야 한다.

두 번째 책임은 상속채권자와 수유자가 있으면 상속재산의 상황을 보고하는 것이

1 메이지민법 제1051조

라此等人은管理良否에對ᄒᆞ야利害關係가有ᄒᆞᆫ者ㅣ라故로請求權을與ᄒᆞ야保護ᄒᆞᄂᆞ니라

第三責任은相續財産管理人의選任을公告ᄒᆞᆫ後二個月內에相續人이現出치아니ᄒᆞ면管理人은遲滯업시一切의相續債權者及受遺者의게對ᄒᆞ야一定ᄒᆞᆫ期間內에其請求의通告를催告ᄒᆞᆯ지니其催告期間은二個月을不下ᄒᆞᆷ을要ᄒᆞᆯ지며若其期間內에請求가無ᄒᆞ면其債權을精筭에셔除斥ᄒᆞᆯ事를附記ᄒᆞᆯ지니라

第四責任은前項에說明ᄒᆞᆫ期間滿了前에ᄂᆞᆫ辨償을拒絶ᄒᆞᆷ을得ᄒᆞ나滿了後에ᄂᆞᆫ請求에應ᄒᆞ야債權者及受遺者의게辨償ᄒᆞᆯ지라其辨償ᄒᆞᆷ에對ᄒᆞ야ᄂᆞᆫ償先權이有ᄒᆞᆫ債權者의權利를害치勿ᄒᆞ며普通債權者ᄂᆞᆫ其權利額에應ᄒᆞ야平等分配ᄒᆞᆷ과債權者를先ᄒᆞ고受遺者를後ᄒᆞᆷ과過失이有ᄒᆞ면固有財産으로賠償ᄒᆞᄂᆞᆫ等이皆限定承認者와同ᄒᆞᆫ지라然이나管理人은自己財産을出捐ᄒᆞᆯ지언졍相續財産의殘餘를不受ᄒᆞᄂᆞ니限定承認者의게許ᄒᆞᆫ바ᄂᆞᆫ被相續人의傳來ᄒᆞᆫ財産을保續ᄒᆞᆯ理由가有ᄒᆞᆫ特例니라

第五責任은相續人이現出ᄒᆞ야承認ᄒᆞ거나相續人이現出치아니ᄒᆞ면法人의財

다. 이들은 관리의 좋고 나쁨에 대해 이해관계가 있는 자이다. 따라서 청구권을 부여하여 보호하는 것이다.

세 번째 책임은 상속재산관리인의 선임을 공고한 후 2개월 내에 상속인이 나타나지 아니하면, 관리인은 지체 없이 모든 상속채권자와 수유자에 대해 일정한 기간 내에 그 청구의 통고를 최고하는 것이다. 그 최고기간은 2개월을 밑돌지 않아야 하며, 만약 그 기간 내에 청구가 없으면 채권을 정산에서 제외한다는 점을 부기한다.

네 번째 책임은 전항에서 설명한 기간만료 전에는 변제를 거절할 수 있으나, 만료 후에는 청구에 따라 채권자와 수유자에게 상환하는 것이다. 그 상환에 대해서는 우선권이 있는 채권자의 권리를 해칠 수 없고, 일반채권자는 그 권리액에 따라 평등 분배하는 것과 채권자를 먼저하고 수유자를 뒤로하는 것 및 과실(過失)이 있으면 고유재산으로 배상하는 것 등 모두 한정승인자와 같다. 그러나 관리인은 자기 재산을 출연할지언정, 상속재산의 나머지를 받지 아니한다. 한정승인자에게 허용되는 바는 피상속인에게서 전래한 재산을 보전하고 계속할 이유가 있는 특례이다.

다섯 번째 책임은 상속인이 나타나 승인하거나, 상속인이 나타나지 아니하면, 법인의 재

產은相續人이나國庫에歸屬ᄒᆞᄂᆞ니此境遇에管理人은相續人이나國庫에對ᄒᆞ야遲滯업시管理의計筭을ᄒᆞᆷ이可ᄒᆞ니라管理人의職務ᄂᆞᆫ以上과如ᄒᆞ나其職務에對ᄒᆞ야裁判所에셔定ᄒᆞᆫ바ᄅᆞᆯ依ᄒᆞ야相續財產中으로報酬ᄅᆞᆯ受ᄒᆞ며先貸ᄒᆞᆫ費用은推尋ᄒᆞᆯ權利가有ᄒᆞ니라

相續人이有ᄒᆞ야分明ᄒᆞᆷ에至ᄒᆞᆫ時ᄂᆞᆫ相續財產으로成ᄒᆞᆫ法人은玆에消滅되야曾前에無ᄒᆞᆫ者로看做ᄒᆞᄂᆞ니此法人은相續人이無ᄒᆞᆫ境遇에必要ᄅᆞᆯ因ᄒᆞ야擬制上認定ᄒᆞᆷ이어ᄂᆞᆯ今에其必要가無ᄒᆞ면其法人은消滅이될지라然이나管理人은相續財產을保管處理ᄒᆞ기爲ᄒᆞ야選定ᄒᆞᆫ者인즉相續人이承認ᄒᆞ기前에ᄂᆞᆫ其管理人의代理權을如前存在케ᄒᆞᄂᆞ니라相續人이若承認ᄒᆞ면管理人은相續財產을計算ᄒᆞ야相續人의게傳掌ᄒᆞ나管理人의其間權限內行爲ᄂᆞᆫ相續人及第三者의게對ᄒᆞ야有効ᄒᆞ니라

管理人의權利義務ᄂᆞᆫ上述과如ᄒᆞ나相續債權者及受遺者의게催告ᄒᆞᆫ期間이滿了ᄒᆞ야도相續人이尙不明ᄒᆞ면管理人이나檢事의請求ᄅᆞᆯ因ᄒᆞ야相續人이有ᄒᆞ면一定ᄒᆞᆫ期間內에其權利ᄅᆞᆯ主張ᄒᆞᆯ意ᄅᆞᆯ公告ᄒᆞᄂᆞ니此期間의經過ᄂᆞᆫ相續人이

산을 상속인이나 국고에 귀속하게 하는 것이다. 이 경우에 관리인은 상속인이나 국고에 대해 지체 없이 관리의 계산을 해야 한다. 관리인의 직무는 이상과 같으나, 그 직무에 대해 재판소에서 정한 바에 따라 상속재산 중에서 보수를 받으며, 선급한 비용은 추심할 권리를 가진다.

상속인이 있고 분명하게 된 때에는, 상속재산으로 구성된 법인은 이에 소멸되어 일찍이 없었던 것으로 간주된다. 이 법인은 상속인이 없는 경우에 필요에 따라 의제상 인정한 것에 지나지 않고, 지금 그 필요가 없어지면 그 법인은 소멸되는 것이다. 그러나 관리인은 상속재산을 보관·처리하기 위해 선정된 자이므로, 상속인이 승인하기 전에는 그 관리인의 대리권을 여전히 갖는다. 만약 상속인이 승인하면 관리인은 상속재산을 계산하여 상속인에게 전달·주관하게 하나, 관리인의 그 사이의 권한 내의 행위는 상속인과 제3자에 대해 유효하다.

관리인의 권리의무는 상술한 바와 같다. 그러나 상속채권자와 수유자에게 최고한 기간이 만료되어도 상속인이 오히려 불분명하면, 관리인이나 검사의 청구에 따라 상속인이 있으면 일정한 기간 내에 그 권리를 주장할 뜻을 공고한다. 이 기간의 경과는 상속인이

爾後權利를絕對的喪失ᄒᆞᄂᆞᆫ効果가生ᄒᆞ야重大ᄒᆞᆫ故로一個年에不下ᄒᆞᆷ을要ᄒᆞᄂᆞ니라然이나此公告를行ᄒᆞ나催告期間이過ᄒᆞ면管理人은其相續財產을各權利者의게辨償ᄒᆞᆷ이可ᄒᆞ며殘餘도亦保管ᄒᆞ야相續人의出頭를待ᄒᆞᆷ이可ᄒᆞ니라以上과如히相續人搜索의節次를盡ᄒᆞ야도相續ᄒᆞᆯ人이無ᄒᆞ면其相續財產의殘餘ᄂᆞᆫ如何히處分ᄒᆞᆯ必要가生ᄒᆞᄂᆞᆫ故로不可不國庫에歸屬케ᄒᆞᆯ지니라其財產이一朝國庫에歸ᄒᆞ면國庫ᄂᆞᆫ債權者及受遺者의게對ᄒᆞ야何等의義務도負擔치아니ᄒᆞᄂᆞ니國庫가若義務를負擔ᄒᆞ면行政會計上에非常히煩雜ᄒᆞᆯᄲᅮᆫ더러債權者ᄂᆞᆫ通告加入을怠慢히ᄒᆞᆫ者ㅣ니其權利를喪失케ᄒᆞ야도不可ᄒᆞᆫ理由가無ᄒᆞ니라

第七章　遺言

凡人의私權에關ᄒᆞ야法律上의効力을生케ᄒᆞᆷ을目的ᄒᆞᄂᆞᆫ意思表示ᄂᆞᆫ生存間에効力이生케ᄒᆞᄂᆞᆫ者와死亡後에効力이生케ᄒᆞᄂᆞᆫ二個로區別ᄒᆞᆷ을得ᄒᆞᄂᆞ니前者ᄂᆞᆫ生前處分이라稱ᄒᆞᄂᆞᆫ普通의法律行爲오後者ᄂᆞᆫ死後處分이라稱ᄒᆞᄂᆞᆫ遺言이니單獨行爲가其大部分을占ᄒᆞᄂᆞ니라

第一節　總則

이후 권리를 절대적으로 상실하는 효과가 발생하여 중대하다. 따라서 1년을 밑돌지 않아야 한다. 그러나 이 공고를 하였으나 최고기간이 지나면, 관리인은 그 상속재산을 각 권리자에게 상환할 수 있으며, 나머지도 또한 보관하여 상속인의 출현을 기다려야 한다. 이상과 같이 상속인수색절차를 다하여도 상속할 사람이 없으면, 그 상속재산의 나머지는 어떻게든 처분할 필요가 발생한다. 따라서 부득이 국고에 귀속하게 하는 것이다. 그 재산이 일단 국고에 귀속되면, 국고는 채권자와 수유자에 대해 어떠한 의무도 부담하지 않는다. 만약 국고가 의무를 부담하게 되면, 행정회계상으로 매우 번잡할 뿐만 아니라, 채권자는 통고·가입을 게을리한 자이므로, 그 권리를 상실하게 하여도 불가할 이유가 없다.

제7장 유언

무릇 사람의 사권에 관하여 법률상의 효력을 발생하게 하는 것을 목적으로 하는 의사표시는 생존 중에 효력이 발생하게 하는 것과 사망 후에 효력이 발생하게 하는 두 가지로 구별할 수 있다. 전자는 생전처분이라 일컫는 보통의 법률행위이고, 후자는 사후처분이라 일컫는 유언으로 단독행위가 그 대부분을 차지한다.

제1절 총칙[1]

1 이하의 부분은 결락되어 있다. 당시 여기까지 강의가 진행되었기 때문인지도 모르나, 결락이라면 이하의 목차는 체제상 제2절 유언의 방식, 제3절 유언의 효력, 제4절 유언의 집행, 제5절 유언의 취소, 제8장 유류분으로 구성되어 있었을 것으로 짐작된다.

親族法論

續

第四章 親子

親子의 關係는 或自然한 血緣에 由하야 生하고 或養子緣組에 由하야 生하나니 自然한 血緣에 由한 者는 實子라 云하고 養子緣組에 由한 者는 養子라 云하니 此實子及養子에 對하야 法律規定에 依하야 直接으로 親子의 關係를 發生케 하는 者ㅣ 有하니 卽繼父母와 繼子의 關係及嫡母와 庶子의 關係가 是라 此亦關係의 發生及消滅에 關하야는 總則篇中에 既已說明하얏나니라

本章은 第一節로 實子에 關한 規定을 說하고 第二節로 養子에 關한 規定을 說하나니 舊民法은 養子緣組에 關한 規定을 一章으로 分說하얏스나 養親과 養子의 關係도 亦親子關係에 不外하는 故로 本法은 此

친족법론 속

제4장 친자

친자관계는 때로 자연적 혈연으로 말미암아 발생하거나 또는 입양에 따라 발생한다. 자연적 혈연으로 말미암은 자는 실자(實子)라 하고, 입양에 의한 자는 양자라 한다. 이 실자 및 양자 외에 따로 법률 규정에 따라 직접으로 친자관계가 발생하는 경우가 있다. 계부모와 계자의 관계 및 적모와 첩자의 관계가 이것이다. 이들 관계의 발생과 소멸에 관해서는 총칙편 중에 이미 설명하였다.

이 장은 제1절로 실자에 관한 규정을 두고, 제2절로 양자에 관한 규정을 둔다. 구민법은 입양에 관한 규정을 따로 1장으로 두고 있었다. 그러나 양친과 양자의 관계도 또한 친자관계에 지나지 아니하므로, 이 법에서는 이은 本章中에 併合規定ᄒᆞᆫ 繼父母 嫡母와 繼子 庶子의 關係ᄂᆞᆫ 德으로 繼ᄒᆞ에 他規定을 要ᄒᆞᆯ 者ㅣ 無ᄒᆞᆷ으로 例本章은 此를 揭치 아니ᄒᆞ엿스나 且 親子의 關係ᄂᆞᆫ 最多ᄒᆞᆫ 權利義務ᄅᆞᆯ 發生케 ᄒᆞᄂᆞᆫ 原因이 되ᄂᆞᆫ 바 親子間의 權利義務ᄂᆞᆫ 第七次下 一章을 置ᄒᆞ야 此를 規定ᄒᆞᆫ 其 互相 相續權에 關ᄒᆞ야ᄂᆞᆫ 相續編中에 規定ᄒᆞᆫ 本章은 專혀 親子關係의 發生 及 消滅을 規定ᄒᆞᆫ 것이니라

第一節 實子

自然의 血緣에 因ᄒᆞ야 生ᄒᆞᆫ 親子關係를 實親子라 云ᄒᆞᄂᆞ니 子로브터 親에 對ᄒᆞ야ᄂᆞᆫ 此를 實父又實母라 云ᄒᆞ며 親으로브터 子에 對ᄒᆞ야ᄂᆞᆫ 此를 實子라 云ᄒᆞᄂᆞ니라 實子ᄂᆞᆫ 或 嫡出子되ᄂᆞᆫ 者이 有ᄒᆞ고 或 私生子되ᄂᆞᆫ 者이 有ᄒᆞ니 婚을 成ᄒᆞᆫ 男女 婚姻에 因ᄒᆞ야 懷胎된 子ᄂᆞᆫ 嫡出子 (廣ᄒᆞᆫ 意義에 當ᄒᆞ야ᄂᆞᆫ

를 이 장에서 병합 규정한다. 계부모·적모와 계자·서자의 관계는 총칙편 외에 따로 규정할 필요가 없으므로, 이 장에서는 이를 규정하지 않았다. 또한 친자관계는 여러 권리의무를 발생하게 하는 원인이 되어, 친자 사이의 권리의무는 따로 다음 1장을 두어 이를 규정하고, 그 상호 간의 상속권에 관해서는 상속편 중에 규정하고, 이 장에서는 오로지 친자관계의 발생과 소멸을 규정할 뿐이다.

제1절 실자

자연적 혈연으로 인하여 발생하는 친자관계를 실친자라 하고, 자(子)로부터 친(親)에 대해서는 이를 실부 또는 실모라 하며, 친으로부터 자(子)에 대해서는 이를 실자라 한다. 실자는 때로 적출자로 되는 경우가 있고 또는 사출자(私出子)로 되는 경우가 있다. 혼인한 남녀 행위에 비롯하여 입신한 자(子)는 적출자(엄정한 의의에 있어서)로

되며 또 婚姻을 結치아니ᄒᆞᆫ 男女의 私和에 由ᄒᆞᆫ 者ᄂᆞᆫ 私生子되ᄂᆞ니라 婚姻前

에 種胎ᄒᆞᆫ 子라도 婚姻中에 分娩ᄒᆞᆫ 時ᄂᆞᆫ 其가 此로 區別치아니ᄒᆞᆷ에 在ᄒᆞ야

嫡出子가 되고 婚姻前에 出生ᄒᆞᆫ 子라도 亦 父母의 婚姻에 因ᄒᆞ야 又ᄂᆞᆫ 婚姻中

에 其父母가 此를 認知ᄒᆞᆫ 者ᄂᆞᆫ 其에 因ᄒᆞ야 法律은 또 嫡出子되믈 特許ᄒᆞᆫ 바ㅣ며

私生子로 父의 認知를 得ᄒᆞ얏ᄂᆞᆫ 者ᄂᆞᆫ 庶子라 云ᄒᆞ고 父의 認知를 不得ᄒᆞᆫ 者ᄂᆞᆫ 私

生子라 云ᄒᆞᄂᆞ니라

本章은 第一款으로 嫡出子에 關ᄒᆞᆫ 規定을 設ᄒᆞ고 第二款으로 庶子及私生子

에 關ᄒᆞᆫ 規定을 設ᄒᆞ니라

第一款 嫡出子

第八百二十條 妻가 婚姻中에 懷胎ᄒᆞᆫ 子ᄂᆞᆫ 夫의 子로 推定ᄒᆞᆷ

婚姻成立의 日로브터 二百日後 又ᄂᆞᆫ 婚姻의 解消又ᄂᆞᆫ 取消의 日로브터 三百

되며, 그 혼인을 하지 아니한 남녀 행위로 말미암은 자는 사출자로 된다. 혼인 전에 임신한 자(子)라도 혼인 중에 분만한 때에는 부(夫)가 이를 부인하지 아니하면 적출자로 되고, 혼인 전에 출생한 자(子)라도 또한 부모의 혼인에서 비롯하거나 또는 혼인 중에 부모가 이를 인지하는 것으로 인하여 법률은 또한 적출자로 되는 것을 특별히 허락한다. 사출자로 부의 인지를 얻은 자는 서자라 하고, 부의 인지를 얻지 못한 자는 이를 사생자라 한다.

이 절은 제1관으로 적출자에 관한 규정을 두고, 제2관으로 서자 및 사생자에 관한 규정을 둔다.

제1관 적출자

제820조 처가 혼인 중에 회태(懷胎)한 자(子)는 부(夫)의 자(子)로 추정함

혼인 설립의 날로부터 200일 후 또는 혼인의 해소 또는 취소의 날로부터 300

日內에生ᄒᆞᆫ子ᄂᆞᆫ婚姻中에懷胎ᄒᆞᆫ子로推定ᄒᆞᆷ

第一 嫡出子된身分의證明

嫡出子라ᄒᆞᆷ은有効ᄒᆞᆫ婚姻을ᄒᆞᆫ男女의간에生ᄒᆞᆫ子를云ᄒᆞᆷ인故로嫡出子된身分을主張ᄒᆞ기에ᄂᆞᆫ第一에母의婚姻이有効된事第二에母가分娩ᄒᆞᆫ子된事第三에婚姻中에懷胎ᄒᆞᆫ子된事及第四에母가夫의子됨을證明ᄒᆞᆷ을要ᄒᆞᆯ지라母가有効ᄒᆞᆫ婚姻을ᄒᆞᆫ事及母의子된事의二ᄂᆞᆫ有形ᄒᆞᆫ現實의證據로써容易히此를證明ᄒᆞᆷ을得ᄒᆞᆯ지나但母의夫가父된事及母가婚姻中에懷胎ᄒᆞᆫ事의二個事實에至ᄒᆞ야ᄂᆞᆫ有形ᄒᆞᆫ證據로ᄡᅥ證明ᄒᆞ기無由ᄒᆞᆫ니故로法律은二個推定을設ᄒᆞ야婚姻中에懷胎ᄒᆞᆫ子ᄂᆞᆫ夫의子로推定ᄒᆞ고婚姻成立의日로브터二百日後又ᄂᆞᆫ婚姻解消又取消의日로브터三百日內에生ᄒᆞᆫ子ᄂᆞᆫ婚姻中에懷胎ᄒᆞᆫ者로推定ᄒᆞ니라

일 내에 출생한 자(子)는 혼인 중에 회태한 자(子)로 추정함

1. 적출자가 되는 신분의 증명

적출자라 함은 유효한 혼인을 한 남녀의 사이에 출생한 자(子)를 말한다. 그러므로 적출자가 되는 신분을 주장하기 위해서는 첫째로 모의 혼인이 유효인 것, 둘째로 모가 분만한 자(子)인 것, 셋째로 혼인 중에 임신한 자(子)인 것, 넷째로 모가 부(夫)의 자(子)인 것을 증명해야 한다. 모가 유효한 혼인을 한 사실 및 모의 자(子)인 사실 2가지는 유형의 현실적 증거로 쉽게 이를 증명할 수 있을 것이다. 다만 모의 부(夫)가 부인 사실과 모가 혼인 중에 임신한 사실 2개의 사실에 이르러서는 유형적 증거로 이를 증명할 까닭이 없다. 이에 법률은 2개의 추정을 두어, 혼인 중에 임신한 자(子)는 부(夫)의 자(子)로 추정하고, 혼인 성립의 날로부터 200일 후 또는 혼인 해소 또는 취소의 날로부터 300일 내에 출생한 자(子)는 혼인 중에 임신한 자로 추정한다.

第二 뉘의 子되ᄂᆞᆫ 推定

母의 何人됨은 分娩의 事實노ᄡᅥ 此를 証明ᄒᆞ미 充分ᄒᆞ나 父의 何人됨은 何等의 形上事實노 証明ᄒᆞᆯ 手段이 無ᄒᆞ고 此를 知得ᄒᆞᆯ 者ᄂᆞᆫ 唯 子의 生ᄒᆞᆫ 原因ᄒᆞᆫ 父母ᄲᅮᆫ이니 然이나 父의 何人됨을 定ᄒᆞᆷ에 專혀 父가 承認ᄒᆞᄂᆞᆫ 言을 依ᄒᆞ야 此를 決定ᄒᆞ면 子及 母의 利益을 保護ᄒᆞ기 充分치 못ᄒᆞᆫ 故로 法國法律은 許多事實에 普通狀態를 取ᄒᆞ야 母의 婚姻中에 懷胎ᄒᆞᆫ 事實노써 其夫가 父되ᄂᆞᆫ 事의 法律上推定을 作ᄒᆞ니 ᄒᆞᆷ은 無ᄒᆞ나니 蓋 妻가 夫에게 貞操ᄒᆞᆷ은 婦의 普通狀態오 姦의 普通은 犯罪를 構成ᄒᆞᄂᆞᆫ 犯罪ᄂᆞᆫ 証憑이 有ᄒᆞ기 아니면 此를 推測ᄒᆞᆷ을 不許ᄒᆞᄂᆞᆫ 바니라 又 事實에 稽考ᄒᆞᆫ즉 果甚ᄒᆞᆫ 故로 婚姻中에 妻가 懷胎ᄒᆞᆫ 事實이 分明ᄒᆞᆷ에ᄂᆞᆫ 其 事實에 依ᄒᆞ야 懷胎가 夫의 行爲에 原因됨을 推測ᄒᆞ미 普通狀態에 最適合ᄒᆞᆫ 者ㅣ라 此推定은 婚姻의 性質上 當然ᄒᆞᆫ 推定이 되니 此推定

2. 부(夫)의 자(子)가 되는 추정

모가 누구인가는 분만의 사실로 이를 증명하는 것이 충분하나, 부가 누구인가는 어떠한 외형상의 사실로 증명할 수 없고, 이를 알 수 있는 것은 오직 자(子)의 출생을 원인한 부모뿐이다. 그러나 부가 누구인가를 정할 경우에 오로지 부가 승인할지의 여부에 따라 이를 결정하면, 자(子) 및 모의 이익을 보호하는 것이 충분하지 못하다. 이에 여러 나라 법률은 모든 일의 보통 상태를 취하여, 모의 혼인 중에 임신한 사실로써 그 부(夫)가 부로 되는 것의 법률상 추정을 두지 않을 수 없다. 대개 처가 부(夫)에게 정조를 지키는 것은 처의 보통 상태이고, 처의 간통은 범죄를 구성하나, 범죄는 증빙이 있지 아니하면 이를 추측하는 것을 허용하지 않을 뿐 아니라, 또 사실에서도 흔하지 않은 이례(異例)에 속한다. 따라서 혼인 중에 처가 임신한 사실이 분명한 경우에 그 사실에 따라 임신이 부(夫)의 행위에 원인하는 것을 추측하는 것이 보통 상태에 가장 적합한 것으로 된다. 이 추정은 혼인의 성질상 당연한 추정이고, 만약 이 추정

미有ᄒᆞᆫ 이아니면 姙娠 中의 價値ᄂᆞᆫ 殆少ᄒᆞᆫ 者ㅣ라 云ᄒᆞᆷ이 可ᄒᆞ니라

第三 懷胎時期의 推定

夫의 子된 推定은 其子가 婚姻中에 懷胎ᄒᆞᆫ 者됨을 要치 아니ᄒᆞᆷ이 不可ᄒᆞ나 然이나 其 出生이 婚姻中에 懷胎ᄒᆞᆫ 者 되ᄂᆞᆫ 與否ᄂᆞᆫ 又ᄒᆞᆫ 形上事實노 可히 証明ᄒᆞᆯ 者ㅣ 無ᄒᆞᆫ지라 懷胎로브터 分娩ᄭᆞ지ᄒᆞᆫ 期ᄭᆞ지ᄂᆞᆫ 其 期間이 各境遇가 同一ᄒᆞ며 姙娠中의 胎兒ᄂᆞᆫ 其 期間 計算의 依ᄒᆞ야 容易히 此를 証明ᄒᆞᆷ을 得ᄒᆞᆯ지라도 懷胎의 期間은 各境遇가 同一치 아니ᄒᆞᆯ뿐 而有形的 証據이 何時브터 懷胎가 始初인가ᄂᆞᆫ 亦推定ᄒᆞᆯ 者ㅣ 無ᄒᆞᆫ 故로 於是乎 此點에 關ᄒᆞ야 法律上 推定을 設ᄒᆞᆯ 必要가 生ᄒᆞᆫ이라

各國 學說의 統計에 依ᄒᆞ건ᄃᆡ 懷胎로브터 分娩에 至ᄒᆞᄂᆞᆫ ᄭᆞ지의 期間이 其 最短ᄒᆞᆫ 期는 二百日 最長期ᄂᆞᆫ 三百日 사이에 在ᄒᆞᆷ이 通常이며 故로 懷胎後 三百日

이 있지 아니하면 혼인제도의 가치는 거의 사라질 것이라고 말할 수 있다.

3. 혼인시기의 추정

부(夫)의 자(子)가 되는 추정은 그 자(子)가 혼인 중에 임신한 것이 분명한 경우이어야 한다. 그러나 그 과연 혼인 중에 임신한 것인지의 여부는 또한 외형상 사실로 증명할 수가 없다. 임신으로부터 분만에 이르기까지 만약 그 기간이 대개의 경우가 동일하면, 혼인 중 임신 여부가 그 기간계산에 따라 쉽게 이를 증명할 수 있을지라도, 임신의 기간은 각 경우가 동일하지 아니하고, 유형적 증빙의 어떤 시기부터 임신의 시초인가 이 또한 추정할 바가 없다. 이에 따라 또한 이 점에 대한 법률상의 추정을 둘 필요가 생긴다.

의가(醫家) 증명에 의하면, 임신으로부터 분만에 이르기까지의 기간이 그 최단기는 200일, 최장기는 300일에 이르는 것이 통상이며, 때로 임신 후 300일

以上三百二十日以內에分娩ᄒᆞᄂᆞᆫ者ㅣ有ᄒᆞ며或百八十日以上三百日以內에
도生育ᄒᆞᆷ을得ᄒᆞᆯ狀態로出生ᄒᆞᄂᆞᆫ者도無ᄒᆞᆷ이아니라云ᄒᆞᄂᆞᆫ지라本法
은此醫學上研究에基ᄒᆞ야其普通境遇를取ᄒᆞ야分娩의最早
ᄂᆞᆫ懷胎ᄒᆞᆫ後二百日其最遲ᄒᆞᆫ懷胎ᄒᆞᆫ後三百日로ᄒᆞ고此를標準ᄒᆞ야
者中에生育ᄒᆞᆷ을可得ᄒᆞᆯ子의分娩은此를推定ᄒᆞ야婚姻成立
의日로브터二百日後又婚姻의解消又ᄂᆞᆫ取消의日로브터三百日內
에生ᄒᆞᆫ者ᄂᆞᆫ婚姻中에懷胎ᄒᆞᆫ者로推定ᄒᆞᄂᆞ니若ᄒᆞᆫ事情이二百日以
內又三百日以上의分娩은全히度外에置之ᄒᆞ나然ᄒᆞᆫ稱으로브터
夫의子되ᄂᆞᆫ事를推定ᄒᆞᆫ下에ᄂᆞᆫ訴訟을依ᄒᆞᆷ이아니면此를否認ᄒᆞᆷ을
不許ᄒᆞᆷ은夫의利益을保護ᄒᆞᆷ이며家譜ᄒᆞᆷ에失ᄒᆞᄂᆞᆫ懼의有ᄒᆞᆷ이라
자

이상 320일 이내에 분만한 경우도 있고, 때로 180일 이상 200일 이내에도 생육할 수 있는 상태로 출생하는 경우도 없지 않다고 한다. 이 법은 이 의학상 연구에 기초하여, 그 보통 경우를 취하여 분만의 가장 빠른 임신 후 200일, 그 가장 늦은 임신 후 300일로 하고, 이 양극단 기간 중에 생육할 수 있는 자(子)의 분만은 이를 추정한다. 즉 혼인 성립의 날로부터 200일 후 또 혼인의 해소 또는 취소의 날로부터 300일 내에 출생한 자는 혼인 중에 임신한 자로 추정하고, 그 드물게 있는 사례인 200일 이내 또 300일 이상의 분만은 전혀 도외시하고, 이와 같은 드문 예로부터 부(夫)의 자(子)가 되는 추정을 하여 소송에 의하지 아니하면 이를 부인하는 것을 허용하지 않는 것은, 부(夫)의 이익을 보호하는 것이 박약하고 상실될지 혐의하는 바가 있다.

以上二個推定에因하야子는單히其出生前二百日乃至三百日에至하기까지
의間何時에던지其母가有効한婚姻으로受胎함을證明하면其他何等
의證明을不要하고其母의夫가自己의子됨을否認하는父라主張함을可得할
지오其父는否認의證明치아니면此에對抗함을不得하나니라
懷胎한者의計算은日字로써하고其方法에至하야는期間의一般
規定(一〇四)에依한故로婚姻成立의日은算入치아니하고其翌日로부터
起算하야第二百日午前一時以後에出生한者는本條의推定을受하
는이라婚姻은申告에因하야成立하는(五七)故로此期間은婚姻의申告를
한日로부터起算함을要하는데婚姻의解消又는取消後出生에對
하야도其期間의計算은此에準하야起算함은夫의死亡又는
失踪宣告에因하야死亡한으로看做한日、又는離婚의申告로하고

이상 2개의 추정에 따라 자(子)는, 단지 그 출생 전 200일 내지 300일에 이르기까지의 사이에 어느 때든지 그 모가 유효한 혼인을 하여 거주하였다는 것을 증명하면, 그 밖의 어떠한 것의 증명을 필요로 하지 아니하고, 그 모의 부(夫)가 자기의 정당한 부라 주장할 수 있고, 그 부는 부인의 소로 하지 아니하면 이에 대항할 수 없는 것이다.

임신기간의 계산은 일자(日字)로써 하고, 그 방법에 있어서는 기간계산의 일반규정(140조)에 의한다. 따라서 혼인성립의 날은 산입하지 아니하고 그 다음 날로부터 기산하여 제200일 오전 1시 이후에 출생한 자는 이 조의 추정을 받는다. 혼인은 신고에 의하여 성립한다(775조). 그러므로 이 기간은 혼인의 신고를 한 다음 날부터 기산해야 한다. 혼인의 해소 또는 취소 후 출생에서도 그 기간의 계산은 또한 이에 준한다. 즉 그 기산점은 부(夫)의 사망 또는 실종선고에 의하여 사망으로 간주하는 다음 날, 또는 이혼의 신고를 하

거나 任意離婚한 者 又 離婚 取消한 者의 確定한 日의 翌日로브터 起算

ᄒᆞᆷ이 可ᄒᆞᆷ이라

第四 婚姻前에 懷胎ᄒᆞ고 婚姻成立後에 出生ᄒᆞᆫ 子 嫡出子되ᄂᆞᆫ 推定은

要ᄒᆞᆷ은 婚姻中에 懷胎ᄒᆞᆫ 者됨을 要ᄒᆞᄂᆞ니 其懷胎가 婚姻成立ᄒᆞᆫ 前에

有ᄒᆞᆫ 時ᄂᆞᆫ 設或 其成立 以後에 出生ᄒᆞᆫ 者라도 此法律上推定을 受ᄒᆞ기

不能ᄒᆞᆫ지라 法律上 懷胎의 最短期ᄂᆞᆫ 二百日인 故로 婚姻成立의 日로

브터 百九十九日以內에 生ᄒᆞᆫ 者ᄂᆞᆫ 法律上 婚姻中에 懷胎ᄒᆞᆫ 者로 推定ᄒᆞᆷ

이 無ᄒᆞᆫ즉 夫ᄂᆞᆫ 其子가 己出이 아니로 拒絶ᄒᆞᆷ에 至ᄒᆞ야ᄂᆞᆫ 自由로 其自

己의 子됨을 否認ᄒᆞᆷ을 得ᄒᆞᆯ지며 此否認은 裁判所에 訴ᄒᆞᆷ을 不要

ᄒᆞ고 夫의 否認ᄒᆞᆫ 意思表示(戶籍吏에 對ᄒᆞᄂᆞᆫ 申告로 例ᄒᆞᆷ과 如ᄒᆞᆫ

을 要ᄒᆞᆷ)에 因ᄒᆞ야 最後 效力을 生ᄒᆞᄂᆞᆫ 者오 又 何等의 形式을 不要ᄒᆞᆷ이라

거나 또는 이혼재판 또는 이혼취소재판이 확정된 날의 다음 날로부터 기산하는 것이 타당하다.

4. 혼인 전에 임신하고 혼인 성립 후에 출생한 자(子)

적출자가 되는 추정을 받는 것은 혼인 중에 임신한 경우이어야 한다. 그 임신이 혼인 성립 이전에 있었던 때는, 설혹 그 성립 이후에 출생한 자라도 이 법률상 추정을 받을 수 없다. 법률상 임신의 최단기는 200일이기 때문에, 혼인 성립의 날로부터 199일 이내에 출생한 자는 법률상 혼인 중에 임신한 자로 추정되지 않는다. 따라서 부(夫)는 그 자(子)가 자기가 낳은 것이 아닌 것을 인정하는 경우에 있어서는, 자유로이 그 자기의 자(子)가 되는 것을 부인할 수 있다. 이 부인은 재판소에 제소할 필요가 없고, 부(夫)의 단순한 의사표시(호적공무원에 대한 신고로써 이를 해야 함)에 기인하여 최종 효력을 발생하는 것이고, 또 어떠한 증명을 필요로 하지 아니한다.

호가否認치아니호ᄂ時ᄂ其子ᄂ嫡出子되ᄂ니라
婚姻의成立後百八十日內에生호子ᄂ如何호境遇를不問호고夫가
此를否認홈을得호나但夫가一次明示或默示로써其自己의子됨을
承認호時ᄂ否認홈을不得호ᄂ니佛國及蘭國法에ᄂ默示의承認으
로看做호境遇를限定호ᄂ니夫가其妻의婚姻前時에懷胎홈을知호고此
와婚姻호時其他一定境遇에ᄂ此를否認홈을不得홈으로호나夫의
懷胎를知호고此와婚姻호ᄂ者ᄂ必然코其懷胎가自己의行爲에基因호事로
承認홈이라看做홈을不得호境遇가有호고其他境遇도亦理由
가無호고或日本國의情例에適合지아니홈으로本法은此를不取호고
其承認의有호ᄂ與否ᄂ全히事實問題로호니라
第八百二十條 第七百六十七條第一項規定에違反호야再婚호女가

부(夫)가 부인하지 아니하는 때는 그 자(子)는 적출자가 된다.

혼인 성립 후 199일 이내에 출생한 자(子)는 어떠한 경우를 묻지 아니하고, 부(夫)가 이를 부인하는 것이 무방하나, 다만 부(夫)가 한번 명시 또는 묵시로써 그 자기의 자(子)가 되는 것을 승인하였을 때는 부인할 수 없다. 프랑스 및 네덜란드 민법에는 묵시적 승인으로 간주할 경우를 한정하여, 부(夫)가 그 처의 혼인 당시에 임신한 것을 알고 이와 혼인한 때 그 밖의 한두 경우에 이를 부인할 수 없다고 한다. 그러나, 처의 임신을 알고 이와 혼인하는 것이 필연코 그 임신이 자기 행위에서 비롯한 일로 승인하는 것이라고 간주할 수 없는 경우가 있고, 그 밖의 경우도 또한 이유가 없거나 또는 일본국 사정에 적합하지 않다. 이에 이 법은 대체로 이를 취하지 않고, 그 승인이 있는지 여부는 각각의 사실문제로 한다.

제821조 제767조 제1항 규정에 위반하여 재혼한 여자가

分娩한 境遇에 在하야 前条規定에 依하야 其子의 父를 定하기 不能한 時는 裁判所가 此를 定함

女가 再婚함에는 前婚의 解消又 取消의 日로봇터 六箇月을 經過한 後를 要함이니(七六七條) 女가 其 前婚의 解消又는 取消後 三百日以內에 分娩한 境遇에 其分娩이 再婚의 成立後 百九十九日以內된 時는 前条規定에 依하야 其前夫의 嫡出子라는 推定을 受함은 勿論이로되 其女가 此規定을 違反하야 前婚의 解消又는 取消의 日로봇터 六箇月內에 再婚한 時는 生할지 前婚의 解消又는 取消의 日로봇터 三百日以內 後婚成立의 日로봇터는 二百日後에 分娩함과 如한 境遇에는 法律上으로 衝突하야 二様의 推定을 生하야 前条規定에 依하야는 其前夫의 子인지 抑又後夫의 子인지 推知함을 不得할지라 特殊境遇에 民法은 此境遇에 關하야 前婚解消後 二百七十日 以

분만한 경우에 앞 조 규정에 따라 부를 정할 수 없는 때는 재판소가 이를 정함

여자가 재혼할 경우에는 전혼의 해소 또는 취소의 날로부터 6개월을 경과한 후이어야 한다(767조 1항). 만약 여자가 그 전혼의 해소 또는 취소 후 300일 이내에 분만한 경우에 그 분만이 재혼의 성립 후 199일 이내 되었을 때는 앞 조 규정에 따라 그 전부(前夫)의 적출자로 되는 추정을 받는 것은 물론이다. 그 여자가 만약 이 규정 위반하여 전혼의 해소 또는 취소의 날로부터 6개월 이내에 재혼하였을 때는 왕왕 전혼의 해소 또는 취소의 날로부터 300일 이내, 후혼 성립의 날로부터 200일 이후에 분만하기도 한다. 이 경우에는 법률상 서로 충돌하여 2종의 추정이 발생하여 앞 조 규정에 의해서는 그 전부(前夫)의 자(子)인지 아니면 후부(後夫)의 자(子)인지를 미루어 알 수 없다. 독일 민법은 이 경우에 관하여 전혼 해소 후 270일 이

內에生호子는前夫의子로호고其以後에生호子는後夫의子로定호얏스나此推定은前條의推定과互相矛盾호야事實에違反호이不少호지라本法은日耳曼民法草案親定을依據호야此境遇에關호야는何者의法律上推定을設치아니호고又父의承認을不許호고(前夫及子의利益을害호虞가有호故로)此를裁判所의判斷에一任호는故로本條境遇에는必히裁判所가親族을信賴호야安호니是는本法이裁判所와親族關係에干涉홈을務避호는主義에一特例로本條의決定에委호고아는否認의訴를提起홈을不許호는此라

第八百二十二條 第八百二十條境遇에在호야夫는子의嫡出됨을否認홈을得홈

第一 否認權의性質 婚姻中에懷胎호子를夫의子로호는法律上推定

내에 출생한 자(子)는 전부(前夫)의 자(子)로 하고, 그 이후에 출생한 자(子)는 후부(後夫)의 자(子)로 정하였으나, 이 추정은 앞 조의 추정과 상호 모순되어 사실에 반하는 경우가 적지 않다. 이 법은 벨기에 민법 초안 규정을 본받아, 이 경우에 관해서는 어떠한 법률상 추정을 두지 아니하고, 또한 부의 승인을 허용하지 아니하고(전부(前夫) 및 자(子)의 이익을 해할 우려가 있기 때문이다), 전적으로 재판소의 판단에 일임한다. 따라서 이 조의 경우에는 반드시 재판소 간섭을 청구해야 한다. 이는 이 법이 재판소가 친족관계에 간섭하는 것을 회피하는 주의에 하나의 특례이다. 이 재판소 판정에 대해서는 부인의 소를 제기할 수 없다.

제822조 제820조 경우에 부(夫)는 자(子)의 적출되는 것을 부인할 수 있음

1. 부인권의 성질

혼인 중에 임신한 자(子)를 부(夫)의 자(子)라 함은 법률상 추정

에不過ᄒᆞᆫ故로反証에因ᄒᆞ야其推定을飜覆ᄒᆞᆷ을許ᄒᆞ며婚姻前에懷胎
ᄒᆞ야婚姻中에生ᄒᆞᆫ者도亦是嫡出子라ᄒᆞᄂᆞ니是亦單純ᄒᆞᆫ推測에不
過ᄒᆞᆷ으로若反証을不要ᄒᆞ고其推測을飜覆ᄒᆞᆷ을許ᄒᆞᄂᆞ니此等境
遇에夫가自己의子된推定을飜覆ᄒᆞ기爲ᄒᆞ야附與ᄒᆞᆫ此權利를
否認權이라稱ᄒᆞ며其前境遇에在ᄒᆞᆫ否認權을行ᄒᆞᆷ에ᄂᆞᆫ裁判에
此를請求ᄒᆞᆷ을要ᄒᆞᄂᆞ니此로否認訴權이라稱ᄒᆞᄂᆞ니라

第二 否認權을有ᄒᆞᆫ者 否認權은原則上夫의一身에專屬ᄒᆞᆫ權
利니子가果然嫡出子됨與否ᄂᆞᆫ唯夫가最能知得ᄒᆞᄂᆞᆫ故로夫에게存
ᄒᆞᆷ이니他人은此權利를有ᄒᆞᆷ이아니ᄒᆞᆷ이不可ᄒᆞᆫ故로子ᄂᆞᆫ夫로其嫡出
됨을主張ᄒᆞ기不得ᄒᆞ며夫의相續人又ᄂᆞᆫ債權者도此權利를行
ᄒᆞ기不能ᄒᆞᆷ이原則이니本條ᄂᆞᆫ夫ᄂᆞᆫ子의嫡出됨을否認ᄒᆞᆷ을得ᄒᆞᆫ다

에 불과하다. 따라서 반증으로 그 추정을 번복하는 것이 허용된다. 혼인 중의 임신으로써 혼인 중에 출생한 자도 또한 이를 적출자라 하나, 이 또한 단순한 추측에 불과하므로 이에 따로 반증을 필요로 하지 않고, 그 추측을 번복하는 것이 허용된다. 이들 경우에 부(夫)가 자기의 자(子)로 되는 추정을 번복하기 위하여 부여된 권리를 부인권이라 칭하며, 그 앞의 경우에서는 부인권을 행사할 때는 재판소에 이를 청구해야 하는데, 이를 부인소권이라 일컫는다.

2. 부인권을 가지는 자

부인권은 원칙상 부(夫)의 일방에 전속한 권리이다. 자(子)가 과연 적출자인지의 여부는 오직 부처(夫妻)라야 알 수 있다. 그러므로 부(夫)의 생존 중에는 오직 부(夫)만이 그 권리를 갖지 않을 수 없기 때문에, 자(子)는 스스로를 적출이 아닌 것을 주장할 수 없으며, 부(夫)의 상속인 또는 채권자도 그 권리를 행할 수 없는 것이 원칙이다. 이 조는 〈부(夫)는〉 자(子)의 적출되는 것을 부인할 수 있다.

云홈으로 其權利가 夫의 意思에 由함을 分明케 하엿스나 此는 可히 夫가 心

神喪失者된 時又는 夫가 其否認權을 抛棄치 아니하고 死亡한 時에는 其利

益을 代表하는 者 卽 其權을 行함을 不得함이 不可한 故로 人事訴訟

法에서는 夫가 禁治産者된 時는 其後見人은 親族會의 同意를 得하야 否

認의 訴를 提起함을 得하고 夫가 死亡한 時는 其子의 相續權을 不害하는 者

其他 夫의 三親等內의 血族에 限하야 否認의 訴를 提起하며 又는 夫가 死亡前

에 提起한 訴訟을 承繼함을 得함을 規定하엿나니라 (人訴 二八 二九)

第三 否認權을 行得하는 境遇 否認權은 子가 已出生되는 權利(推測)을 翻覆

하는 權利인 故로 否認權을 行하는은 已出生되는 推測을 変更하는 子가 出生한 境

遇된 者를 要하나니 子가 自己의 出生한 推測을 変更하는 婚姻中에 種胎하

子가 出生한 時 及 婚姻前에 種胎한 子가 婚姻中에 出生한 時가 是라 故로 否

고 하여 그 권리가 부(夫)의 일방에 전속하는 것을 분명하게 하였다. 그러나 부(夫)가 심신상실자인 때 또는 부(夫)가 그 부인권을 포기하지 아니하고 사망한 때에는, 그 이익을 대표하는 자에게 이 소권을 행사하게 할 수밖에 없다. 이 때문에 인사소송 절차법에서 따로 부(夫)가 금치산자인 때는 그 후견인은 친족회의 동의를 얻어 부인의 소를 제기할 수 있고, 부(夫)가 사망한 때는 그 자(子)의 상속권을 해치지 않는 자 그 밖의 3촌 이내의 혈족에 한하여 부인의 소를 제기하며, 또 부(夫)가 사망 전에 제기한 소송을 승계할 수 있다고 규정한다(인소 28조, 29조).

3. 부인권을 행사할 수 있는 경우

부인권은 자(子)가 이미 출생하고 추측을 번복하는 권리이다. 따라서 부인권을 행사하는 것은 이미 출생하고 추측을 받는 자(子)가 있는 경우이어야 한다. 자(子)가 자기의 출생한 추측을 받는 것은, 혼인 중에 임신한 자(子)가 출생한 때 및 혼인 전에 임신한 자(子)가 혼인 중에 출생한 때가 이것이다. 그러므로 부

認權을行使ᄒᆞᄂᆞᆫ境遇ᄂᆞᆫ此二種境遇에限ᄒᆞᆷ이本條의裁判上否認權을規定ᄒᆞᆫ趣意인故로ᄒᆞ야婚姻中에懷胎로推定을受ᄒᆞᆫ子가出生ᄒᆞᆫ境遇만規定ᄒᆞ고其婚姻前에懷胎ᄒᆞ야婚姻中에出生ᄒᆞᆫ子에對ᄒᆞ야ᄂᆞᆫ否認ᄒᆞᆷ이當然ᄒᆞᆫ則로規定을不設ᄒᆞᆫ이니라

第四 否認의證憑 婚姻前에懷胎ᄒᆞᆫ子에對ᄒᆞᆫ否認에對ᄒᆞ야ᄂᆞᆫ何等의証明을不要ᄒᆞᄂᆞᆫ事ᄂᆞᆫ前述ᄒᆞᆫ바와如ᄒᆞ나民法은更ᄒᆞ야婚姻中에懷胎ᄒᆞᆫ子에對ᄒᆞ야ᄂᆞᆫ婚姻制度의神聖을保存ᄒᆞ기爲ᄒᆞᆷ과及子의利益을保護ᄒᆞ기爲ᄒᆞ야鄭重ᄒᆞᆫ反証이아니면容易히其推定을翻覆지못ᄒᆞᆯ지라佛蘭西其他諸國立法例ᄂᆞᆫ否認權을行使ᄒᆞᄂᆞᆫ境遇를雖備文ᄒᆞ야災厄의因ᄒᆞ야全然히懷胎期中實際夫婦同居ᄒᆞ기不能ᄒᆞᆫ境遇、妻의姦通이有ᄒᆞ며任意로懷胎를隱蔽ᄒᆞ며子ᄂᆞᆫ全

인권을 행사할 수 있는 경우는 이 2개 경우에 한하는 것이 이 조 재판상 부인권을 규정한 취지이다. 따라서 오로지 혼인 중에 임신한 추정을 받을 자(子)가 출생한 경우만 규정하고, 그 혼인 전에 임신하여 혼인 중에 출생한 자(子)에 대해서는 부인하는 것이 당연한 경우이므로 규정을 두지 않은 것이다.

4. 부인의 증빙

혼인 전에 임신한 자(子)에 대하여 부인할 때에 어떠한 증명도 필요로 하지 않는 것은 거듭 진술한 바와 같다. 그러나, 이에 반하여 혼인 중에 임신한 자(子)에 대해서는 혼인제도의 신성(神聖)을 보존하기 위하여 또한 그 자(子)의 이익을 보호하기 위하여 엄중한 반증이 아니면 쉽게 그 추정을 번복해서는 안 된다. 프랑스, 네덜란드 그 밖의 여러 나라 입법례는 부인권을 행사할 수 있는 경우를 격리(隔離) 또는 재변(災變)으로 인해 전혀 임신기 중 실제 부(婦)와 동거할 수 없는 경우, 처의 간통이 있고 또 그 임신을 은폐하거나 또한 전(全)

然이 懷胎中同居의 無와 能力의 不能이 有ᄒᆞᆫ 境遇 亦 一二 境遇에 限定ᄒᆞ고
야 此亦特定의 証憑을 要ᄒᆞ는 것이 아니면 否認ᄒᆞᆷ을 不許ᄒᆞᄂᆞ니 是로ᄡᅥ
此를 ᄒᆞ나 然이나 法律로ᄡᅥ 반다시 証憑의 種類를 限定ᄒᆞᆷ은 反히 事實
에 適合치 못ᄒᆞ야 其 証據를 充分히 採用치 못ᄒᆞᆷ으로 本法은 獨逸
民法 及 他 多數立法例에 依ᄒᆞ야 一히 此로 事實上의 問題로 ᄒᆞ야 其 判斷을 裁判所
認定에 任ᄒᆞ고 孔然 前 二箇 境遇는 其 証憑되ᄂᆞᆫ 最 甚ᄒᆞᆫ
事例로 定ᄒᆞ야 特히 標示ᄒᆞᆷ이 無ᄒᆞ니라

第五 否認의 效果

婚姻前에 懷胎ᄒᆞ고 婚姻中에 生ᄒᆞᆫ 子에 關ᄒᆞ야 其 夫
가 此를 否認ᄒᆞᆫ 時 及 婚姻中에 懷胎ᄒᆞᆫ 子에 關ᄒᆞ야 否認判決이 確定된 時
는 其 子는 其 母의 夫의 子 되지 아니ᄒᆞᆷ이 確定된 者이니 其 母의 私生子라 户
主 及 母의 夫의 同意를 得ᄒᆞ면 其 母의 家에 入ᄒᆞ지나 若 其 同意로 不得

임신 중 동거의 무형적 불능이 있는 경우 등 한 두 경우에 한정하여 이들 특정의 증빙을 구비하지 아니하면 부인할 수 없는 것으로 하였다. 그러나 법률로 이와 같이 증빙의 종류를 한정하는 것은 오히려 사실에 적합하지 못하고, 부(夫)의 이익을 충분히 보호하지 못하므로 이 법은 독일 민법 그 밖의 다수 입법례와 동일하게 이를 사실문제로 하여 전적으로 재판소의 인정에 일임한다. 그러나 앞에 열거한 2개의 경우는 그 증빙에 있어 가장 현저한 사례로 의심할 바 없다.

5. 부인의 효과

혼인 전에 임신하고 혼인 중에 출생한 자(子)에 대하여 부(夫)가 이를 부인한 때 및 혼인 중에 임신한 자(子)에 대하여 부인재판이 확정된 때는, 그 자(子)는 그 모의 부(夫)의 자(子)가 아닌 것으로 확정된다. 곧 그 모의 사생자로 되고, 호주 및 모의 부(夫)의 동의가 있으면 그 모의 가(家)에 입적하나. 만약 그 동의를 얻지 못

ᄒᆞᆫ 時는 一家를 創立ᄒᆞ며 其 實父로서 認知ᄒᆞᆫ 時는 其 父의 庶子되며 其 妻의 同意를 得ᄒᆞ면 父의 家에 入ᄒᆞᆷ이라

第八百二十二條 前條의 否認權은 子又는 其法定代理人에 對ᄒᆞᆫ 訴에 依ᄒᆞ야 此를 行ᄒᆞᆷ 但 夫가 子의 法定代理人된 時는 裁判所는 特別代理人을 選任ᄒᆞᆷ을 要ᄒᆞᆷ

本條는 否認權의 行使方法을 定ᄒᆞᆷ 婚姻前에 懷胎ᄒᆞᆫ 子에 對ᄒᆞᆫ 否認權은 其 母를 相手方으로 ᄒᆞ야 此를 行ᄒᆞᆷ은 已述ᄒᆞᆫ 바 ᄒᆞ거니와 婚姻中에 懷胎ᄒᆞᆫ 子에 對ᄒᆞᆫ 否認權은 本條로 其 行使方法을 規定ᄒᆞᆷ이라

一、否認의 訴權은 夫에 屬ᄒᆞ니 訴를 提起ᄒᆞ며 此를 行ᄒᆞᆷ (人訴二七)

二、否認의 訴는 子로써 相手方으로 ᄒᆞ고 子가 未成年者된 時는 子의 法定代理人을 相手方으로 ᄒᆞ되 夫가 子의 法定代理人된 境遇에는 裁判所

한 때에는 일가를 창립하고, 그 실부가 만약 이를 인지한 때는 그 부의 서자로 되어 그 호주의 동의를 얻으면 부의 가에 입적한다.

제823조 앞 조의 부인권은 자(子) 또는 그 법정대리인에 대하여 소에 따라 이를 행함. 다만 부(夫)가 자(子)의 법정대리인인 때는 재판소는 특별대리인을 선임하여야 함

이 조는 부인권 행사방법을 정한다. 혼인 전에 임신한 자(子)에 대해서는 부인권은 부(夫)의 의사표시로써 행사하는 것은 기술하였으며, 혼인 중에 임신한 자(子)에 대한 부인권은 이 조로 그 행사방법을 규정한다.

(1) 부인권을 재판소에 소를 제기함으로써 이를 행사한다(인소 27조).

(2) 부인의 소는 자(子)로써 그 상대자로 함. 자(子)가 미성년자인 때는 자의 법정대리인을 그 상대자로 하고 부(夫)가 스스로 자(子)의 법정대리인인 경우에는 재판소

ᄂᆞᆫ特히代理人을選任ᄒᆞᆷ을要ᄒᆞᄂᆞ니라

第八百二十四條 夫가子의出生後에其嫡出됨을承認ᄒᆞᆫ때ᄂᆞᆫ其否認權을失ᄒᆞᆷ

本條와三個條로써否認權의消滅을規定ᄒᆞ얏스니否認權消滅의原因은一、訴權의經過二、夫가嫡出됨을承認ᄒᆞᆷ이라本條ᄂᆞᆫ其後者니夫가嫡出됨을承認ᄒᆞᆷ에依ᄒᆞ야消滅ᄒᆞᆷ을定ᄒᆞ니라

否認權은子가出生後에嫡出됨을承認ᄒᆞᆷ에因ᄒᆞ야消滅ᄒᆞᄂᆞ니嫡出됨을承認ᄒᆞᆷ은곧否認權을行使치아니ᄒᆞᄂᆞᆫ意思를表示ᄒᆞᆫ者ㅣ니곧否認權의拋棄라否認權이是에因ᄒᆞ야消滅ᄒᆞᆷ은當然ᄒᆞᆫ지라承認의方法은明示默示의何를不問ᄒᆞ며如何ᄒᆞᆫ境遇가默示의承認인가ᄒᆞᆷ은全혀其事實如何에一任ᄒᆞᆫ者ㅣ니例컨ᄃᆡ夫가子의出生

는 특별대리인을 선임하여야 한다.

제824조 부(夫)가 자(子)의 출생 후에 그 적출되는 것을 승인한 때는 부인권을 상실함

이 조 이하 3개 조로써 부인권의 소멸을 규정한다. 부인권 소멸의 원인은 ① 기간의 경과, ② 부(夫)가 적출되는 것을 승인하는 것이 이것이다. 이 조는 먼저 그 부(夫)가 적출되는 것을 승인하는 것에 따라 소멸하는 것을 규정한다.

부인권은 자(子)가 출생 후 그 적출되는 것을 승인함으로써 소멸한다. 적출되는 것을 승인하는 것은 이에 부인권을 행사하지 아니한다는 의사를 표시한 것인데, 곧 부인권의 포기이고, 부인권이 이로 말미암아 소멸하는 것은 당연하다. 승인의 방법은 명시 또는 묵시의 어떠한 방법이든지 묻지 아니하며, 어떠한 경우가 묵시적 승인인가는 전적으로 재판관 판단에 일임하고 있다. 그러나 단순히 부(夫)가 자(子)의 출

生을 申告ᄒᆞᆷ으로써 默示의 承認이 有ᄒᆞᆫ 者로 不待ᄒᆞᆯ지며(三六七) 但 夫가 其
申告ᄒᆞ며 當ᄒᆞ야 其子의 父라 署名ᄒᆞᆫ 時ᄂᆞᆫ 明示의 承認이 有ᄒᆞᆫ 事될 이 勿論이라
承認에 因ᄒᆞ야 否認權의 消滅ᄒᆞᆷ은 子의 出生ᄒᆞᆫ 後됨을 要ᄒᆞ고 懷胎中에ᄂᆞᆫ 已
出訴를 承認ᄒᆞ야도 此로 因ᄒᆞ야 消滅ᄒᆞᄂᆞᆫ 事 無ᄒᆞ니 蓋 懷胎中에ᄂᆞᆫ 妻ᄂᆞᆫ 唯히
自己의 非行을 掩蔽ᄒᆞ기 爲ᄒᆞ야 懷胎ᄒᆞᆫ 時期를 ᄂᆞᆺ게 隱蔽ᄒᆞᆷ이 無치 못ᄒᆞᆯ
지라 然ᄒᆞ나 夫ᄂᆞᆫ 妻의 懷胎時期를 推知키 不能ᄒᆞᆫ 故로 實際에 子가 出生ᄒᆞᆫ 後
가 아니면 其 果然 己生된 與否를 推知ᄒᆞ기 無由ᄒᆞ며 稍久ᄒᆞ면 妻의 非行
을 不知ᄒᆞ고 不當히 承認ᄒᆞᄂᆞᆫ 弊가 有ᄒᆞᆯ지니 否認權이 此로 因ᄒᆞ야 卽地
消滅ᄒᆞᆫ다 ᄒᆞᆷ은 夫의 利益을 保護ᄒᆞᆷ이 薄弱ᄒᆞᆫ지라 故로 本條의 適用을
要ᄒᆞᆯ 者ᄂᆞᆫ 다만 八二二條의 否認權ᄲᅮᆫ 아니오 婚姻前 懷胎로 婚姻中에 出生ᄒᆞᆫ
子에 對ᄒᆞᆫ 否認權도 亦 本條의 適用을 要ᄒᆞᆯ지며 承認이 詐欺나 強迫에 基ᄒᆞᆫ

생을 신고하는 것으로 묵시적 승인이 있다고 할 수는 없다(호 72조). 다만 부(夫)가 그 신고를 하면서 그 자(子)의 부라고 서명한 때는 명시적 승인이 있은 것으로 되는 것은 물론이다. 승인으로 인하여 부인권이 소멸하는 것은 자(子)의 출생한 후라야 한다. 임신 중에 자기가 낳은 것이라고 승인하여도 이로 말미암아 소멸하지 않는다. 대개 임신 중에는 처는 왕왕 자기의 비행을 엄폐하기 위하여 임신한 시기를 부(夫)에게 은폐하는 경우가 없지 않다. 그러나 부(夫)는 처의 임신 시기를 미루어 알 수 없다. 따라서 실제로 자(子)가 출생한 후가 아니면 그 과연 자기가 낳은 것인지 여부를 미루어 알 수 없으므로, 자칫하면 처의 비행을 알지 못하고 부당하게 승인하는 폐가 있을 수 있다. 그런데도 부인권이 이에 따라 곧바로 소멸한다고 하는 것은 부(夫)의 이익을 보호하는 것이 박약해진다. 그러므로 이 조의 적용을 받을 것이고, 다만 822조의 부인권뿐만 아니고 혼인 전 임신으로 혼인 중에 출생한 자(子)에 대한 부인권도 또한 이 조 적용을 받는다. 승인이 사위나 강박에 기한

境遇에는 普通法律行爲當事者에 依하야 此를 撤消함을 得하며 (一九六〇) 此를 撤消한 後에는 次二條期間內에 否認權을 行使하야도 無妨하고 但未成年者 又는 禁治産者의 承認은 法定代理人의 同意를 不得하야 意思가 無한 者ㅣ 한 境遇에는 承認의 完全한 効力이 有하니라

第八百二十五條 否認의 訴는 夫가 子의 出生을 知한 時로브터 一年內에 此를 提起함을 要함

本條第二個條로써 定한 期間經過에 因한 否認權의 消滅을 規定함이라 否認權行使의 期間은 各國立法例가 不一하나 普通時効를 適用치 아니하고 特히 短期의 行使期間을 定함은 各國의 皆一致함이라 蓋否認은 其性質上 子의 出生後 猶豫함이 無히 此를 行함을 要할지니 子의 出生後 多少時日에 親子狀態를 繼續함은 默示의 承認이 有한 者로 看做함

경우에는 보통 법률행위의 예에 따라 이를 취소할 수 있으며 (96조, 120조), 이를 취소한 후에는 다음 2조 기간 내에 부인권을 행사하여도 무방하다. 다만 미성년자 또는 금치산자의 승인은 법정대리인의 동의를 얻지 못하거나 의사가 없는 것인 경우 외에는 승인이 완전한 효력을 갖는다.

제825조 부인의 소는 부(夫)가 자(子)의 출생을 안 때로부터 1년 내에 이를 제기하여야 함

이 조 이하 2개 조로 기간경과에 따른 부인권의 소멸을 규정한다.

부인권 행사기간은 각국 입법례가 동일하지 아니하나, 보통 시효를 적용하지 아니하고 특별히 단기의 행사기간을 정하는 것은 각국이 대체로 일치하는 바이다. 대개 부인은 그 성질상 자(子)의 출생 후 유예하는 것이 없이 이를 할 것이지만, 자(子)의 출생 후 다소 시간에 친자 상태를 계속하는 것은 곧 묵시적 승인이 있다고 간주될

이不可ᄒᆞᆫ者이無ᄒᆞᆫ즉아니라子의身分을永久不確定ᄒᆞᆫ狀態에置ᄒᆞᆷ은
相續權의存在不確定ᄒᆞ야公益上妨碍ᄒᆞᆷ이可ᄒᆞᆷ을加之出生後長時日을
非ᄒᆞ면容易히證據湮滅을致ᄒᆞ야子의身分을確定ᄒᆞ기極히困難
ᄒᆞᆫ지라佛蘭西民法은此點에對ᄒᆞ야夫가出生地에在ᄒᆞᆫ時는出生後一個月,不
在ᄒᆞᆫ時는其歸來後二個月,出生을隱蔽ᄒᆞᆫ時는此를發見ᄒᆞᆫ後二個月
로ᄒᆞ얏스나此期限은아즉訴訟에慣熟치못ᄒᆞᆫ日本國現時事情에徵
ᄒᆞ야過短ᄒᆞᆯ뿐아니라事情에由ᄒᆞ야其期限을區別ᄒᆞᆷ은煩雜ᄒᆞ야反
히實際에適用치못ᄒᆞᆯ故로本法은一般히此를一個年으로定ᄒᆞ고其起算
點은夫가子의出生을知ᄒᆞᆫ時로始ᄒᆞᄂᆞ니
本條는否認訴權의行使期限을定ᄒᆞᆫ者ㅣ라婚姻[illegible]로婚姻中에生ᄒᆞᆫ子
에對ᄒᆞᆫ否認權은訴에依ᄒᆞ야行使ᄒᆞᆷ을不要ᄒᆞ고로本條의適用을不受

수도 있을 뿐만 아니라, 자(子)의 신분을 영구 불확정한 상태로 방치하는 것은 상속권이 소재를 정하지 못하는 것으로 공익상 힘써 피해야 한다. 더 나아가 출생 후 장시간의 간격이 있으면 쉽게 증거인멸을 초래하여 자(子)의 신분을 확정하기가 극히 곤란해질 수 있다. 프랑스, 네덜란드 민법은 이 기간을 부(夫)가 출생지에 있은 때는 출생 후 1개월, 부재하였던 때는 그 귀래 후 2개월, 출생을 은폐한 때는 이를 안 후 2개월로 하였으나, 이 기간은 아직 소송에 익숙하지 못한 일본국 현재의 사정에 비추어 보아도 지나치게 짧을 뿐만 아니라 사정에 따라 그 기간을 구별하는 것은 번잡하고, 오히려 실제에 적응하지 못하기 때문에, 이 법은 일반적으로 이를 1개년으로 정하고, 그 기산점을 부(夫)가 그 출생을 안 때로 한 것이다.

이 조는 부인소권의 행사기간을 정한다. 혼인 전 임신으로 혼인 중에 출생한 자(子)에 대한 부인권은 소에 의하여 행사할 필요가 없으므로, 이 조의 적용을 받지 아니

ᄒᆞᆷ이라 然ᄒᆞ고 萬若 然ᄒᆞ면 右早生ᄒᆞᆫ子에 對ᄒᆞᆫ 相續權은 有ᄒᆞᆫ가 否ᄂᆞᆫ 承認치아니ᄒᆞᆷ에 在ᄒᆞ야ᄂᆞᆫ 何時에던지 此를 行ᄒᆞᆷ이 無妨ᄒᆞ나 ᄒᆞᆷ이 一個疑問이라 父가 子의 出生을 戶籍吏에게 申告ᄒᆞᄂᆞᆫ 境遇에ᄂᆞᆫ 其私生子됨과 又嫡出子됨을 區別ᄒᆞ야 申告ᄒᆞᆷ을 要ᄒᆞᆷ (八六) 故로 父가 私生子로 申告ᄒᆞᆫ 時ᄂᆞᆫ 其申告에 因ᄒᆞ야 此를 承認ᄒᆞᆷ과 如히 父가 認知ᄒᆞᆫ 意思를 表示ᄒᆞᆷ으로 要ᄒᆞᆯ 者로 判斷ᄒᆞᆯ 疑問이 生ᄒᆞᆯ 餘地가 無ᄒᆞ나 萬若 父가 戶籍法에 違反ᄒᆞ야 申告ᄒᆞ지 낫거나 他人으로 申告ᄒᆞ게 ᄒᆞᆫ 時 (八七) 에ᄂᆞᆫ 此疑問을 決定ᄒᆞᆷ을 必要가 有ᄒᆞᆫ지라 子의 利益을 早速히 確定ᄒᆞᆷ을 必要ᄒᆞᄂᆞᆫ 婚姻中에 懷胎ᄒᆞᆫ 子로 否認ᄒᆞᆷ을 因ᄒᆞ야 嫡出이 無ᄒᆞᆯ 相續權 又ᄂᆞᆫ 認知者에 爲ᄒᆞ야 其間 區別을 設ᄒᆞᆫ 理由가 無ᄒᆞᆫ지라 故로 述者ᄂᆞᆫ 本條ᄂᆞᆫ 相續의 訴를 提起ᄒᆞᄂᆞᆫ 境遇에만 適用될이 아니오 相續權을 行ᄒᆞᆫ 他般境遇에도 適用됨이 可ᄒᆞᆫ 者로 解釋ᄒᆞᆷ이 立

하는 것과 같다. 만약 그러하다면 위의 빨리 출산한 자(子)에 대한 부인권은, 부(夫)가 이를 승인하지 아니할 경우에는, 어느 때든지 이를 행사하는 것이 무방하다고 하는 것은 하나의 의문이다. 부(夫)가 자(子)의 출생을 호적공무원에게 신고하는 경우에는, 그 사생자로 되는 것과 또는 적출자로 되는 것을 구별하여 신고해야 한다(호 68조). 따라서 만약 부(夫)가 스스로 신고할 때는, 그 신고로 인하여 이를 승인한 것인가 또는 부인하는 의사를 표시해야 하는 것인가와 같은 의문이 생길 우려가 없으나, 만약 부(夫)가 호적법에 위반하여 신고하거나 또는 타인으로 그 신고를 하게 한 때(호 71조)에는, 이 의문을 결정할 필요가 있다. 자(子)의 신분을 조속히 확정할 필요는 혼인 중에 임신한 것인가 아닌가에 따라 차등이 없고, 부인권 행사기간에 양자 사이의 구별을 둘 이유가 없다. 따라서 필자는 이 조는 부인의 소로 제기하는 경우에만 적용되는 것이 아니고, 부인권을 행사하는 모든 경우에 적용되는 것이 옳다고 해석하는 것이 입

法精神에 允合ᄒᆞᆷ으로 信ᄒᆞ노라 然이나 是는 乃 述者 一己의 意見에 止ᄒᆞᆷ으로 疑

点을 指ᄒᆞ노라

第八百二十六條 子가 成年者된 時는 前條의 期間은 成年에 達ᄒᆞᆫ 時

브터 此를 起算ᄒᆞᆷ 但 子가 成年에 達ᄒᆞᆫ 後에 子의 出生을 知ᄒᆞᆫ 時는 此限에

不在ᄒᆞᆷ

子가 禁治産者된 時는 前條의 期間은 禁治産의 撤消가 有ᄒᆞᆫ 後 子가 子

의 出生을 知ᄒᆞᆫ 時브터 此를 起算ᄒᆞᆷ

否認權의 行使는 其性質上 子의 一身에 專屬ᄒᆞᆫ 者로 法定代理人이 此를 代

行ᄒᆞᆷ을 不許ᄒᆞᄂᆞᆫ 바니 此 而前條의 期間은 時效와 相異ᄒᆞ야 時效停止

에 關ᄒᆞᆫ 規定(一八五)의 適用을 不受ᄒᆞᆷ으로 子가 無能力者된 境遇에는 特

히 猶豫期間을 與ᄒᆞᆷ이 必要가 有ᄒᆞᆫ 故로 本條로써 子가 未成年者 又 禁治産

법 정신에 부합한 것으로 믿는다, 그러나 이는 필자의 하나의 의견에 그치는 것으로 의문점이 있다.

제826조 부(夫)가 미성년자인 때는 앞 조의 기간은 그 성년에 달한 때부터 이를 기산함. 다만 부(夫)가 성년에 달한 후에 자(子)의 출생을 안 때는 그러하지 아니함

부(夫)가 금치산자인 때는 앞 조의 기간은 금치산의 취소가 있은 후 부(夫)가 자(子)의 출생을 안 때부터 이를 기산함

부인권의 행사는 그 성질상 부(夫)의 일방에게 전속하는 것으로 법정대리인이라도 대리하는 것을 허용되지 아니한다. 그러나 앞 조의 행사기간은 시효와 상이하여 시효정지에 관한 규정(185조)의 적용을 받지 아니하므로, 부(夫)가 무능력자인 경우에는 특별히 유예기간을 둘 필요가 있다. 그러므로 이 조로써 부(夫)가 미성년자 또는 금치산

者되얏던時는否認權을使用ᄒᆞᄂ者ᄂ其能力을回復ᄒᆞ기以前브터其子의出生을知ᄒᆞᆫ時는其能力을回復ᄒᆞᆫ時브터一年內、能力回復後에出生을知ᄒᆞᆫ時는知ᄒᆞᆫ時브터一年內에其訴를提起ᄒᆞᆷ을要ᄒᆞᄂ니라

人事訴訟節次法은本條第二項의補充的規定으로古가禁治產者된時는其後見人은親族會의同意를得ᄒᆞ야否認의訴를提起ᄒᆞᆷ을得ᄒᆞᆷ으로規定ᄒᆞ니라故로禁治產者는禁治產者된者에ᄂ何時에던지法定代理人에依ᄒᆞ야訴를提起ᄒᆞᆷ을得ᄒᆞ고其禁治產을撤消ᄒᆞᆫ後도更히一年間은스스로訴를提起ᄒᆞᆷ을得ᄒᆞ며（人訴、二八）此補充의規定이果然民法精神에合ᄒᆞᆫ與否ᄂ今에論치아니ᄒᆞᆷ

第二款 庶子及私生子

私生子라ᄒᆞᆷ은婚姻이無ᄒᆞᆫ父母가生ᄒᆞᆫ子를云ᄒᆞᆷ이니故로嚴格히解釋ᄒᆞᆯ

（土監戰合資會社印行）

자이었던 때는 부인권 행사기간은 그 능력을 회복하기 이전부터 그 자(子)의 출생을 안 때는 그 능력 회복한 때로부터 1년, 능력 회복 후에 이를 안 때는 안 때로부터 1년 내에 그 소를 제기해야 한다고 한 것이다.

인사소송절차법은 이 조 제2항의 보충적 규정으로 부(夫)가 금치산자인 때는 그 후견인은 친족회의 동의를 얻어 부인의 소를 제기할 수 있는 것으로 규정한다. 따라서 금치산자는 그 금치산자인 사이에는 어느 때든지 법정대리인에 의해 소를 제기할 수 있고, 그 금치산을 취소해도 다시 1년간은 스스로 그 소를 제기할 수 있어서(인소 28조), 이 보충 규정이 과연 민법 정신에 부합하는가의 여부는 지금 논하지 아니한다.

제2관 서자 및 사생자

사생자라 함은 혼인이 없는 부모가 낳은 자(子)를 말한다. 그러므로 엄격하게 이해할

時ᄂᆞᆫ 婚姻中에 出生ᄒᆞᆫ 子라도 其 種胎가 婚姻에 原因치 아니ᄒᆞᆫ 時ᄂᆞᆫ 當宜 私生子되믈 不免ᄒᆞᆯ지라 然ᄒᆞ나 法律은 可成的 人의 過失을 修補키 爲ᄒᆞ야 婚姻 前의 懷胎에 因ᄒᆞᆫ 者라도 其 婚姻 後에 出生ᄒᆞᆫ 者ᄂᆞᆫ 此를 嫡出子로 ᄒᆞᆷ은 前述과 如ᄒᆞᆫ지라 故로 私生子라 ᄒᆞᆷ은 婚姻 外 懷胎에 因ᄒᆞ야 婚姻 關係가 無ᄒᆞᆫ 男女間에 出生ᄒᆞᆫ 子라 云ᄒᆞᆷ은 得ᄒᆞᆯ지니라

私生子에 關ᄒᆞ야ᄂᆞᆫ 佛國民法은 此를 單純ᄒᆞᆫ 私生子、亂倫의 子及 姦通의 子에 分ᄒᆞ야 其 法律上 權利義務의 大差를 付ᄒᆞ니 亂倫의 子라 ᄒᆞᆷ은 婚姻을 禁ᄒᆞᆫ 親族 卽 兄弟姉妹 又ᄂᆞᆫ 叔姪 等의 間의 出生ᄒᆞᆫ 子를 云ᄒᆞᆷ이오 姦通의 子라 ᄒᆞᆷ은 有妻의 男이 他의 女와 相通ᄒᆞ거나 有夫의 女가 他의 男과 相通ᄒᆞ야 出生ᄒᆞᆫ 子를 云ᄒᆞᆷ이라 此ᄂᆞᆫ 皆 其 父母의 過失이오 其 子에게ᄂᆞᆫ 何等 罪惡이 無ᄒᆞᆫ 者ㅣ나 此로 因ᄒᆞ야 其 子의 法律上 地位에 多大ᄒᆞᆫ 不利益을

때는, 혼인 중에 출생한 자(子)라도 그 임신이 혼인에 원인하지 아니한 때는 오히려 또한 사생자로 되는 것을 상실하지 아니한다. 그러나 법률은 가급적 사람의 과실을 고치고 보완하기 위하여 혼인 외 임신에서 비롯한 경우라도 그 혼인 후에 출생한 자는 이를 적출자로 하는 것은 전술한 바와 같다. 따라서 사생자라 함은 혼인 외 임신에서 비롯하여 혼인관계가 없는 남녀 사이에 출생한 자(子)라고 할 수 있다.

사생자에 관해서는 프랑스 민법은 이를 단순한 사생자, 난륜(亂倫)의 자(子) 및 간통의 자(子)로 나누어 그 법률상 권리의 무의에 큰 차이를 둔다. 난륜의 자(子)라 함은 혼인을 금제(禁制)한 친족간 예컨대 형제자매 또는 숙질(叔姪) 사이에 출생한 자(子)를 말하고, 간통의 자(子)라 함은 유처(有妻)의 남자가 다른 여자와 상통(相通)하거나 유부(有夫)의 여자가 다른 남자와 사통(私通)하여 출생한 자(子)를 말한다. 그러나 이 모두 부모의 과실이고, 그 자(子)에게는 아무런 죄악이 없는 것인데, 이에 따라 그 자(子)의 법률상 지위에 다대한 불이익을

致케ᄒᆞᄂᆞᆫ 規의 遺産을 子에게 據ᄒᆞ야 嫡子에게 偏重ᄒᆞ야 稍酷ᄒᆞᆫ 偏인 바니라 社會의 秩序를 維持ᄒᆞᄂᆞᆫ 道가 아님으로 本法은 此等ᄒᆞᆫ 區別을 認치아니ᄒᆞ니라

本法은 私生子에게 對ᄒᆞ야 若ᄒᆞᆫ 差別을 認치아니ᄒᆞ고 特히 法國法律의 認치아니ᄒᆞᆫ 特種區別을 認ᄒᆞ야 卽 庶子及私生子를 分ᄒᆞ다 庶子라 ᄒᆞᆷ은 父가 認知ᄒᆞᆫ 私生子를 云ᄒᆞᆷ이오 私生子라 ᄒᆞᆷ은 父가 아즉 認知치못ᄒᆞᆫ 者를 云ᄒᆞᆷ이니 庶子로 認ᄒᆞᆷ은 古來日本舊慣에 依ᄒᆞᆷ이오 庶子와 私生子난 其權權에 差異가 有ᄒᆞ니라

私生子에 關ᄒᆞ야 可히 規定ᄒᆞᆯ 事項은 一、私生子의 認知 二、其嫡出子되ᄂᆞᆫ 身分을 取得ᄒᆞᄂᆞᆫ 事의 二種이라 本款 八二七條乃至八三五條로써 其認知에 關ᄒᆞᆫ 規定을 設ᄒᆞ고 八三六條로써 其嫡出子되ᄂᆞᆫ 身分의 取得을 規定ᄒᆞᆷ

초래하게 하는 것은 친(親)의 과실을 자(子)에게 전가하여 그 자(子)에 대하여 가혹할 뿐만 아니라 사회 질서를 유지하는 도리가 아니므로, 이 법은 이와 같은 구별을 인정하지 아니한다.

이 법은 사생자에게 이와 같은 차별을 인정하지 아니하고 특별히 여러 나라 법률이 인정하지 않는 특별한 종류의 구별을 인정한다. 서자 및 사생자가 이것이다. 서자라 함은 부가 인지한 사생자를 말하고, 사생자라 함은 부가 아직 알지 못하는 자를 말한다. 서자를 인정하는 것은 오로지 일본 구관에 의한 것이고, 서자와 사생자는 그 상속권에 차등이 있다.

사생자에 관하여 규정할 수 있는 사항은 ① 사생자의 인지. ② 그 적출자가 되는 신분을 취득하는 것의 두 가지이다. 이 관 827조 내지 835로써 그 인지에 관한 규정을 두고, 836조로써 그 적출자가 되는 신분의 취득을 규정한

第八百二十七條 私生子는其父나母에在하야此를認知함을得함
父가認知한私生子는此를庶子로함

第一 認知의性質 認知라함은法定한方式으로써行한任意의自白이니
卽私生子의父又母됨을自白함이라故로一單獨行爲라然이나成年의
子에對하야認知함에는特히其子의承諾을要하나니(八三〇)此境遇에
認知는一個合意되는배니認知는法定方式으로行한自白인故로(八二九)
一要式行爲되며其方式에違反함이아니면認知의效力이不生하며
又認知는私生子의父又는母되는自白이니其父되는自白은此에因하야
其父의庶子되는身分을確定하며其母되는自白은此에因하야其母의
私生子되는身分을確定하나니라

다.

제827조 사생자는 그 부나 모에 있어서 이를 인지할 수 있음
부가 인지한 사생자는 이를 서자로 함

1. 인지의 성질

인지라 함은 법정된 방식으로 하는 임의의 자백이다. 사생자의 부모로 되는 것을 자백하는 것이다. 따라서 하나의 단독행위이다. 그러나 성년의 자(子)에 대하여 인지하는 경우에는 특히 그 자(子)의 승인이 있어야 한다(830조). 이 경우에 인지는 하나의 합의가 된다. 인지는 법정방식으로 하는 자백이다(829조). 따라서 하나의 요식행위이며, 그 방식을 갖추지 아니하면 인지의 효력이 발생하지 아니한다. 또한 인지는 사생자의 부 또는 모가 되는 자백이어서, 그 부가 되는 자백은 이에 따라 그 부의 서자가 되는 신분을 확정하며, 그 모가 되는 자백은 이에 따라 그 모의 사생자가 되는 신분을 확정한다.

認知ᄒᆞᄂᆞᆫ子되ᄂᆞᆫ効力은發生케ᄒᆞᆷ이아니오子되ᄂᆞᆫ効力은出生에遡ᄒᆞ야完히確定ᄒᆞᆷ뿐認知ᄂᆞᆫ法律上으로表現ᄒᆞᄂᆞᆫ者ㅣ니認知以前에ᄂᆞᆫ親子의關係ᄂᆞᆫ一種事實뿐임에止ᄒᆞ고法律은此關係를認ᄒᆞᆷ이아니라認知에因ᄒᆞ야비로소法律上의此關係를確定ᄒᆞ야出生時에遡及ᄒᆞ야此를發生케ᄒᆞᄂᆞᆫ者ㅣ니此法律上性質에基ᄒᆞ야恰似히子되ᄂᆞᆫ効力은認知로ᄒᆞᄂᆞᆫ停止條件(遡及力을有ᄒᆞᆫ)에繫ᄒᆞ얏다云ᄒᆞᆷ을得ᄒᆞᆯ지라

第二 認知를得爲ᄒᆞᄂᆞᆫ人 可히認知를得ᄒᆞᄂᆞᆫ人은私生子의父又ᄂᆞᆫ母라私生子의母ᄂᆞᆫ其出生申告書에署名ᄒᆞ야此를明白히ᄒᆞᆷ으로足ᄒᆞ고로私生子出生에當ᄒᆞ야ᄂᆞᆫ當然히法司戶籍吏에申告를要ᄒᆞ며(此時ᄂᆞᆫ母의署名)不然ᄒᆞᆫ境遇가無ᄒᆞ고從ᄒᆞ야母의認知를要ᄒᆞᄂᆞᆫ境遇가不生ᄒᆞᆯ지나然이나若母가其分娩ᄒᆞᆫ私生子를遺棄ᄒᆞᆫ者잇슴과及其出生申告를

인지는 자로 되는 신분을 발생하게 하는 것이 아니라, 자가 되는 신분은 출생으로 인하여 이미 확정되고, 이 인지는 이를 법률상으로 표명하는 것이다. 인지 이전에는 친자의 관계는 일종 사실인 것에 그치고, 법률은 그 관계를 인정하지 아니한다. 인지에 따라 비로소 법률상의 그 관계를 확정하여 출생시에 소급하여 이를 발생하게 한다. 그 법률상 성질에 있어서 흡사 자로 되는 신분은 인지라고 하는 정지조건(소급력을 가짐)에 매여있는 것이라 할 수 있다.

2. 인지를 할 수 있는 사람

인지를 할 수 있는 사람은 사생자의 부 또는 모이다. 사생자의 모는 그 출생신고서로 인해 이를 명백하게 해야 하므로, 사생자 출생에 있어 만약 적법하게 호적공무원에게 신고를 한 때는 모를 알지 못하는 경우가 없고, 따라서 모의 인지를 필요로 할 경우가 발생하지 않는다. 그러나 때로 모가 그 분만한 사생자를 유기하는 경우가 있고, 때로 그 출생신고를

不爲ᄒᆞᆷ의有ᄒᆞᆷ이判明ᄒᆞᆫ境遇에ᄂᆞᆫ母로不認ᄒᆞᄂᆞᆫ境遇가生ᄒᆞᆯ지라父又ᄂᆞᆫ母의認知ᄂᆞᆫ其認知ᄒᆞᄂᆞᆫ人에對ᄒᆞ야만認知의效力을生ᄒᆞᄂᆞᆫ故로父及母가同時에認知ᄒᆞᆫ時ᄂᆞᆫ父母雙方에對ᄒᆞ야親子의關係를確定ᄒᆞ고母만認知ᄒᆞᆫ時ᄂᆞᆫ其母에對ᄒᆞ야만親子關係를發生ᄒᆞ고母로不認ᄒᆞᆫ子에對ᄒᆞ야父가認知ᄒᆞᆫ時ᄂᆞᆫ父에對ᄒᆞ야만親子關係를發生ᄒᆞᆯ지라其一方의認知ᄂᆞᆫ他一方에對ᄒᆞ야效力을生케ᄒᆞ기不得ᄒᆞᆫ故로設或母가其子의認知ᄅᆞᆯ否ᄒᆞ거나又ᄂᆞᆫ其子出生의事實을認ᄒᆞᆫ때에當ᄒᆞ야도父의名을指示ᄒᆞ며事實ᄒᆞ야도父에게對ᄒᆞ야認知의效力을不生ᄒᆞ며父가其母의名을指示ᄒᆞᆫ境遇에도亦同ᄒᆞ니라認知ᄅᆞᆯ得ᄒᆞᆯ者ᄂᆞᆫ父又ᄂᆞᆫ母ᄂᆞᆫ能力者된지無能力者된을不問ᄒᆞ며無能力者認知에關ᄒᆞ야ᄂᆞᆫ次條에特規定ᄒᆞ니라

하지 아니하는 경우가 있다. 이와 같은 경우에는 모를 알지 못하는 경우가 발생한다. 부 또는 모의 인지는 그 인지하는 사람에 대해서만 인지의 효력이 발생한다. 따라서 부 및 모가 동시에 인지를 한 때는 부모 쌍방에 대하여 친자의 관계를 확정하고, 모만 인지한 때는 그 모에 대해서만 친자관계를 발생하고, 모를 알지 못하는 자(子)에 대하여 부가 인지한 때는 부에 대해서만 친자관계를 발생한다. 그 일방의 인지로써 타방에 대하여 효력을 발생하게 할 수 없다. 그러므로, 설혹 모가 그 자(子)의 인지를 하거나 또는 그 자(子) 출생의 신고를 하면서 그 부의 이름을 지시하여 신고하여도 부에 대하여 인지의 효력을 발생하지 아니하며, 부가 그 모의 이름을 지시한 경우에도 또한 같다. 인지를 할 수 있는 부 또는 모는 능력자일 것과 무능력자인 것을 묻지 아니하며, 무능력자의 인지에 대해서는 다음 조에 이를 규정한다.

第三 認知의利益을受ᄒᆞ는人 認知의利益을受ᄒᆞ는者는總히私生子라佛國民法은亂倫의子及姦通의子는認知의利益을得受치못ᄒᆞ나本法은此別ᄒᆞ고區別을不認ᄒᆞᆫ은旣述ᄒᆞᆫ바와갓ᄒᆞᆫ지라故로婚姻中의女가分娩ᄒᆞᆫ子에對ᄒᆞ야도夫가其子를嫡出子로否認ᄒᆞ야又는否認의裁判의確定ᄒᆞᆫ時는其實父가此를認知ᄒᆞᆷ이無妨ᄒᆞ니라

第八百二十八條 私生子의認知를ᄒᆞᆷ에는父又母가無能力者된時라도其法定代理人의同意를得ᄒᆞᆷ을不要ᄒᆞᆷ

本條는無能力者認知의效力을規定ᄒᆞᆷ이라

私生子의認知를ᄒᆞ는權利는其子의父又母가自意決定ᄒᆞᆷ이可ᄒᆞ고性質上法定代理人의同意를要ᄒᆞᆷ이不可ᄒᆞ니라諸國法律은大概無能力者의關ᄒᆞ야特히認知의能力의有ᄒᆞᆷ을明記ᄒᆞᆷ은無ᄒᆞᆯ지라도多數學者는至完全

3. 인지의 이익을 받는 사람

인지의 이익을 받는 것은 모두 사생자이다. 프랑스 민법은 난륜의 자 및 간통의 자(子)는 인지의 이익을 받을 수 없으나, 이 법은 이와 같은 구별을 인정하지 아니하는 것은 기술한 바 있다. 따라서 혼인 중의 여자가 분만한 자(子)에 대해서도 만약 그 부가 그 자(子)를 적출자로 부인하거나 또는 부인의 재판이 확정한 때는, 그 실부가 이를 인지하는 것은 무방하다.

제828조 사생자의 인지를 하는 것은 부 또는 모가 무능력자인 때라도 그 법정대리인의 동의를 얻는 것을 필요로 하지 아니함

이 조는 무능력자의 인지의 효력을 규정한다.

사생자의 인지를 하는 권리는 그 자(子)의 부모가 자기 의사로 결정할 수 있고, 그 성질상 법정대리인의 동의를 필요로 하지 아니한다. 여러 나라 법률은 대개 무능력자에 관하여 특히 인지의 능력이 있다는 것을 명기하지 않더라도, 다수 학자는 그 완전

호 能力이 有홈을 認호는지라 蓋 未成年者라도 既已子를 生호 年齡에 達호 以上은 相當호 思慮가 有홀지며 禁治産者라도 亦是 一時 心神을 回復호 者는 認知홀 수 잇게 호야도 甚大害가 無홀지오 特히 子되는 身分은 可及的 迅速히 此를 確定홈은 必要가 有홀지니 本案은 七五六條 境遇와 갓치 弊端을 杜絶케 호야 此 規定을 設호바라

第八百二十九條 私生子의 認知는 戶籍吏에게 申告홈에 依호야 此를 行호고

認知는 遺言에 依호야도 亦 此를 行홈을 得홈

本案은 私生子 認知의 方式을 定호니 第一項으로써 生前에 爲호 認知 方式을 定호고 第二項으로써 遺言에 依호 認知를 定호니라

第一項 私生子의 認知는 外國은 法例의 式 公正證書로써 此를 行홈을 得홈

者로 호야곰 認知케 호노라 本法은 身分에 關호 事項은 總히 戶籍吏에게 申告케 호는 主

한 능력이 있음을 인정하고 있다. 대개 미성년자라도 이미 그 자기 자(子)를 낳을 연령에 달한 이상은 상당한 사려가 있을 것이며, 금치산자라도 또한 일시 심신을 회복한 경우는 인지를 하게 하여도 폐해가 없을 것이다. 특히 자(子)가 되는 신분은 가급적 신속하게 이를 확정할 필요가 있으므로, 이 조는 756조의 경우와 같이 의심의 단서를 두절하기 위하여 이 규정을 둔 것이다.

제829조 사생자의 인지는 호적공무원에게 신고하는 것에 의하여 이를 함

인지는 유언에 의해서도 이를 할 수 있음

이 조는 사생자 인지의 방식을 정한다. 제1항으로 생전에 대한 인지 방식을 정하고, 제2항으로 유언에 의한 인지를 정한다.

제1항

사생자의 인지는 각국 입법례에 때로 공정증서로써 이를 할 수 있는 것으로 하고 있으나, 이 법은 신분에 관한 행위는 모두 호적공무원에게 신고하는 주

義로 取ᄒᆞ고로 認知에 關ᄒᆞ야도 亦 戶籍吏에게 申告ᄒᆞᆷ에 因ᄒᆞ야 其效力
을 生ᄒᆞᄂᆞᆫ 者로 ᄒᆞ고 其申告ᄒᆞᆫ 方式은 戶籍法의 儀ᄒᆞᄂᆞ니라 (八四一)

第二項 認知ᄂᆞᆫ 遺言에 依ᄒᆞ야 行ᄒᆞᆷ을 得ᄒᆞᄂᆞ니 蓋 私生子의 父母ᄂᆞᆫ 其
生存間에 在ᄒᆞ야 私生子됨을 公表코져 아니ᄒᆞ고 死後에 發表ᄒᆞᆷ을 欲ᄒᆞᆯ
ᄒᆞᆫ이 有ᄒᆞᆫ지라 故로 法律은 此에 ᄂᆞᆫ 此를 認ᄒᆞᄂᆞᆫ바ㅣ며 遺言의 方式及效力에
에 就ᄒᆞ야ᄂᆞᆫ 相續編 第六章 規定을 適用ᄒᆞ며 但 一二注意를 要ᄒᆞᆯ 者
有ᄒᆞ니 卽 遺言을 能히 有ᄒᆞᆫ 者ᄂᆞᆫ 滿十五年 以上에 達ᄒᆞᆫ 者됨을 要
ᄒᆞᄂᆞᆫ 意思ㅣ로되 (六〇) 認知에 關ᄒᆞ야ᄂᆞᆫ 滿十五年 以下라도 遺言ᄒᆞᆷ이 無妨
ᄒᆞ며 (八二) 又 遺言者ᄂᆞᆫ 何時던지 其遺言의 全部 又 一部를 撤消ᄒᆞᆷ을
得ᄒᆞᆷ을 原則으로 ᄒᆞ되 (一〇〇) 認知에 關ᄒᆞ야ᄂᆞᆫ 此를 撤消ᄒᆞᆷ을 不得ᄒᆞᄂᆞᆫ 者로
ᄒᆞ니 (八三) 此ᄂᆞᆫ 遺言에 關ᄒᆞᆫ 一般規定과 認知에 關ᄒᆞᆫ 特別規定의 互

의를 취하므로, 인지에 관해서도 또한 호적공무원에게 신고함으로써 그 효력을 발생하는 것으로 하고, 그 신고 방식은 호적법에 넘긴 것이다(호 80조).

제2항

인지는 유언에 따라 할 수 있다. 대개 사생자의 부 또는 모는 그 생전에 사생자로 되는 것을 공표하려고 하지 아니하고 사후에 발표하는 것을 바라는 바가 있다. 이에 여러 나라 법률의 다수는 이를 인정하는 바이며, 유언의 방식 및 효력 등에 대해서는 상속편 제6장의 규정을 적용한다. 다만 한 두 가지 주의(注意)를 필요로 하는 것이 있다. 즉 유언을 할 능력이 있는 자는 만 15년 이상에 달한 자이어야 할 것이 원칙이지만(1061조), 인지에 관해서는 만 15년 이하라도 유언하는 것이 무방하며(828조), 유언자는 어느 때든지 유언의 전부 또는 일부를 취소할 수 있는 것이 원칙이라도(1024조) 인지에 관해서는 이를 취소할 수 없는 것으로 한다(833조). 이 모두 유언에 관한 일반규정과 인지에 관한 특별규정의 상

相衝突되는者에게至하야認定에關하야可하다는前編이라

第八百三十條 成年의私生子는其承諾이有함이아니면此를承認함을不得함

本條以下二個條는認知의要件을規定함이니本條는成年의子에對하야는認知는其子의承諾을要함을規定한바認知는元來一種의獨行爲니子의實上으로定한關係를法律上의表白함에不過함으로其種類에在하야何人의承諾을不要함이普通으로되지아니치不可하니是故로法國民法의多數는成年의子의承諾을要하는認知라도不可하되其子의承諾을不要로하는規定이無하니此미나我國에서는親子關係는元來不定한지라其의危困되므로關係를公共의權宜를依하야生子로써父母의利益을爲하야認知는元來子實을爲하야自由로表白하는데不過하나子의實로서의親子에益을爲함에有하니라

호 충돌되는 것인데, 그 특별규정에 따르는 것이 옳은 것은 물론이다.

제830조 성년의 사생자는 그 승낙이 있지 아니하면 이를 인지할 수 없음

이 조 이하 2개 조는 인지의 특별요건을 규정하고, 이 조는 성년의 자(子)에 대한 인지는 그 자(子)의 승낙이 있어야 하는 것을 규정한다. 인지는 본래 일종의 단독행위이다. 그러나 사실상 이미 정해진 관계를 법률상에 표백하는 것에 지나지 아니하므로, 그 성질에 있어서 누군가의 승낙을 필요로 하지 않고 임의로 할 수 있는 것이다. 이 때문에 여러 나라 민법의 다수는 성년의 자(子)에 대하여 인지를 하는 경우에도, 따로 그 자(子)의 승낙을 필요로 하는 규정을 두지 않는다. 그러나 사통에 기한 친자관계는 원래 부도덕한 행위를 원인으로 하는 것이므로, 관계를 공연히 확정하는 것은 왕왕 그 자(子)에게 불명예를 입힐 수 있다. 인지는 원래 사실을 사실로 표백하는 것에 불과하나, 그 사실로써 그 자(子)에게 불명예를 주게 되면 자(子)

ᄂᆞᆫ 此를 敎養ᄒᆞᆫ 境遇를 主張ᄒᆞᄂᆞᆫ 者有ᄒᆞᆯ지니 然ᄒᆞ나 父母로ᄒᆞ야곰 子가 成年에 達ᄒᆞ기ᄭᆞ지 此를 經過치 아니ᄒᆞᆫ 以上은 子의 意思에 違反ᄒᆞ며 또 關係ᄃᆞᆫ 人의 公益의 權을 害ᄒᆞ야 父母의 利益을 保護ᄒᆞᆷ을 要ᄒᆞᆯ 바 無ᄒᆞᆫ지라 是以로 本法은 多數 外國法例를 不拘ᄒᆞ고 本條規定을 設ᄒᆞ니 此에 子의 利益을 保護ᄒᆞᆷ에ᄂᆞᆫ 得當ᄒᆞ야 可ᄒᆞ다 云ᄒᆞᆯ지니라 法國立法例中에도 西班牙 葡萄牙民法에ᄂᆞᆫ 同例가 有ᄒᆞ니라

第八百三十一條 父ᄂᆞᆫ 胎內에 在ᄒᆞᆫ 子라도 此를 認知ᄒᆞᆷ을 得ᄒᆞᆷ 此境遇에ᄂᆞᆫ 母의 承諾을 得ᄒᆞᆷ을 要ᄒᆞᆷ

父又母ᄂᆞᆫ 死亡ᄒᆞᆫ 子라도 其直系卑屬이 有ᄒᆞᆫ 時에 限ᄒᆞ야 此를 認知ᄒᆞᆷ을 得ᄒᆞᆷ 此境遇에 在ᄒᆞ야 其直系卑屬이 成年者된 時ᄂᆞᆫ 其承諾을 得ᄒᆞᆷ을 要ᄒᆞᆷ

는 이를 힘써 은폐하고자 할 수도 있는 것이다. 그래서 부모로 하여금 자(子)가 성년에 달하기까지 이를 인지하지 아니한 이상은, 자(子)의 의사에 반하여 그 관계를 공연히 확정하여 부모의 이익을 보호할 필요가 없는 것이다. 이에 이 법이 다수 여러 나라 법의 예에도 불구하고, 이 조 규정을 둔 까닭이며, 자(子)의 이익을 보호하는 것에 마땅함을 얻을 수 있다고 할만하다. 여러 나라 입법례 중에도 스페인, 포르투갈 민법에는 그 예가 있다.

제831조 부는 태내(胎內)에 있는 자(子)라도 이를 인지할 수 있음. 이 경우에는 모의 승낙을 얻어야 함

부 또는 모는 사망한 자(子)라도 그 직계비속이 있는 때에 한하여 이를 인지할 수 있음. 이 경우에 그 직계비속이 성년자인 때는 그 승낙을 얻어야 함

本條ᄂᆞᆫ 胎內의 子及死亡ᄒᆞᆫ 子에 對ᄒᆞᆫ 認知의 特例를 定ᄒᆞᆷ이니라

一、胎兒의 認知 父가 其子의 出生前에 死亡ᄒᆞᆯ 境遇가 有ᄒᆞᆫ 故로 此ᄂᆞᆫ 子의 出生前에 在ᄒᆞ야 父가 此를 認知ᄒᆞᆷ을 必要로 ᄒᆞᄂᆞᆫ 者가 有ᄒᆞᆯ지오 又他境遇에 在ᄒᆞ야도 子의 身分을 迅速히 確定ᄒᆞᆷ을 必要로 ᄒᆞᄂᆞᆫ 者ㅣ 有ᄒᆞᆷ으로 父가 其子의 出生前에 認知ᄒᆞᆷ을 得ᄒᆞᄂᆞᆫ 境遇에ᄂᆞᆫ 法律은 毫末도 此를 拒否ᄒᆞᆯ 必要가 無ᄒᆞᆫ지라 故로 諸國의 法律은 此를 許ᄒᆞᆫ 規定은 無ᄒᆞ나 皆 此를 拒否ᄒᆞᄂᆞᆫ 精神은 아니라 唯 本法은 佛國法及其他諸國法律과 ᄀᆞᆺ치 胎兒ᄂᆞᆫ 利益에 關ᄒᆞ야ᄂᆞᆫ 恰히 出生ᄒᆞᆫ 者로 看做ᄒᆞᄂᆞᆫ 規定이 無ᄒᆞᆫ즉 認知ᄂᆞᆫ 私生子에 對ᄒᆞ야 此를 行ᄒᆞᆯ 것이로ᄃᆡ 胎兒에 對ᄒᆞ야 此를 行ᄒᆞᆯ 得ᄒᆞᄂᆞᆫ지 此에 明瞭ᄒᆞᆷ이 可ᄒᆞ니 是로 本條第一項을 設ᄒᆞᆫ 故로 認知의 效力은 私生子의 出生의 時브터 其效力을 生ᄒᆞᄂᆞᆫ 故로 (二八三) 胎兒에 對ᄒᆞᆫ 認知ᄂᆞᆫ 其出生ᄒᆞᆫ 時브터 其效力을 生ᄒᆞᄂᆞᆫ 故로 相續ᄭᅵ지

이 조는 태내의 자(子) 및 사망한 자(子)에 대한 인지의 특별요건을 정한다.

1. 태아의 인지

부가 그 자(子) 출생 전에 사망할 염려가 있는 때에는, 그 자(子) 출생 전에 부가 이를 인지하는 것을 소망할 수 있다. 그 밖의 경우에도 자(子)의 신분은 신속하게 확정할 필요가 있으므로, 부가 스스로 자(子)의 출생 전에 인지하고자 하는 경우에는 법률은 조금이라도 이를 금지할 필요가 없는 것이다. 여러 나라 민법은 명문으로 이를 허용하는 규정은 없으나, 대개 이를 금지하는 정신은 아니다. 오직 이 법은 프랑스 민법 및 그 밖의 여러 나라 법률과 같이 태아의 이익에 관해서는 모두 출생한 것으로 간주한다고 하는 것과 같은 규정이 없고, 인지는 사생자에 대하여 이를 한다고 하므로, 태아에 대하여 이를 할 수 있는가의 여부는 반드시 명료하지 않다. 이것이 이 조 제1항을 둔 까닭이다. 인지의 효력은 사생자 출생의 때부터 그 효력을 발생하는 것이 원칙이나(832조), 태아에 대한 인지는 신고한 때부터 그 효력을 발생한다. 그러므로 상속순

位等에關ᄒᆞ야ᄂᆞᆫ其認知ᄒᆞᆫ時부터其父의庶子의身分을取得ᄒᆞᄂᆞᆫ지라
胎兒認知의特히要件은本法은母의承諾을必要로ᄒᆞᄂᆞ니是又認知가享
揭ᄒᆞ야되ᄂᆞᆫ一種特例니子가既已出生ᄒᆞᆫ後에ᄂᆞᆫ父의身分을保護ᄒᆞ기
爲ᄒᆞ야母의意思에反ᄒᆞ야도認知ᄒᆞᆷ을許ᄒᆞ되母가有ᄒᆞᆫ其不當ᄒᆞᆫ認
知에對ᄒᆞᆫ救濟ᄂᆞᆫ八三四條의規定으로써充分ᄒᆞ거니와子가아즉胎內에
在ᄒᆞᆫ애當ᄒᆞ야ᄂᆞᆫ認知ᄒᆞ고져ᄒᆞᄂᆞᆫ者의事情意思에因ᄒᆞ야其果然眞正
ᄒᆞᆫ父된ᄃᆞ의與否ᄂᆞᆫ子가既已出生ᄒᆞᆫ後보다ᄒᆞᆯ尙困難ᄒᆞ야母의
意思에反ᄒᆞ야不當ᄒᆞᆫ認知가되ᄂᆞᆫ事를不免ᄒᆞᆯ지오且又出生ᄒᆞᆫ後에ᄂᆞᆫ
母의承諾이無ᄒᆞᆫ認知ᄂᆞᆫ其子의利益을爲ᄒᆞ야(ᄒᆞᄂᆞᆫ事情이有ᄒᆞ리니其因ᄒᆞ야)其出生前에强히써母의意思에反
ᄒᆞ야此를行ᄒᆞᆫ不當의認知를許ᄒᆞᆯ要가無ᄒᆞᆫ즉是乃民法境遇에母의承諾
을必要로ᄒᆞᆫ所以니라

위 등에 관해서는 그 인지한 때부터 그 부의 서자의 이익을 받게 된다.

태아 인지의 특별요건으로 이 법은 모의 승낙을 필요로 한다. 이 또한 인지가 단독행위인 것에 대한 일종의 특례이다. 자(子)가 이미 출생한 후에 있어서는 부의 이익을 보호하기 위하여 모의 의사에 반해서라도 인지를 허용할 필요가 있고, 그 부당한 인지에 대한 구제는 834조의 규정으로 충분하다. 그러나, 자(子)가 아직 태내에 있을 때에는 인지하고자 하는 자의 단독의사에 따라 그 과연 진정한 부 되는지의 여부에 대한 판단이, 자(子)가 이미 출생한 후보다 한층 곤란하여 모의 의사에 반하여 부당한 인지가 많게 되는 것을 면할 수 없다. 또 그 출생한 후에는 모의 승낙 없이도 인지할 수 있으므로, 그 출생 전에 강제로 모의 의사에 반하여 이와 같은 부당한 인지를 허용할 필요가 없다. 이에 이 경우에 모의 승낙을 필요로 하게 한 것이다.

二、死亡ᄒᆞᆫ子에 對ᄒᆞᆫ 認知

死亡ᄒᆞᆫ子에 對ᄒᆞ야도 其子의 直系卑屬이 有ᄒᆞᆫ時에 限ᄒᆞ야 父又母ᄂᆞᆫ 此를 認知ᄒᆞᆷ을 得ᄒᆞᄂᆞ니 甲、死亡ᄒᆞᆫ子가 直系卑屬을 有ᄒᆞᆫ 境遇에 其子에 對ᄒᆞ야 認知ᄒᆞᆷ을 許ᄒᆞᆷ을 要ᄒᆞᆷ은 明瞭ᄒᆞ니 此境遇에ᄂᆞᆫ 認知ᄒᆞᆷ에 由ᄒᆞ야 其直系卑屬은 其認知로 因ᄒᆞ야 父又母ᄂᆞᆫ 其親族에 對ᄒᆞ야 相續權을 取得ᄒᆞᆯ 者ᄅᆞᆯ 因ᄒᆞᄂᆞ니라 乙、死亡ᄒᆞᆫ子가 直系卑屬을 不遺ᄒᆞᆫ 境遇에ᄂᆞᆫ 父又母ᄂᆞᆫ 此를 認知ᄒᆞᆷ을 不得ᄒᆞᄂᆞ니 此境遇에 死亡ᄒᆞᆫ子의 認知를 ᄒᆞᆷ은 오직 認知ᄒᆞᄂᆞᆫ者가 스ᄉᆞ로 其子의 相續權을 取得ᄒᆞᆯ 目的으로써 ᄒᆞᆷ에 外ᄒᆞ야 何等法律上目的이 無ᄒᆞᆫ 故로 不可ᄒᆞᆫ지라 其子의 生存中에ᄂᆞᆫ 父又ᄂᆞᆫ 母된 으로브터 生ᄒᆞᄂᆞᆫ 義務를 免키 爲ᄒᆞ야 其親子된 事實을 隱蔽ᄒᆞ얏다가 其認知가 自己의 利益이 되ᄂᆞᆫ 時에 至ᄒᆞ야 特別 突然히 此를 表示ᄒᆞ고져 ᄒᆞᆷ은 法律이 認許ᄒᆞᆷ이 不可ᄒᆞᆫ 바ㅣ니 此ᄂᆞᆫ 本條、

2. 사망한 자(子)에 대한 인지

사망한 자(子)에 대해서도 그 자(子)의 직계비속이 있는 때에 한하여 부 또는 모는 이를 인지할 수 있다. 〈1〉 사망한 자(子)가 직계비속을 둔 경우에 그 자(子)에 대하여 인지하는 것을 허용할 필요가 있는 것은 명료하다. 이 경우에는 인지에 따라서 그 직계비속은 그 인지를 한 부나 모, 또는 그 친족에 대하여 상속권을 취득하는 것으로 되며, 〈2〉 사망한 자(子)가 직계비속을 남기지 아니한 경우에는 부 또는 모는 이를 인지할 수 없다. 이 경우에 사망한 자(子)의 인지를 하는 것은, 오로지 인지하는 자가 스스로 자(子)의 상속권을 취득할 목적이고, 그 외에는 어떠한 법률상 목적이 있다고 말할 수 없다. 그 자(子)의 생존 중에는 부 또는 모인 것으로부터 발생하는 의무를 면하기 위하여 그 친자 되는 사실을 은폐하였다가, 그 인지가 자기 이익이 될 때에 졸지에 이를 표백하는 것과 같은 경우는 법률이 인정하여 허락할 수 없는 것이다. 이에 이 특별

要件의有ᄒᆞᆫ때에丙、死亡ᄒᆞᆫ子의遺族ᄋᆞᆫ直系卑屬이成年者된時는其認知ᄒᆞᆷ에至ᄒᆞ야卑屬의承認을得ᄒᆞᆷ을要ᄒᆞᄂᆞ니此ᄂᆞᆫ前條에書ᄒᆞᆷ과同一ᄒᆞᆫ理由에基因ᄒᆞᆫ者ㅣ니於是說明을加치아니ᄒᆞ노라

第八百三十二條 認知ᄂᆞᆫ出生의時에溯及ᄒᆞ야其效力을生ᄒᆞᆷ但第三者가旣히取得ᄒᆞᆫ權利를害ᄒᆞᆷ을不得ᄒᆞᆷ

本條ᄂᆞᆫ認知의效力發生의時期를規定ᄒᆞᆫ것이니此를說明ᄒᆞ기爲先認知로브터生ᄒᆞᄂᆞᆫ效力의大略을說明ᄒᆞ고져ᄒᆞ노라

第一 認知의效力 認知의效力ᄋᆞᆫ認知를行ᄒᆞᆫ者와밋認知된者間의親子의關係를確定ᄒᆞᆷ에在ᄒᆞᆫ故로認知에因ᄒᆞ야認知者의血族과被認知者間에도亦是親族關係를確定ᄒᆞᄂᆞ니例ᄒᆞ면認知ᄒᆞᆫ者의父母ᄂᆞᆫ認知된子의祖父母ㅣ며認知ᄒᆞᆫ者의嫡出子又ᄂᆞᆫ他의庶子及私生子ᄂᆞᆫ認知된者

요건이 있는 까닭이며, 〈3〉 사망한 자(子)의 유족인 직계비속이 성년자인 때는 그 인지하는 것에 그 비속의 승인을 얻어야 한다. 이는 앞 조에서와 동일한 이유에서 비롯하는 것이므로, 이에 설명을 더하지 않는다.

제832조 인지는 출생의 때에 소급하여 그 효력을 발생함. 다만 제3자가 기왕에 취득한 권리를 해할 수 없음

이 조는 인지의 효력발생의 시기를 규정한다. 이를 설명하기에 앞서 우선 인지로부터 발생하는 효력의 대략을 설명하고자 한다.

1. 인지의 효력

인지의 효력은 인지를 한 자와 그 인지된 자 사이의 친자관계를 확정하는 것에 있다. 따라서 인지에 따라 인지자의 혈족과 피인지자 사이에도 또한 그 친족관계가 확정된다. 예컨대 인지한 자의 부모는 인지된 자(子)의 조부모이며, 인지한 자의 적출자 또는 그 밖의 서자 및 사생자는 인지된 자의

子의兄弟姉妹와認知ᄒᆞᆫ親子關係로確定ᄒᆞᆫ故로認知를因ᄒᆞ야조
子ᄂᆞᆫ親子關係로生ᄒᆞᄂᆞᆫ各種權利를取得ᄒᆞ며義務를負擔ᄒᆞ야오
一不能ᄒᆞᆫ者ᄂᆞᆫ生ᄒᆞᄂᆞ니第一에認知ᄒᆞᆫ父母의家에屬ᄒᆞᆫ姓을稱ᄒᆞ고其父의
家에入ᄒᆞ믈得ᄒᆞᆫ時ᄂᆞᆫ父의家에姓을稱ᄒᆞ며第二에法律에定ᄒᆞᆫ바에依
ᄒᆞ야認知ᄒᆞᆫ者及其親族과認知된者及其直系卑屬間에互相扶養ᄒᆞᆯ權
을生ᄒᆞ며第三에法定ᄒᆞᆫ바에依ᄒᆞ야在同一事者에互相扶養義
務를生ᄒᆞᆯ지니此ᄂᆞᆫ庶子及私生子가子된分으로生ᄒᆞᆫ權利義
務ᄂᆞᆫ嫡出子에比ᄒᆞ면各種差等이有ᄒᆞ니嫡出子ᄂᆞᆫ當然히其父母의
家族됨으로써家에入ᄒᆞ거니와庶子及私生子ᄂᆞᆫ其父又母가戶主가아닌境
遇에ᄂᆞᆫ其戶主의承諾을얻지아니ᄒᆞ면至父又母家에入ᄒᆞ믈不得ᄒᆞ며

其父又母가戶主로戶主된境遇도其戶主의承諾ᄒᆞᆫ境遇에ᄂᆞᆫ父又ᄂᆞᆫ母

자(子)의 형제자매이다. 인지는 친자관계를 확정한다. 따라서 인지에 따라 그 자(子)는 친자관계로부터 발생하는 각종 권리를 취득하며 의무를 부담하며 또 불완전능력을 발생한다. 첫째로, 인지한 부 또는 모의 가(家)에 속한 성(姓)을 칭하고, 그 부의 가에 입적할 수 있을 때는 부의 가의 성을 칭한다. 둘째로, 법률에 정한 바에 따라 인지한 자 및 그 친족과 인지된 자 및 그 직계비속 사이에 상호 상속권이 발생한다. 셋째로, 법정한 바에 따라 위 동일 당사자 사이에 상호 부양의무를 발생하게 된다. 그러나 서자 또는 사생자가 자(子)로 되는 신분으로부터 발생한 권리의무는 적출자에 대해서는 각종 차등이 있다. 적출자는 당연히 그 부모의 가족관계에 입적하게 되지만, 서자 및 사생자는 그 부 또는 모가 호주가 아닌 경우에는 그 호주가 승낙하지 아니하면 그 부 또는 모의 가에 입적할 수 없다(735조). 그 부 또는 모가 스스로 호주인 경우 또는 호주가 승낙한 경우에는 부 또는 모의家族關係中에入ᄒᆞ야其父又母의親權에服從ᄒᆞ며(八七七)及其父의妻에對ᄒᆞ야ᄂᆞᆫ嫡母의關係를生ᄒᆞ며又父、母의承諾을不得ᄒᆞ고婚姻、離婚又養子緣組、離緣等의不能力을生ᄒᆞ나(七七二、八〇九、八四四、八六三)然이나其父又ᄂᆞᆫ母가生家가아니오生家가또承諾치아니ᄒᆞᆫ境遇에ᄂᆞᆫ其父又ᄂᆞᆫ母家에入ᄒᆞᆷ을不得ᄒᆞᄂᆞ니此境遇에在ᄒᆞ야ᄂᆞᆫ單히親族關係及親族關係로브터生ᄒᆞᄂᆞᆫ權利義務를發生ᄒᆞᆷ에止ᄒᆞ고家族關係及家族關係로브터生ᄒᆞᄂᆞᆫ權利義務ᄂᆞᆫ發生치못ᄒᆞ고從ᄒᆞ야親權、婚姻、養子緣組의不能力等은効力을不生ᄒᆞᄂᆞ니라또互相間相續權에對ᄒᆞ야도嫡出子와庶子及私生子와及同一家族關係中에在ᄒᆞᆫ與否에因ᄒᆞ야多大ᄒᆞᆫ差別이有ᄒᆞ나此ᄂᆞᆫ相續編中詳細ᄒᆞᆫ規定에讓ᄒᆞ노라

의 가족단체 중에 입적하여 그 부 또는 모의 친권에 복종한다(878조). 또한 그 부의 처에 대해서는 적모의 관계를 발생하며 또 부 또는 모의 승낙을 얻지 못하고 혼인, 이혼 또는 입양, 파양 등에 있어서의 불완전능력이 발생한다(772조, 809조, 844조, 863조). 그러나 그 부 또는 모가 호주가 아니고 호주가 또 승낙하지 아니한 경우에는, 그 부 또는 모의 가에 입적할 수 없고, 이 경우에 인지는 단순히 친족관계 및 친족관계로부터 발생하는 권리의무를 발생하는 것에 그치며, 가족관계 및 가족관계로부터 발생하는 권리의무는 발생하지 않는다. 따라서 친권, 혼인, 입양의 불완전능력 등의 효력은 발생하지 않는다. 그 상호 간 상속권에서도 적출자와 서자 및 사생자와 및 그 동일 가족관계 중에 있는지의 여부에 따라 다대한 차별이 있다. 그러나 이는 상속편 중에 상세한 규정을 넘긴다.

第二 認知의 效力發生의 時期

認知는 親子의 身分을 發生하는 者아니오 此를 法律上에 表白하는 者됨은 前述과 如하니 親子의 關係는 出生當時에 既已發生하고 唯只 關係가 法에 認了되지 아니함을 認知에 由하야 此를 法律上으로 表白함이라 故로 認知는 其性質上 當然히 出生한 時에 溯及하야 其效力을 發生함이 當한지라 然하나 認知가 有하기 前에 第三者가 既히 權利를 取得한 時는 溯及하는 效는 其權利에까지 及함은 權利享有者의 確實을 害하는 者됨으로 本條 但書로써 「第三者가 既히 取得한 權利를 害함을 不得함」을 規定하니라 故로 例言하면

(가) 認知를 하기 前에 既히 法定推定家督相續人된 權利를 取得 他同順位(九七〇、乃至四號) 者가 有한 時는 其後에 認知된 者는 設或 此보다 年長者라도 推定相續人된 權利를 取得치 못하고 但 此者는 推定相續人의 地位에

2. 인지의 효력발생의 시기

인지는 친자의 신분을 발생하게 하는 바가 아니고, 이를 법률상에 표백하는 것이라는 점은 기술한 바와 같다. 친자의 관계는 출생 당시에 이미 발생하고 오직 그 관계를 적법하게 알아 깨닫지 못하는 것을 인지로 말미암아 이를 법률상으로 표백하는 것이다. 따라서 인지는 그 성질상 당연히 출생한 때에 소급하여 그 효력을 발생하는 것이 옳다. 그러나 인지가 있기 전에 제3자가 이미 권리를 취득한 때에는 소급하는 효력을 그 권리에까지 미치게 하는 것은 권리 향유의 확실을 해하는 것이 된다. 그러므로 이 조 단서로써 〈제3자가 이미 취득한 권리를 해할 수 없음〉을 규정한 것이다. 따라서 예를 들어 말하자면, ① 인지하기 전에 이미 법정추정가독상속인으로 된 권리를 취득한 다른 같은 순위(970조 1호 내지 4호)자가 있는 때는 그 후에 인지된 자는 설혹 이보다 연장자라도 추정상속인이 되는 권리를 취득하지 못한다. 다만, 이미 그 추정상속인의 지위에

在者가親等이遠ᄒᆞᆫ時、女子된時又ᄂᆞᆫ私生子된時에在ᄒᆞ야其後에認知된者가親等이此보다近ᄒᆞᆫ時、男子된時又ᄂᆞᆫ庶子된時ᄂᆞᆫ認知에因ᄒᆞ야其地位에代ᄒᆞ야推定家督相續人됨은勿論이며(나)認知된子가認知以前에七七二條、八四四條等規定에依ᄒᆞ야認知ᄒᆞᆫ者의同意를不得ᄒᆞ고婚姻又ᄂᆞᆫ養子緣組를ᄒᆞᆫ境遇에ᄂᆞᆫ其同意를得치못ᄒᆞᆷ을理由ᄒᆞ야認知以後에도婚姻又ᄂᆞᆫ養子緣組의撤消를請求ᄒᆞᆷ을不得ᄒᆞ지며然ᄒᆞ나(다)認知ᄒᆞᆷ으로ᄒᆞ가認知된者의扶養義務者된時ᄂᆞᆫ其認知以前에ᄂᆞᆫ보다低ᄒᆞᆫ順位에在ᄒᆞᆫ扶養義務者(九五五)又ᄂᆞᆫ扶養義務가無ᄒᆞᆫ者가其子의扶養을ᄒᆞᆫ境遇에ᄂᆞᆫ其子의出生ᄒᆞᆫ時브터以後의扶養에要ᄒᆞ야認知ᄒᆞᆫ者에對ᄒᆞ야賠償을請求ᄒᆞᆷ을得ᄒᆞ나니此ᄂᆞᆫ甚大ᄒᆞᆫ例다其他ᄂᆞᆫ皆此例에依ᄒᆞ야推知ᄒᆞᆷ이可ᄒᆞᆷ

있는 자가 촌수가 먼 때, 여자인 때 또는 사생자인 때에 그 후에 인지된 자가 촌수가 이보다 가까운 때, 남자인 때 또는 서자인 때는 인지에 따라 그 지위에 갈음하여 추정가독상속인으로 되는 것은 물론이다. ② 인지된 자(子)가 인지 이전에는 772조, 844조 등 규정에 따라 인지자의 동의를 얻지 못하고 혼인 또는 입양을 한 경우에는, 그 동의를 얻지 못한 것을 이유로 하여 인지 이후에 그 혼인 또는 입양의 취소를 청구할 수 없다. 그러나 ③ 인지를 한 자가 인지된 자의 부양의무자인 때는, 그 인지 이전에 이보다 낮은 순위에 있는 부양의무자(955조) 또는 부양의무가 없는 자가 그 자(子)의 부양을 한 경우에는, 그 자(子)의 출생한 때부터 이후의 부양에 대하여 인지를 한 자에게 그 배상을 청구할 수 있다. 이는 현저하게 큰 사례이다. 그 밖에는 이 예에 따라 미루어 알 수 있다.

第八百三十三條 認知ᄒᆞᆫ 父又母ᄂᆞᆫ 其認知를 徵消홈을 不得홈

本條ᄂᆞᆫ 認知의 徵消를 不得홈을 規定ᄒᆞᆫ 者ㅣ니 認知ᄂᆞᆫ 單獨行爲라 故로 單獨意思의 自由로ᄡᅥᄂᆞᆫ 徵消ᄒᆞᆯ 듯ᄒᆞᆫ 嫌이 有ᄒᆞ나 認知ᄂᆞᆫ 父又母가 己生의 子됨을 自白ᄒᆞᆫ 者로 認知者及被認知者 兩方에 重要ᄒᆞᆫ 効果를 及ᄒᆞᄂᆞᆫ 者ㅣᆫ 故로 自由로ᄡᅥᄂᆞᆫ 徵消ᄒᆞᆷ을 許ᄒᆞᆷ이 不可ᄒᆞ니 故로 本條規定을 設ᄒᆞᆫ 바ㅣ라 本條規定은 完全ᄒᆞᆫ 効力으로ᄡᅥ 成行爲ᄒᆞᆫ 認知를 取消ᄒᆞᆷ을 不得ᄒᆞᄂᆞᆫ 規定에 止ᄒᆞ고 其効力에 瑕疵가 有ᄒᆞᆫ 認知도 徵消ᄒᆞᆷ을 不得ᄒᆞᆫ다ᄒᆞᆷ은 아니라 無効及徵消에 關ᄒᆞᆫ 總則編規定은 認知에 亦適用ᄒᆞᄂᆞᆫ 者로 無妨ᄒᆞᆫ 故로 認知의 意思가 全然 缺欠ᄒᆞᆫ 時 例ᄒᆞᆫ 法律要ᄒᆞᄂᆞᆫ 者의게 ᄒᆞᆫ 認知又ᄂᆞᆫ 人違로 起ᄒᆞᆫ 要素에 錯誤가 有ᄒᆞᆫ 認知ᄂᆞᆫ 無効로 ᄒᆞ고 八三〇條 八三一條規定違反ᄒᆞᆫ 成年의 子、母又ᄂᆞᆫ 成年의 直系卑屬의 承諾을 不得ᄒᆞ고 行ᄒᆞᆫ 認

第833조 인지를 한 부 또는 모는 인지를 취소할 수 없음

이 조는 인지의 취소를 할 수 없음을 규정한다, 인지는 단독행위이다. 따라서 단독의사로 자유로이 이를 취소할 수 있을 듯한 특징이 있다. 그러나 인지는 부 또는 모가 자기가 낳은 자(子)가 되는 것을 자백한 것으로, 인지자 및 피인지자 신분에 중요한 효과를 미친다. 그러므로 자유로이 이를 취소하는 것은 허용될 수 없는 것이다. 이 조의 규정을 둔 까닭이다.

이 조 규정은 완전한 효력으로써 한 인지를 취소할 수 없다고 하는 규정에 그치며, 그 효력에 하자가 있는 인지라도 취소할 수 없다고 하는 것은 아니다. 무효 및 취소에 관한 총칙편 규정은 인지에 적용하여도 무방하다. 따라서 인지의 의사가 전혀 결여된 때 예컨대 심신상실자가 한 인지 또는 사람의 상위(相違) 그 밖의 행위의 요소에 착오가 있는 인지는 무효로 된다. 830조, 831조 규정에 위반하여 성년의 자(子), 모 또는 성년의 직계비속의 승낙을 얻지 않고 한 인

知ᄂᆞᆫ 無効되며 子와 通謀ᄒᆞᆫ 虛偽의 認知ᄂᆞᆫ 無効되고 詐欺又ᄂᆞᆫ 強迫에 基ᄒᆞ야 行ᄒᆞᆫ 認知ᄂᆞᆫ 此ᄅᆞᆯ 徹消ᄒᆞᆷ을 得ᄒᆞᄂᆞ니 是皆 總則編을 適用ᄒᆞᆷ을 要ᄒᆞᆯ 者ㅣ며 但 無能力者가 行ᄒᆞᆫ 認知ᄂᆞᆫ 其 無能力者ᄅᆞᆯ 和ᄒᆞ야 此ᄅᆞᆯ 徹消치 못ᄒᆞᆷ은 前述ᄒᆞᆫ 바ㅣ라

第八百三十四條 子 其他의 利害關係人은 認知에 對ᄒᆞ야 反對의 事實을 主張ᄒᆞᆷ을 得ᄒᆞᆷ

本條ᄂᆞᆫ 認知에 對ᄒᆞ야 認知者以外의 者ㅣ 其 認知에 對ᄒᆞᆫ 徹消請求權을 定ᄒᆞ니 認知ᄂᆞᆫ 一方行爲라 八三○、八三一條 境遇에ᄂᆞᆫ 認知者 一方의 意思로 完全ᄒᆞᆫ 効力을 發生ᄒᆞᄂᆞᆫ 故로 其 認知가 眞實에 違反ᄒᆞ야 認ᄒᆞᆫ 에ᄂᆞᆫ 子 其他 利害關係人은 此 徹消ᄅᆞᆯ 請求ᄒᆞᄂᆞᆫ 權利가 無ᄒᆞ지 못ᄒᆞᆯ지라 若不然ᄒᆞ면 利害關係人은 不當히 其 利益을 毀損ᄒᆞ야도 此ᄅᆞᆯ

지는 무효로 되며, 자(子)와 통모한 허위의 인지는 무효로 된다. 사위 또는 강박에 기하여 한 인지는 이를 취소할 수 있다. 이 모두 총칙편의 적용을 받은 것이며, 다만 무능력자가 한 인지는 그 무능력자이면서 하였다는 것으로 이를 취소하지 못하는 것은 이미 진술한 바다.

제834조 자(子) 그 밖의 이해관계인은 인지에 대하여 반대의 사실을 주장할 수 있음

이 조는 인지에 대하여 인지자 이외의 자가 행사하는 취소청구권을 정한다. 인지는 하나의 단독행위이어서 830조, 832조의 경우 외는 인지자 단독의 의사로 완전한 효력을 발생한다. 따라서 만약 그 인지가 진실에 반한다고 인정할 경우에는, 자(子) 그 밖의 이해관계인은 이 취소를 청구하는 권리가 없을 수 없다. 만약 그렇지 아니하면 이해관계인은 부당하게 그 이익을 훼손당해도 이를

救濟할 道가 毫無할지나 認知의 徵消請求를 得하는 者는 子와 및 他利害關係人이오 利害關係는 其身分上 또 利害關係를 有한 者와 財産上에 利害關係를 有한 者를 不問하나니 身分上의 利害關係를 有한 者의 若大한 者는 (가) 認知된 子 (나) 認知者에 對하야 認知를 한 父又母 (다) 認知를 한 者의 親族又는 後見人 (라) 認知된 子의 親族又는 後見人等이오 財産上 利害關係를 有한 者는 認知로 因한 其의 相續權 其他 財産權을 有한 者이오 其他의 法律은 利害關係人의 何人인 것을 指示치 아니한 故로 何人이든지 利害關係를 有하고 證明하면 또한 認知의 徵消를 請求함을 得하는 때 認知의 徵消를 請求하는 者는 反對의 事實을 立證함을 要하나니 卽 認知가 眞實에 反함을 證明함을 要하는 者 其 親子의 關係를 必要하고 此만 아니한 此에 徵消를 請求함을 不得함을 認知가

구제할 도리가 조금도 없게 될 것이다. 인지의 취소를 청구할 수 있는 자는 자(子)와 그 밖의 이해관계인이다. 이해관계는 그 신분상에 이해관계를 가진 자와 재산상에 이해관계를 가진 자를 묻지 아니한다. 신분상의 이해관계를 가진 자로 현저하게 큰 자는 ① 인지된 자(子), ② 인지 전에 이미 인지를 한 부 또는 모, ③ 인지를 한 자의 친족 또는 후견인, ④ 인지된 자(子)의 친족 또는 후견인 등이다. 재산상 이해관계를 가진 자는 인지를 한 자의 상속권자, 부양권리자 등이다. 그 밖에 법률은 이해관계인이 누가 되는가를 지시하지 아니한다. 따라서 누구든지 이해관계를 가진다고 증명할 경우에 인지의 취소를 청구할 수 있으며, 인지취소를 청구하는 자는 반대의 사실을 주장해야 한다. 즉 인자가 진실에 반한다는 것을 증명해야 하고, 단순히 친자관계를 공표하고 싶지 않다고 하여 취소를 청구할 수 없다. 인지가

真實함에 違反됨을 證明함은 各種方法으로 證明할지며 認知徵憑의 請求는 其 判決에 訴함을 要하나니라 (人訴二七、三九之二)

第八百三十五條 子、又는 直系卑屬又는 此等者의 法定代理人은 父又는 母에 對하야 認知함을 請求함을 得함

本條는 子及其直系卑屬이 父又는 母에 對하야 其認知를 請求하는 權利를 規定함이니 子及其直系卑屬이 父又는 母의 認知를 求하는 權利는 卽 世에 所謂 父又는 母의 搜索의 權利이라 此權利의 認否에 關하야는 各國立法例가 不一하나 母의 搜索은 諸國이 大槪 此를 認許하나 父의 搜索에 對하야는 此를 許치 아니하는 法例도 有함

第一 父의 搜索

父의 搜索은 佛、伊、蘭 等 國 法은 一二 例外境遇에 限하야 此를 許하며 澳、西、葡 等 國 法律은 此를 許하나니 佛國民

진실에 반한다는 증명은 각종 방법으로 이를 입증할 것이며, 인지취소의 청구는 재판소에 소송을 제기해야 한다(인소 27조, 39조 2항)

제835조 자(子), 그 직계비속 또는 이들의 법정대리인은 부 또는 모에 대하여 인지를 청구할 수 있음

이 조는 자(子) 및 그 직계비속 등이 부 또는 모에 대하여 그 인지를 청구할 권리를 규정한다. 자(子) 및 그 직계비속이 부 또는 모의 인지를 구하는 권리는 통상 이를 부 또는 모의 수색권이라 한다. 이 권리의 인정 여부에 관하여 여러 나라 입법례가 동일하지 아니하여, 모의 수색은 여러 나라가 대개 이를 인정하여 허용하나, 부의 수색에 있어서는 이를 허용하지 않는 법례도 있다.

1. 부의 수색

부의 수색은 프랑스, 이탈리아, 네덜란드 등 여러 나라 민법은 한 두 예외의 경우 외에는 이를 허용하지 않는다. 오스트리아, 스페인, 포르투갈 등 여러 나라 법률은 이를 허용한다. 프랑스민

法에 在하야 父의 搜索을 禁하옴은 沿革上 理由에 基因함이니 佛國革命
以前 法律에는 父의 搜索은 廣히 公許하얏스나 其結果 父된 證跡의 方法으
로는 母가 分娩에 際하야 行한 陳述로써 最히 重要한 證據 證據로 作하
얏슨즉 于時 不德한 女子는 富裕한 男子로 父를 指稱하야 其家가 分擾하야 家
만은 恒常 富饒한 者는 其讒訴를 被한 者가 多한 즉 子의 父로 指名함을 甚
하며 又 宦族으로 私通의 關係가 無한 者를 指名함에 至하야는 至 難하기가
深甚하엿슴으로 民法 編纂함에 當하야 此弊害를 鑑視하야 極
端의 立場으로 父의 搜索은 絶對的으로 禁止하엿스며 佛國法
法下에 父의 搜索이 禁止된 結果로 認知코져 하는 者는 訴訟의 方法을
謂함에 至하엿으니 父의 搜索이 全혀 自由가 됨 禁하엿스니 아니라 父된
者가 强姦은 母되는 者와 同居하야 其間에 生한 子는 父 取得 아니면 而하니 言은 南道

법에 있어서 부의 수색을 금지하는 것은 연혁상 이유에서 비롯한다. 프랑스혁명 이전 법률에는 부의 수색은 이를 공허(公許)하였다. 그러나 부가 되는 증명의 방법으로는 모가 그 분만에 즈음하여 한 진술로써 가장 중요한 강제증거로 삼았다. 그런데 부도덕한 여자가 다수의 남자와 교접하다가 그 분만할 때에 항상 가장 부유하고 명예가 있는 자를 그 자(子)의 부로 지명하고, 심하면 조금도 사통의 관계가 없는 자를 지명하는 것에 이르러 그 유폐(流弊)가 매우 심하였다. 이에 민법을 편찬할 때에 이 위험을 본보기로 살펴 극단의 반대로 부의 수색은 절대적으로 이를 금지한 것이다. 그러나 프랑스 고법 하에 부의 수색이 그 폐해를 많이 발생시켰던 것은 그 증명의 방법에 오류가 있었던 것에 기한 것이고, 부의 수색 그 자체에 폐단이 있었던 것은 아니었다. 부가 되는 사실은 모가 되는 사실보다 증명하기 쉽지 않다. 그러나 적당한

方法으로 ᄒᆞ면 반다시 此를 證明ᄒᆞ기 不能ᄒᆞᆫ 者ㅣ 아니라 現今 佛國民法에도 誘拐의 境遇에는 誘拐의 時와 懷胎의 時가 符合ᄒᆞᆫ 時는 此에 因ᄒᆞ야 父되는 者의 名을 確定ᄒᆞᆷ을 得ᄒᆞᆷ으로 認ᄒᆞᆷ은 此에 及ᄒᆞᆫ 此와 類似ᄒᆞᆫ 證據의 有ᄒᆞᆫ 境遇에는 其 父子 關係가 眞實ᄒᆞᆷ에 疑ᄒᆞᆯ 確實ᄒᆞᆫ 證憑을 表示ᄒᆞᆷ을 得ᄒᆞ지 아니ᄒᆞ면 其 證憑이 確實ᄒᆞᆷ에는 父의 搜索을 許ᄒᆞ야도 可ᄒᆞ며 毫末도 弊害가 無ᄒᆞᆯ 뿐 아니라 子의 利益을 保護ᄒᆞᆷ에도 適當ᄒᆞᆫ 規定이라 云ᄒᆞ지 아니ᄒᆞᆷ이 不可ᄒᆞ도다 是로 以ᄒᆞ야 本法이 父의 認知를 求ᄒᆞ는 權利를 認ᄒᆞᆫ 所以라 認知를 求ᄒᆞᆷ을 得ᄒᆞ는 者는 子, 其 直系卑屬及子ᄋᆡ 直系卑屬의 法定代理人이오 民法人에는 何人이던지 認知를 求ᄒᆞ기 不得이 例子의 母도 亦是 認知를 求ᄒᆞ는 權利가 無ᄒᆞᆫ지라 認知를 求ᄒᆞ는 方法은 裁判所에 此를 請求ᄒᆞᆷ을 要ᄒᆞ니 若 裁

방법으로 하면 반드시 이를 증명할 수 없는 것은 아니다. 현재 프랑스 민법 등에서도 유괴의 경우에는 유괴의 시간과 임신의 시간이 부합하는 때는 이에 따라 부가 되는 신분을 확정할 수 있는 것으로 인정하고, 이들 및 이와 유사한 증명이 있는 경우에는 때로 그 부자관계가 진실한 것에 대하여 확실한 증빙을 구비할 수 있을 것이다. 그렇다면 참으로 그 증빙이 확실할 경우에는 부의 수색을 허용하여도 조금도 폐해가 없을 뿐만 아니라, 자(子)의 이익을 보호하는 것에도 당연한 규정이라고 하지 않을 수 없다. 이에 이 법이 부의 인지를 구하는 권리를 인정한 까닭이다. 인지를 구할 수 있는 자는 자(子), 그 직계비속 및 자 또는 직계비속의 법정대리인이다. 이들 사람 외에는 누구도 인지를 구할 수 없으며, 자(子)의 모도 또한 인지를 구하는 권리가 없는 것이다. 인지를 구하는 방법은 재판소에 이를 청구해야 한다. 이 조

ᄂᆞᆫ 子ㅣ 「父又母에게 對ᄒᆞ야 認知ᄅᆞᆯ 請求ᄒᆞᆷ을 得ᄒᆞᆫ다」 이라 規定ᄒᆞ야 恰

然ᄒᆞᆫ지 裁判所에 訴ᄒᆞᆷ이 無ᄒᆞ고 直接으로 父又母에게 認知ᄅᆞᆯ 求ᄒᆞᄂᆞᆫ 權利

가 有ᄒᆞᆫ 것으로 認定ᄒᆞᆫ 것 ᄀᆞᆺ트나 父又母에게 任意의 認知ᄅᆞᆯ 請求ᄒᆞ기 得ᄒᆞᆷ은

法의 明文을 不俟ᄒᆞ고 當然ᄒᆞᆫ 事ㅣ니 又 此ᄂᆞᆫ 子 又ᄂᆞᆫ 其 直系卑屬

됨을 不承ᄒᆞ고 何人이던지 任意로 認知ᄅᆞᆯ 强求ᄒᆞ되 父又母ᄂᆞᆫ 決코

此에 應ᄒᆞᆯ 義務가 無ᄒᆞᆫ 것은 一般의 知ᄒᆞᄂᆞᆫ 故로 本條ᄂᆞᆫ 父又母가 此에 應ᄒᆞᆯ

義務가 有ᄒᆞᆫ 同時에 子ᄂᆞᆫ 此ᄅᆞᆯ 求ᄒᆞᄂᆞᆫ 權利가 有ᄒᆞᆷ으로 認ᄒᆞᆫ 바ㅣ라 裁判

所에 請求ᄒᆞᄂᆞᆫ 境遇ᄂᆞᆫ 今日 訴訟法에 民事로 規定ᄒᆞ얏스나 裁判

所에 訴ᄒᆞᆫ 것은 親子 關係의 存否 確定에 依ᄒᆞ야 確定되

ᄂᆞᆫ 境遇에ᄂᆞᆫ 父又母의 意思 如何ᄅᆞᆯ 不要ᄒᆞ고 無ᄒᆞ야 子ᄂᆞᆫ 其

判決에 認知ᄒᆞᄂᆞᆫ 權利ᄅᆞᆯ 有ᄒᆞᄂᆞ니 此ᄂᆞᆫ 認知ᄒᆞᄂᆞᆫ 意思 無ᄒᆞᆯ지라도 認知ᄒᆞᆫ 效力이 有ᄒᆞᆷ이니 故로 父母의

는 단순히 〈부 또는 모에 대하여 인지를 구할 수 있음〉〉이라 규정하여, 마치 재판소에 소송하지 않고 직접으로 부 또는 모에게 인지를 구하는 권리가 있는 것으로 인정하는 것 같다. 그러나 부 또는 모에게 임의로 인지를 구할 수 있음은 법의 명문을 기다리지 않아도 당연한 일이다, 또 반드시 그 자(子) 또는 그 직계비속인 것을 필요로 하지 아니하고 누구든지 임의로 인지를 구할 수 있어도 부 또는 모는 결코 이에 응할 의무가 없다고 하고 있다. 그러나 이 조는 부 또는 모는 이에 응할 의무가 있는 동시에 또 자는 이를 구하는 권리가 있다는 것을 인정하는 것이다. 재판소에 청구하는 절차는 인사소송절차법에 이를 규정하였다. 재판소에 인지를 청구한 때는 친자관계는 그 재판 확정에 따라 확정된다. 이 경우에는 부 또는 모의 의사표시를 필요로 하지 아니한다. 학자가 이를 강제의 인지라 일컫는다. 대개 인지는 자백이고 인지의사에서 비롯해야

을無ᄒᆞᆫ故로强弟의認知ᄒᆞᆫ다ᄒᆞᆷ은措語에矛盾됨을不免ᄒᆞ겟ᄉᆞ나本法은

當其此를從ᄒᆞ니라

第二 母의搜索

母의搜索은該國이採ᄒᆞᆫ認許ᄒᆞᄂᆞ니盖母된者의

은居形으로事實로例的ᄒᆞ기不容ᄒᆞᆷ이父의搜索에倣傚ᄒᆞᆯ者는故가

指定ᄒᆞᆫ者ᄂᆞᆫ異ᄒᆞᆫ지라故로搜索ᄒᆞᆯ權을指定ᄒᆞᆫ者、搜索ᄒᆞᆯ權의使用方法

에就ᄒᆞ야ᄂᆞᆫ前述ᄒᆞᆫ父의搜索과同一ᄒᆞ니라

第三百三十六條 庶子ᄂᆞᆫ其父母의婚姻에因ᄒᆞ야嫡出子된身分을取

得ᄒᆞᆷ

婚姻中父母가認知ᄒᆞᆫ私生子ᄂᆞᆫ其認知의時로브터嫡出子된身分을

取得ᄒᆞᆷ

前二項의規定은子가死亡ᄒᆞᆫ境遇에此를準用ᄒᆞᆷ

(土地紙金資會社印行)

한다. 따라서 강제의 인지라 함은 용어 사용에 모순되는 것을 면할 수 없으나, 이 법은 오히려 이를 인정한다.

2. 모의 수색

모의 수색은 여러 나라가 대개 모두 인정하여 허용한다. 대체로 모 되는 증명은 유형적 사실로 증명할 수 있어서 부의 수색에 수반하는 폐해가 있는 것과 다르다. 그 수색 소권을 가진 자, 수색 소권 행사방법 등에 있어서는 전술한 부의 수색과 동일하다,

제836조 서자는 그 부모의 혼인으로 인하여 적출자가 되는 신분을 취득함

혼인 중 부모가 인지한 사생자는 그 인지의 때로부터 적출자가 되는 신분을 취득함

전 2항의 규정은 자(子)가 이미 사망한 경우에 이를 적용함

本条는 私生子가 嫡出子 되는 身分을 取得하는 境遇를 規定홈이라

第一 理由 庶子는 곳 父母의 婚姻에 因하야 私生子는 父母가 婚姻中에 此를 認知흔에 因하야 皆 嫡出子 되는 身分을 取得하나니 蓋 私生子 又는 嫡出子 되는 身分은 子의 出生當時에 定흔 者ㅣ니 故로 出生後에 至하야 身分을 變更홈은 一種 法律의 擬制에 出홈이라 此 法律의 擬制는 英國法을 除흔 各國法의 普通 認定흔는 바로 且 羅馬 以降 [illegible]에는 分明히 稱認흔니 此 法擬制를 設흔 理由는 勸勵하야 父母[illegible]의 德果로 子에게 不及코져 홈에 在홈이라 婚姻外의 懷胎는 元來 父母의 過失에서 生흔 者이나 父母가 日後 婚姻에 因하야 至其 過失을 補填흔 以上은 法律이 恩典을 附與하야 至于 懷胎로 看做홈은 穩當흔 措置라 可云홀지니 此는 寬典에 屬흔 一種 非難은 此에 依하야 私通을 獎

이 조는 사생자가 적출자가 되는 신분을 취득하는 경우를 규정한다.

1. 이유

서자는 그 부모의 혼인에 따라, 사생자는 부모가 혼인 중에 이를 인지하는 것에 따라 모두 적출자가 되는 신분을 취득한다. 대개 사생자 또는 적출자가 되는 신분은 자(子)의 출생 당시에 정해지는 것인데, 그 출생 이후에 그 신분을 변경하는 것은 일종의 법률의 의제에 기초한다. 이 법률의 의제는 영국법을 제외한 각국법이 보통 인정하는 바로, 일본도 유신 이래 관습에서 분명히 이를 확인한다. 이 의제를 둔 이유는 힘써서 부모 과실의 결과를 자(子)에게 미치지 않게 하고자 하는 데 있다. 더 나아가 혼인 외의 임신은 원래 부모의 과실에 그치는 것이나, 부모가 훗날 혼인으로 인해 그 과실을 고치고 보완한 이상, 법률이 이에 혜택을 부여하여 그 임신을 적법한 임신으로 간주하는 것은 온당한 처치라 할 수 있다. 이 너그러운 법률에 대한 한 가지 비난은, 이에 따라 사통을 상

亂ᄒᆞᄂᆞᆫ 理由ᄂᆞᆫ 尤猶ᄒᆞ다 云ᄒᆞ나 男女自然의 情慾은 强히 遏止ᄒᆞ기를 僅猶ᄒᆞ기 不可ᄒᆞᆫ 理由ᄒᆞ야 抑止ᄒᆞᆷ을 得치 못ᄒᆞᆯ지니 法律의 禁制ᄒᆞᆷ으로 抑止키 不能ᄒᆞᆫ 過失은 可及的 至ᄒᆞᆫ 過失을 償補ᄒᆞᄂᆞᆫ 策을 取ᄒᆞᆷ이 得當ᄒᆞᆫ 故로 是ᄂᆞᆫ 穩當ᄒᆞᆷ에 無ᄒᆞ니라

第三 嫡出子될 身分을 取得ᄒᆞᄂᆞᆫ 條件 本條ᄂᆞᆫ 私生子가 嫡出子되ᄂᆞᆫ 身分을 取得ᄒᆞᄂᆞᆫ 二種境遇를 認ᄒᆞ얏스니 一은 父母가 共히 婚姻前에 得ᄒᆞᆫ 子가 其父母의 婚姻에 因ᄒᆞ야 嫡出子되ᄂᆞᆫ 境遇오 一은 婚姻을 ᄒᆞᆫ 後 其婚姻中에 父母가 其私生子를 認知ᄒᆞᆷ에 因ᄒᆞ야 嫡出子로 ᄒᆞᄂᆞᆫ 境遇라 此二個境遇에 共通ᄒᆞ야 嫡出子되ᄂᆞᆫ 身分을 取得ᄒᆞᆷ에 必要되ᄂᆞᆫ 要件은 左의 二種이니

一、嫡出子되ᄂᆞᆫ 子ᄂᆞᆫ 父母가 其婚姻前又ᄂᆞᆫ 婚姻中에 此를 認知ᄒᆞᆷ을 要ᄒᆞᆷ

려하는 우려가 있다는 것이다. 그러나 남녀의 자연적 정욕은 단순히 그 과실을 고쳐 보완할 수 없는 것으로 말미암아 억지할 수 없는 것이다. 법률의 의제로 억지할 수 없는 과실은 가급적 그 과실을 보상하여 보완하는 책략을 취하는 것이 마땅함을 얻게 되는 것은 혐의할 바 없다.

2. 적출자가 되는 신분을 취득하는 요건

이 조는 사생자가 적출자가 되는 신분을 취득하는 2종의 경우를 인정한다. 하나는 부모가 함께 혼인 전에 인지한 자(子)가 그 부모의 혼인에 따라 적출자가 되는 경우이고, 다른 하나는 혼인을 한 후 그 혼인 중에 부모가 그 사생자를 인지하는 것에 따라 적출자로 하는 경우이다. 이 두 경우에 공통하여 적출자가 되는 신분을 취득하는 것에 필요한 요건은 다음의 두 가지이다.

(1) 적출자가 되는 자(子)는 부모가 그 혼인 전 또는 혼인 중에 이를 인지해야

言 其婚姻前에父母가此를認知ᄒᆞᆫ時ᄂᆞᆫ其認知에由ᄒᆞ야其子ᄂᆞᆫ嫡子
되ᄆᆡ至ᄒᆞ니父母의婚姻에因ᄒᆞ야當然히嫡出子되고婚姻前에난子ᄂᆞᆫ父
母의雙方又ᄂᆞᆫ一方의認知ᄅᆞᆯ不得ᄒᆞ야ᄯᅩᄒᆞᆫ其婚姻中에父母가
此ᄅᆞᆯ認知ᄒᆞᆫ時ᄂᆞᆫ其認知에因ᄒᆞ야當然히嫡出子될지며婚姻後에父
母가認知ᄒᆞᆫ私生子ᄂᆞᆫ嫡出子로ᄂᆞᆫ佛、伊、蘭等諸國法에不認ᄒᆞ
ᄂᆞ니此ᄂᆞᆫ虛詐欺를防ᄒᆞ야ᄯᅩ婚姻에無子ᄒᆞ야因ᄒᆞ야自己
에게屬치아니ᄒᆞᆫ子를認知ᄒᆞ야此를嫡出子를ᄉᆞᆷ고不
正ᄒᆞᆫ情生子를得ᄒᆞᄂᆞᆫ弊가有ᄒᆞᆫ故어니와我法에ᄂᆞᆫ廣大히嫡子를
ᄅᆞᆯ認ᄒᆞ야此에嫡出子를ᄉᆞᆷᄂᆞᆫ者ᄂᆞᆫ不要ᄒᆞ고況ᄒᆞ야此로詐欺ᄅᆞᆯ生
ᄒᆞᆯ虞ᄂᆞᆫ少無ᄒᆞᆯ뿐아니라父母가法律에依ᄒᆞ야子ᄅᆞᆯᄒᆞᄂᆞᆫ婚姻
前에認知ᄒᆞᆫ私生子ᄂᆞᆫ嫡出子되ᄂᆞ니此ᄂᆞᆫ父母에게婚ᄒᆞ야其

함

그 혼인 전에 부모가 함께 인지한 때는 그 인지에 따라 그 자(子)는 서자가 되며 그 부모의 혼인에 따라 당연히 적출자가 된다. 혼인 전에 아직 부모 쌍방 또는 그 일방의 인지도 얻지 못하였던 자는 그 혼인 중에 부모가 이를 인지한 때는 그 인지에 따라 당연히 적출자가 된다, 혼인 중에 부모가 인지한 사생자를 적출자로 하는 것은 프랑스, 이탈리아, 네델란드 등 여러 나라 법에서는 인정하지 않는다. 이는 대개 사기(詐欺)를 쉽게 발생시켜 부부 사이에 무자(無子)로 인해 자기에게 속하지 아니한 자(子)를 인지하여, 이와 같이 하여 양자로 하는 것에 요구되는 요건을 필요로 하지 않으면서 적출자로 할 수 있는 폐가 있기 때문이다. 이 법에서는 크고 넓게 양자제도를 인정하여 이에 엄중한 방식을 요구하지 아니한다. 따라서 이와 같은 사기를 발생시킬 우려가 다소 없을 뿐만 아니라, 부모가 법률에 익숙하지 못한 자는 혼인 전에 인지하는 것을 몹시 게을리하는 자가 극히 많을 것이다. 이들 부모에 대하여 그

婚姻以後에ᄂᆞᆫ 庶子를 嫡出子로 ᄒᆞᆷ을 不得ᄒᆞ면 父母의 意思를 保護ᄒᆞᄂᆞᆫ 意義를 失ᄒᆞᆷ으로써 本法은 婚姻中의 認知도 亦 婚姻前의 認知와 ᄀᆞᆺ치 嫡出子 되ᄂᆞᆫ 身分을 取得케 ᄒᆞ니라

二、子의 父及母가 有效ᄒᆞᆫ 婚姻을 行ᄒᆞᆷ을 要ᄒᆞᆷ 準正ᄒᆞᆫ 時를 婚姻은 準正ᄒᆞ기ᄭᆞ지 有效ᄒᆞᆫ 婚姻됨을 不要ᄒᆞ고 嫡出子 된 後에 身分을 取得케 ᄒᆞᆷ에ᄂᆞᆫ 完全ᄒᆞᆫ 婚姻과 無異ᄒᆞ니라

以上 兩箇 條件을 具備ᄒᆞᆷ에ᄂᆞᆫ 法律規定에 依ᄒᆞ야 當然히 嫡出子 되ᄂᆞᆫ 身分을 取得ᄒᆞᄂᆞᆫ 者인즉 父母가 其子를 嫡出子로 ᄒᆞᄂᆞᆫ 意思로 表示ᄒᆞᆷ을 要ᄒᆞ지 無ᄒᆞ며 設或 反對意思를 表示ᄒᆞᆯ지라도 當然 嫡出子 되니 當然ᄒᆞ고 但 認知에 當ᄒᆞ야ᄂᆞᆫ 八三四條 規定에 因ᄒᆞ야 子及其他 利害關係人은 其 準正을 請求ᄒᆞᆷ을 得ᄒᆞᄂᆞ니라

혼인 이후에는 그 자(子)를 적출자로 할 수 없게 하는 것은, 부모의 이익 보호에 박약하게 되는 실수를 하게 되는 것이다. 이에 이 법은 혼인 중의 인지도 또한 혼인 전의 인지와 같이 적출자가 되는 신분을 취득하게 한 것이다.

(2) 자(子)의 부모가 유효한 혼인을 해야 함

취소할 수 있는 혼인은 이를 취소하기까지는 유효한 혼인으로 되는 것을 잃지 아니한다. 이에 적출자가 되는 신분을 취득하는 것에는 완전한 혼인과 다름이 없다.

이상의 2개 조건을 구비하는 경우에는, 법률의 규정에 따라 당연히 적출자가 되는 신분을 취득하는 경우이다. 부모가 이를 적출자로 하는 의사를 표시할 필요가 없고, 설혹 반대 의사표시가 있어도 오히려 적출자로 되는 것은 당연하다. 다만 인지에 대해서는 824조의 규정에 따라 자(子) 및 그 밖의 이해관계인은 그 취소를 청구할 수 있다.

第三 嫡出의 身分取得의 效力 嫡出子된 身分은 婚姻前에 認知한 子는 婚姻의 日로부터, 婚姻中에 認知한 子는 其認知의 日로부터 發生한 바 其效力은 出生에 遡及함이 無하니 前境遇에는 婚姻의 日, 後境遇에는 認知의 日에 嫡出子로 出生함과 同一의 權利義務를 取得하는 故로 婚姻子는 認知에 依하야 嫡出子된 時는 其婚姻前子는 認知當時에 生한 嫡出子에 對하야는 設或 年長者라도 法律上에 弟된 地位에 在하니라

第四 死亡한 子의 嫡出子된 身分의 取得 父母가 婚姻子는 婚姻中의 認知한 時에는 嫡出子된 身分을 取得함은 다만 生存中의 子 뿐 아니라 死亡한 子도 亦 認知에 依하야 嫡出子된 身分을 取得(八三二)하는 故로 死亡한 子의 直系卑屬은 認知로 父母의 嫡出孫되고 婚姻子는 認知의 日로부터 嫡出의 孫으로 相續權 其他 權利를 取得하나니라

(3) 적출인 신분 취득의 효력

적출자가 되는 신분은 혼인 전에 인지한 자(子)는 혼인의 날로부터, 혼인 중에 인지한 자(子)는 그 인지의 날로부터 발생하고, 그 효력은 기왕에 소급하지 않는다. 앞의 경우에는 혼인의 날, 뒤의 경우에는 인지의 날에 적출자로 출생한 것과 동일한 권리의무를 취득한다. 따라서 혼인 또는 인지에 따라 적출자가 된 자는 그 혼인 전 또는 인지 전에 출생한 적출자에 대해서는 설혹 연장자라도 법률상 아우가 되는 지위에 있게 된다.

4. 사망한 자(子)의 적출자가 되는 신분의 취득

부모가 혼인 또는 혼인 중의 인지하는 것에 따라 적출자가 되는 신분을 취득하는 것은, 다만 생존 중의 자(子)뿐만 아니라, 사망한 자(子)도 또한 인지에 따라 적출자가 되는 신분을 취득한다(831조, 2항). 따라서 그 사망한 자(子)의 직계비속은 인지한 부모의 적출손(嫡出孫)으로 되고, 그 혼인 또는 인지의 날로부터 적출의 손(孫)으로 상속권 그 밖의 권리를 취득한다.

상속법 · 친족법론

초판 발행 1쇄　2025년 2월 28일

강술　박만서
옮긴이　신영호
www.kupress.com
kupress@korea.ac.kr
(02841) 서울특별시 성북구 안암로 145
Tel　02-3290-4230, 4232
Fax　02-923-6311
찍은곳　네오프린텍(주)

ISBN　979-11-6956-101-3 93360

값 36,000원
※ 잘못 만들어진 책은 바꿔 드립니다.